Gute Umgangsformen

Bassermann-Ratgeber

Inge Uffelmann

Gute Umgangs- formen

in jeder Situation

In der Bassermann Ratgeber-Reihe sind bereits erschienen:
Gesundheit für die ganze Familie (0040)
Erfolgreiche Kaufmannspraxis (0053)
Erfolgreich Briefe schreiben (0054)
Mathematik verständlich (0069)
Bewerben, Vorstellen, Tests bestehen (0107)
Rhetorik (0114)

Die Deutsche Bibliothek – CIP-Einheitsaufnahme

Uffelmann, Inge:
Gute Umgangsformen in jeder Situation / Inge Uffelmann. –
Niedernhausen/Ts. : Bassermann, 1994
   (Bassermann–Ratgeber)
   ISBN 3-8094-0113-7

ISBN 3 8094 0113 7

© 1994 by Bassermann'sche Verlagsbuchhandlung
65527 Niedernhausen/Ts.
Umschlagsgestaltung: Jürgen Szillat
Fotos: Lutz Dürichen, München: Titelbild, Seite 21, 51, 61, 129, 139, 237;
Studio Tatura GmbH, Bielefeld: Seite 229; TLC-Foto-Studio, Velen-Rams-
dorf: Seite 15, 178, 179, 181, 182, 184, 188, 190, 192, 193, 194, 196,
201, 203, 205, 206, 207, 208, 209, 257
Redaktion: Simone Hoffmann
Herstellung: Jürgen Domke
Die Ratschläge in diesem Buch sind von Autorin und Verlag sorgfältig
erwogen und geprüft, dennoch kann eine Garantie nicht übernommen
werden. Eine Haftung der Autorin bzw. des Verlags und seiner Beauftragten
für Person-, Sach- und Vermögensschäden ist ausgeschlossen.
Gesamtherstellung: Bassermann'sche Verlagsbuchhandlung,
D-65527 Niedernhausen/Ts.

817 2635 4453 62

Inhalt

Vorwort

enimm sei wieder „in"
hört man überall, als wäre gutes Benehmen zeitweise „out"
gewesen, als hätte es ein paar Jahre lang überhaupt keine
Anstands- und Verhaltensregeln gegeben. Bestimmte Verhal-
tensnormen sind immer und bei allen Völkern dieser Erde „in".
Keine Gruppe kann ohne Regelungen überleben. Freilich, und
das ist der springende Punkt, was bei wem als richtiges Verhalten gilt und was nicht, ist einigermaßen willkürlich.

Man muß sich den Ausdruck „Verhaltensregeln" als eine Art
leeres Raster vorstellen, das jede Gesellschaft und jede Zeit,
manchmal auch eine Randgruppe innerhalb einer Gesellschaft,
für sich füllt.

In früheren Zeiten war das, was die Oberschicht tat, im europäischen Kulturkreis also Adel und Klerus, von vorbildhaftem
Charakter. Das langsam heranwachsende Bürgertum orientier-
te sich an diesem Verhalten, kopierte es und erklärte es zur
verbindlichen Norm des guten Benehmens. Mit Hilfe dieser
äußeren Verhaltensmuster hoffte man, den Abstand zu den
niedersten Ständen, vor allem den Bauern, zu wahren.

Jede Gesellschaft ist wie ein lebender Organismus und folglich
einem ständigen Wandel unterworfen. In unserer Gesellschaft
hat sich in den Nachkriegsjahren ein besonders rascher und
drastischer Wandel vollzogen. Die sogenannten Revoluzzer der
68er Generation machten eine Menge Rabatz und sahen eines
ihrer erklärten Ziele darin, alte Zöpfe abzuschneiden. Antiquiert erscheinende Verhaltensregeln – und welche erschienen
ihnen nicht antiquiert? – wurden von den radikalen Verfech-
tern der neuen Ordnung systematisch ignoriert. Im Grunde
jedoch war damit nichts anderes als eine neue Regel entstanden, die da hieß: Das Alte wird nicht beachtet! Diese neue Regel
war – als Beispiel diene etwa die konsequent durchgeführte
antiautoritäre Erziehung – genauso starr und unerbittlich wie
die alte Etikette, die man verwarf. War es einst erklärtes Ziel
gewesen, zum Bürgertum, möglichst zum gehobenen Bürgertum, zu gehören, so war jetzt alles auf den Kopf gestellt. Ein
Mitglied des „Establishments" zu sein, pfui Teufel! Sprüche aus

jener Zeit, wie etwa das markige: „Wer zweimal mit der gleichen pennt, gehört schon zum Establishment", machen deutlich, daß auch hier eine starre Regel herrschte. Lediglich ihr Inhalt hatte sich ins Gegenteil der früheren Forderung nach absoluter Treue verkehrt.

Zum Glück haben nur sehr wenige Eltern jener Zeit eine total antiautoritäre Erziehung betrieben. Die Kinder dieser Eltern sind nämlich inzwischen herangewachsen und bekommen die Folgen ihrer „Nicht-Erziehung" unangenehm zu spüren. Gar keine Erziehung, ein völliges Laisserfaire, ist, wie man nun merkt, mindestens so schlecht wie eine allzu strenge Disziplin. Wo gar keine Erziehung stattfindet, da wird nicht einmal ein leeres Raster vermittelt. Soviel hat man begriffen. Viele Eltern haben in dieser Zeit ein Mittelding gewählt und sind damit gar nicht so schlecht gefahren. Sie haben ihre Kinder „un-autoritär" erzogen. Das heißt, sie haben die nötige Erziehung auf einer partnerschaftlichen Basis vermittelt. Auch dabei ist so mancher alte Zopf abgeschnitten worden.

Zeiten des Umbruchs bringen immer auch eine gewisse Verunsicherung mit sich, vor allem, wenn der Umbruch so rasant vor sich geht und so tiefgreifend ist. Man fragt sich, ist das Neue wirklich so viel besser? War am Alten nicht doch dies oder das, was erhaltenswert wäre? Rückbesinnung und Fortschritt gehen immer ein wenig Hand in Hand.

Wer also heute sagt, gutes Benehmen sei wieder gefragt, der meint wohl lediglich gewisse Verhaltensweisen, die vor Jahren Hochkonjunktur hatten, aber zwischenzeitlich ein wenig aus der Mode waren. Sind aber genau diese Normen in der Tat diejenigen, die wieder „in" sind? Oder ist es wie bei der Kleidermode auch? Ein bestimmter Stil kommt wieder auf, aber deshalb würde man nicht die Kleider der 20er Jahre aus der Mottenkiste holen oder sie bis auf jede Naht genau kopieren. Wer sich heute benimmt, wie es zu Kaiser Wilhelms Zeiten üblich war, über den wird man hinter vorgehaltener Hand lachen, wenn man einem solchen Menschen hinter seinem Rücken nicht gar den Vogel zeigt. Die Gründe liegen auf der Hand.

Zu Kaisers Zeiten war gutes Benehmen das, was die Hofetikette zwingend vorschrieb. Die Liste dieser zu reinen Förmlichkeiten erstarrten Umgangsformen war endlos, ebenso die Zahl der möglichen Fettnäpfchen, in die man hineintreten konnte. Die Förmlichkeit, einst wohl als eine Art Stützkorsett nötig, wirkt heute bloß noch steif. Der heutzutage auf alte Etikette bedachte

Mensch bewegt sich wie eine Marionette. Er hängt am Faden von Vorschriften, von denen er selbst oft nicht sagen kann, wozu sie eigentlich gut sein sollen. Das macht sowohl ihn als auch die Vorschrift lächerlich.

Wenn sich allerdings jemand an diesen alten Regeln orientiert, sie sozusagen als Richtungsweiser benutzt, so, wie der Couturier den alten Modestil als Anregung auffaßt, dann sieht das Ergebnis ganz anders aus. Jede Regel wird genau betrachtet und durchdacht und entweder angenommen oder verworfen, je nachdem, ob sie heute einem sinnvollen, nützlichen Zweck dient. Dieser sinnvolle, einem Nutzen dienende Zweck ist der höfliche, respektvolle Umgang mit dem Mitmenschen, der ein freundliches und friedliches Miteinander garantiert. Aus diesem Blickwinkel betrachtet, ist eine Benimmvorschrift wie: „Kartoffeln schneidet man nicht mit dem Messer" sinnlos. Wer ästhetisch mit Messer und Gabel hantiert, kann das friedliche Miteinander nicht dadurch stören, daß er eine Kartoffel mit dem Messer statt mit der Gabel zerteilt. Wer dagegen seinen Tischnachbarn schmatzend und mit vollem Mund von der Seite anquatscht, ihm dabei vielleicht sogar Essenspartikel auf den Teller spuckt, kann das freundliche Miteinander sehr wohl empfindlich stören. Insofern hat die Regel: „Mit vollem Munde spricht man nicht" auch heute durchaus ihre Berechtigung.

Ein Sprichwort sagt: „Was du nicht willst, das man dir tu, das füg auch keinem anderen zu." Grundsätzlich ist das eine ganz brauchbare Richtlinie für gutes Benehmen. Sie hat freilich ihre Grenzen dort, wo die eigenen Grenzen liegen. Jemand, der behauptet, ihm mache es nichts aus, gleich geduzt zu werden, darf daraus nicht ableiten, daß er umgekehrt jeden anderen ungefragt duzen darf. Hier ist Taktgefühl nötig, Einfühlungs- und Unterscheidungsvermögen.

Wenn wir bei meiner Tante Helga eingeladen sind, von der wir alle wissen, daß sie auf alte Etikette nun mal größten Wert legt, dann tun wir ihr in Gottes Namen eben den Gefallen. Wir bemühen uns, daran zu denken, daß man die Kartoffel nicht mit dem Messer schneidet, daß die Dame nicht die Beine übereinanderschlägt und was der sinnlosen Formalitäten mehr sind. Wir tun das, weil mit Tante Helga nicht zu diskutieren ist. Tante Helga hat nämlich immer recht. Es dient also dem friedlichen Miteinander, sich bei Tante Helga wie bei Hofe zu benehmen, auch wenn man sich inzwischen bei Hofe schon längst nicht mehr benimmt wie bei Tante Helga. Man kann ja seinem Gegenüber bei Tisch ab und zu mal zublinzeln, wenn Tante

Helga nicht hinschaut. Oder man kann eine Einladung bei Tante Helga ausschlagen – selbstverständlich mit aller gebotenen Höflichkeit und in der korrekten Form!

Kurz, auch beim „guten Ton" ist Flexibilität gefragt. Darauf ist dieses Buch ausgerichtet. Wer die feste, unumstößliche, eindeutig richtige Regel sucht, schaut in diesem Buch vergeblich nach. Hier gibt es nur praktische Ratschläge und Hinweise mit Variationen. Im Einzelfall muß jede und jeder selbst entscheiden, wie sie oder er sich in einer bestimmten Situation richtig verhält. Und das kann manchmal ein ganz rasches Umschalten bedeuten. Wer das nicht beherrscht, ist mit all seinem guten Benehmen dumm dran. Denn was glauben Sie, wie exponiert und albern Tante Helga wirkte, folgte sie einer meiner Einladungen! Da es ihr jedoch an Flexibilität mangelt, ist sie seit dem letzten Mal – das ist so etwa fünfzehn Jahre her – beleidigt und kommt, zum Glück, nicht mehr.

Die gute Kinderstube

Wer sich im Sinne der herrschenden gesellschaftlichen Regeln „richtig" zu benehmen weiß, von dem sagt man, er habe eine gute Kinderstube gehabt. Andererseits sagt der Volksmund: „Was Hänschen nicht lernt, lernt Hans nimmermehr." Diesen Aussagen zufolge muß man Kindern das gute Benehmen also beibringen. Hat man das versäumt, ist für alle Zeiten Hopfen und Malz verloren. Wer so denkt, hat wenig Vertrauen in die Lernfähigkeit des Heranwachsenden und des Erwachsenen. Es gibt genügend Beispiele für Menschen, die erst im späteren Leben die Einsicht gewannen, daß eine gewisse Höflichkeit und Rücksichtnahme im Umgang mit anderen gar nicht so schlecht ist. Es gibt aber auch solche, denen es an sogenannter Erziehung nicht mangelte, und die gerade deswegen als Erwachsene in ihrem Benehmen sehr zu wünschen übriglassen.

Zum Glück werden inzwischen althergebrachte Benimmregeln neu überdacht und sind sogar teilweise außer Kraft gesetzt oder doch zumindest deutlich gemildert worden. Aber es gilt noch immer der Grundsatz: Kinder sind neugierig, sie wollen und sie müssen (!) ihre eigenen Erfahrungen machen. Und man soll sie diese auch machen lassen, seien es nun gute oder schlechte. Nach einer schlechten Erfahrung ist das Kind dann möglicherweise eher bereit, bei einer anderen Gelegenheit auf seine Eltern zu hören oder deren Warnung.

Erziehung ohne Drill

Alle Menschen, vor allem aber Kinder, lernen durch (nachahmenswerte) Vorbilder. Gerade an denen fehlt es aber oft. Statt Vor*bilder* zu sein, sind viele Erziehungsberechtigte eher Vor*beter*. Sie geben ihren Kindern falsche Signale, indem sie mündlich etwas verlangen: „Tu das! Mach das nicht!", woran sie selbst, wie das Kind beobachten kann, sich nicht halten. Da ist der Vater, der das Kind anherrscht: „Iß deinen Teller leer", der aber selbst am nächsten Tag für sich in Anspruch nimmt, seinen Teller nicht leer zu essen, oder der barsch befiehlt: „Räum deine Sachen auf!", der aber seinen eigenen Kram regelmäßig von seiner Ehefrau wegräumen läßt. Da ist die Mutter, die sagt: „Du sollst mich nicht anschwindeln!", die aber selber am Telefon der Freundin eine haarsträubende Unwahrheit sagt. Da ist die Kindergärtnerin, die auffordert: „Vor dem Essen Hände waschen!", doch sie selbst setzt sich zu Tisch, ohne die Hände gewaschen zu haben.

Erziehung, die auf Befehle baut, wird leicht zum Drill, der bei entsprechender Persönlichkeit Trotz hervorruft. Das Ergebnis sind dann Menschen, die sich, wo sie nur können, fast zwanghaft danebenbenehmen.

Was man vom Kind verlangt und erwartet, muß mit dem über-einstimmen, was man ihm vorlebt. Statt zu befehlen, muß man erklären. Es geht ja nicht darum, einen blind gehorsamen Menschen heranzuziehen, sondern einen kritischen, mündigen Bürger. Wie aber soll man Kritikfähigkeit lernen und entwik-keln, wenn man Autoritätshörigkeit züchtet.

„Kinder müssen Respekt vor den Eltern haben", hört man noch oft. Manchmal scheint es, als sehnten sich Leute, die das sagen, zurück zu den Zeiten, als man die Eltern noch mit „Herr Vater" und „Frau Mutter" anzureden hatte. Aus dieser Sicht ist Re-spekt aber eher ein Synonym für Angst als für Achtung. Wo Angst herrscht, können sich Mündigkeit und Selbständigkeit nicht entwickeln – das wird leider viel zu oft übersehen.

Im Leben lernt der Mensch zuerst das Gehen und Sprechen. Später lernt er dann still-zusitzen und den Mund zu halten. (Marcel Pagnol)

Ein Kind, das sich heute weigert, „danke" zu sagen, wird des-wegen nicht zwangsläufig ein unhöflicher Mensch. Wenn es erlebt, daß die Mutter, der Vater, die älteren Geschwister „bitte" und „danke" sagen, dann wird es das eines Tages auch tun. Im Augenblick aber erprobt es seine Persönlichkeit – ein Zug, den man nicht unterdrücken sollte. Und fragen Sie sich einmal selbst, wie gut Sie „nein" sagen können. Wie oft Sie sich winden und vielleicht ungewollte Zugeständnisse machen, weil Sie nicht ablehnen können? Wer als Kind gelernt hat, daß man sich nicht weigern darf, etwas zu tun, wie soll der als Erwachsener fest auftreten und sagen können: „Nein, ich möchte das bitte nicht!" Ein Problem, das, nebenbei bemerkt, Frauen mehr betrifft als Männer, denn kleinen Mädchen ist noch viel weniger erlaubt, „nein" zu sagen, als kleinen Jungen. Allerdings ist das eine Problematik, die mehr mit der Psychologie der kindlichen Sozialisation und weniger mit unserem Thema, dem guten Umgang, zu tun hat.

Benimmregeln für Kinder

Selbstverständlich erwartet man auch von Kindern, daß sie im Alltagsleben ein paar Dinge tun und beherrschen, die zum Bereich des guten Benehmens gehören. Beispielsweise, daß sie sich bedanken, daß sie bitten und nicht fordern, daß sie grüßen und so weiter. Kinder sollten solchen Anforderungen freiwillig und gern nachkommen, sie sollten nicht gezwungen werden, und sie sollten vor allen Dingen Sinn und Zweck der Forderung begreifen und akzeptieren können. Die Antwort: „Das gehört sich so!" oder „Das macht man so!" ist nicht ausreichend, es muß mindestens ergänzt werden: „Weil … ", und dann hat eine wirklich plausible Erläuterung zu folgen. Das ist ganz nebenbei auch ein guter Test für die Verhaltensvorschrift selbst. Auf eine Benimmregel, die wir nicht erklären und gut begründen können, sollten wir möglicherweise verzichten.

Was wir von dem Kind erwarten, sollten wir selbst dem Kind nicht verweigern. Man hört aber selten Eltern, die sich bei ihrem Kind bedanken oder es bitten. Und es gibt auch nur wenige Erwachsene, die sich in die Situation des Kindes hineindenken. Versetzen Sie sich gedanklich einmal in eine Welt, in der fast alles ein paar Nummern zu groß für Sie ist, in der Sie von Riesen umgeben sind, denen Sie nur bis ans Knie, vielleicht bis an die Hüfte reichen. Das ist an sich schon einschüchternd genug, da braucht es wahrhaftig keine Drohungen mehr von irgendwelchen Stimmen, die da von hoch oben etwas befehlen.

Ein paar Dinge werden heute von Kindern glücklicherweise nicht mehr verlangt – und das ist gut so. Allen voran der Knicks und der Diener. Auch wenn der Knicks nurmehr ein auf ein Minimum reduzierter Kniefall ist, so kann er diese Herkunft doch nicht leugnen, und die Zeiten, in denen Mädchen oder Frauen vor irgend jemandem in die Knie gingen, sind vorbei! Das gleiche gilt für den Diener.

Das heißt nicht, daß die Höflichkeit zwischen zwei Menschen abgeschafft wäre. Der Gruß, ob mit oder ohne Handschlag, hat seine Funktion als gegenseitige Achtungsbezeugung zwischen zwei Gleichartigen und behält sie. Was abgeschafft ist, und richtigerweise abgeschafft wurde, ist die devote Haltung eines Menschen einem anderen gegenüber. Der erwachsene Mensch kann später selbst entscheiden, ob ein anderer Mitmensch soviel Ehrfurcht Wert ist, daß man sich selbst vor ihm erniedrigt und vor ihm oder ihr in die Knie geht, wie es beispielsweise hohe religiöse Würdenträger und hochrangige Adlige gelegentlich noch immer für sich fordern.

Auch Tischsitten lernt das Kind am besten, wenn es, vielleicht zunächst im eigenen Hochstuhl, mit am Tisch sitzt oder doch zumindest zusammen mit den Erwachsenen ißt. Ein Kind, das jahrelang alleine gefüttert wird, hat kein Vorbild, an dem es sich orientieren könnte. Je früher man das Kind an Messer und Gabel gewöhnt – es gibt relativ ungefährliche, aber leicht zu handhabende Kinderbestecke –, desto besser und selbstverständlicher wird es damit als Erwachsener umgehen können. Gerade das Thema Essen ist eine nicht ganz unproblematische Sache. Grundsätzlich soll man ein Kind nie zwingen, den Teller leer zu essen, auch dann nicht, wenn es sich sein Essen selbst

Die Erfahrung lehrt uns, daß der Mensch aus Erfahrungen nichts lernt. (George Bernard Shaw)

aufgetan hat. Ein Kind kann die Portion auf seinem Teller noch nicht zum Fassungsvermögen seines Magens in Relation setzen. Sogar Erwachsene verschätzen sich ja hierbei gelegentlich. Was wir uns selbst genehmigen, zum Beispiel eine fremdartige, neue Speise erst einmal zu probieren und im Zweifel abzulehnen, müssen wir auch dem Kind zugestehen.

Höflichkeit gegenüber Kindern

Auch der Fremde sollte gegenüber einem fremden Kind die Höflichkeit an den Tag legen, die er selbst von diesem Kind erwartet. Wenn er beispielsweise von dem Kind gegrüßt wird, hat er die Verpflichtung zurückzugrüßen. Viele Menschen glauben allerdings, man könne einem Kind in jedem Falle befehlen. Möchten sie sich im Bus setzen und es ist kein Platz frei, dann bitten sie nicht etwa ein Kind, für sie aufzustehen, nein, sie befehlen es und bedanken sich nicht einmal, wenn das Kind tatsächlich den Platz räumt. Sollte dieses Kind gar die Unverschämtheit besitzen – so stellt es sich in den Augen solcher Menschen ja dar –, es abzulehnen, seinen Platz frei zu machen, dann geht ein Donnerwetter los.

Es gibt keine andere vernünftige Erziehung als die, Vorbild zu sein – wenn's nicht anders geht, ein abschreckendes. (Albert Einstein)

Es ist absolut nicht einzusehen, daß Kinder immer und überall gegenüber Erwachsenen zurückzustecken hätten. Ein Kind, das im Metzgerladen oder beim Bäcker an der Reihe ist, aber von einem Erwachsenen einfach übertönt wird, hat das Recht, laut zu sagen: „Nein, ich war eher da, und jetzt bin ich dran!" Leider gibt es noch viele Erwachsene, die meinen, Kinder könnten gefälligst warten. Der Fremde ist dem Kind ebensosehr Vorbild wie die Eltern und Erzieher. Daran sollte man immer denken.

Vom Du zum Sie

In die Reihe der Höflichkeitsfragen gehört auch eine, die das ältere Kind oder vielmehr das Kind an der Schwelle zum Erwachsenen betrifft. Wie spricht man als Fremder oder als Bekannter diese sehr jungen Leute an?

Verkäufer und Verkäuferinnen in Geschäften hört man oft „junger Mann" oder „junger Herr" zu männlichen Jugendlichen sagen. Junge Mädchen werden oft mit „mein Fräulein" angesprochen. Bei sehr jungen Frauen kann die Anrede Fräulein wohl noch benutzt werden, obwohl nichts dagegen einzuwenden wäre, auch da analog zum Mann gleich zur Anrede „junge Frau" überzugehen. Sollte das Fräulein sich nämlich entschließen, nicht in den Stand der Ehe zu treten, und das kommt heute ja immer häufiger vor, wird es über das angemessene Alter hinaus bei der Anrede Fräulein bleiben. Diese Anrede ist aber absolut nicht mehr zeitgemäß.

Selbst wenn man sich um eine direkte Anrede herumdrückt, ist es nicht grundsätzlich verkehrt, Jugendliche so etwa ab dem Alter von 16 bis 18 Jahren mit „Sie" anzusprechen. Kennt man den Vornamen, so kann man junge Leute mit Vornamen und Sie ansprechen.

Gerade beim hier erwähnten Fall taucht aber ein gewisses Problem auf. Wenn man den Namen kennt, dann kennt man meist auch das Kind, das jetzt mit 16 oder 17 Jahren ein junger Erwachsener ist, schon länger. Es fällt einem oft gar nicht auf, daß man es mit einem inzwischen groß gewordenen Menschen zu tun hat, der ein Anrecht auf Gleichstellung hat. Immerhin wird man selbst von dem Nachbarskind oder dem Kind entfernter Bekannter ja auch gesiezt.

Nur sehr wenige junge Menschen haben soviel Selbstvertrauen und Sicherheit im Auftreten, daß sie von sich aus sagen: „Entschuldigen Sie, aber ich bin jetzt 17 Jahre alt, und ich möchte nicht mehr von Ihnen geduzt werden." Die Initiative, vom Du zum Sie zu wechseln, geht meist vom Erwachsenen aus. Und da wird leicht etwas falsch gemacht.

Es kommt sehr häufig vor, daß diese jungen Leute vom Nachbarn oder von den Bekannten der Eltern gefragt werden: „Du hast doch nichts dagegen, wenn ich dich weiterhin duze?" Oder: „Darf ich noch du zu dir sagen?" Oder: „Muß ich jetzt Sie zu dir sagen?" Alle diese Fragen bringen den jungen Menschen in ziemliche Verlegenheit, vor allen Dingen den, der in der Tat ab jetzt gerne gesiezt würde. Denn, seien wir ehrlich, wer wie angegeben fragt, unterstellt damit doch eigentlich, daß er gern weiterhin beim einseitigen Du bleiben würde. Er erwartet im Grunde, daß der junge Mensch auf die gleichwertige Anrede verzichtet.

Kinder müssen die Dummheiten der Erwachsenen ertragen, bis sie groß sind, sie zu wiederholen. (Jean Anouilh)

Wer dagegen ohne lange Fragerei von sich aus zum Sie übergeht oder mit Worten wie: „Ich möchte Ihnen ab jetzt das Sie anbieten, immerhin sind Sie so gut wie erwachsen", schafft dem jungen Menschen eine andere Ausgangsposition. Er kann das Angebot, das freiwillig von der Gegenseite gemacht wird, ohne Skrupel annehmen. Und sollte er es ablehnen, so hat die Ablehnung einen positiven Charakter.

Auch solche Überlegungen anzustellen, ist ein Teil des guten Benehmens und des höflichen Umgangs miteinander.

Höflicher Umgang mit dem unbe-

erade, wenn es um die kleine Hilfsbereitschaft im Alltag geht – also nicht um den persönlichen Einsatz bei einer Katastrophe, um Erste Hilfe oder ähnliches, sondern um die kleine, eher unverbindliche Handreichung –, kommt ein merkwürdiges Phänomen zum Tragen. Die meisten Menschen sind gar nicht so wenig hilfsbereit, wie sie scheinen. Sie wissen oft nur nicht, wie sie ihre Hilfe anbieten sollen. Und ohne Worte ist eine Hilfestellung oft nicht möglich, oder sie könnte mißverstanden werden.

Aus dieser Unsicherheit heraus tun viele Menschen so, als merkten sie nicht, daß eine Handreichung gebraucht wird. Werden sie jedoch höflich, mit netten Worten um ihre Hilfe gebeten, sind die meisten sofort zu einer Hilfeleistung bereit. Scheuen Sie sich also nicht, um Hilfe zu bitten.

Allerdings: Der Ton macht die Musik. Wer glaubt, Anspruch auf eine Hilfestellung zu haben, und sie dem Ton nach gebieterisch einfordert: „He, Sie, helfen Sie mir gefälligst mal … ", der kann sogar eine wütende Abfuhr erleben.

Auch eine allgemein an eine größere Gruppe gerichtete Bitte kann ungehört verhallen. Es kommt vor, daß eine junge Frau mit Kinderwagen in der Straßenbahn darum bittet, man möge ihr doch helfen, den Wagen aus der Bahn zu heben, doch keiner rührt sich, weil keiner direkt angesprochen war und jeder sich im stillen denkt: „Wieso soll ich gerade mitanfassen, sollen doch die anderen sich bemühen."

kannten Mitmenschen

Bitten Sie also möglichst gezielt eine bestimmte Person um Hilfe: „Wären Sie wohl so nett und würden mir helfen?" Daß sich auch dann keine Hand rührt, ist schon sehr selten, und meistens findet sich jemand, der einem zur Hand geht.

Wer nun doch von sich aus behilflich sein möchte und etwa einem älteren oder behinderten Menschen beim Einsteigen in Bus oder Straßenbahn helfen will, muß diesen Menschen zwangsläufig am Arm nehmen. Wer das wortlos tut, könnte schroff abgewiesen werden. Keinesfalls ist man einem blinden Menschen auf diese Weise wortlos behilflich.

Wie aber spricht man die ältere Dame, den alten Herrn, den behinderten Menschen an, wenn man helfen möchte? Also, in gar keinem Fall mit „Oma" oder „Opa" oder gar einfach mit „Du", auch wenn die älteren Herrschaften den Eindruck sehr liebevoller Großeltern machen. Eine derartige Anrede dürfen sich ausschließlich die Familienangehörigen erlauben. Ein Fremder fragt schlicht, klar und einfach: „Darf ich Ihnen behilflich sein?" Und er drängt sich nicht weiter auf, wenn er hört: „Danke, sehr nett von Ihnen, aber ich schaffe es alleine." Das gilt um so mehr, wenn wir einem behinderten Mitmenschen unsere Hilfe anbieten; was wir im übrigen mit der gleichen Selbstverständlichkeit und knappen Höflichkeit tun sollten, die wir auch gegenüber einem Nichtbehinderten an den Tag legen. Man spicht ohne jeden mitleidigen Unterton und ohne indiskrete Fragerei.

„Kann ich Ihnen helfen?" fragt man auch die junge Mutter mit Kinderwagen, wenn sie am Bus, an der Straßenbahn, am Treppenaufgang oder wo auch immer Hilfe braucht. Auch hier sagt man nicht: „Na, junge Frau" oder gar „Frolleinchen" oder was manchen vermeintlich galanten Herren so alles einfällt.

Auf der Straße

Fußgänger gegen ihresgleichen

Das ist Ihnen sicher auch schon passiert. Sie gehen völlig in Gedanken versunken auf der Straße. Da rempelt Sie plötzlich jemand an und hastet weiter, ohne ein Wort zu sagen. Oder, schlimmer noch, der Rempler raunzt obendrein: „Passen Sie doch auf!"

Für den außenstehenden Beobachter ist das eine interessante Szene, die sich ihm völlig anders darbietet als den beiden Beteiligten. Der in Gedanken Versunkene, nennen wir ihn hier der Kürze wegen den Träumer, ist sich wahrhaftig keiner Schuld bewußt. Er empfindet es im Gegenteil als grobe Beleidigung, erst gerempelt und dann auch noch angeblafft zu werden. Vielleicht fühlt er sich sogar berechtigt, zurückzuschnauzen. Daß er in der Tat durch seine Gedankenverlorenheit so auf der Straße lief, daß er für andere ein Hindernis darstellte, ist ihm gar nicht klar. Der Rempler hingegen hat möglicherweise nicht bemerkt, daß der Träumer träumte. Ihm schien es, als denke dieser Flegel einfach nicht daran, ein wenig auszuweichen, in einem Moment, in dem es eng wurde auf der Straße. Also ist es nur recht und billig, ihm eine Lehre zu erteilen.

Insgesamt handelte es sich, wie der Außenstehende sehen kann, um ein Mißverständnis. Aber auch um Mangel an Aufmerksamkeit und Einfühlung. Aufmerksamkeit ist hier der wichtigere Begriff. Wer sich in der Öffentlichkeit bewegt, sollte sich um größtmögliche Aufmerksamkeit bemühen, nicht zuletzt im eigenen Interesse. Statt angerempelt zu werden, kann man auch in ein Auto laufen! Aufmerksamkeit sollte aber auch dem Mitmenschen gelten. Der Rempler hätte bei etwas mehr

Ein Mensch ohne Aufmerksamkeit ist gar nicht geeignet, in der Welt zu leben. (Philip Chesterfield)

Aufmerksamkeit merken können, daß er es mit einem Träumer und nicht mit einem Flegel zu tun hat.

Der höfliche Umgang mit dem Mitmenschen fängt also auf der Straße an, auf der man sich, wenn irgend möglich, so bewegt, daß man niemanden behindert. Das ist schon an einem schönen Frühlingstag auf einer ganz normalen Straße nicht immer ganz leicht. Es wird noch schwieriger, wenn ungünstige Umstände hinzukommen, Regen zum Beispiel oder das hektische Gewusel eines langen Samstags in der Vorweihnachtszeit.

Bleiben wir zunächst bei der normalen Alltagssituation. Wer im Gewühl der Stadt einen gemütlichen Schaufensterbummel machen möchte, sollte sich nah an den Schaufenstern halten und nicht mitten auf dem Gehsteig bummeln. Schon gar nicht bleibt man unvermittelt mitten auf dem Gehsteig stehen. Karambolagen sind durch solches Verhalten fast unvermeidbar vorprogrammiert.

Das gilt vor allem auch für Bekannte, die sich auf der Straße treffen, mit Handschlag begrüßen und einen Schwatz halten wollen. Niemand kann ihnen das verwehren, aber sie sollten sich dazu einen Platz suchen, an dem sie anderen nicht im Wege stehen. Genauso wie beim Autofahren sollte man auch als Fußgänger beim Überholmanöver den Überholten nicht schneiden.

Herrscht besonders viel Gedränge auf der Straße, ist es besser, jeder geht einzeln. Eingehakt gehende Pärchen bilden leicht ein Hindernis. Und selbst wenn wenig Gedränge herrscht, ist es nicht sehr angenehm, wenn sich einem eine Front von drei oder noch mehr Eingehakten nähert. Ganz abgesehen von der Enge, die auf der Straße entsteht, hat eine solche Front für den Entgegenkommenden auch etwas Bedrohliches.

Auf öffentlichen Rolltreppen kann man gehen und stehen. Wer stehen möchte, sollte das auf der rechten Seite tun, dann kann ein eiliger Zeitgenosse links vorbei. Auch hier gilt: Ein Pärchen sollte sich, auch wenn es schwerfällt, für einen Moment trennen und hintereinander stehen, um die linke Seite für Eilige freizuhalten. Wer es wirklich eilig hat, darf natürlich auch freundlich darum bitten, daß man ihm Platz macht. Sich einfach wortlos vorbeischieben oder gar ·drängen, ist nicht die feinste Art. Die Rolltreppe blockieren allerdings auch nicht.

Wer auf dem Zebrastreifen die Straße überquert, kann den Raum von der Mitte bis zum rechten Rand beanspruchen, die linke Hälfte des Streifens sollte für die Entgegenkommenden von der anderen Straßenseite reserviert sein.

Anstand ziert und kostet nichts. (Deutsches Sprichwort)

Auch wer mit sperrigem Gut auf der Straße geht, sollte darauf achten, daß er andere nicht behindert. Sehr schön wäre es, wenn andere einem Menschen mit ungewöhnlichem Gepäck behilflich wären. Zum Beispiel darf eine Dame einem ihr unbekannten Herrn, der ein schweres Paket zur Post schleppt, ruhig mal die Tür aufhalten.

Selbstverständlich müssen Hundebesitzer ihre vierbeinigen Freunde in der Stadt an die Leine nehmen, und sie müssen darauf achten, daß die Leine keinem anderen zum Stolperstrick wird.

Das schöne Wetter wird bei weitem nicht so dankbar von den Menschen erkannt, als man das bloß minder gute gleich übermäßig allgemein tadeln hört.
(Wilhelm von Humboldt)

Herrscht einmal graues Regenwetter und man geht mit geöffnetem Schirm, so muß man darauf achten, daß man mit seinem Parapluie niemandem den Hut vom Kopf fegt oder andere sonstwie behindert. Auch im Bus sollte man seine tropfnasse Musspritze nicht so halten, daß das Wasser dem Nebenmann in die Schuhe läuft, und was der hübschen Dinge mehr sind, die man mit einem Regenschirm anstellen kann. Durchaus erlaubt ist es dagegen, einem Menschen, der vom Regen überrascht wird, den eigenen Schirm als Unterschlupf anzubieten, zum Beispiel, wenn man an einer nicht überdachten Bushaltestelle steht.

Kurz und gut, wer sich als Fußgänger auf der Straße bewegt, sollte rücksichtsvoll und aufmerksam sein. Auch ein wenig Hilfsbereitschaft schadet nichts. Doch ist das mit der Hilfsbereitschaft so eine Sache – wir kommen im folgenden noch darauf zu sprechen.

Fahrzeugführer gegen Fußgänger

Radfahren ist gesund. Radfahren wird immer beliebter. Auch Radfahrer gehören zu den Fahrzeugführern und sind gegenüber Fußgängern fast immer im Vorteil. Nicht zuletzt deswegen werden sie, so scheint es, zunehmend dreister. Sie rasen klingelnd durch die Fußgängerzonen, erschrecken ältere Menschen, die sie nicht haben kommen hören, indem sie mit gehöriger Geschwindigkeit an ihnen vorbeizischen. Und nicht nur das. Sie stellen auch ihre Räder vor den Eingängen von öffentlichen Gebäuden oder Wohnhäusern ab, so daß der Zugang erschwert oder unmöglich gemacht wird.

Alle Beschwerden der Fußgänger sowie der Autofahrer hier zu wiederholen, ist indessen sinnlos. Rücksichtsloses Verhalten legt der an den Tag, der sich um den anderen, rundheraus gesagt, einen Dreck schert. Er oder sie wird ein Buch wie dieses nicht lesen.

Gelegentlich gelingt es jedoch, einem solchen Menschen durch eine kleine Lektion zur Aufmerksamkeit zu verhelfen. Bei mir im Hause wohnt ein zwölfjähriger Junge, der, obwohl von verschiedenen Hausbewohnern immer wieder darauf angesprochen, sein Mountainbike einfach in den Hausflur direkt vor die niedrig hängenden Briefkästen stellte. Er war einfach zu faul, es die paar Stufen in den Vorkeller hinunterzutragen. Ich habe ihm sein Rad daraufhin – nicht ohne Mühe – einmal direkt quer vor die Wohnungstür im ersten Stock gestellt. Seither steht kein Fahrrad mehr vor den Briefkästen.

Während die Tips dieses Buches einen rüpelhaften Radfahrer beziehungsweise Fußgänger, Motorrad- oder Autofahrer wohl nicht erreichen, darf den durch sie Bedrängten gesagt werden: sich wehren ist legitim.

In öffentlichen Verkehrsmitteln

Bei öffentlichen Verkehrsmitteln ist zwischen Bussen, Straßen-, U- und S-Bahnen einerseits, Fernzügen, Flugzeugen und ähnlichem andererseits zu unterscheiden. Natürlich bemüht man sich in beiden um Höflichkeit, doch macht die Tatsache, daß man bei den Kurzstreckenfahrzeugen nur sehr kurze Zeit mit den anderen Fahrgästen zusammen ist, einen Unterschied.

So wird man in Bus oder Straßenbahn nicht grüßen, wenn man einsteigt, es sei denn, man benutzt täglich zur selben Zeit dieselbe Linie und sieht dort immer wieder dieselben Gesichter. Ein freundliches Lächeln, ein Kopfnicken, ein Gruß sind da durchaus angebracht. Auch für den Fahrer oder die Fahrerin, sofern diese nicht in einer abgeschlossenen Kabine sitzen. Gerade aber vom Fahrzeugführer sollte man keine Gegenreaktion erwarten. Bedenken Sie: Sie grüßen einen Fahrer, ein Fahrer müßte im Laufe eines Diensttages Hunderte von Fahrgästen zurückgrüßen.

Den oder die Mitreisenden in einem kleinen sechs Personen fassenden Coupé eines Fernzuges, mit denen man vielleicht zwei, drei oder noch mehr Stunden zusammensitzt, darf man durchaus grüßen, ohne daß das gleich eine Aufforderung zu einer Unterhaltung wäre. Und wenn man das Abteil verläßt, weil man am Ziel seiner Reise angekommen ist, darf man sich verabschieden und den anderen eine gute Weiterreise wün-

Wir sitzen alle im selben Zug und viele im falschen Coupé. (Erich Kästner)

schen, auch wenn man sich während der Fahrt nicht mit ihnen unterhalten hat. Unüblich ist es allerdings, dabei die Hand zu geben, selbst wenn man während der Fahrt vielleicht eine angeregte Unterhaltung miteinander führte. Sollte sich jedoch eine richtige Bekanntschaft ergeben haben, hat man gar Visitenkarten oder Adressen ausgetauscht, will man in Kontakt bleiben, ist auch der Gruß mit Handschlag angebracht.

Auch im Flugzeug wird man den Sitznachbarn grüßen, man sitzt ja auf engstem Raum eine gewisse Zeitlang in seiner unmittelbaren Nähe. Ebenso grüßt man die meist am Eingang stehende Stewardeß oder den Steward zurück, die einen im Flugzeug willkommen heißen.

Auf ähnliche Verhältnisse wie in Flugzeugen trifft man heute in den Zügen mit Großraumwagen. Hier steht zwar kein Schaffner oder Zugbegleiter zur Begrüßung an der Tür, doch dem Mitreisenden, neben dem man Platz nimmt, sollte man ruhig einen Gruß entbieten, zumindest lächelt man ihm freundlich zu.

In Flugzeugen und Zügen gibt es reservierte Plätze. Es kommt oft vor, daß sich jemand vertan hat und auf dem falschen Platz sitzt. Vor allem ungeübten Reisenden (auch so was gibt es noch!) passiert das leicht einmal. Man sollte also immer davon ausgehen, daß es sich um ein Versehen handelt, wenn jemand beispielsweise einen ihm nicht zustehenden Fensterplatz besetzt hat. Legt man selbst allergrößten Wert auf diesen Platz, dann weist man höflich auf den Fehler hin. Das macht die weitere Reise angenehmer, als wenn man den falsch Sitzenden gleich anherrscht und ihm mit dem Ticket unter der Nase herumfuchtelt.

Freundlichkeit ist eine Sprache, die Taube hören und Blinde lesen können. (Mark Twain)

Ist man selbst ein alter Hase in Flugzeug oder Zug, hat man die Landschaft schon tausendmal gesehen, dann kann man sogar großzügig auf den besseren Platz verzichten. Man darf auch, wenn man einen unerwünschten Platz erwischt hat, fragen, ob der Mitreisende bereit ist, mit einem den Platz zu tauschen. Manche Menschen mögen im Flugzeug nämlich gar nicht unbedingt am Fenster sitzen. Und im Zug vertragen viele Menschen das Rückwärtsfahren nicht gut. Höflich fragen ist immer erlaubt. Aus gutem Grund höflich ablehnen aber auch.

Manche Leute haben ein besonderes Bedürfnis nach Unterhaltung. Sie sprechen jeden an, fest davon überzeugt, auch andere würden gern und immerzu reden. Mir ist es schon passiert, daß ein durchaus freundlicher Herr, der mich lesend im Zugabteil fand, sagte: „Unterhalten wir uns doch ein bißchen, dann brauchen Sie nicht zu lesen." Er meinte, mir einen Gefallen zu tun, da er sich nicht vorstellen konnte, daß man aus einem anderen Grund, als der schieren und zur Verzweiflung treibenden Langeweile ein Buch zur Hand nehmen könnte. Wir haben uns dann über das Lesen unterhalten. Sicherlich hätte er aber, wenn auch ungern, geschwiegen, wenn ich ihm freundlich erklärt hätte, daß ich es vorzöge zu lesen.

Eine Bekannte von mir pflegte lange Zeit eine andere Taktik. Sie kaufte sich am Bahnhofskiosk immer eine russische, ungarische oder eine japanische Zeitung, hinter der sie sich dann versteckte, um in Ruhe nachzudenken, denn lesen hätte sie das Journal nicht können. Nachdem sie aber einmal enthusiastisch auf russisch angesprochen wurde und darauf keine einzige Silbe antworten konnte, hat sie die Taktik aufgegeben. Nun liest sie wieder deutsche Zeitungen.

Apropos Zeitung: Gerade in den engen Sitzen eines Flugzeugs oder Großraumwagens ist das Zeitunglesen so eine Sache. Man sollte sich bemühen, so wenig wie möglich mit den Seiten zu rascheln und vor allem dem Sitznachbarn nicht die halbe Zeitung unter die Nase zu halten. Umgekehrt ist es nicht besonders fein, dem Nachbarn in die Zeitung zu linsen. Sollte man einen Artikel entdecken, der einen brennend interessiert, kann man um das entsprechende Blatt bitten, sobald man sieht, daß der Besitzer der Zeitung es entbehren kann.

Niemandem kann in einem Zugabteil, im Flugzeug oder sonst einem öffentlichen Verkehrsmittel das Wort verboten werden. Es darf aber erwartet werden, daß diejenigen, die sich unterhalten möchten, das leise tun, um diejenigen, die lesen oder schlafen wollen, nicht zu stören.

Darf man sich in eine Unterhaltung einklinken, die andere Reisende miteinander führen? Ja, wenn ganz offensichtlich ein Thema von allgemeinem Interesse Gegenstand der Unterhaltung ist und man selbst etwas beizutragen hat. Nein, wenn es um ein persönliches Thema geht. Wird vom Wetter, von der Landschaft, eventuell auch über ein momentan brisantes politisches Thema, das alle angeht, gesprochen, so darf man sich wohl höflich einschalten. Wird aber über die Party bei Meiers am letzten Samstag, über das bevorstehende Abitur der Tochter oder ähnliches gesprochen, dann hat ein Außenstehender in diesem Gespräch nichts zu suchen.

Früher gab es strenge Regeln, wer wen wann wo wie ansprechen darf. Immer nur der Ranghöhere durfte den Rangniederen zu einem Gespräch einladen. Den Rang festzustellen war und ist gelegentlich sehr verwirrend und schwierig. Ich halte diese

Reden ohne Schweigen wird Geschwätz. (Romano Guardini)

Regel grundsätzlich für überholt. Ein sehr junger Mensch kann etwas höchst Interessantes, Originelles, Wichtiges zu sagen haben. Warum sollte er oder sie schweigen müssen, nur weil nach Rangunterschieden Gesprächserlaubnis erteilt wird?

Da wir gerade bei den jungen Leuten sind. Bei vielen von ihnen sind mit Kopfhörern versehene Walkmen beliebt. Je jünger die Träger dieser technischen Errungenschaft, desto lauter oft der Ton, der aus den Kopfhörern oder Ohrstöpseln noch nach außen quäkt. Sofern man sich bei der nach innen gerichteten Lautstärke überhaupt noch Gehör verschaffen kann – meist muß man den jungen Leuten zusätzlich auf die Schulter tippen –, darf man sehr wohl darum bitten, die Lautstärke zu reduzieren. Für eine kurze Busfahrt wird man das nicht tun; man geht ja immerhin das Risiko ein, nur eine schnippische Antwort zu bekommen. In manchen Regionen ist es übrigens verboten, in öffentlichen Verkehrsmitteln Walkman zu hören.

Wer im Zug oder Flugzeug reist, hat meistens Gepäck dabei. In der guten alten Zeit half der Herr der häufig körperlich etwas schwächeren Dame dabei, das Gepäck zu verstauen. Heute gibt es Frauen, die behaupten, es stünde ihrer Emanzipation im Wege, wenn ihnen geholfen wird. Dementsprechend gibt es Männer, die nicht ohne einen gewissen Trotz behaupten, wenn eine Frau meine, emanzipiert sein zu müssen, dann solle sie gefälligst auch ihre Koffer selber schleppen. Kurz, es sieht wohl so aus, daß heutzutage niemand mehr Hilfe als eine selbstverständliche Leistung erwarten darf. Dort, wo sie angeboten wird, sollte man sie allerdings auch nicht zurückweisen, sondern dankend annehmen. Da, wo sie wirklich gebraucht wird, muß man sie unter Umständen mit höflicher Bitte einfordern – und darauf gefaßt sein, sie trotzdem nicht zu bekommen. Auf jeden Fall darf die kräftige junge Dame dem gebrechlichen alten Herrn den Koffer ins Gepäcknetz heben oder beim Ein- und Aussteigen behilflich sein. Und auch einem kräftigen jungen Mann darf und soll geholfen werden, wenn er denn Hilfe braucht.

Es gibt genug charakterfeste Männer, die eine Frau nicht sitzen lassen – besonders im Bus und in der Straßenbahn. (Grethe Weiser)

Das gilt für die Kurzstrecken-Verkehrsmittel ganz genauso wie für die Fernzüge. Oft ist bei diesen Verkehrsmitteln das Ein- und Aussteigen schwierig. Besonders betroffen sind Mütter und Väter mit Kinderwagen. Von sich aus regt sich da bedauerlicherweise nicht immer eine helfende Hand.

Während es in Flugzeugen aus gutem Grund gar keine Stehplätze gibt und Fernzüge nur zu Ferienzeiten so überfüllt sind, daß man keinen Platz bekommt, ist die volle Straßenbahn oder

der volle Bus zu bestimmten Tageszeiten eher die Regel. Früher galt: Der Herr steht für die Dame auf, die junge Frau für die ältere Dame und auch für den alten Herrn, das Kind für den Erwachsenen. Heute heißt es eher: Wer sitzt, der sitzt.

Sicher ist es freundlich, wenn der Standfestere dem weniger Standfesten einen Sitzplatz anbietet. Manche Dame und auch so mancher Herr fühlen sich heute aber eher beleidigt, wenn man für sie oder ihn den eigenen Sitzplatz räumt. „So alt bin ich ja nun auch noch nicht!" hört man dann. Nun, man kann ja fragen. In jedem Fall sollte man den eigenen Sitzplatz mit einem freundlichen Wort einem ganz bestimmten anderen Fahrgast anbieten und nicht einfach wortlos aufstehen. Es gibt nämlich ganz Flinke, die sitzen schwuppdiwupp auf dem freigemachten Platz, obwohl er für sie gar nicht geräumt wurde.

Man kann auch einen Kompromiß vorschlagen, vielleicht indem man fragt, ob man dem anderen ein Gepäckstück abnehmen und auf dem eigenen Schoß halten darf. Auf einen leeren Sitzplatz gehören Tüten und Taschen höchstens, wenn im Wagen ohnehin gähnende Leere herrscht.

Oft setzen sich Leute auf den Platz an der Gangseite und lassen den Fensterplatz leer. Vielleicht wollen sie verhindern, daß sich jemand neben sie setzt. Vielleicht fahren sie nur eine Station weit und wollen nicht auf den hinteren Platz abgedrängt werden. Wenn Sie selbst sitzen möchten, dann bitten Sie einen solchen Fahrgast, rüberzurücken oder Ihnen den Weg zu dem noch freien Sitz zu ermöglichen. Auch wenn Sie auf dem hinteren Platz sitzen und aussteigen möchten, bitten Sie den Nebenmann rechtzeitig, Sie vorbeizulassen. Wer selbst jemanden vorbeilassen muß, steht dazu auf. Die Sitze sind meist zu eng aneinander angebracht, als daß es genügte, die Beine bloß wie im Konzertsaal oder Kino ein wenig anzuziehen.

Grundsätzlich sollten alle Fahrgäste, wenn irgend möglich, einen Sitzplatz einnehmen. Das ist eine Frage der Vernunft, denn wer sitzt, ist im Falle eines Unfalls weniger gefährdet als der Stehende, der keinen guten Halt hat und durch das ganze Vehikel geschleudert werden kann.

Auch schon vor der Benutzung eines öffentlichen Verkehrsmittels sind heutzutage ein paar Hürden zu nehmen. Schaffner gibt es schon längst nicht mehr. Auch der Fahrer, der früher sowohl Billets verkaufte und abstempelte als auch das Fahrzeug steuerte, ist neuerdings meist entlastet und sitzt in einer abgeschotteten Kabine. Fahrkarten gibt es am Automaten, den zu bedienen manchmal einer Geheimwissenschaft gleichkommt. Wenn

Aufmerksamkeit ist die höchste aller Fertigkeiten und Tugenden. (Johann Wolfgang von Goethe)

Sie sehen, daß jemand mit der Tücke des Objekts kämpft, dürfen Sie sich ruhig einmischen und behilflich sein. Natürlich können Sie selbst auch einen Umstehenden um Rat bitten, wenn Sie mit der Maschine nicht zurechtkommen. Meiner eigenen Erfahrung nach ist es gescheit, ein Kind zu fragen, wie beispielsweise ein komplizierter Fahrkartenautomat mit 20 bunten Tasten bedient wird. Das Interesse an technischen Dingen ist bei vielen Kindern groß. Sie wissen Bescheid, und sie freuen sich meist, wenn man sie fragt.

Beim Einkauf

Es macht selbstverständlich einen Unterschied, ob man in einem kleinen Fachgeschäft, in dem man individuell bedient wird, eine Ware einkauft oder im großen Supermarkt seinen Wagen zwischen den Regalen entlangschiebt.

Wo man individuell bedient wird, ist es durchaus auch üblich, beim Betreten des Ladens zu grüßen. Allerdings, den Hut zu ziehen, braucht der Herr nicht. Das sind „olle Kamellen" aus vergangenen Zeiten. Ohnehin wird ja augenblicklich – das kann sich natürlich rasch wieder ändern – nicht so viel Hut getragen wie etwa noch vor 30 Jahren.

Wer in einen Supermarkt oder ein Warenhaus geht, grüßt nicht. Freilich schadet es auch nicht, der Frau oder dem Mann an der Kasse ein Lächeln zu schenken. Und wenn man regelmäßig Kunde im selben Großmarkt ist und dort immer wieder auf dieselben Angestellten stößt, kann man sich auch zunicken oder grüßen. Wenn nicht gerade Hochbetrieb herrscht, wird man vielleicht sogar ein paar Worte wechseln.

Oft kommt es vor, daß Leute es tatsächlich oder auch nur angeblich sehr eilig haben. Sie drängeln sich dann an der Warteschlange vorbei an die Spitze und fragen den ersten in der Schlange, ob er oder sie bereit ist, sie vorzulassen. Ich lehne das grundsätzlich ab, nicht weil ich eine verbohrte Prinzipienreiterin bin, sondern weil ich auch gegenüber den anderen, die hinter mir in der Schlange stehen, eine Verpflichtung habe. Mir persönlich mag es recht sein, wenn jemand vorgelassen wird.

Die Engländer sind die einzigen Menschen, die sogar Schlange stehen, um in eine Schlange zu kommen. (Pierre Daninos)

Aber der vierte oder fünfte in der Reihe hinter mir hat es möglicherweise ebenfalls eilig, und er wäre von meiner Entscheidung mitbetroffen, ohne selbst dabei entschieden zu haben. Genau mit dieser Erklärung verweise ich den Eiligen ans Ende der Schlange.

Was anderes ist es, wenn jemand innerhalb der schon wartenden Schlange mit mir den Platz tauschen will. Dadurch kommt es zu keiner generellen Verschiebung. Je nachdem, wie es mit meiner eigenen Zeit bestellt ist, lasse ich das zu oder nicht. Wenn ich natürlich alleine an der Kasse stehe, einen Wagen zum Bersten voll mit Waren habe, und es kommt jemand mit einem einzigen Artikel in der Hand, dann lasse ich demjenigen gern den Vortritt.

Oft beobachtet man, daß der Supermarkt ein Ort des gemütlichen Schwätzchens ist. Da stehen dann zwei Hausmänner oder Rentner, manchmal auch Hausfrauen – aber die haben meist weniger Zeit – mit vollen Einkaufswagen vor einem Regal oder vor der Kühltruhe, so daß die anderen Kunden nur mit Mühe an die Waren kommen. Man darf sich ruhig getrauen, solche Leute mit Höflichkeit darauf hinzuweisen, daß sie hier im Wege stehen. Auch wenn der Tratsch vor der Theke im Bäcker- oder Metzgerladen stattfindet, darf ein dadurch behinderter Kunde das Wort ergreifen. Der Kaufmann oder die Verkäuferin darf das nicht so ohne weiteres, ist aber oft sehr froh, wenn es dann ein Kunde tut.

Unbedingt auch erlaubt ist der Einsatz für den Schwächeren. Gerade in Bäckerläden ist die Theke oft sehr hoch. Kleine Kinder, rasch von der Mutter zum Brotkaufen geschickt, können sich, bis sie drankommen, die Beine in den Bauch stehen. Es gibt genügend Erwachsene, die die Situation des Kindes ausnutzen und es beiseite schieben. Da darf, da sollte man sogar eingreifen und sagen: „Entschuldigen Sie, das Kind war zuerst da."

In Geschäften, in denen der Kunde individuell beraten und bedient wird, wohl auch Einkäufe einer gewissen Preisklasse tätigt und häufiger kauft, wie beispielsweise in Modegeschäften, ergibt es sich oft, daß der Verkäufer oder die Verkäuferin den Namen des Kunden beziehungsweise der Kundin kennt und ihn oder sie auch damit anspricht. Wie verhält man sich da als der angesprochene Kunde? Nicht in jeder Branche, nicht in jedem Geschäft ist es üblich, daß der Verkäufer ein Namensschildchen trägt. Darf man einfach nach dem Namen fragen? Ja, ich finde, man darf. Ich glaube sogar, man darf noch mehr: Man darf

Frauen lieben es im Grunde gar nicht, Klatsch weiterzuerzählen. Sie wissen nur nicht, was sie sonst damit anfangen sollen. (Romy Schneider)

darum bitten, den Namen aufgeschrieben zu bekommen. Denn, mal ehrlich, wer behält einen Namen schon gleich beim ersten Mal? Und wie peinlich, wenn man das letzte Mal die Verkäuferin nach ihrem Namen gefragt hat und ihn dann beim nächsten Mal doch wieder nicht weiß. Die Verkäufer und Verkäuferinnen sind da häufig im Vorteil. Sie kennen den Namen des Kunden oder der Kundin vom Scheck, der ausgestellt wurde, von einem Bestellzettel oder ähnlichem.

Je größer der Laden, desto größer oft die Hilflosigkeit: Wo finde ich was? Im allgemeinen trifft man immer irgendwo auf Personal, bei dem man sich freundlich erkundigen kann. Umgekehrt bietet oft eine Angestellte ihre Hilfe an, wenn man sich gern erst einmal ungestört umschauen möchte. Das darf man natürlich zum Ausdruck bringen. Man muß aber auch verstehen, daß einem das Personal auf den Fersen bleibt. Es hat von oben her schließlich Anweisung, nicht nur zur Beratung zur Verfügung zu stehen, sondern auch Diebstähle zu verhüten. Und wäre es nicht ein schlechter Dieb, dem man sein Vorhaben gleich an der Nasenspitze ansähe? Haben Sie also Verständnis, wenn man Ihnen nicht so ohne weiteres von der Seite weicht.

Lächeln ist die beste Art, den Leuten die Zähne zu zeigen. (Werner Finck)

Suchen Sie in einem Supermarkt nach einem bestimmten Produkt und ist weit und breit kein Hauspersonal zu sehen, so sprechen Sie höflich einen anderen Kunden an. Werden Sie selbst angesprochen, antworten Sie freundlich, auch wenn man Sie unhöflich mit den Worten angehauen hat: „ He, wo gibt's 'n hier ... ?" Gelegentlich dämmert einem Zeitgenossen das eigene unfreundliche Verhalten eher, wenn man ihm zuvorkommend antwortet, als wenn man mit gleicher Münze zurückzahlt.

Wartezimmer und Amtsstuben

Wartezimmer bei Ärzten sind ähnliche Aufenthaltsorte wie Zugabteile. Wenn man sie betritt und schon andere Wartende da sind, grüßt man, sucht sich einen leeren Platz und wartet. Ist man zu zweit gekommen oder trifft man einen Bekannten, darf man sich leise unterhalten. Mit fremden Wartenden ein Gespräch anzufangen ist hier heikler als im Zug. Wer zum Arzt geht, hat meist andere Sorgen als ein vergnügter Reisender und möchte unter Umständen nicht gern angesprochen werden. Ist man selbst der Angesprochene, kann man sich in eine Zeitschrift verkriechen, sich hinter dem mitgebrachten Buch verstecken oder auch ganz ehrlich zugeben: „Entschuldigen Sie bitte, aber mir ist nicht nach Reden zumute."

Besucht man häufiger denselben Arzt, darf man die Sprechstundenhilfe mit Namen grüßen. Die Hand wird man ihr schlicht aus hygienischen Gründen nicht reichen. Sie wäre strenggenommen verpflichtet, sich dann die Hände waschen zu gehen. Ist man schon lange „Stammkunde" und hat sich die Sprechstundenhilfe als besonders freundlich erwiesen, darf man ihr zu einer Festlichkeit, wie etwa dem bevorstehenden Weihnachtsfest, eine kleine Aufmerksamkeit mitbringen. Aber wohlgemerkt, eine Aufmerksamkeit, kein Geschenk. Ein Tütchen mit fünf oder sechs feinen Trüffeln oder Marzipanpralinen – ja; eine große Bonbonniere – nein.

Wartezimmer bei Ämtern gibt es eigentlich nicht, man läßt die Klienten auf dem Flur warten. Ist die Zahl der bereits Wartenden überschaubar, grüßt man. Herrscht Gedränge und entsprechende Verdrießlichkeit, kann ein freundliches Gesicht aufmunternd wirken. Ein Gruß wird wahrscheinlich unerwidert bleiben. Ist man dran, kann es nicht schaden, dem zuständigen Beamten beziehungsweise der Beamtin mit Freundlichkeit zu begegnen. Es beruht zwar auf einem groben Vorurteil, Beamte als schlecht gelaunt und nicht gerade von Arbeitseifer sprühend darzustellen, aber es gibt durchaus Vertreter der Zunft, die dieser Einstufung Vorschub leisten. Gerade solche haben eine sehr feine Antenne dafür, ob man ihnen mit ehrlicher oder mit überspitzter, vielleicht gar ironischer Freundlichkeit entgegentritt. Spüren Sie selbst also, daß Ihre Freundlichkeit nicht echt wäre, dann halten Sie sich zurück, und seien Sie so sachlich wie irgend möglich!

Es gibt einen Tatbestand, mit dem man gerade auf Ämtern neuerdings häufiger konfrontiert wird und dem man mit äußerstem Takt begegnen sollte. Da kommt es gelegentlich vor, daß einen jemand fragt: „Ach, entschuldigen Sie, ich habe meine Lesebrille vergessen. Können Sie mir vielleicht helfen, das Formular auszufüllen?" Dem Fragenden ist unter Umständen nicht damit gedient, daß Sie ihm Ihre eigene Lesebrille anbieten. Oft genug handelt es sich um noch relativ junge Menschen, denen man Alterssichtigkeit eigentlich kaum zutraut – und nicht zu Unrecht. Ihre Augen sind nicht schlecht,

Freundlich abschlagen ist besser als unwillig geben. (Deutsches Sprichwort)

aber sie können nicht lesen und schreiben. Es ist eine traurige, aber nicht von der Hand zu weisende Tatsache, daß die Zahl der Analphabeten in diesem unserem Lande wächst. Den Betroffenen ist das meist sehr peinlich. Man sollte ihnen die mißliche Lage, in der sie sich ohnehin schon befinden, nicht noch dadurch erschweren, daß man sie mit einer sarkastischen Bemerkung auflaufen läßt. Man tut, als wäre man von ihrer Geschichte mit der vergessenen Brille überzeugt, liest ihnen die Fragen vor und füllt den Bogen nach ihren Angaben aus. Daß man dem ausländischen Mitmenschen in gleicher Weise behilflich ist, sollte ebenso selbstverständlich sein (siehe hierzu auch Seite 47).

Öffentliche Ämter und Hochhäuser, in denen Arztpraxen untergebracht sind, verfügen natürlich über Aufzüge. In einem etwas altväterlich angehauchten Benimmbuch lese ich: „Der Fahrstuhl ist nun einmal ein sehr enger geschlossener Raum, und in geschlossenen Räumen trägt man grundsätzlich keine Kopfbedeckung. Es gibt großzügige Vertreter des männlichen Geschlechts, die auf dem Standpunkt stehen, das Gesetz des Hutes in der Hand gelte für den Fahrstuhl nur dann, wenn auch Damen darin sind ..." und so weiter.

Es kommt nicht darauf an, was für einen Hut man auf dem Kopf hat, sondern was für einen Kopf unter dem Hut. (Herbert George Wells)

Richtig, zuallererst ist der Fahrstuhl ein enger Raum. Ein vor oder neben sich gehaltener Hut nimmt erfahrungsgemäß mehr Platz weg als ein auf dem Kopf getragener. Deshalb sollte er – ungelüpft – dort bleiben. Daß die Vorschrift ohnehin nur Herren betrifft, ist sowieso klar. Eine Dame nimmt ihren Hut, solange sie sich in der Öffentlichkeit befindet, nicht ab. Dient er doch nicht zuletzt gelegentlich auch der Kaschierung einer nicht mehr ganz astreinen Frisur, weshalb sie ihn auch durchaus im Café aufbehält, obwohl sie den Mantel ablegt.

Betritt der Herr das Wartezimmer des Arztes, wird er den Hut an der Garderobe ablegen. Ob er die Amtsstube mit dem Hut in der Hand betritt oder den Hut nur kurz zieht und dann wieder aufsetzt, hängt von der Situation ab. Vielleicht hat er viele Unterlagen dabei, braucht beide Hände um die Aktenmappe zu öffnen und seine Papiere zu entnehmen – wohin dann mit dem Hut? Da ist er doch auf dem Kopf noch am besten aufgehoben.

Am Telefon

Das Diensttelefon

Das Telefon ist zu einem der meistbenutzten Kommunikationsmittel geworden. Wir telefonieren ständig, nicht nur mit Bekannten und Freunden, sondern zunehmend auch mit Unbekannten, das heißt beispielsweise mit Behörden, Firmen oder
Geschäften, wo wir dann unter Umständen mit einem uns
unbekannten Menschen verbunden werden.

Es kann passieren, daß man eine Nummer wählt und sich nach
einiger Zeit auch tatsächlich jemand meldet, aber leider nicht
immer in einer Art und Weise, die einem unmißverständlich
deutlich macht, daß man an der richtigen Stelle gelandet ist.
Da es peinlich ist, als Anrufer erst einmal herausfinden zu
müssen, ob man überhaupt richtig verbunden ist, sollte es
jedem, der an einem offiziellen Telefon sitzt, selbstverständlich
sein, sich so zu melden, daß der Anrufer weiß: Hier bin ich
richtig. Umgekehrt sollte dann der Anrufer sich so deutlich und
ausführlich vorstellen, daß auch der Angerufene weiß, mit wem
er es zu tun hat.

Wer beispielsweise bei der Firma XY anruft, weil er dort Frau
Meier sprechen möchte, sollte sich auch bei Herrn Müller, der
den Hörer abgenommen hat, vorstellen, ehe er darum bittet,
weiterverbunden zu werden. Also etwa so: Nummer wählen,
das Rufzeichen ertönt, jemand nimmt ab:

„Firma XY, Versandabteilung, Kurt Müller. Guten Tag."

„Guten Tag, Herr Müller. Hier spricht Klaus Schulze von der
Firma ZZ. Könnte ich bitte Frau Meier sprechen?"

„Einen Moment, ich verbinde."

Herr Müller hat so die Gelegenheit, seine Kollegin schon vorab
zu informieren, wer sie sprechen möchte, und muß den Hörer
nicht mit den Worten: „Ist für Sie", weiterreichen.

Es kann natürlich sein, daß Sie als Privatmensch bei einer
Behörde, einer Firma oder wo immer anrufen müssen; Sie
wissen aber noch nicht, mit wem Sie sich mit Ihrem speziellen
Problem verbinden lassen müssen. Es empfiehlt sich für diesen
Fall – genauso wie bei einem Anruf bei der Auskunft –, sich
vorher genau zu überlegen, eventuell auch zu notieren, was
man fragen will, welche Abteilung man braucht und ähnliches.
Bei der Auskunft beispielsweise wird man oft gebeten, einen

*Das Telefon
ist eine Erfin-
dung des Teu-
fels, die die er-
freuliche Mög-
lichkeit, sich
einen lästigen
Menschen
vom Leibe zu
halten, teilwei-
se wieder zu-
nichte macht.
(Ambrose
Bierce)*

Namen zu buchstabieren, und zwar anhand der nationalen oder internationalen Buchstabiertafel (siehe Seite 295). Da ist es sehr angebracht, wenn man sich vorher alles genau überlegt oder notiert hat, damit man nicht für den Auskunftgebenden verwirrend herumstottert. Papier und einen wirklich gut funktionierenden (!) Stift sollte man ohnehin bereitliegen haben, um sich die erteilte Auskunft gleich aufschreiben zu können. Und man bedankt sich natürlich auch für die Auskunft, die man bekommen hat.

Gerade bei Behörden, manchmal auch bei Firmen, kann es ziemlich lange dauern, bis man weitervermittelt wird. Zwar wird einem diese Wartezeit heute häufig mit eingespielter Musik versüßt; ob das wirklich eine gute Lösung ist, sei dahingestellt. Nicht jeder ist immer dazu aufgelegt, irgendwelches Gedudel zu hören, noch dazu, wenn er dafür bei einem Ferngespräch teuer bezahlen muß. Der Hinweis, daß es sich um ein Ferngespräch handelt, ruft auf der Gegenseite auch nicht immer die entsprechende Reaktion hervor. Um so mehr sollte man sich selbst um eine rasche Abwicklung bemühen, wenn ein Anruf von außerhalb eingeht.

Das Privattelefon

Katzen erreichen mühelos, was uns Menschen versagt bleibt: durchs Leben zu gehen, ohne Lärm zu machen.
(Ernest Hemingway)

Im privaten Telefonverkehr gibt es ein paar andere Dinge zu beachten. Die Zeiten, zu denen man anruft, sind eingeschränkt. Vor 9 Uhr morgens und nach 22 Uhr abends sollte man ohne Not keinen Menschen ans Telefon holen, es sei denn, man kennt den anderen sehr gut und weiß, daß sie oder er auch gerne noch um Mitternacht telefoniert.

Ebenfalls ungünstige Telefonzeiten sind die Mittagspause, die man getrost von 13 bis 15 Uhr ansetzen sollte (es gibt Leute, die gerne nach dem Essen ein Nickerchen machen), und die Zeit des üblichen Abendbrots, einschließlich der Fernsehnachrichten. Das ist etwa die Zeit zwischen 19 und 20.30 Uhr.

Natürlich werden einem heute Nachrichten auch im Fernsehen bei den verschiedensten Sendern zu beinahe jeder Stunde geboten. Aber viele Menschen sehen eben gerne die Nachrichtensendung eines bestimmten Senders. Ein wenig Gewohnheitstier sind wir ja schließlich alle. Es kann also in keinem Fall schaden, sich erst einmal zu erkundigen, ob man gerade stört mit seinem Anruf, und wenn das der Fall ist, sich entweder extrem kurz zu fassen oder anzubieten, später anzurufen.

Selbstverständlich darf man auch zu ungewöhnlichen Zeiten anrufen, wenn es dem Angerufenen von Nutzen ist. Angenommen, Sie betreiben irgendeine Art von Dienstleitungsgewerbe und es kommen Kunden zu Ihnen oder Sie besuchen Kunden. Nun haben Sie einen Termin mit einem Kunden auf morgens 8.30 Uhr festgelegt, können diesen Termin aus irgendeinem triftigen Grund aber unmöglich einhalten. In einem solchen Fall wird es dem Kunden lieber sein, am Abend vorher auch um 22 Uhr noch angeklingelt zu werden, als am nächsten Morgen mit sinnloser Warterei Zeit zu verplempern. Auch ein Anruf um 8 Uhr morgens wäre in einem solchen Fall vertretbar. Kommt ein Anruf für Sie selbst ungelegen, dürfen Sie das unbedingt sagen. „Entschuldigen Sie bitte, der Kuchen brennt mir an/ ich versäume meinen Zug/ ich habe Gäste", oder was immer es sein mag, das Sie jetzt am ausführlichen Telefonieren hindert. Bitten Sie um die Nummer des Anrufers, sofern Sie sie nicht wissen, und bieten Sie späteren Rückruf an.

Wie meldet sich der Angerufene? Früher galt es als grob unhöflich, nur einfach „ Hallo?" oder „Ja?" in die Muschel zu rufen. Im Ausland sieht man das etwas anders. „Hello?" ist in England und USA nicht unüblich, die Italiener fragen „Pronto?". Diese anonyme Form der Antwort ist wenig hilfreich, denn der Anrufer weiß nicht, ob er sich verwählt hat. Freilich hat der Angerufene, wenn er den Namen des Anrufers erfährt, den geringen Vorteil, zuerst zu wissen, mit wem er es zu tun hat. Auch die eigene Nummer statt des Namens zu nennen, bietet wenig Schutz vor unerwünschten Anrufen.

Sich mit Namen zu melden, scheint die beste und schnellste Form des Einstiegs in die Telefonkonversation. Dabei meldet sich sowohl die Dame als auch der Herr mit dem Nachnamen. Selbstverständlich bleibt es beiden unbenommen, sich mit vollem, also mit Vor- und Zunamen, zu melden. Besonders im Geschäftsleben ist das empfehlenswert, wenn es in einem Betrieb mehrere Mitarbeiter gleichen Nachnamens gibt.

Die Kinder des Hauses sollten sich mit Vor- und Nachnamen melden, bei Namensgleichheit mit den Eltern eventuell mit dem Zusatz „junior". Wer irgendwo zu Gast ist und ans Telefon geht, meldet sich mit: „Hier bei Soundso" und setzt dann eventuell den eigenen Namen hinzu.

Wer sich verwählt hat, sollte, wenn er seinen Irrtum entdeckt, nicht wortlos auflegen. Ein freundliches Wort der Entschuldigung, auf das der falsch Angeklingelte ebenso freundlich und verständnisvoll antwortet, darf jedem zugemutet werden.

Abgeredet vor der Zeit, gibt nachher keinen Streit. (Deutsches Sprichwort)

Schließlich haben wir alle schon mal die falsche Nummer gedreht oder die falschen Tasten gedrückt und waren dann froh, vom anderen Teilnehmer nicht als „Trottel" oder ähnliches bezeichnet worden zu sein.

Gelegentlich geschieht es jedoch, daß der Falschwähler von seiner absoluten Unfehlbarkeit überzeugt ist und dem falsch Angewählten unterstellt, er halte sich am verkehrten Telefon auf. Da kommt es dann schon mal zu einem merkwürdigen Hickhack. „Ja wieso, was haben Sie denn für eine Nummer?" wird man da beispielsweise gefragt. Man gibt Auskunft, worauf die vorwurfsvolle Antwort kommt: „Na also, die habe ich ja nicht gewählt." Wenn einem das zu dumm wird, darf man auflegen, ohne ein weiteres Wort. Und man ist auch keineswegs verpflichtet, mit jemandem, der sich verwählt hat, eine lange Konversation zu führen, obwohl es mitunter so scheint, als gäbe es Leute, die es darauf anlegen, unter dem Vorwand, sich verwählt zu haben, endlich mal wieder ausführlich mit jemandem reden zu können.

Ein Mensch ohne Fehler ist kein vollkommener Mensch. (Alfred Polgar)

Meist bemerken wir unseren Fehler erst, wenn sich am anderen Ende ein Teilnehmer meldet, den wir nicht kennen. Manchmal aber merkt man schon in dem Augenblick, in dem die Nummer gewählt ist und der erste Rufton nach draußen geht, daß man sich vertan hat. Soll man es dann trotzdem weiterklingeln lassen, obwohl man ja weiß, daß man die falsche Verbindung bekommen wird? Das ist eine Gewissensfrage. Die meisten Menschen sitzen nicht neben dem Telefon auf der Lauer oder spurten sofort beim ersten Ton los. Man muß es ohnehin mehrmals läuten lassen, bis der andere Teilnehmer den Hörer abhebt. Und wer weiß, welches Ungemach man dem Angerufenen gerade in dem Augenblick bereitet? Nicht ohne Grund greifen Witzzeichner immer wieder auf das Klischee des beim Bade Gestörten zurück. Wenn ich beim ersten Ton schon weiß, ich habe mich verwählt, dann lege ich wieder auf – in der Hoffnung, dem Belästigten damit den wenigsten Ärger gemacht zu haben.

Anrufbeantworter und schnurlose Telefone

Ein kleines Kapitel für sich sind die Anrufbeantworter und die schnurlosen Telefone.

Ich kenne kaum jemanden, der es liebt, mit der Maschine parlieren zu müssen. Viele Menschen sind abgeschreckt, wenn sie das Band anlaufen hören und legen wortlos auf. Andere können sich an den mechanischen Gesprächspartner nicht gewöhnen. Sie stottern herum und vergessen im Eifer des Gefechts die Hauptsache: nämlich ihren Namen, ihre Nummer, ihr Anliegen zu nennen. Außerdem fürchten sie, ihr hilfloses Gestammel könne auf der Gegenseite zu Heiterkeitsausbrüchen führen. Wieder anderen ist der Vorlauf auf dem Band zu lang, sie möchten nicht mit einem angeblich witzigen Text aufgehalten werden.

Wir werden auch weiterhin mit den Sprechmaschinen leben müssen. Dem Besitzer eines solchen Gerätes sei deshalb gesagt: Halten Sie Ihren Vorlauftext knapp! Dem Benutzer sei empfohlen: Seien Sie immer darauf vorbereitet, eine Maschine statt eines Menschen an den Apparat zu kriegen. Formulieren Sie Ihr Anliegen dann kurz und schlicht, nennen Sie nur Namen und Nummer und bitten Sie um Rückruf. Dabei ist es günstig, gleich eine Zeit anzugeben, zu der Sie persönlich zu erreichen sind. Sonst könnte es sein, daß es zum Ringelreihen der Anrufbeantworter kommt.

Das tragbare Telefon ist augenblicklich ganz zweifellos im Vormarsch. Es mag viele Fälle geben, in denen es von unschätzbarem Vorteil ist, immer und überall erreichbar zu sein. Was dem einen von Nutzen ist, kann dem anderen zu erheblichem Ärger gereichen. Ein schnurrendes Telefon in der Jackentasche mag in der Öffentlichkeit, im Restaurant, beim Friseur angehen. Im Kino bei laufendem Film, im Theater, im Konzert wäre es mehr als eine Belästigung.

Denn eine Störung seiner Freuden sucht jeder möglichst zu vermeiden. (Wilhelm Busch)

Hier ist übrigens auch ein kurzer Hinweis für Träger von Uhren mit Weckautomatik angebracht. Wer einen solchen Chronometer sein eigen nennt, sollte unbedingt darauf achten, daß er die Weckvorrichtung abgestellt hat, ehe er irgendwo hingeht, wo das plötzliche Surren als störend empfunden werden muß!

Übrigens, Einladungen zu einer zwanglosen Party, einem Gartenfest, einem kleinen Essen mit Freunden oder Bekannten, zum Kindergeburtstag oder was es sonst an inoffiziellen Einladungen gibt, darf man heute telefonisch aussprechen. Die Zeiten, als man hochoffiziell schriftlich auch zum kleinen Abendessen einlud, sind vorbei (siehe auch Seite 77 ff.). Allerdings, eine auf das Band des Anrufbeantworters gesprochene Einladung gilt immer noch als unhöflich. Sie ist, abgesehen davon, auch im Eigeninteresse wenig sinnvoll. Man weiß ja nicht, ob die Einladung angenommen wurde und mit wie vielen Gästen man schließlich zu rechnen hat.

Öffentliche Veranstaltungen

Bei jeder öffentlichen Veranstaltung, sei es ein Vortrag, eine Dichterlesung, ein Kinobesuch oder eine Theaterpremiere, kommen wir zwangsläufig mit fremden Menschen zusammen. Es sind also Verhaltensregeln gefragt.

Sicherlich kann man sich im Kino ungezwungener benehmen als bei einem Konzert mit einem gefeierten Stardirigenten. Dennoch schadet es nichts, auch im Kino ein paar Regeln zu beachten: Wenn man zu spät dran ist oder absichtlich spät gekommen ist, um dem oft übermäßig langen Reklame- und Vorschaublock zu entgehen, so muß man unter Umständen mit einem Platz in den vorderen Reihen oder am Rand vorliebnehmen. Es ist ziemlich unhöflich, sich in die Mitte einer Reihe vorzudrängen und dann vielleicht auch noch umständlich den Mantel abzulegen, wenn der Hauptfilm schon läuft. Den ausgezogenen Mantel legt man auch nicht über die Lehne des Sitzes vor sich. Man hält ihn entweder auf dem Schoß oder gibt ihn an der Garderobe ab. Allenfalls darf man Jacke oder Mantel auf dem Vorder- oder Nebensitz ablegen, wenn im Kino gähnende Leere herrscht, was heutzutage freilich häufig vorkommt.

Toleranz heißt, die Fehler der anderen entschuldigen. Takt heißt, sie nicht bemerken. (Arthur Schnitzler)

Auch im Kino ist es ziemlich unangenehm, wenn jemand mit Bonbonpapier raschelt oder allzu geräuschvoll das noch rasch in der Pause vor dem Hauptfilm angebotene Eis schleckt. Sich solches Verhalten zu verbitten, ist aber meist sinnlos. Das einzige, was man als gestörter Kinobesucher tun kann, ist wohl, sich einen anderen Platz zu suchen.

Früher war die im Kino sitzende Dame mit Hut ein beliebtes Thema der Karikaturisten. Heute wird ohnehin sehr viel weniger Hut getragen, und die meisten wissen, daß eine Kopfbedeckung dem Hintermann die Sicht nimmt. Es scheint ein abgehaktes Problem zu sein.

Es ist Sinn und Zweck einer tollen Klamotte, das Publikum zum Lachen zu bringen. Zu zweit und in der Gruppe lacht man im allgemeinen lauter und ausgelassener, als wenn man allein ins Kino gegangen ist. Gönnen Sie anderen den Spaß, auch wenn sie sich vielleicht ungebärdiger amüsieren, als es Ihrem Geschmack entspricht. Wird allerdings neben, vor oder hinter Ihnen allzu aufdringlich geflüstert oder gar gesprochen, dann sollten Sie schon sagen, daß Sie sich gestört fühlen. Mit einem vollständigen Satz, ein „pssst!" ist nicht sehr freundlich und bringt auch oft genug noch nicht mal den gewünschten Erfolg. All das gilt gleichermaßen für jede andere Veranstaltung. Mehr noch als im Kino achtet man bei Vorträgen oder Dichterlesungen darauf, sich so leise wie irgend möglich zu verhalten, sollte man spät dran sein. Ebenso bei Veranstaltungen, die in Räumen „mit Konsumationsbestuhlung" stattfinden, wie das in schönstem Amtsdeutsch heißt, und womit Kleinkunst- oder Kabarettveranstaltungen gemeint sind, bei denen das Publikum an kleinen Tischen sitzt und Getränke „konsumiert". Denn man stört in diesem Fall ja nicht nur das Publikum, sondern auch den Vortragenden oder die Künstler auf der Bühne.

Wenn jeder an sich denkt, ist an alle gedacht. (Anonymes Graffito)

Bei großen Konzerten oder Theateraufführungen wird man ohnehin vor der Pause meist nicht mehr reingelassen, wenn man zu spät kommt. Es sei denn, man ist glücklicher Besitzer einer eigenen Loge. Allerhöchstens wird einem die Tür geöffnet, so daß man in den Saal schlüpfen kann. Man muß aber an der Seite stehenbleiben. Jedenfalls sollte man das höflichkeitshalber tun, auch wenn man vom Platzanweiser nicht direkt dazu aufgefordert wurde.

Der gedämpfte Ton ist im Theater und Konzertsaal übrigens auch schon vor der Vorstellung und während der Pause im Foyer angebracht. Man unterhält sich dort, während man vielleicht an der Bar einen Schluck nimmt, in Zimmerlautstärke. Wenn man irgendwo im Gedränge einen Bekannten sieht, ruft oder pfeift man nicht laut nach ihm.

Im Theater und Konzert hat man eine Platzkarte, man weiß, ob der eigene Platz am Rand oder in der Mitte der Reihe liegt. Wer in der Reihenmitte sitzt, sollte weder bei Vorstellungsbeginn noch nach der Pause als letzter angehetzt kommen. Schließlich muß man an allen anderen, schon sitzenden, vorbei. Man kehrt dabei den sich schon auf ihren Plätzen befindlichen Personen immer die Vorderfront zu und bedankt sich mit einem stummen Kopfnicken und einem Lächeln. Ein unablässiges „Dankeschön, vielen Dank" ist eher störend.

Wer andere vorbeilassen muß, steht selbst der Einfachheit halber auf. Die Sitzreihen sind meist eng, nur die Beine zur Seite drehen schafft oft nicht genügend Raum.

Ein endlos diskutiertes Thema ist die korrekte Kleidung. Im Kino oder bei einem einfachen Vortrag ist sicherlich kein besonderes Outfit gefragt. Normale Straßenkleidung ist richtig. Freilich, einen ungewaschenen Typen mit ausgeprägtem Eigenduft neben sich sitzen zu haben kann sehr unangenehm sein.

Wenn irgend möglich, wechselt man den Platz. Auch im Konzert und Theater kann einem das passieren. Da ist die Ausweichmöglichkeit meist gering.

Mit etwas Anstrengung läßt sich alles auf dieser Welt geheimhalten – ausgenommen Knoblauch. (Alexander Roda Roda)

Viele Leute gehen gern vor dem Theater oder Konzert zum Essen. Das ist keine schlechte Idee; ein gefüllter Magen knurrt nicht so leicht. Leider wird dabei gelegentlich vergessen, daß man hinterher noch eine Veranstaltung besuchen will. Sie selbst sollten daran denken und möglichst kein Gericht bestellen, das Knoblauch enthält.

Früher waren Theater und Konzertbesuche etwas Besonderes, und man kleidete sich dem Anlaß entsprechend. Heute sieht man das alles nicht mehr so eng. Man unterscheidet vor allem recht genau zwischen einer normalen Aufführung im Stadttheater und einer Welturaufführung in einem großen Theater von internationalem Renommee, aber auch zwischen Sprechtheater und Oper, Ballett oder Konzert.

Musikveranstaltungen gehen üblicherweise mit einer festlicheren, aufwendigeren Garderobe einher als Theateraufführungen. Dennoch ist es unangebracht, zu einem kleinen Konzert in einem kleinen Saal in einer Robe zu erscheinen, mit der man vielleicht zu den Salzburger oder Bayreuther Festspielen gehen könnte. Wer heute zu solchen Veranstaltungen „overdressed", also zu elegant erscheint, wirkt eher lächerlich. (Siehe auch „Mode und korrekte Kleidung", Seite 236.)

Applaus, Applaus

Die Gagen mancher Künstler sind horrend, dennoch möchte keiner auf das Zubrot des Applauses verzichten. Es sei ihnen gegönnt. Bei Rock- und Popkonzerten ist es üblich, kurz zu klatschen, wenn man ein bestimmtes Stück wiedererkennt. Bei klassischer Musik gilt das als unmögliches Verhalten. Ebenso natürlich bei berühmten Monologen im Sprechtheater. Man stelle sich vor, Hamlet hebt an: „Sein oder nicht sein ...", und das Publikum beginnt zu klatschen.

Wer weiß, vielleicht ändert sich das irgendwann. Schließlich geschieht es schon immer öfter, daß es bei klassischen Aufführungen, besonders bei Opern, Szenenapplaus gibt, daß bei einem Liederabend jedes einzelne Lied oder bei einer Sinfonie jeder einzelne Satz beklatscht wird.

Der Szenenapplaus nach der großen Arie wird auch vom klassischen Musikkenner geduldet. Ja, er kommt sogar im Sprechtheater vor, wie ich es einmal in Frankfurt bei einer Aufführung von „Warten auf Godot" nach dem unglaublich schweren Monolog des Lucky erlebte. Allerdings sollte Szenenapplaus erstens eine spontane Reaktion des überwiegenden Teils des Publikums und zweitens ein sehr kurzer Zwischenapplaus sein. Es stimmt, daß ein einzelner Klatscher dazu manchmal den Anstoß gibt. Keinesfalls jedoch sollte man alleine verbissen weiterklatschen, auch wenn man persönlich noch so begeistert ist. Eine Sonate, eine Sinfonie oder jedes andere in Sätze gegliederte Musikstück wird zwischen den Sätzen nicht durch Applaus unterbrochen.

Der Schlußapplaus kann, bei entsprechender Leistung, ja um so frenetischer ausfallen. „Standing ovations", Applaus, bei dem sich das Publikum zusätzlich erhebt, ist nicht selten. Dabei wird durchaus auch getrampelt, gepfiffen „bravo" beziehungsweise „brava" oder „bravi" gerufen. Es werden Blumen und ganze Sträuße auf die Bühne geworfen – eine Sitte, die aus südlichen Ländern, vor allem dem begeisterungsfähigen Italien, zu uns gekommen ist. Und ich möchte den Künstler sehen, der sich durch derart enthusiastische Begeisterungsstürme unangenehm berührt fühlte!

Bei Kirchenkonzerten, Passionsspielen und Messen wird üblicherweise nicht applaudiert. Doch auch hier ändern sich die Sitten. Vor wenigen Jahren habe ich in der Peterskirche in Rom ein riesiges, klatschendes Publikum erlebt. Nicht etwa, weil der Papst aufgetreten wäre. Vielmehr stand eine Seligsprechung bevor, und die Taten des Betroffenen wurden von einem Geistlichen in den höchsten Tönen gerühmt. Man muß also mit allem rechnen, auch mit Applaus in der Kirche.

Normalerweise gelten Pfiffe ebenso wie Buhrufe als Mißfallensäußerungen. Ehe man sich zu solchen Bekundungen hinreißen läßt, sollte man mindestens zweimal überlegen. Eine einfach nur schlechte künstlerische Leistung beklatscht man nicht oder nur sehr zurückhaltend, fertig. Bedenken Sie, daß auch der Künstler nur ein Mensch ist und vielleicht just an diesem Tage nicht in bester Verfassung war.

Anerkennung und Applaus können auch Vernichtung bedeuten. (Helmut Qualtinger)

Ist man in ein Konzert geraten, in dem eine Musik gespielt wird, mit der man nichts anfangen kann, hält man bis zur Pause durch und geht dann. Draußen kann man mit seinen Freunden diskutieren, nicht im Saal. Es könnte ja immerhin möglich sein, daß Ihr Musikverständnis nicht ausreicht, die wahre künstlerische Leistung zu beurteilen, und daß Sie mit Ihrer Mißfallensäußerung den Kunstgenuß anderer Zuhörer stören.

Gerangel an der Garderobe

Nach dem Ende einer Veranstaltung geht oft ein Riesengerangel an den Garderoben los. Erstaunlicherweise gibt es viele Männer, die da mit reiner Körpermasse zierlichere Damen und auch Herren beiseite drängen. Man kann versuchen, sich verbal gegen solches Verhalten zur Wehr zu setzen. Die Erfahrung lehrt allerdings, daß notorische Drängler sowohl gegenüber einer freundlichen als auch gegenüber einer spitzen Bemerkung erstaunlich immun sind.

Grundsätzlich ist es sinnvoll, daß von einem zusammengehörenden Paar oder auch von einem kleinen Grüppchen nur einer zur Garderobe geht und die Mäntel holt. Alter Schule entsprechend sollte das der Herr sein. Ich finde, es sollte praktischen Erwägungen entsprechend spontan entschieden werden, wer die Mäntel holt.

Angenommen, der Herr hat zufällig jemanden getroffen, mit dem er noch geschwind zwei wichtige Worte wechseln möchte. Dann müßte entweder die Dame warten, bis das geschehen ist, oder der Herr müßte sich die Unterhaltung verkneifen. Dabei könnte doch genausogut die Dame in der Zwischenzeit um die Mäntel anstehen. Oder es sind drei mehr oder weniger gleichaltrige Damen zusammen ins Theater gegangen. Warum sollen sie alle drei das Gedrängel an der Garderobe vergrößern? Da ist es doch besser, eine geht und holt die Mäntel, die anderen warten inzwischen etwas abseits.

Die Gründe angeben, warum man bittet, ist auch eine Bitte, und zwar die wirksamste von allen. (Plinius)

Nicht jeder, der an der Garderobe ein wenig drängelt, ist ein unhöflicher Mensch. Es gibt kleine Städte, in denen der letzte Bus in einen Vorort vor Mitternacht fährt. Lassen Sie jemandem, der sagt, er müsse den Bus erwischen, ruhig den Vortritt, wenn Sie selbst mit dem eigenen Wagen oder zu Fuß gekommen und auf kein öffentliches Verkehrsmittel angewiesen sind. Ein verpaßter Bus kann erhebliche Unannehmlichkeiten, allemal jedoch hohe Taxikosten verursachen.

Kinder bei öffentlichen Veranstaltungen

Eine etwas heikle Frage ist die, ob Kinder zu einer öffentlichen Veranstaltung mitgenommen werden dürfen, die für Erwachsene gedacht ist. Wer hier – wie ich es tun möchte – ein striktes Nein spricht, setzt sich dem Vorwurf der Kinderfeindlichkeit aus. Doch wäre auch aus der Sicht des Kindes hierzu etwas zu sagen. Vor einigen Jahren gab es in bestimmten Kreisen eine Welle der Sympathie für „alternative" Väter und Mütter, die ihren kleinen und kleinsten Nachwuchs immer und überall bei sich hatten. Doch oft, so schien es, zum Verdruß der Kinder selbst, die ihrem Unmut und ihrer Langeweile gern lautstark Ausdruck gaben. Und genau das ist der springende Punkt.

Eine Veranstaltung, die für ein Kind vermutlich langweilig, möglicherweise sogar beängstigend sein wird, sollte man einem Kind nicht zumuten. Denn das gelangweilte oder verängstigte Kind wird nur zu leicht zur Zumutung für die anderen erwachsenen Zuhörer. Es hat wahrhaftig nichts mit Kinderfeindlichkeit zu tun, wenn man einsieht, daß nicht alles für jeden gut und richtig ist.

Die Eltern müssen schauen, ob sie einen Babysitter finden können, oder sie müssen im Zweifel auf das eigene Vergnügen zugunsten der Kinder verzichten. Wenn Sie Ihr Kind beispielsweise an Musik heranführen wollen, können Sie das bei Veranstaltungen tun, die speziell für Kinder gedacht und gemacht sind. Nehmen Sie Ihr Kind erst dann zu Erwachsenenveranstaltungen mit, wenn Sie sicher sind, daß das Kind sie verkraften kann. Im Notfall müssen Sie die Veranstaltung vorzeitig verlassen. Die Rechte von einer Überzahl erwachsener Zuhörer gehen allein schon nach der Regel der Demokratie denen von ein oder zwei Kindern vor.

Es ist zwar richtig, daß in anderen Ländern diesbezüglich andere und freiere Sitten herrschen. Vor allem in schwarzafrikanischen Ländern wird man bei fast allen öffentlichen Veranstaltungen auch Kinder jeden Alters sehen. Aber es mag bezeichnend sein, daß ausgerechnet ein afrikanischer Schriftsteller, der Nobelpreisträger Wole Soyinka, bei einer Lesung in Bayreuth eine afrikanische Mutter ermahnte, ihr Kind ruhig zu halten, weil er sich in seinem Vortrag gestört fühlte.

Man sollte stets erwägen, daß eine Beleidigung nicht nach dem Maßstab dessen, der sie zufügt, beurteilt werden darf, sondern nur nach den Empfindungen dessen, der sie empfängt.
(Joseph Addison)

Gotteshäuser, Stätten der Sammlung

Kirchen, Synagogen, Moscheen und Tempel sind Gotteshäuser und Stätten der stillen Einkehr. Folglich verhält man sich in ihnen leise und zurückhaltend, auch wenn man sie nur aus kunsthistorischem Interesse besucht. Darüber hinaus beachtet man die Kleidervorschriften, die für diese Häuser bestehen. Für Frauen erübrigt sich hier manches, sie dürfen zum Beispiel eine Moschee und bestimmte Bereiche einer Synagoge sowieso nicht betreten.

Wenn eine Kopfbedeckung für Männer oder Frauen vorgeschrieben ist, wie beispielsweise in der Synagoge oder in den katholischen Kirchen südlicher Länder, dann trägt man eine Kopfbedeckung. Wenn das Gotteshaus nur ohne Schuhe betreten werden darf, wie etwa die Moschee, dann streift man die Schuhe eben ab.

Aus mehr oder weniger gutem Grund ist Nichtmitgliedern mancher Religionsgemeinschaften der Zutritt zu einigen Gotteshäusern oder heiligen Stätten ohnehin ganz und gar verboten. Auf jeden Fall ist dieses Verbot zu respektieren. Was keineswegs heißt, daß man nicht außerhalb des Gebäudes oder der Stätte Sinn und Zweck eines solchen Verbotes hinterfragen und diskutieren dürfte.

Sofern in einer Kirche oder einem Gotteshaus das Filmen und Fotografieren nicht ohnehin verboten ist, sollte man keinesfalls während eines Gottesdienstes herumknipsen, schon gar nicht mit Blitzlicht. Und man sollte in einem Gotteshaus auch kein Eis schlecken oder Pommes frites aus der Tüte knabbern, rauchen oder andere entweihende Handlungen vornehmen, wie etwa Abfälle in eine Weihwasserschale werfen.

Niemand auf Welt bekommt soviel dummes Zeug zu hören wie die Bilder in einem Museum. (Jules de Goncourt)

Auch Museen, Gemäldegalerien und Bibliotheken sind Orte, an denen man sich angemessen und ruhig verhält.

In Museen geht es dabei noch am freiesten zu, hier wird man auch am ehesten Kinder mitnehmen. Allerdings ist es kein Fehler, auch Kindern Sinn und Zweck einer solchen Einrichtung klarzumachen und sie darauf hinzuweisen, daß ein Museum kein öffentlicher Spielplatz ist. Gemäldegalerien sind für kleinere Kinder meist tödlich langweilig. Daher sollte man ihnen den Besuch, wenn überhaupt, nur sehr kurz zumuten oder nur in spezielle Ausstellungen für Kinder gehen.

Bibliotheken, zumal die Lesesäle, sind Orte der äußersten Ruhe und Konzentration. Allenfalls flüsternd darf man sich mit jemandem rasch über irgend etwas austauschen. Wer wirklich was zu besprechen hat, findet in jeder Bibliothek außerhalb der Lesesäle Räumlichkeiten dafür.

Der ausländische Mitmensch

Ganz besonders aufmerksam und höflich verhält man sich gegenüber dem ausländischen Mitmenschen. Ich habe es noch nie erlebt, daß ein Ausländer es als unhöfliche Einmischung empfunden hätte, wenn ich in Fällen, in denen ganz offensichtlich Verständigungsschwierigkeiten bestanden, meine sprachlichen Vermittlerdienste anbot. Zum Beispiel im Zug, wenn ein Schaffner einem ausländischen Reisenden vergeblich zu erklären versucht, daß und wo er umsteigen muß.

Jeder ist ein Ausländer, fast überall. (Plakatwerbung gegen Ausländerfeindlichkeit)

Umgekehrt empfinde nicht nur ich es als sehr unhöflich, einem Ausländer, der sich darum bemüht, deutsch zu sprechen, in seiner Muttersprache – falls man diese beherrscht – ins Wort zu fallen. Man achtet selbstverständlich die Bemühung, hört mit Geduld zu und antwortet selbst mit korrektem, aber einfachem Deutsch. Keinesfalls greift man zu Dummdeutsch, und man duzt nicht: „Du verstehen?" Es nützt auch nichts, lauter zu sprechen als gewöhnlich. Wenn ein Ausländer uns nicht versteht, dann deshalb, weil er die deutsche Sprache (noch) nicht beherrscht, nicht weil er schwerhörig wäre.

Oft ist es reine Gedankenlosigkeit, die auch den gebildeten Menschen dazu verführt, solche Fehler zu machen. Denken Sie also an folgende Punkte:

Sprechen Sie einen Ausländer, ganz egal welcher Hautfarbe oder welcher Herkunft, zunächst immer erst in klarem, korrektem, einfachem Deutsch an.

Unterstellen Sie grundsätzlich, daß sich der Fremde bemüht hat, unsere Sprache zu lernen, und kommen Sie ihm nicht gleich mit ihren eigenen Fremdsprachenkenntnissen.

Auch wenn der Ausländer Sie duzt, duzen Sie in keinem Fall zurück! In den allerwenigsten Fällen ist dieses Du ein Mangel an Achtung oder Höflichkeit Ihnen gegenüber. Die Unterscheidung zwischen „Sie" und „Du" ist beileibe nicht in allen Sprachen üblich und stellt allemal für den lernenden Ausländer eine gehörige Schwierigkeit dar. Immerhin müssen ja zum Beispiel die Verbformen der Anredeform angeglichen werden.

Es gehen viele Freunde in ein kleines Haus. (Deutsches Sprichwort)

Mir ist es während eines Ferienaufenthaltes in Italien immer wieder passiert, daß ich alle möglichen Leute, vom Kellner bis zur Universitätsprofessorin, nicht nur geduzt sondern auch noch unfreiwillig herumkommandiert habe. Das lag einfach daran, daß mir, die ich gerade erst anfing, die Sprache zu lernen, die Endungen der Verben mächtig durcheinandergerieten. Niemals hätte ein Italiener oder eine Italienerin das zum Anlaß genommen, auch mich deshalb mit der Duzform anzusprechen oder sich gar über mein Benehmen aufzuregen. Das Schlimmste, das mir geschah, war ein amüsiertes, aber sehr wohlwollend freundliches Lächeln, verbunden mit höchsten Komplimenten für meine hervorragenden Sprachkenntnisse, von denen ich selbst nur zu gut wußte, daß sie nichts Besseres waren, als stockende Radebrecherei.

Selbstredend verhält man sich dem dunkelhäutigen Ausländer gegenüber ganz genauso wie gegenüber dem inländischen fremden Mitmenschen oder dem ausländischen Europäer. Allerdings gibt es hier und da heikle Momente und verständliche Überempfindlichkeiten.

Ich kenne eine ganze Reihe afrikanischer Studentinnen und Studenten, die sehr ärgerlich reagieren, wenn sie angestarrt werden oder wenn sie hören, daß Kinder ihren Eltern neugierige Fragen stellen. Ich kenne aber auch Afrikaner und Inder, die freimütig zugeben, „ihren" ersten Europäer auch fassungslos angestarrt oder gar für einen Geist gehalten zu haben.

Kinder sind nun einmal neugierig. Das ist ein Glück, ohne Neugier würden sie kaum etwas lernen. Manche Menschen wissen, daß es niemandem peinlicher ist als den eigenen Eltern, wenn das Kind plötzlich tönt: „Mama, guck mal was der Mann da für eine Nase hat!" Und so wissen auch viele Ausländer, daß es nicht unbedingt ein Zeichen von häuslichem Rassismus ist, wenn das Kind in naiver Neugier nach der dunklen Hautfarbe eines anderen Menschen fragt. Es kann eine gute Lösung sein, das Kind und den Fremden miteinander bekannt zu machen. Das heißt, den Fremden freundlich anzusprechen und zu sagen: „Mein Töchterchen/mein kleiner Sohn möchte Sie gerne kennenlernen." Das kann auch schiefgehen – das hängt nicht zuletzt auch von der Kooperationsbereitschaft des Fremden ab.

Auf jeden Fall soll man beachten, daß bestimmte Begriffe äußerst belastet sind und daß nicht wir, sondern allein der oder die Betroffene darüber zu befinden hat, was beleidigend ist und was nicht. Es gibt philologisch gebildete Deutsche, die sehr von oben herab darüber dozieren, wie blödsinnig es sei, den Begriff „Neger" zu meiden und statt dessen „Schwarzer" zu sagen, da doch beide Begriffe haargenau das gleiche bedeuteten. Der eine sei eben sprachlich lateinischen (niger) der andere mittelhochdeutschen beziehungsweise gotischen Ursprungs.

Es geht aber nicht darum, auf welche Wurzeln ein Wort zurückgeht. Es geht vielmehr darum, wie der damit Bezeichnete das Wort empfindet. Wenn es in den Ohren der oder des Betroffenen ein Schimpfwort darstellt, dann ist es eine zusätzliche Beleidigung und Mißachtung, wenn man auch noch mit wortgeschichtlich untermauerten Belehrungen daherkommt. Das Wort „Neger" wird wegen seiner Nähe zum abwertenden amerikanischen „Nigger" als Beleidigung aufgefaßt, weshalb man es nicht verwendet. Daß selbstverständlich auch alle anderen abwertenden Bezeichnungen für ausländische Mitmenschen nicht in unser Vokabular gehören, versteht sich von selbst. Dabei gilt es immer zu beachten, daß es einzig darauf ankommt, wie der Begriff in den Ohren des Angesprochenen klingt, nicht, wie wir selbst ihn meinen.

Der Mensch ist, was er denkt. (Christian Friedrich Hebbel)

Höflicher Umgang mit den

Grundsätzlich verhält man sich gegenüber Nachbarn und entfernten Bekannten nicht anders als gegenüber dem fremden Mitmenschen, nämlich freundlich, höflich und hilfsbereit. Dazu gehört zum Beispiel, daß man sich nach einem Umzug in eine neue Wohnung oder ein neues Haus mit den unmittelbaren Nachbarn, in einer kleineren Wohneinheit mit allen anderen Hausbewohnern, bekannt macht.

Der neue Nachbar

Um sich bei einem Nachbarn in angemessener Form vorzustellen, ist weder eine Riesenfete nötig, noch muß man artige Besuche mit Blumenstrauß machen. Es genügt, sich bei einer zufälligen Begegnung im Treppenhaus, im Keller, in der Tiefgarage oder auf dem Hof bekannt zu machen.
Hat man nach einer Zeit von vielleicht vier oder sechs Wochen nicht alle Hausbewohner zufällig getroffen, kann man bei den

Nachbarn

übrigen zu einer angemessenen Zeit – also nicht vor 10 Uhr morgens, nicht nach 21 Uhr abends und nicht während der Mittagsruhe – klingeln und sich kurz vorstellen: „Guten Tag. Mein Name ist Karin Schmitz, ich wohne mit meinem Mann und zwei Kindern in der Wohnung im 2. Stock links." Mehr braucht man über sich selbst nicht zu erzählen. Wird man freilich höflich hereingebeten, bekommt vielleicht ein Täßchen Kaffee angeboten, so sollte man das, wenn man gerade Zeit hat, annehmen. Man merkt ja, ob es eine höfliche Geste des Gegenübers ist oder der Anfang einer allmählichen Inbesitznahme, vor der man sich natürlich von allem Anfang an so gut wie möglich schützen möchte.

Fürchtet man, den Nachbarn mit einem unangekündigten Besuch zu überfallen, so steckt man ihm zunächst eine Visitenkarte in den Briefkasten. Auf der vermerkt man, daß man der neue Mieter ist und sich am ... um ... persönlich vorstellen wird. Auch wenn Sie merken, daß der Nachbar zwar zu Hause ist, aber aus welchem Grund auch immer (jetzt) nicht öffnen möchte, klingeln Sie nicht Sturm. Werfen Sie ihm eine Visitenkarte mit der zusätzlichen Information, daß Sie der neue Mieter oder die neue Mieterin sind, in den Kasten, und belassen Sie es dabei. Sucht der Nachbar oder die Nachbarin Ihren Kontakt, wird er/sie von sich aus den nächsten Schritt tun und auf Sie zukommen.

Nachbarschaftshilfe und Hausordnung

Wir machen uns Freunde. Wir machen uns Feinde. Aber Gott macht uns den Nachbarn. (Gilbert Keith Chesterton)

Es ist allemal gut, mit wenigstens einigen der Nachbarn unverbindlichen, aber freundlichen Umgang zu haben. Schließlich kann man nie wissen, wann man die Hilfe des Nachbarn mal dringend braucht. Man muß ja deswegen nicht regelrecht aufeinanderglucken wie die Mieter der „Lindenstraße" und über jede Intimität der Mithausbewohner Bescheid wissen. Es muß auch nicht zwangsläufig ein Nachbar aus dem eigenen Haus sein, mit dem man etwas näheren Kontakt hat. Vielleicht versteht man sich mit Leuten aus dem Nebenhaus besser. Doch da müssen während eines Urlaubs die Blumen gegossen, die Post und die Zeitungen aus dem Kasten genommen werden, da ist mal auf ein Kind oder ein Haustier aufzupassen. Man ist deswegen ja nicht zu regelmäßigen Kaffeekränzchen oder anderen Einladungen verpflichtet.

Allerdings ist es eine nette Geste, einem Nachbarn, der vier Wochen lang die Blumen gegossen hat, vom Urlaub eine kleine – nach Möglichkeit geschmackvolle – Aufmerksamkeit mitzubringen. Keinesfalls aber drückt man dem Nachbarn für so eine Hilfeleistung ein Trinkgeld in die Hand! Etwas anderes ist es, wenn der Sohn oder die Tochter des Nachbarn mit solchen Hilfeleistungen das Taschengeld ein wenig aufbessern wollen. Dann darf man für diese Dienste selbstverständlich etwas Geld bieten.

Man grüßt die Nachbarn innerhalb des Hauses, aber auch außerhalb, wenn man sich zum Beispiel in der Stadt begegnet, mit Namen, sofern man ihn weiß. Kennt man den Nachbarn aus dem nächsten oder übernächsten Haus oder aus dem Parterre des Hochhauses, in dem man selbst im 17. Stock wohnt, nur vom Sehen, so genügt ein freundliches Kopfnicken und/oder ein „Guten Tag".

Zur Nachbarschaftshilfe gehört es auch, mal einen schweren Einkaufskorb ein paar Stufen hochzutragen oder beim Transport eines Kinderwagens im Treppenhaus Hand anzulegen.

Selbstverständlich hat jeder die Hausordnung zu beachten. Auch ein junger Mann muß dafür sorgen, daß die Treppe geputzt ist, wenn die Hausordnung vorsieht, daß die Mieter oder Eigentümer dafür selbst zuständig sind. Selbst putzen muß er nicht. Wenn er eine Freundin findet, die dumm genug ist, das für ihn zu erledigen – gut. Es einfach nicht zu machen, weil er glaubt, als Mann für solche niederen Arbeiten nicht geschaffen zu sein, ist nicht nur ein Verstoß gegen die Hausordnung, sondern auch ein Verstoß gegen die Regeln der Höflichkeit.

Ein weiterer wichtiger Punkt der Hausordnung ist die Einhaltung von Ruhezeiten. Alle, die in einem Mehrfamilienhaus leben, haben mehr oder weniger Teil am Leben der anderen. Absolut schalldichte Wände gibt es im normalen Wohnungsbau nun einmal nicht. Was als Lärm gilt und als belästigend empfunden wird, ist relativ. Eine Muttter, die selbst zwei lebhafte Kleinkinder um sich hat, wird das laute Radio des Nachbarn oder das Posaune übende Kind kaum oder gar nicht hören. Der sensible Dichter in der anderen Nachbarwohnung könnte dagegen die Wände hochgehen.

Zu keiner Tageszeit ist es angebracht, Wohnungs- oder Haustüren zuzuschmeißen, daß alle Wände wackeln. Auch wenn man blendender Laune ist, sollte man nicht Arien schmetternd oder laut pfeifend durchs Treppenhaus gehen. Vor 7 Uhr morgens, nach 22 Uhr abends und in der Mittagspause – je nach landschaftlicher Region zwischen 13 und 15 oder 12 und 14 Uhr – verbietet sich überhaupt jeder vermeidbare Lärm. Dazu gehört auch die Benutzung des Müllschluckers, der insbesondere in den modernen Betonburgen oft eine erhebliche Lärmbelästigung darstellt.

Daß man die Wasserspülung der Toilette benutzt, dagegen kann niemand etwas einwenden, auch wenn in den hellhörigen Betonkästen sogar das gelegentlich zu einer erheblichen Belästigung ausarten kann. Doch daß abends nach 22 Uhr nicht mehr geduscht wird – gar von einem verhinderten Opersänger –, das kann ein Nachbar schon verlangen.

Sofern man eine Wanne im Badezimmer hat, kann man sich mit einem kleinen Trick behelfen. Man kann Badewasser ohne Rauschen einlaufen lassen, indem man ein Handtuch um den Hahn wickelt und das Wasser am Tuch entlang in die Wanne laufen läßt. So vermeidet man den plätschernden Lärm des einlaufenden Wassers. Wenn man dann noch, ohne viel zu plantschen, badet und das Wasser erst am nächsten Morgen ablaufen läßt, wird kein Nachbar einen Grund finden, sich zu beklagen.

Gegen permanente Ruhestörungen sollte man etwas unternehmen. Am besten bespricht man den Sachverhalt mit dem Nachbarn ruhig und sachlich; meist hat das Erfolg. Anders verhält es sich bei sporadischen Ruhestörungen. Beim frisch

Unter allen entsetzlichen Dingen das entsetzlichste ist Musik, wenn sie erst erlernt wird. (Christian Friedrich Hebbel)

eingezogenen Nachbarn kreischt plötzlich die Bohrmaschine. Man darf davon ausgehen, daß das kein Dauerzustand sein wird. Man muß also nicht gleich zum Telefon greifen und sich beschweren.

Natürlich wäre es schön, würde der maschinenbohrende Nachbar sich an die üblichen, fürs Krachmachen erlaubten Zeiten halten. Wahrscheinlich aber wird er einen Beruf haben, dem er zu diesen Zeiten nachgehen muß, weshalb er vielleicht auch mal nach 22 Uhr noch die letzten drei Löcher fürs Regal bohrt oder gar am Samstagnachmittag oder Sonntag diese Arbeit verrichtet.

Oft liest man in einschlägigen Büchern, es sei nett und höflich, die Nachbarn zu warnen, wenn es mal laut wird, etwa weil man ein Fest feiern oder eben die Regale an die Wand dübeln will. Dieser Rat ist zwar leicht hingeschrieben, aber oft recht schwer auszuführen.

Ehe du ein Haus kaufst, erkundige dich nach den Nachbarn. (Arabisches Sprichwort)

Ich selbst lebe in einem Haus mit neun Mietparteien. Die haben alle Anteil, wenn irgendwo ein Loch gebohrt oder eine Stereoanlage auf Partylautstärke gebracht wird. Außerdem stehen weitere Häuser sehr dicht im Umkreis. Wenn da im Sommer im Garten oder auf der Dachterrasse des übernächsten Hauses eine Party gefeiert wird, dann kann man sich dem nicht entziehen, will man nicht die eigenen Fenster hermetisch verschließen und mit dem Rolladen zusätzlich verbarrikadieren.

Wem also soll man nun Bescheid sagen, bevor man anfängt, mal auf die Pauke zu hauen? Sicher, man kann die unmittelbaren Nachbarn vorwarnen und um Verständnis bitten. Es wird aber immer einige geben, die nicht gewarnt waren.

Und wie warnt man vor? Am besten, indem man rechtzeitig – also nicht erst am Tage der großen Party, sondern möglichst einige Tage vorher – entweder persönlich zu den Nachbarn geht oder indem man ihnen eine kleine, hübsch formulierte schriftliche Warnung in den Briefkasten steckt. Die am Telefon übermittelte Vorwarnung würde ich persönlich für zu anonym halten, zumal, wenn die Mitglieder der Hausgemeinschaft sich nicht besonders gut kennen. Allerdings braucht die schriftliche Warnung nicht per Hand abgefaßt zu sein. Sie kann maschinengeschrieben und fotokopiert oder computergeschrieben und ausgedruckt sein, das heißt, sie hat allgemeinen Charakter und spricht den Nachbarn nicht namentlich an.

Daß man die Lärmwarnung einige Tage vorher abgibt, hat einen einzigen guten Grund: So können die Nachbarn selbst Vorkehrungen treffen. Sei es, daß sie sich vielleicht selbst auch Gäste einladen, sei es, daß sie sich Theater- oder Konzertkarten besorgen oder auch nur eine Schachtel Ohropax aus der Apotheke um die Ecke.

Die Aufforderung mancher Benimmexperten, gleich mit Blumen, Pralinen, einer Flasche Wein oder ähnlichen „Aufmerksamkeiten" um vorweggenommene Entschuldigung für die Lärmbelästigung zu bitten, halte ich allerdings für recht übertrieben, ganz abgesehen davon, daß der Durchschnittsbürger sich das ohnehin nur leisten kann, wenn er höchstens einen Nachbarn im Zweifamilienhaus hat.

Als vielleicht nicht vorgewarnter Belästigter sollte man die Größe haben, ein Auge zuzudrücken oder, wenn es gar zu arg war, am nächsten Tag eine sachliche Aussprache herbeizuführen. Weder sollte man anonym am Telefon toben. Wenn man schon anruft, soll man auch sagen, wer man ist und ruhig erklären, daß man sich von dem Lärm doch sehr gestört fühlt. Noch sollte man als erste Amtshandlung die Polizei einschalten. So etwas kann das nachbarschaftliche Verhältnis auf Dauer schwer belasten.

Man sollte vor allem immer eines bedenken: Auch ein Gastgeber steckt möglicherweise in einer üblen Zwangslage. Nicht immer hat der Gastgeber alleinige Verfügungsgewalt über die Knöpfe seiner Stereoanlage und die Hausbar. Man hat gelegentlich Gäste (unter Umständen haben Sie das selbst schon einmal erlebt), die sich anders verhalten, als man sich das als Gastgeber wünscht. Das ist schlimm und peinlich genug. Doch dann auch noch von Nachbarn am Telefon beschimpft zu werden oder gleich die Polizei auf den Hals geschickt zu bekommen ist doppelt unangenehm.

Musik wird oft nicht schön gefunden, weil stets sie mit Geräusch verbunden. (Wilhelm Busch)

Grüßen im Haus und auf der Straße

Früher galt es als eherne Regel, daß der Jüngere zuerst den Älteren zu grüßen hat, der Herr zuerst die Dame, die Einzelperson zuerst die Gruppe und so weiter. Heute fällt erstens niemandem ein Zacken aus der Krone, wenn man diese Regeln kreuz und quer durchbricht, zweitens kann Nichtbeachtung der Regel einem mild erzieherischen Zweck dienen. Der unsichere junge Mann wird von der älteren Dame zuerst gegrüßt, und es könnte ein Aha-Erlebnis für ihn sein. Von nun an grüßt er von sich aus, weil er vielleicht gemerkt hat: Sich gegenseitig grüßen schafft eine freundlichere Atmosphäre, als schweigend aneinander vorbeizumarschieren.

Jeglichen grüße zuerst – was verlierst du dadurch? (Ovid)

Allerdings hat man, egal ob man der Ältere oder der Jüngere, der Herr oder die Dame ist, das Recht, die Grüßerei einzustellen, wenn zu wiederholten Malen der Gruß einfach nicht erwidert wird.

Es gibt Menschen, die ein sehr schlechtes Personengedächtnis haben. Sie erkennen beispielsweise den Nachbarn, dem sie sonst im Hause oder in der Tiefgarage immer freundlich zunikken, in der fremden Umgebung eines weit entfernten Großmarkts einfach nicht. Wenn man selbst ihn aber erkennt, warum soll man nicht zuerst grüßen, auch wenn man der sogenannte Ranghöhere ist?

Sicher ist es Ihnen auch schon passiert, daß Sie von wildfremden Menschen sehr höflich gegrüßt wurden. Das kann jemand mit besagtem schlechtem Personengedächtnis gewesen sein, der Sie mit jemandem verwechselt hat. Grüßen Sie zurück! Möglichst ohne im stillen „Spinner" zu denken.

Und ganz bestimmt kennen Sie auch diese Situation: Sie sehen jemanden, wissen auch, daß Sie ihn kennen, können ihn aber nirgendwo einordnen. Manchmal dämmert es einem später: Ach ja, das war ja die Frau Apothekerin, die man sonst nur im weißen Kittel hinter der Offizin stehen sieht oder der Malermeister, der letzten Sommer das Wohnzimmer frisch tapeziert hat. Wenn man jemandem begegnet, den man wenigstens vom Sehen kennt, grüßt man mit einem freundlichen Lächeln und einem Kopfnicken, auch wenn man im Augenblick nicht weiß, woher man den Betreffenden kennt. Kommt es jedoch dazu, daß der andere stehenbleibt und sich unterhalten möchte,

haben Sie verschiedene Möglichkeiten: Entweder Sie geben
vor, es sehr eilig zu haben und verdrücken sich schnell – eine
nicht sehr elegante, aber häufig gewählte Lösung. Oder Sie
verstecken Ihre Unwissenheit und tun so, als wüßten Sie natürlich ganz genau, mit wem sie da gerade sprechen – auch keine
sehr probate Lösung. Schließlich können Sie die Flucht nach
vorn antreten und ehrlich sagen: „Bitte helfen Sie mir, ich weiß
im Moment nicht, woher ich Sie kenne/kann mich im Augenblick nicht an Ihren Namen erinnern" und ähnliches mehr. Die
allerwenigsten Menschen sind von einem ehrlichen Bekenntnis
dieser Art wirklich tief verletzt, sondern ganz im Gegenteil. Sie
helfen einem gern auf die Sprünge. Denn das kann schließlich
jedem einmal passieren.

Im Haus, auf der Straße, wo auch immer man einem Nachbarn
oder Bekannten begegnet, grüßt man mit Namen, wenn man
nahe aneinander vorbeigeht. Weder schreit man sich quer über
die Straße hinweg einen Gruß zu, noch ist man zu einem
Händeschütteln verpflichtet, wenn man nicht vorhat stehenzubleiben und miteinander zu plaudern. Und selbst dann muß
man sich nicht die Hand geben.

Früher hieß es in jedem Benimmbuch, daß der Herr zum Gruß
den Hut zieht. Heute werden aber erstens weniger Hüte getragen – das kann sich allerdings rasch wieder ändern – und
zweitens nicht mehr so viel Hüte gelüpft. Einem Mann mit Hut
auf dem Kopf, einem Kind an der einen und einer Einkaufstüte
in der anderen Hand, wird jeder vernünftige Mensch nachsehen, wenn er den Hut nicht zieht. Kappe oder Mütze behält der
Herr ohnehin auf. Und auch die Dame zieht den Hut nie, selbst
wenn es ein Herrenhut sein sollte. Hat der Herr die Hände in
den Manteltaschen vergraben, so soll er sie herausnehmen,
wenn er grüßt. Um den Hut zu ziehen, wird ihm nichts anderes
übrigbleiben. Wenn aber ohnehin ein Händeschütteln nicht
vorgesehen ist, wird heutzutage kaum jemand ernsthaft ver-
übeln, wenn der Herr an einem kalten Wintertag die Hände in
der Tasche läßt.

Begrüßt man sich auf der Straße mit Handschlag, so ist es
üblich, daß der Herr den Handschuh auszieht. Die Dame darf
dagegen den Handschuh anlassen – zumal, wenn es sich um
einen engen Leder- oder Stoffhandschuh handelt, der nur mühsam Finger um Finger gelockert und dann endlich abgezogen
werden kann. Auf die gefürchtete Prozedur des Vorstellens und
weitere Besonderheiten des Grüßens kommen wir an anderer
Stelle (siehe Seite 90) noch zu sprechen.

*Es ist erstaun-
lich, wie viele
Menschen
den Kopf nur
zum Hutauf-
setzen haben.
(Harold
Pinter)*

Haustiere

Ob man Haustiere halten darf, ist in Mietshäusern durch den Mietvertrag geregelt. Besitzer von Eigentumswohnungen sind da schon geringeren Einschränkungen unterworfen. Hausbesitzern steht die Wahl völlig frei, solange sie keinen Alligator oder eine Giftschlange zum Hausgenossen wählen, was unter Umständen den Gesetzeshüter auf den Plan rufen kann.

Der eigene Hund macht keinen Lärm – er bellt nur. (Kurt Tucholsky)

Ein allzu bellfreudiger Hund hat freilich schon oft zu Scherereien geführt. Die durch einen notorischen Kläffer belästigte Nachbarschaft kann erwirken, daß ein solcher Hund abgegeben werden muß, auch wenn er in einem Einfamilienhaus gehalten wird. Artgerecht gehaltene Hunde neigen jedoch gemeinhin nicht zu übermäßigem Bellen.

Ehe man sich ein Haustier zulegt, sollte man gründlich überlegen, ob man all seinen Bedürfnissen auch wirklich gerecht werden kann. Einen großen Hund in einer kleinen Wohnung ohne Garten zu halten, ist schlicht Tierquälerei. Hier wäre zu überlegen, ob man sich nicht lieber für eine Katze oder einen Kanarienvogel entscheidet.

Selbstverständlich hat man als Tier- und vor allem als Hundebesitzer auch darauf zu achten, daß das Tier sein Geschäft nicht in Nachbars Garten und nicht mitten auf dem Gehsteig verrichtet und auch sonst in der Umgebung keinen Unsinn anstellt.

Es gibt Menschen, die, aus welchem Grund auch immer, keine Hunde oder andere Tiere in ihrer Wohnung oder ihrem Haus mögen. Es ist kurzsichtig, diesen Leuten unbesehen Tierfeindlichkeit zu unterstellen. Vielleicht leiden sie an einer Allergie oder an einer Phobie, einer krankhaften Angst, weil sie als Kind einmal angefallen oder gar gebissen wurden.

Auf jeden Fall ist man als Gast gehalten, sich rechtzeitig zu erkundigen, ob man seinen Hund mitbringen darf. Wird man gebeten, das Tier nicht mitzubringen, hält man sich daran. Vor allem sollten Sie nicht hoch und heilig versichern, Ihr Hund sei lammfromm, wenn er dazu neigt, in Gesellschaft nervös zu werden, zu knurren, zu bellen oder gar zu schnappen.

Auch als haustierbesitzender Gastgeber hat man ein paar Kleinigkeiten zu beachten. Dieselben Menschen, die es nicht gern sähen, daß Sie Ihren Hund, Ihre Katze oder sonst ein Tier mit zu ihnen brächten, werden vor diesen Tieren auch in Ihrem Hause Angst haben oder durch Allergien gefährdet sein. Meist denken Tierbesitzer nicht daran, auf den Umstand, daß sie ein Haustier haben, bei einer Einladung hinzuweisen. Jedenfalls sollten Sie das Tier bei der Begrüßung der Gäste zurückhalten und auch während der Dauer des gesamten Besuches sehen, ob sie das Tier nicht in einem anderen Raum unterbringen können. Auch wenn es Ihnen als Tierliebhaber möglicherweise schwerfällt, das einzusehen, nehmen Sie Rücksicht auf Ihre Gäste und Ihre Gastgeber!

Für etwaige Schäden, die das Haustier anrichtet, hat der Besitzer selbstverständlich aufzukommen. Egal, wann und wo der Schaden angerichtet wird. Wenn also Ihr Hund, der eben noch im Garten nach seinem verbuddelten Knochen gegraben hat, dem gerade eingetroffenen Gast freudig schwanzwedelnd die Pfoten auf die hellen Hosen legt und darauf wunderschöne Abdrücke hinterläßt, so müssen Sie mindestens anbieten, die Kosten für die Reinigung des Beinkleides zu tragen.

Es kann der Frömmste nicht in Frieden leben, wenn es dem bösen Nachbarn nicht gefällt. (Friedrich Schiller)

Höflicher Umgang mit

So mancherlei Reise wird wohl mit dem Hintergedanken unternommen, neue Menschen kennenzulernen, neue Bekanntschaften zu schließen. Aus einer zufälligen Urlaubsbekanntschaft kann natürlich eine freundschaftliche Beziehung, gar eine Freundschaft werden. Doch darum soll es in diesem Kapitel nicht gehen. Hier wird vielmehr die Frage gestellt, wie man sich als Reisender den relativ fremden Mitreisenden und anderen Urlaubsgästen gegenüber verhält.

Hotelbekanntschaften und Reisegesellschaften

Urlauber im Hotel, die individuell angereist sind und auch entsprechend wieder abreisen werden, haben meist wenig miteinander zu tun. Sie treffen sich unter Umständen bei den Mahlzeiten im Hotel, am Strand, an der Skipiste, beim Stadtbummel. Es besteht keine Veranlassung, sich namentlich mit-

Bekannten

einander bekannt zu machen. Es spricht aber auch nichts dagegen, es zu tun, wenn man sich sympathisch findet und beide Seiten kontaktfreudig sind.

Wer im Frühstückszimmer, im Foyer des Hotels oder sonstwo im Vorbeigehen immer wieder demselben Gast begegnet, wird sicherlich grüßen und gegen einen Gruß des anderen nichts einzuwenden haben. Ist man als alleinreisender Gast mit Vollpension an einen Tisch verwiesen, an dem man immer wieder mit demselben Gast zusammentrifft, wird man sich höflicherweise auch mit Namen vorstellen und ein wenig Konversation miteinander treiben. Zu den Regeln der gelungenen Unterhaltung finden Sie mehr ab Seite 113.

Schwierig kann es werden, wenn man als eher einzelgängerischer Typ an einen anhänglichen Miturlauber gerät, der sich bereitwillig erbietet, einen zu jeder Zeit und überallhin zu begleiten. Man muß dann unter Umständen höflich, aber bestimmt ablehnen. Gehört man selbst zur eher anhänglichen Sorte, sollte man trotzdem eine gewisse Feinfühligkeit zu entwickeln versuchen. Hat man seine Begleitdienste schon zweimal erfolglos angeboten und sie werden in keinem Fall angenommen, dann sind sie offensichtlich nicht erwünscht. Man muß also nach einem anderen Gast Ausschau halten, dem man sich anschließen kann oder, falls sich niemand finden sollte, einfach alleine auf Sightseeing-Tour gehen.

Übrigens wird heute dem unverheirateten Paar zwar selten ein Doppelzimmer verweigert, aber grundsätzlich hat der Wirt das Hausrecht und darf bestimmen, was in seinem Hause geschieht. Er kann dementsprechend die Vergabe eines Doppelzimmers an Unverheiratete verweigern.

Die Hotelbar ist selbstverständlich für alle Hotelgäste da, auch für die alleinreisende Dame. Sie darf dort ihren Drink nehmen, sie darf selbstredend den Drink, den der Barkeeper als Geschenk des Hauses anbietet, annehmen. Lediglich gegen männliche Gäste, die ein paar Dinge noch nicht ganz verinnerlicht haben, wird sie sich höflich, aber mit Bestimmtheit zur Wehr setzen müssen, beispielsweise indem sie den von einem solchen Herrn angebotenen Drink ablehnt. Aber eine Frau, die selbstbewußt genug ist, allein in die Hotelbar zu gehen, wird sicher wissen, wie sie sich unerwünschter Begleitung gegenüber verhält.

Bei der Abreise aus dem Hotel ist es heute nicht mehr üblich, dem gut bezahlten, hochrangigen Personal, das seinen normalen Dienst versehen hat, ein Trinkgeld zu geben. So bekommt weder der Empfangschef noch der Portier einen Schein oder eine Münze zugesteckt. Etwas anderes sind erstens besondere Dienstleistungen, die über den Rahmen des üblichen hinausgehen. Dafür darf man sich durchaus auch mit einem Trinkgeld erkenntlich zeigen. Zweitens kann man denjenigen Mitgliedern des Personals etwas zukommen lassen, die eher unauffällig ihren Dienst tun und meist schlecht bezahlt sind, wie die Zimmermädchen und Putzfrauen. Für sie kann man an gut sichtbarer Stelle im Zimmer ein Trinkgeld hinterlegen. Besser drückt man es ihnen selbst in die Hand, oder man gibt es beim Empfang in einem Umschlag ab mit der Bitte um Weitergabe.

Urlaub ist der Versuch, dem Nachbarn zu entgehen, obwohl man ziemlich sicher sein kann, daß man ihn im Strandkorb nebenan trifft. (Jacques Tati)

Die Kreuzfahrtgesellschaft

Als Gast an Bord eines Luxusliners oder als Mitreisender in einer Reisegruppe ist man für eine gewisse Zeit mit Leuten zusammen, die man vorher nicht kannte und hinterher mit großer Wahrscheinlichkeit ebenfalls nie wieder sieht. Dennoch besteht für wenige Tage oder länger eine recht enge Gemeinschaft. Und das heißt, es sind mal wieder Regeln zu beachten. Ein Kreuzfahrtschiff ist sozusagen ein schwimmendes Luxushotel mit eingebautem Badestrand. Während man sich tagsüber an Bord und natürlich auch bei den Landaufenthalten

recht leger verhalten und kleiden kann, herrscht zu den Mahlzeiten, zumal am Abend, doch eine recht strenge Etikette. Man
kleidet sich um, ehe man den Speisesaal betritt. Der Herr trägt
mindestens einen dunklen Anzug, wenn nicht sogar Dinnerjak-
ket oder Smoking, und auch die Dame ist festlich gekleidet. Bei
besonderen Anlässen, etwa dem Captain's Dinner, ist sogar
große Abendgarderobe gang und gäbe.

Ansonsten gelten die allgemeinen Höflichkeitsregeln für Hotel-
urlauber. Man grüßt sich, man macht sich aber nur mit denjenigen Mitreisenden bekannt, mit denen man die Kabine oder
den Tisch im Speisesaal teilt, mit denen man häufiger zusammen am Pool ist oder sich an der Bar unterhält.

Reisegruppen

Etwas umfangreicher sind die Regeln für die Mitglieder einer
Reisegruppe. Meist sind es 15 bis 30 Leute, die zusammen mit
einem Busfahrer oder einer ·fahrerin sowie einem Reiseleiter
beziehungsweise einer Reiseleiterin, für zwei, drei vielleicht
sogar vier Wochen zusammengewürfelt sind und nach besten
Möglichkeiten gut miteinander auskommen sollten.

Für die Mitglieder einer Extremtour durch die Sahara oder
einer Wandergruppe, die Island durchstreift, gelten zwar nicht
ganz grundsätzlich andere Regeln als für die Busreisenden, die
die Schlösser der Loire besichtigen wollen, doch wird sich bei
Reisenden, die alle sehr aufeinander angewiesen sind, bald eine
eher kumpelhafte Stimmung ausbreiten.

Das gleiche gilt für Club-Ferien, die besonders gern von jungen
und junggebliebenen Leuten gebucht werden. Da gehört das
Duzen dazu, da wird es als selbstverständlich angesehen, daß
er sie „anmacht" (und/oder umgekehrt), daß man vor allen
Dingen über jeden Scherz des Animateurs – und sei er noch so
dümmlich-derb – herzlich lacht; kurz, daß man jeden Ringel-
piez mitmacht. Wer diese lockere Umgangsform nicht mag, der
sollte zweimal überlegen, ehe er eine solche Reise bucht.

Oberstes Gebot für alle, die an einer (Bus-)Gruppenreise teilnehmen, ist Pünktlichkeit, vom ersten Moment der Abfahrt an
bis zum Schluß der Reise. Nichts ist für die Mitreisenden, vor
allem aber für den Reiseleiter so nervenaufreibend wie notorische Bummelanten.

Eng verwandt mit der Pünktlichkeit ist die Ordentlichkeit. Man
darf ruhig mal mit verwuschelter Frisur herumlaufen. Es darf

*Pünktlichkeit
ist die Höf-
lichkeit der
Könige.
(Ludwig XVIII.
von Frank-
reich)*

einem mal das Hemd aus der Hose rutschen oder der Hut schief auf dem Kopf sitzen. Aber seine Papiere, seine Tickets, seinen Paß, seine Hotelschlüssel und ähnliches muß man gut verwahrt und ordentlich beieinander haben. Man achtet darauf, daß man seine wertvolle Kamera nicht irgendwo liegenläßt und auch sonst keine Wertgegenstände verliert.

Wenn man bestohlen wird, ist das eine andere Sache. Doch auch da sieht man zu, daß man nicht durch eigene Unachtsamkeit provoziert. Besonders den Herren sei gesagt: Man trägt ein prallvolles Portemonnaie nicht in der Gesäßtasche! Besonders den Damen sei gesagt: Man legt nicht seinen wertvollsten Schmuck an, wenn man durch die Straßen einer Stadt, gar durch deren Armenviertel bummelt!

Auch glücklich landende Reisegesellschaften kann man Flugkatastrophen nennen. (Werner Schneyder)

Da eine Busreisegruppe meist nicht mehr als 35 Mitglieder umfaßt, könnten sich theoretisch alle miteinander bekannt machen und mit Namen ansprechen. Meist bilden sich aber nach kurzer Zeit Untergrüppchen heraus. Grundsätzlich genügt es, daß man alle Mitglieder vom Sehen her kennt –also bemerken kann, wenn jemand fehlt. Man sollte insgesamt nett und zuvorkommend miteinander umgehen. Diejenigen, die im Bus in unmittelbarer Nähe zusammensitzen oder im Speisesaal einen Tisch miteinander teilen, werden sich bald namentlich kennen.

Fensterplätze, zumal der Platz schräg hinter dem Fahrer, sind natürlich sehr begehrt. Manche Reiseleiter und Reiseleiterinnen schlagen das Rotationsprinzip vor: Bei jeder Etappe werden die Plätze gewechselt, so daß jeder mal nach vorn auf die „besseren Plätze" kommt. Andere überlassen es den Mitgliedern der Gruppe, sich über die Platzverteilung zu einigen.

Beim Ein- und Aussteigen ist man sich gegenseitig behilflich. Vor allem ältere Reisende haben bei den oft hohen Stufen am Bus leicht Schwierigkeiten. Wünschenswert wäre es auch, wenn große Reisende, meist sind es Männer, darauf achten würden, daß es kleinere Mitreisende gibt, die auch mal was sehen wollen.

Während die Reiseleiterin, der Reiseleiter, ganz selbstverständlich als gleichwertiger Mitmensch angesehen wird, ist das beim Fahrer, der Fahrerin, leider häufig nicht der Fall. Oft wird er/sie deutlich als „Dienstbote" behandelt, kaum gegrüßt, schon gar nicht zu den Mahlzeiten an einen der Tische gebeten. Nun ist es durchaus möglich, daß sich ein Fahrer gern von sich aus absondert, vielleicht das Zusammensein mit einer Gruppe vornehmlich „intellektueller" (Bildungs-)Reisender scheut. Daß er/sie diese Absonderung von sich aus wünscht, sollte man aber nicht von vornherein und ungefragt annehmen. Ich habe schon Fahrer erlebt, die sich mit der Kunsthistorie mancher Sehenswürdigkeiten besser auskannten als der Reiseleiter, die vor allem auch ein paar Geheimtips kannten, die sie aber nicht jeder Gruppe preisgaben.

Besonders bei Städtereisen kommt es vor, daß Tagesbusse mit Fahrer gemietet werden. Da schadet es ebenfalls nichts, wenn man den Fahrer oder die Fahrerin beim Einsteigen grüßt. Wenn man sie beherrscht, in der Landessprache. Oft ist es auch üblich, am Ende der Tour ein Trinkgeld zu sammeln und dann dem Fahrer zu geben. Ist man sich unsicher, fragt man am besten den Reiseleiter.

Hat man Grund, sich über Fahrer, Hotelpersonal oder Reiseleiter zu beklagen, so tut man das diskret und leise zunächst beim Betroffenen selbst. Kann man sich mit dem Fahrzeugführer oder dem Personal des Hotels wegen mangelnder Sprachkenntnisse nicht persönlich verständigen, schaltet man den Reiseleiter ein. Bleibt Ihre berechtige Klage unbeachtet, wird Ihnen nichts anderes übrigbleiben, als nach Ende der Reise Beschwerde beim Veranstalter zu führen. Oft bekommt man ja ohnehin Fragebogen ausgehändigt, in die man sein Lob und seinen Tadel eintragen kann. Während der Reise ein großes Tamtam zu veranstalten lohnt den Aufwand im allgemeinen nicht. In den meisten Fällen sind es ja eher Kleinigkeiten, über die man sich ärgert.

Schlimmer noch als ein vielleicht grantiger Reiseleiter – den man schon mal beiseite nehmen und mit Hinweis auf die Beurteilung im Fragebogen zur Räson bringen kann – sind unleidliche Mitreisende, denen immer irgendwas nicht paßt oder die als die Neunmalklugen auftreten und prinzipiell immer alles besser wissen. Dem ist man ziemlich hilflos ausgesetzt. Meist ist es am besten, ihnen möglichst aus dem Weg zu gehen. Fühlt sich die ganze Gruppe durch einen notorischen Quengler und Quertreiber belästigt und behindert, hat der Reiseleiter das Recht, diesen Gast abzumahnen und im schlimmsten Falle nach Hause zu schicken.

Erstaunlicherweise ist es besonders die Küche, an der Reisende am meisten zu mäkeln haben. Da Busrundreisen im allgemeinen mit Halb- oder Vollpension verbunden sind – das heißt, man bekommt am jeweiligen Etappenziel abends im Hotel ein gemeinsames Essen serviert –, hat man keine oder wenig eigene Wahl. Wer in Mittelmeerländer reist, sollte wissen, daß

Der Mensch lebt meistens allein und sollte deshalb Wert auf gute Gesellschaft legen. (Roberto Rossellini)

er dort mehr und öfter als bei uns Fisch und Meerestiere vorgesetzt bekommt. Um so überraschender ist es, daß Reisende immer wieder ein ziemlich lautes Gezeter anfangen, wenn Fisch serviert wird. Dabei gäbe es zwei einfache Möglichkeiten: Entweder bittet man den Kellner um eine Extraportion von den Beilagen und begnügt sich damit. Oder man fragt, mit oder ohne Einschaltung der Reiseleitung, ob man etwas anderes, vielleicht ein Rührei oder ein wenig Gemüse haben kann. Im Notfall muß man sich auf eigene Kosten ein Essen nach der Karte bestellen. Am Tisch den Suppenkasper zu spielen, ist in jedem Fall die schlechteste Lösung, auf die aber leider vor allem Männer gern verfallen. Hat sich der Kellner besondere Mühe gemacht, ist auch ein anerkennendes Trinkgeld angemessen.

Als Tourist im Ausland

Als deutscher Tourist im Ausland steht man vor der Frage, ob man sich anständig benehmen muß oder ob schon deutsche Touristen dagewesen sind. (Kurt Tucholsky)

Auch wenn wir zahlen, sind wir im Ausland erstens Gäste und zweitens Botschafter unseres eigenen Landes. Dementsprechend sollten wir uns benehmen, denn man kann es den Einheimischen nicht verdenken, wenn sie uns Deutsche danach beurteilen, wie wir uns in ihrem Land aufführen.

Vor jeder Auslandsreise sollte man sich über Land und Leute informieren. Man sollte wenigstens in groben Umrissen etwas über die Geschichte und Kultur, die Sprache, das politische System, die Sitten, Gebräuche und religiösen Vorschriften des Landes wissen. Je mehr das Urlaubsland der sogenannten dritten Welt zuzuordnen ist, desto respektloser wird häufig das Auftreten der Touristen und desto geringer ist ihr Wissen über die jeweiligen Länder und ihre Menschen. Doch auch, wer nur einen Badeurlaub machen oder auf Safari gehen will, kommt zwangsläufig mit den Einheimischen in Kontakt und sollte sich entsprechend benehmen können.

Das heißt nicht totale Unterwerfung unter die Sitten des jeweiligen Landes. In weiten Teilen Indiens und Afrikas ißt man beispielsweise mit den Fingern, in Asien mit Stäbchen. Diese Menschen beherrschen die Technik, sauber und ästhetisch mit der Hand oder eben mit Stäbchen zu essen. Wir beherrschen sie oft nicht, weshalb man nichts dagegen hat, daß wir unsere eigenen Tischsitten beibehalten und mit Messer und Gabel essen. Man erwartet aber von uns, daß wir das andere nicht als primitiv und minderwertig abtun. Kernpunkt ist der Respekt vor den gesellschaftlichen Normen der anderen.

Zu den größten Sünden der Touristen gehört die Schamlosigkeit, mit der sie Menschen anderer Länder ungefragt fotografieren und filmen. Leider leistet die tägliche Fernsehberichterstattung diesem Verhalten Vorschub. Der einigermaßen anständige Tourist sollte sich auf Landschaften, Kunstwerke, Baudenkmäler, Pflanzen und Tiere beschränken und Menschen, die er gezielt aufs Bild bannen will, um ihre Zustimmung bitten und ihre Ablehnung unbedingt respektieren.

Eng verknüpft mit der Meinung, alles fotografieren zu können, ist die Einstellung, auch alles anfassen und betatschen zu dürfen, inklusive der Menschen. Um zu begreifen, was Touristen hier gelegentlich anstellen, muß man sich die Situation einmal andersherum vorstellen.

Auch was die angemessene Kleidung betrifft, herrschen sehr große Mißverständnisse. Daß manche Völker in den Äquatorialzonen der Erde relativ unbekleidet gehen, heißt beileibe nicht, daß sie kein oder weniger Schamgefühl hätten als wir, daß sie – wie vor allem bestimmte Männer gern unterstellen – „unverklemmter" seien und man deshalb gleich ungeniert zur Sache kommen, sprich fragen könne, was „es" denn koste. Doch auch die Frauen begehen hier oft große Fehler. Vor allen Dingen in Ländern mit überwiegend islamischer Bevölkerung sollten weibliche Touristen auf allzu freizügige Kleidung unbedingt verzichten. Sie verletzen nicht nur die Gefühle der Einheimischen, wenn sie mit Miniröcken, kurzen Shorts und tief ausgeschnittenen T-Shirts durch die Straßen gehen, sie setzen sich auch persönlichen Gefahren aus. Zumindest sollte keine leicht geschürzte Touristin sich wundern, wenn sie für eine Prostituierte gehalten wird.

Es gibt zwei Arten von Vergnügungsreisenden, die einen erleben die Reise, die anderen wollen auf der Reise was erleben.
(Karl Peltzer)

Deutsch ist zwar keine Weltsprache, aber es wird doch überall auf der Welt vom einen oder anderen gesprochen. Vorsicht also, ehe Sie im fremden Land mal so richtig vom Leder ziehen und lautstark alles schlechtmachen, was Ihnen nicht gefällt. Es könnte sein, daß jemand Sie versteht, der Sie gar nicht verstehen sollte!

Andererseits sollten Sie als Tourist nicht erwarten, daß jeder Kellner, jedes Zimmermädchen und jeder Händler im Basar perfekt deutsch spricht. Es wäre im Gegenteil sehr schön, wenn Sie selbst wenigstens ein paar Floskeln – und seien es nur die Wörter für „vielen Dank" und „bitte" – in der Landessprache beherrschten.

An dieser Stelle sei allerdings eine kleine Warnung vor den üblichen Sprachführern erlaubt, die man Touristen im Reisebü-

Wer eine Fremdsprache lernt, zieht den Hut vor einer anderen Nation. (Thornton Wilder)

ro in die Hand drückt oder die man sich auch selbst in einer Buchhandlung besorgen kann. Diese sogenannten Sprachführer enthalten fertige Beispielsätze, die aber der realen Situation oft in keiner Weise gerecht werden.

Erstens einmal sind sie häufig in der korrekten Orthographie der Sprache geschrieben, das heißt, man weiß noch nicht unbedingt, wie die einzelnen Wörter richtig ausgesprochen werden. Schreibung und Aussprache unterscheiden sich aber in vielen Sprachen oft ganz erheblich. Manchmal sind die Beispielsätze in einer Art Lautschrift geschrieben. Dann kann man sie zwar in einigermaßen richtiger Aussprache ablesen, das ändert aber nichts daran, daß die Konversation einseitig bleibt. Es ist ja nur das aufgeführt, was der Tourist zu sagen hat. Die möglichen Antworten, die man bekommt, stehen nicht im Sprachführer – man versteht sie also nicht. Was nützt es mir aber, wenn ich zwar fragen kann, wo der Bahnhof, das Museum, die Bushaltestelle ist, die Antwort jedoch nicht verstehe?

Da es schwierig ist, sich lange Sätze in einer völlig fremden Sprache zu merken, versuchen die Sprachführer so knapp wie möglich zu sein, wodurch leicht ein barscher Befehlston entsteht. Die höfliche Floskel ist nun mal in allen Sprachen länger und umständlicher. „Bringen Sie mir …!" klingt aber ganz anders als: „Würden Sie mir bitte … bringen?". „Wo ist …?" klingt deutlich unhöflicher als: „Entschuldigen Sie, können Sie mir wohl sagen, wo das und das ist?"

Außerdem gehen fast alle Sprachführer von einem einzelnen männlichen Sprecher aus, die Beispiele stehen also in der maskulinen Ichform. In vielen Sprachen macht es aber einen Unterschied, ob der Sprecher männlich oder weiblich ist, die grammatikalischen Formen ändern sich entsprechend. Darüber hinaus möchte man gelegentlich auch einmal etwas in der Wirform sagen, die man in den Sprachführern aber meist auch nicht findet. Und man muß auch bedenken, daß nicht nur im Deutschen zwischen „Du" und „Sie" unterschieden wird. Eine Floskel, die man irgendwo aufgeschnappt hat, kann eine Redewendung sein, die nur zwischen Duzfreunden üblich ist.

Natürlich ist es immer noch besser, anhand eines Sprachführer wenigstens ein wenig in der Landessprache zu radebrechen, als von vornherein vorauszusetzen, daß alle deutsch sprechen. Man sollte sich nur der Mängel und Schwächen dieses Hilfsmittels bewußt sein und vielleicht etwas mehr tun, als nur einen solchen Führer bei sich zu haben. Ein Sprachkurs an der Volkshochschule eignet sich dafür besonders gut.

Sportsfreunde und Kursteilnehmer

Hier soll nicht die Rede von Vereinskameraden sein, die sich ohnehin schon lange und gut kennen und ihren eigenen kumpelhaften Umgang miteinander haben. Auch nicht in einem Verein oder Club organisierte Menschen werden durch den Sport und andere Aktivitäten zusammengeführt, etwa in einem Gymnastik- oder Töpferkurs der Volkshochschule. Wo sich über einen gewissen Zeitraum hin immer dieselben Leute am selben Ort treffen, wird man sich miteinander bekannt machen (siehe Seite 90) und freundlich miteinander umgehen.

Egal, ob es ein Judokurs ist oder ein Fremdsprachenseminar, es geht um Leistung – und das heißt um Rivalität und Ehrgeiz. Nicht alle Menschen können ertragen, wenn sie nicht immer und überall die ersten sind. Andere sind nicht nur bereit, Hilfe und Unterstützung zu akzeptieren, sie erwarten sie geradezu. Ist ein notorischer Ehrgeizling Teilnehmer des Kurses, so läßt man ihm beziehungsweise ihr freundlich den Spaß, es sei denn, er oder sie wird in seinem Verhalten unfair. Wer andere mit den Ellenbogen beiseite schubst – und sei es nur im übertragenen Sinne –, muß damit rechnen, von anderen zurechtgewiesen zu werden.

Man sollte Ehrgeiz besitzen, ohne von ihm besessen zu sein.
(John Huston)

Einen anderen Teilnehmer, der einen um Hilfe bittet, wird man im Rahmen des Kurses nicht abweisen. Doch wird man weder mit eigener Vorbildung noch mit besserer Kondition protzen. Die Bitte, auch außerhalb des Kurses „Nachhilfe" zu geben, darf man allerdings abschlagen.

Vielfach werden Kurse aller Art nicht nur der körperlichen Ertüchtigung oder des Bildungseifers wegen belegt, sondern auch, weil man andere Leute kennenlernen möchte. Dabei ist es heutzutage nicht unüblich und auch in keiner Weise ein Verstoß gegen den sogenannten guten Ton, wenn die Frau zuerst den Mann anspricht, um beispielsweise vorzuschlagen, nach dem Kurs noch einen Kaffee oder ein Bierchen miteinander zu trinken. Männer und Frauen, die ein solches Verhalten schockierend, ungehörig, ja unanständig finden, gibt es wohl kaum noch.

Allerdings muß eine Frau damit rechnen, von einem Mann, dem sie diesen Vorschlag macht, mißverstanden zu werden. Es kann durchaus passieren, daß er meint, sie habe es auf ihn abgesehen, sie „wolle was von ihm", wie man leger sagt. Sollte das nicht der Fall sein, sollte sie wirklich nur ein unverbindliches, freundliches Gespräch gesucht haben, kann es zu peinlichen Szenen kommen. Zum Beispiel wenn der Mann unangenehm nahe rückt, nach dem Motto: „Aber genau das hast du doch gewollt, Süße", und die Frau sich vielleicht sogar noch heftig zur Wehr setzen muß.

Einer Frau ist deshalb zu raten: Beobachten Sie den Auserwählten erst ein wenig; ein Kurs dauert ja meist länger. Machen Sie sich erst ein möglichst genaues Bild.

Unkomplizierter ist es für zwei Frauen oder für zwei Männer, aber auch für ein größeres gemischtes Grüppchen, sich nach einem gemeinsam absolvierten Sportkurs oder Sprachunterricht zu verabreden.

Fairplay bedeutet, das Foul so versteckt zu machen, daß der Schiedsrichter es nicht sieht. (Dieter Hildebrandt)

Rücksicht und Fairneß spielen aber nicht nur dort eine Rolle, wo eine Gruppe immer wieder zusammenkommt, sondern auch da, wo Menschen auf engem Raum aufeinandertreffen, ohne sich als Gruppe zu kennen – im Schwimmbad etwa oder auf der Skipiste. In jedem Fall hat man sich so zu verhalten, daß man andere nicht gefährdet oder auch nur belästigt.

Gerade im Sport, wo es immer mal wieder zu Unfällen kommen kann, ist jeder als Hilfeleistender gefordert.

Neue Bekannte

Abgesehen von der Kontaktanzeige in der Zeitung oder die Kontaktaufnahme durch einschlägige Institute sind die genannten Aktivitäten, Reisen und Teilnahme an Kursen aller Art wohl die am häufigsten gewählten Möglichkeiten, neue Bekanntschaften zu schließen. Kaum aber hat man neue Leute kennengelernt, ist man mit dem Problem konfrontiert: Wie geht man miteinander um, wie lädt man sich ein, wie verhält man sich, wenn man eingeladen wird?

Sehr junge Leute sehen und handhaben das meist recht locker. Sie duzen sich gleich von Anfang an und machen kein großes Theater. Man fragt: „Wo wohnst du?", und dann geht man mal vorbei, sieht sich, trifft sich in der Kneipe, geht in die Disco.

Irgendwann geht man dann vielleicht auch wieder seiner eigenen Wege, wenn man feststellt, daß man sich nichts mehr zu sagen hat.

Nicht für alle Menschen gestaltet sich der Umgang mit neuen Bekannten so unkompliziert. Man hat auf der Reise oder im Kurs ein nettes Ehepaar, eine freundliche ältere Dame kennengelernt und möchte den Kontakt aufrechterhalten. Wer darf oder muß den ersten Schritt tun, wer darf nun wen einladen, wer muß wem zuerst schreiben?

Je mehr Bekannte man hat, desto weniger kennt man die Leute. (Chinesisches Sprichwort)

Voraussetzung dafür, daß man in Kontakt bleibt, ist der Austausch der Adressen. Zwei Möglichkeiten bieten sich an: Man gibt nur die eigene Adresse an, am besten auf einer Visitenkarte. Damit überläßt man dem Gegenüber die Wahl, ob er oder sie das Angebot, in Kontakt zu bleiben, annehmen möchte. Oder man tauscht die Adressen tatsächlich aus.

Hat nur der eine die Adresse des anderen, so liegt auch die weitere Initiative allein in dessen Händen. Angenommen, Sie haben bei einer Busreise durch Andalusien das reizende Ehepaar Meier kennengelernt und ihm auch Ihre Visitenkarte gegeben. Die Meiers ihrerseits waren sehr nett und zuvorkommend, haben aber ihre genaue Adresse nicht angegeben. Sie wissen nur, daß sie in Niedernhausen wohnen.

Der Urlaub ist vorbei, Sie würden sehr gern von den Meiers hören, aber sie schreiben Ihnen nicht, und sie rufen auch nicht an. Damit müßte die Angelegenheit eigentlich – auch wenn Sie das sehr bedauern – erledigt sein. Warum? Nun, es scheint, Meiers hatten guten Grund, ihre Adresse und Telefonnummer nicht bekanntzugeben. Sie waren vielleicht nur zu höflich, die ihnen gegebene Visitenkarte zurückzuweisen. Da die Meiers im Besitz Ihrer Adresse sind, hätten sie ja Gelegenheit, den Kontakt zu halten, wenn sie das wünschten.

Das Äußerste, was die Höflichkeit noch zuläßt, wäre der Versuch, die genaue Adresse des Ehepaares Meier herauszufinden und ihm zu schreiben. Einfach anzurufen wäre, so meine ich, unhöflich. Denn der Angerufene ist überrumpelt und in gewisser Weise unter Druck gesetzt.

Ganz anders läge der Fall, hätten Sie wirklich Ihre Adressen ausgetauscht, und man wäre so verblieben, daß man voneinander hört, ohne nun festgelegt zu haben, wer wen zuerst anruft oder wer wem zuerst schreibt. Da gelten dann in der Tat keine starren Regeln – zumindest heute nicht. Da muß der Rangniedere nicht warten, ob der Ranghöhere das Angebot der Korrespondenz denn nun wirklich ernst gemeint hat.

Mit Bekannten unterwegs

Auf der Straße

Selbstverständlich gibt es Regeln, wie wir uns zu verhalten haben, wenn wir mit Bekannten, Freunden, Verwandten auf der Straße unterwegs sind. Und es gibt die praktische Vernunft, die einige der alten Regeln heute sinnvoller Weise außer Kraft setzt. „Auf der Straße geht der Herr stets links von der Dame", war eine Vorschrift, die so lange Sinn machte, wie der Herr an seiner linken Seite ein Schwert beziehungsweise einen Degen trug, der für die neben ihm gehende Dame eine Belästigung, wenn nicht gar eine Gefahr bedeutet hätte. Heute droht die Gefahr von allen Seiten. Im Straßenverkehr mal von rechts und mal von links, je nachdem, wo die Autos fahren. Also wird der Kavalier entsprechend die Seite wechseln, ohne deshalb dauernd hin und her zu springen wie ein junger Hund. Er geht nämlich nur dann auf der Gefahrenseite, wenn wirklich Gefahr droht: Zum Beispiel, wenn man an einer verkehrsreichen Straße auf schmalem Bürgersteig geht oder wenn sich bei Regenwetter neben der Bordsteinkante riesige Pfützen gebildet haben und zu erwarten ist, daß man von den vorbeifahrenden Autos naßgespritzt wird.

Im Verkehr kann man täglich ein Leben retten, nämlich sein eigenes. (Siegfried Sommer)

Was hier über Dame und Herr gesagt wurde, gilt um so mehr für Erwachsene und Kinder. Ein Kind sollte grundsätzlich immer an der straßenfernen Seite gehen. Und ein Erwachsener mit Kinderwagen, der eine Straße überquert, sollte den Wagen nie vor sich herschieben, sondern immer hinter sich herziehen. Das gilt ganz besonders für stark befahrene Straßen, an denen Autos parken. Man sollte niemals den Kinderwagen zwischen den parkenden Autos hervor auf diese Straße schieben, sondern immer selbst vorgehen, um genau sehen zu können, ob die Straße zum Überqueren frei ist.

Ansonsten geht der Herr da, wo es am praktischsten ist. Hört er auf dem rechten Ohr nicht gut, ist es nicht praktisch, wenn er links von der Dame geht. Hat er ein schweres Gepäckstück zu tragen, wird er ab und zu die Traghand wechseln. In dem Fall wäre es ein Gebot der Höflichkeit, wenn die nicht mit Gepäck belastete Dame den Seitenwechsel vornimmt, und zwar hinter dem Mann, nicht, indem sie ihn behindert und ihm vor die Füße läuft.

Apropos Gepäck: Selbstredend hilft man sich gegenseitig, wenn schwere Einkaufstüten oder ähnliches zu tragen sind. Der Kräftigere trägt das schwerere Paket. Daß der Mann der Frau grundsätzlich alles abzunehmen habe, ist übertrieben. Und ein Mann, der der Frau das Handtäschchen trägt, ist heutzutage ebenso lächerlich, wie die Frau, die das zuläßt.

Auch die Frage, wer bei Regen den aufgespannten Schirm trägt, sollte danach entschieden werden, was praktisch und vernünftig ist. Am praktischsten ist es, wenn jeder einen eigenen Schirm hat. Gehen zwei unter einem Schirm, sollte derjenige, der größer ist, den Schirm tragen, je höher man ihn halten muß, desto anstrengender ist es nämlich und desto geringer ist auch der Schutz für beide.

Zwei Herren werden eine Dame in die Mitte nehmen, sofern der Bürgersteig breit genug ist. Warum sollten zwei Damen nicht einen Herrn in die Mitte nehmen? Herrscht großes Gedränge auf den Straßen, muß man hintereinander gehen. Der Herr wird dann vorgehen, damit die Dame sozusagen in seinem Kielwasser leichter vorankommt.

Ein Gentleman ist ein Mann, der seiner Frau die Hoteltür öffnet, damit sie das Gepäck in die Halle tragen kann. (Peter Ustinov)

Treppauf – Treppab

Es wäre verwunderlich, wenn es nicht auch zum korrekten Benutzen einer Treppe Benimmvorschriften gäbe – und einen Wandel derselben. Zu Zeiten, als es bereits der Gipfel der Frivolität war, wenn der Herr auch nur den Knöchel der Dame hätte sehen können, war er zur Wahrung des Anstands gehalten, vor der Dame die Treppe hinaufzugehen. Sie ging dann mit leicht gerafften Röcken zwei Stufen hinter ihm. Sollte sie – was bei der alten Schuhmode und den langen Röcken leicht geschah – stolpern oder rutschen, dann hatte sie Pech. Auffangen konnte der Herr sie nämlich nicht, denn auch wer beim Aufwärtsgehen stolpert, fällt letztlich abwärts.

Da die Dame heute nicht nur Knöchel, sondern Oberschenkel bis zum Po zeigen darf, die Fallgesetze aber dieselben sind wie eh und je, ist es besser, der Herr geht ein bis zwei Stufen hinter ihr die Treppe hinauf – ohne ihr dabei die Hand hier oder da oder dorthin zu legen.

Abwärts geht es umgekehrt: Er geht voraus, damit sich die Dame im Notfall auf ihn stützen kann.

Das sind die Regeln für den Normalfall. Auf breiten Treppen ohne Gegenverkehr kann man nebeneinander gehen. Sollte die

Dame besser zu Fuß sein, dann reicht sie dem Herrn den Arm oder bietet ihm die Schulter, damit er sich stützen kann.

Eine wunderschöne Möglichkeit, für Karambolagen zu sorgen, sind Fahrstühle. Da die Dame den Vortritt hat, geht sie zuerst hinein. Drei oder vier Herren folgen, die Dame steht hinten im Aufzug. Der Lift fährt aufwärts oder abwärts, die Türen gehen auf, die Herren ziehen die Bäuche ein, drücken sich an die Wände. Doch noch ehe die Dame sich zwischen ihnen hindurchquetschen konnte, sind die Türen schon wieder zu.

Wenn ich mit mehreren Herren zusammen in einem Aufzug bin, sage ich schon, ehe die Türen ganz auf sind, laut und deutlich: „Bitte, meine Herren, nach Ihnen", oder etwas ähnliches, um das eben beschriebene Gedrängel zu vermeiden. Lediglich, wenn es sich um einen sehr geräumigen Aufzug mit breiter Tür handelt, sollte die Dame das Vorrecht des Vortritts nutzen – es aber nicht erzwingen, wenn sie sieht, daß ein oder mehrere Herren schon zum Sturm auf die Tür ansetzen.

Im Auto und Taxi

Wenn ein Mann einer Frau höflich die Wagentür aufreißt, dann ist entweder der Wagen neu oder die Frau. (Uschi Glas)

Was für normale Türen gilt, das gilt grundsätzlich auch für die Autotür. Der Herr hält der Dame den Schlag auf, während sie einsteigt, und er schließt die Tür, wenn sie im Wagen sitzt. Freilich gilt und geht das nur, wenn er auch der Fahrer ist und folglich über die Wagenschlüssel verfügt, was heute keineswegs selbstverständlich ist.

Fährt die Frau, wäre es einigermaßen lächerlich, drückte sie ihm die Schlüssel in die Hand, damit er ihr auf der Fahrerseite öffnet. Vielmehr wird sie, sofern auf der Beifahrerseite ein Schloß ist, diese Tür aufschließen und den Herrn einsteigen lassen. Einem deutlich älteren Herrn und einer älteren Dame wird sie sogar die Wagentür öffnen und sie wird, wenn nötig, älteren Herrschaften beim Einsteigen behilflich sein.

Angenommen, es sind vier Leute unterwegs. Ist der Fahrer, der ja Gastgeberfunktion hat, verpflichtet, jedem einzelnen die Tür zu öffnen? Jein. Zwei Dinge sind zu bedenken: Alter und Rang der Mitfahrer sowie die Verkehrssicherheit. Von älteren Herrschaften wird man nicht verlangen, daß sie von einer Seite aus in den Fond einsteigen; würde es doch bedeuten, daß derjenige, der zuerst einsteigt, auf dem Sitz rüberrutschen muß. Jungen, beweglichen Leuten darf man eine solche Rutschpartie dagegen durchaus zumuten.

Es kann aber sein, daß die Verkehrssituation das Rüberrutschen auf dem Sitz erforderlich macht, dann nämlich, wenn der
Wagen an einer stark befahrenen, engen Straße geparkt ist und
die weit geöffnete Tür eine Verkehrsbehinderung, wenn nicht
gar eine Gefahr für die anderen Autofahrer und die Einsteigen-
den bedeutet. Dann steigt der Beweglichere zuerst ein und
rutscht rüber.

Genau daran ist auch zu denken, wenn man im Taxi fährt. Muß
der Taxifahrer an einer befahrenen Straße halten, steigen immer alle Fahrgäste aus Sicherheitsgründen zum Bürgersteig hin
aus. Verläuft neben dem Bürgersteig noch ein Radfahrweg, muß
man sich vergewissern, daß kein Radler kommt, ehe man die
Tür aufmacht.

Früher hieß die Regel: Der Platz neben dem Fahrer gebührt
allemal der Ehefrau. Da heute längst nicht mehr so selbstverständlich der Mann der Fahrer ist, haben sich auch hier die
Regeln sehr gelockert. Statt stur nach der alten Etikette zu
handeln, sollte man seine Bei- und Mitfahrer fragen, wie sie gern
sitzen möchten. Manchen Menschen bekommt es nicht gut,
wenn sie hinten in einem Auto sitzen, anderen wiederum, die
selber fahren können, wird es mulmig, wenn sie neben einem
(schlechten) Fahrer sitzen müssen. Sie sind ständig versucht,
auf die Bremse zu treten, die sie als Beifahrer gar nicht haben.
Aus eben diesen Gründen darf man sich auch als Taxigast
setzen, wohin man will. Man darf als Dame neben dem Fahrer
Platz nehmen und sich genausogut hinten in den Wagen setzen.

Das Innere eines Autos, selbst wenn es sich um eine vollklima-
tisierte Luxuslimousine handelt, ist ein sehr enger Raum. Es ist
aus diesem Grund ganz besonders wichtig, eventuelle Mitfahrer
zu fragen, ob es sie stört, wenn geraucht wird. Auch wenn Sie
selbst der Besitzer und Fahrer des Wagens sind, haben sie nicht
das Recht zu tun, was Ihnen gefällt. Genausowenig dürfen Sie
als mitfahrender Gast im Auto erwarten, daß man Ihren
Wunsch in jedem Fall akzeptiert.

Wenn in der engen Kabine eines Autos geraucht wird, geht
manchen Leuten die Luft aus, oder es wird ihnen sogar
schlecht. Sind Sie selbst starker Raucher und brauchen Sie das
Nikotin, dann machen Sie bei einer längeren Fahrt doch aus,
daß unterwegs öfter mal eine Zigarettenpause eingelegt wird.
Sich während einer längeren Fahrt gelegentlich an frischer Luft
die Füße zu vertreten tut auch den Nichtrauchern gut. Eine
solche Absprache ist allemal besser, als innerlich grollend zu-
zustimmen, daß im Auto geraucht werden darf.

Vom Rauch anderer krank wer-den oder vom Zug der Kli-maanlage – das sind Alter-nativen der Hochzivili-sation. (Oliver Hassencamp)

Im Zuge der immer weiter um sich greifenden Einschränkungen für Raucher gibt es heute auch Nichtrauchertaxis. Der Fahrer eines solchen Wagens hat innerhalb seines Fahrzeugs das Hausrecht und darf von seinem Kunden verlangen, seine Zigarette auszumachen beziehungsweise sich in seinem Wagen gar nicht erst eine Zigarette anzuzünden.

Darf umgekehrt aber auch der Fahrgast vom Fahrer verlangen, daß dieser nicht raucht, selbst wenn es sich um ein Rauchertaxi handelt? Ich denke, er sollte es nicht verlangen. Er sollte vielmehr, wenn er den Qualm denn gar nicht vertragen kann, höflich darum bitten. Aber zusätzlich ist die Situation im Auge zu behalten. Angenommen, der Fahrer steht neben seinem Wagen am Taxistand und raucht. Nun kommt ein eiliger Fahrgast, und der Fahrer ist bereit, seine Pause abzubrechen und sofort loszufahren. Dann sollte der Gast nicht darauf bestehen, daß die Zigarette ausgemacht wird. Immerhin hat der Fahrer für den Gast seine Zigarettenpause unterbrochen. Er hätte ja auch sagen können: „Moment, ich komme gleich."

Greift der Fahrer jedoch erst während der Fahrt nach seinen Zigaretten, dann kann man ihn bitten, mit dem Rauchen zu warten, bis man am Ziel ist. Ihn sich erst die Zigarette anstecken zu lassen und dann zu verlangen, daß er sie wieder ausmacht, ist nicht sehr entgegenkommend. Man kann verstehen, wenn ein Taxifahrer darauf sauer reagiert.

Bekannte kommen zu Besuch

*Die erste Voraussetzung, um ein Heiliger zu werden, ist, Besuche zu ertragen.
(Emile Cioran)*

Wie man sich verhält, wenn man einladen möchte oder eingeladen wird, hängt zum einen davon ab, wie gut man sich bereits kennt. Zum anderen ist der Anlaß der Einladung nicht ganz unwichtig.

Der allererste Besuch bei neuen Bekannten ist etwas anderes als ein gemütliches Abendessen bei langjährigen Freunden. Dennoch sollte der erste Besuch bei neu gewonnenen Bekannten keine steife, von alter Etikette diktierte Angelegenheit sein. Auch ist eine Einladung zum Nachmittagskaffee etwas anderes als die Einladung zu einem festlichen Essen.

Die schlichte Einladung

Als erstes erhebt sich die Frage: Wie lädt man ein? Heutzutage ist die telefonisch oder persönlich ausgesprochene Einladung üblich und entspricht durchaus allen Anforderungen des guten Tons. Die schriftliche Einladung hat eher etwas Distanziertes. Sie empfiehlt sich, wenn man ein großes Fest feiert. Dennoch kann man natürlich zu jedem Anlaß und Treffen schriftlich einladen.

Der Eingeladene hat in jedem Fall die Pflicht, rechtzeitig zu- oder abzusagen. Das kann schriftlich oder telefonisch geschehen. Eine Zusage ist verbindlich, wenn nicht sehr schwerwiegende Gründe eine kurzfristige Absage nötig machen. Erst zusagen und dann aus einer plötzlichen Laune heraus ein halbes Stündchen vorher absagen – ja, das kann man natürlich machen, wenn man sichergehen will, nie wieder eingeladen zu werden.

Der wirklich freie Mensch ist der, der eine Einladung zum Essen ausschlagen kann, ohne dafür einen Vorwand geben zu müssen. (Jules Renard)

Man kann also bei den neuen Bekannten anrufen und seine Einladung aussprechen. Und auch eine auf der Straße, im Supermarkt oder sonstwo ausgesprochen verbindliche Einladung zu einem festen Termin hat Gültigkeit. Unangebracht ist lediglich eine Einladung über Dritte. Das heißt, man sagt nicht den Kindern der Meiers, sie mögen doch bitte den Eltern ausrichten, sie seien für dann und dann zu einem Glas Wein eingeladen; man bittet nicht die Schulzes, den Meiers auszurichten, auch sie seien eingeladen. Sogar bei zwei Singles, von denen man weiß, daß sie eng miteinander liiert sind, aber nicht in einer Wohnung zusammenleben, sollte man ruhig jeden der beiden einzeln ansprechen und nicht erwarten, daß die Einladung entweder selbstverständlich für beide gilt oder der eine dem anderen schon Bescheid sagen wird. Es ist ja denkbar, daß einer von beiden zum vorgesehenen Zeitpunkt verhindert ist, also eine neue Terminabsprache nötig wäre.

Doch auch umgekehrt gilt die Regel. Nur wer eingeladen ist und zugesagt hat, geht hin. Als Gast kann man nicht von sich aus noch ein oder zwei weitere Leute einladen und mitbringen. Schon gar nicht, wenn es sich um eine Einladung zum Essen handelt. Wird man allein eingeladen, möchte aber ungern allein gehen, dann kann man ja fragen, ob man jemanden mitbringen darf. Auf keinen Fall sollte man den Gastgeber mit einem zusätzlichen, unangemeldeten Gast überraschen.

Bei der Formulierung der Einladung muß eindeutig klar sein, um was es sich handelt: Ist es eine Einladung zum Nachmittagskaffee, die sich nicht zwangsläufig noch bis zum Abendessen hinstreckt? Ist es ein Treffen, um die am Urlaubsort gedrehten Filme oder die Dias anzuschauen, und gibt es ein paar Häppchen dazu? Oder handelt es sich um eine Einladung zum Abendessen, gar vielleicht um eine große Einladung zu einem runden Geburtstag oder Hochzeitstag?

Es gibt ein Minimum an Unaufrichtigkeit, das von jedem verlangt werden kann: Höflichkeit. (Hans Kraislheimer)

Sich hier eindeutig auszudrücken ist für beide Seiten von Vorteil. Wer zu Kaffee und Kuchen einlädt, hat im allgemeinen nicht noch ein fertig vorbereitetes Abendessen in der Küche stehen und darf folglich erwarten, daß der Gast spätestens so gegen 18 Uhr wieder geht. Umgekehrt weiß der zum Nachmittagskaffee oder Fünfuhrtee Eingeladene, daß er für sein Abendessen selber sorgen muß.

Noch wichtiger ist eine solche Klarstellung, wenn man zum Abend einlädt. Es muß unmißverständlich klar sein, ob man zum oder nach dem Essen eingeladen ist. Höfliche Untertreibungen sind hier wenig angebracht. Laden Sie nicht ein mit den Worten: „Es gibt nur eine Kleinigkeit zum Wein", wenn Sie vorhaben, ein 5-Gänge-Menü aufzufahren. Ihre Gäste könnten Sie beim Wort genommen und bereits zu Abend gegessen haben. Das wäre dann nicht nur peinlich für alle Beteiligten, es wäre auch schade. Die Verantwortung für eine klare Auskunft liegt eindeutig beim Gastgeber. Schließlich kann man als Eingeladener schlecht fragen: „Gibt's denn auch was zu essen, oder sollen wir schon gegessen haben, wenn wir kommen?" Eine solch unverblümte Frage kann man höchstens guten alten Freunden stellen.

Die offizielle Einladung

Zu einem großen feierlichen Essen, das intensiver Vorbereitung bedarf, aber auch zu einer großen (Steh-)Party mit Buffet lädt man schriftlich ein – eventuell sogar mit Rückantwortkarte. Das muß keineswegs bedeuten, daß die Formulierungen auf der Einladung steif und hölzern sind. Je nach Anlaß kann man sogar sehr witzige Karten verschicken. Sinn und Zweck der schriftlichen Einladung ist ja vorrangig der, sicherzustellen, daß der Gast den Termin und den Ort der Zusammenkunft nicht vergißt und der Gastgeber Kontrolle über die zu erwartende Zahl der Gäste hat.

Wie bei der mündlichen Einladung muß auch aus der schriftlichen eindeutig zu entnehmen sein, um welche Art von Festlichkeit es sich handelt: Ist es beispielsweise eine Einladung zu einem gesetzten Essen, zu der absolute Pünktlichkeit erforderlich ist? Man kann das durch das Kürzel s.t. anzeigen, es steht für den lateinischen Ausdruck *sine tempore,* was „ohne Zeit(zugabe)" bedeutet. Oder handelt es sich um einen Sektempfang, der nach zwei Stunden beendet ist, oder um eine Stehparty mit offenem Ende? Außerdem kann man auf einer solchen Einladungskarte Hinweise auf die gewünschte Kleidung geben, etwa indem man „Straßenanzug" vorschlägt oder *cravate blanche,* was Frack mit weißer Fliege bedeutet. Näheres zur Bedeutung der Geheimbotschaften auf Einladungskarten finden Sie im Anhang (siehe Seite 296).

Auch das Datum der Veranstaltung muß der Einladung eindeutig zu entnehmen sein. Das heißt, Datum und Wochentag müssen übereinstimmen. Wenn es heißt, man sei am Samstag, den 5. Mai eingeladen, der Samstag ist aber der 6. oder der 4. Mai, dann kann das einige Verwirrung auslösen. Es empfiehlt sich außerdem, den Monatsnamen auszuschreiben und nicht mit der Zahl abzukürzen. Wie leicht ist der 4.5. mit dem 5.4. verwechselt. Und auch die Ortsangabe muß korrekt und vollständig sein. Last but not least vergewissert man sich ganz genau, daß man den Namen des Eingeladenen sowohl auf der Einladung als auch auf der Adresse richtig geschrieben hat. Sie werden aus eigener Erfahrung wissen, daß es keinen Spaß macht, den eigenen Namen aus Nachlässigkeit falsch geschrieben oder gar verhohnepipelt zu sehen.

Eine schriftliche Einladung muß auf jeden Fall beantwortet werden. Ob man das wiederum schriftlich tun muß oder auch mündlich erledigen kann, hängt schließlich davon ab, ob eine Antwortkarte beigefügt war. Eine solche Karte ausgefüllt zurückzuschicken – auch wenn man leider absagen muß – ist das mindeste, was der höfliche Mensch tut.

Ist mit einem Kürzel – U.A.w.g. oder r.s.v.p. – oder ausgeschrieben um Rückantwort gebeten, kann man telefonisch oder persönlich zu- oder absagen. An diese Entscheidung ist man dann aber gebunden. Nur höhere Gewalt darf als Entschuldigung dienen, wenn man der angenommenen Einladung nicht nachkommt. Die genannten Kürzel stehen für die deutsche Bitte: „Um Antwort wird gebeten" oder dasselbe auf französisch: *répondez s'il vous plaît.*

Im eigenen Interesse schickt man die Einladungen rechtzeitig ab. Bei sehr großen Festen sind vier Wochen üblich, denn Sie müssen den Postweg hin und zurück rechnen, dazu ein paar

Die Cocktailparty ist eine Strapaze, der man sich merkwürdigerweise hin und wieder sogar freiwillig unterzieht, so wie man hin und wieder freiwillig ein Karussel besteigt, obwohl man weiß, daß Übelkeit die unausbleibliche Folge ist. (Heinrich Böll)

Tage Bedenkzeit für die Eingeladenen. Schließlich müssen Sie auch noch Zeit einkalkulieren für die Organisation des Festes, wenn die endgültige Zahl der Teilnehmer feststeht. Vier Wochen sind da rasch verstrichen.

Kleidung

Wer zu Bekannten eingeladen ist, wird sich sauber und ordentlich anziehen, ohne sich deshalb gleich besonders in Schale zu werfen. Aus der Einladung weiß man ja, um was es geht. Zum gemütlichen Diaabend mit Bier und Schnittchen kann man in Jeans und Pullover aufkreuzen. Ist man zu einem „normalen" Abendessen eingeladen, muß man deswegen heutzutage auch nicht unbedingt im dunklen Anzug oder feinen Kleid erscheinen – aber man kann.

Durch zerlumpte Kleider sieht man die kleinsten Laster; lange Röcke und Pelzmäntel verbergen alles. (William Shakespeare: König Lear)

Manchen Menschen ist es ein Greuel, sich fein herausputzen zu müssen, anderen ist es ein großes Vergnügen. Jeder nach seinem Geschmack. Nur, wie gesagt, sauber und einigermaßen ordentlich wäre schon wünschenswert, obwohl gerade hier die Männlichkeit gelegentlich zu wünschen übrigläßt. Es ist erstaunlich, wie viele Männer quer durch alle Schichten und Altersgruppen sich mit ungepflegten Haaren und noch ungepflegteren Fingernägeln – ungleich lang, abgebrochen, schmutzig – im wahrsten Sinne des Wortes sauwohl fühlen.

Man verwechsle das nicht mit dem heute modernen Dreitagebart, der inzwischen absolut gesellschaftsfähig ist und sich sogar mit einem Smoking verträgt, wenn der restliche Kerl picobello daherkommt.

Als Gastgeber sollte man versuchen, nicht zu sehr von den Gästen abzustechen. Auch wenn es sich vielleicht um neue Bekannte handelt, so hat man sich ja doch keine völlig Unbekannten eingeladen. Die Dame legt also nach Möglichkeit nicht ihr wertvollstes Collier an, wenn sie weiß, daß die Gäste eher schlichte Kleidung bevorzugen. Sie erscheint auch nicht in Leggings und Schlabberpulli, wenn ihr bekannt ist, daß die zu erwartenden Gäste Wert auf Stil legen und wahrscheinlich in feiner Kleidung erscheinen werden.

Bei großen Einladungen ist es üblich, einen Vermerk zur Kleidung zu machen, sofern Besonderes gewünscht ist, wie etwa langes Abendkleid und festliche Herrengarderobe. Geringfügig unter der vorgegebenen Meßlatte zu bleiben, ist in Ordnung. Wer kein langes Abendkleid besitzt, darf auch im festlichen kurzen Kleid erscheinen. Unangebracht wäre es freilich, demonstrativ in Jeans und Turnschuhen aufzukreuzen (Siehe auch das Kapitel „Mode und korrekte Kleidung" Seite 236).

Pünktlich oder c. t.?

Bei guten Freunden, die zu einem gemütlichen, ungezwungenen Beisammensein eingeladen haben, darf man ein wenig zu früh aufkreuzen. Man darf auch mal zu spät kommen, ohne daß man deshalb gleich alle Hebel in Bewegung setzen muß, um Bescheid zu geben.

Ist man bei Bekannten eingeladen, so kommt man pünktlich. Das heißt, wenige bis maximal 15 Minuten nach der angegebenen Zeit. Diese Viertelstunde wird auf Einladungen gern mit c.t. (für *cum tempore* – mit Zeitzugabe) abgekürzt und das „akademische Viertel" genannt, weil Vorlesungen und Seminare an den Universitäten um jene 15 Minuten später beginnen als in den Vorlesungsverzeichnissen ausgedruckt. Man kommt also zu einer Einladung weder vor der ausgemachten Zeit noch deutlich später.

Ausnahmen bestätigen auch hier die Regel. Wer einen langen Anfahrtsweg hat und auf der Autobahn in einen Stau gerät, der kann nicht pünktlich sein und hat auch wenig Möglichkeit, von unterwegs Bescheid zu sagen. Es wäre höflich, die nächstbeste Gelegenheit zu einem Anruf zu nutzen, um Nachricht zu geben; mehr kann man nicht tun. Wer sich umgekehrt verkalkuliert hat und zu früh dran ist, kann entweder noch einen Spaziergang machen oder, wenn es beispielsweise in Strömen gießt, ebenfalls anzurufen versuchen und fragen, ob er schon kommen darf. Bei Freunden dagegen wird er natürlich einfach klingeln. Wer Gäste erwartet, die von weit her kommen, sollte von sich aus damit rechnen, daß sie sich eventuell verfrühen oder auch verspäten können.

Ausnahmen sind nicht immer Bestätigung der alten Regel. Sie können auch Vorboten einer neuen sein.
(Marie von Ebner-Eschenbach)

Eine Einladung zu einem warmen Essen ist im allgemeinen so kalkuliert, daß zwischen Eintreffen der Gäste und Beginn der Mahlzeit 15 bis 20 Minuten bleiben, denn man bittet die Gäste nicht sofort, wenn sie den Mantel abgelegt haben, zu Tisch. Man nimmt erst einen kleinen Aperitif und plaudert ein wenig.

Wenn man also um 20 Uhr abends mit dem Essen anfangen will, lädt man die Gäste auf 19.30 Uhr ein, in der Hoffnung, daß sie spätestens bis 19.45 eintrudeln. Mit anderen Worten, der zum Essen eingeladene Gast ist möglichst pünktlich.

Der Gast sollte bedenken, daß die Hausfrau, möglicherweise auch der Hausmann, die Zubereitung des Essens nach etwa diesem Zeitplan gestaltet, und sie oder ihn nicht durch Saumseligkeit in Verlegenheit bringen. Vor allem dann nicht, wenn bekannt ist, daß auch noch andere Gäste eingeladen sind. Denn dann kann es wirklich eng und unangenehm werden. Das Soufflé ist fertig, alle Gäste sind versammelt, nur einer fehlt – was jetzt?

Ich bitte in einem solchen Fall zu Tisch. Der Nachzügler wird später so unauffällig wie möglich in die Runde integriert. Unter Umständen muß er sogar auf einen Gang des Menüs verzichten. Ich würde die anderen Gäste nicht warten lassen, schon gar nicht, wenn darunter zusätzlich die Qualität des Essens leidet. Anders natürlich, wenn man ohnehin nur einen einzelnen Gast oder ein Ehepaar erwartet. Dann muß man sich als Gastgeber wohl oder übel in Geduld fassen. Man wird aber vielleicht ein Gericht wählen, das nicht auf den Punkt serviert werden muß.

Pünktlichkeit ist die Kunst, richtig abzuschätzen, um wieviel der andere sich verspäten wird. (Bob Hope)

Selbst wenn man nur zu einem Glas Wein eingeladen ist, zu einer Tasse Kaffee am Nachmittag oder zu einem kalten Imbiss sollte man sich an die Regeln der Pünktlichkeit halten. Zwar ist eine Verspätung nicht gar so tragisch, vermeiden sollte man sie freilich dennoch. Wenn irgend möglich erscheint man nicht später als 20 Minuten nach der angegebenen Zeit.

Was hier zur Pünktlichkeit gesagt wurde, gilt für Einladungen im kleinen bis kleinsten Kreis und für Einladungen zum sogenannten gesetzten Essen. Die Regeln für eine Stehparty, einen großen Cocktailempfang oder ähnliches sehen anders aus.

War der mündlichen oder schriftlichen Einladung zu entnehmen, daß es sich um eine Stehparty handelt, die um 19 Uhr beginnt und deren Ende offen ist, so ist man als Gast sicherlich um 21 oder gar 22 Uhr noch willkommen. Und es wird auch kaum unangenehm auffallen, wenn Sie noch jemanden mitbringen. Sind Sie sich dessen jedoch nicht sicher, kommen Sie lieber pünktlich.

Blumen oder andere Mitbringsel

In unseren Breiten ist es üblich, dem Gastgeber eine Kleinigkeit mitzubringen. Im allgemeinen ist das eine kleine Aufmerksamkeit für die Dame des Hauses, die als gastgebende Hausfrau ja die meiste Arbeit zu erledigen hat. Aber auch der einladende Junggeselle hat durchaus ein Anrecht auf ein Mitbringsel. Übliche Gastgeschenke sind Blumen, Konfekt, Wein oder andere Spirituosen. Kennt man den Geschmack des Gastgebers, der Gastgeberin, darf es auch ein Buch, eine CD oder eine andere Aufmerksamkeit sein.

Mit Blumen liegt man grundsätzlich immer richtig. Auch dem Herrn darf man heutzutage einen Strauß mitbringen, besser noch ein Gesteck, denn Jungesellenhaushalte sind meist nicht sehr üppig mit Vasen ausgestattet. Immer noch zu beachten ist allerdings, daß Blumen eine symbolische Sprache sprechen, wenn diese auch zunehmend in Vergessenheit gerät. Wer nicht mißverstanden werden will, schenkt dem alleinstehenden Herrn als Dame keine langstieligen roten Rosen. Umgekehrt gilt das gleiche, sofern der Herr nicht ausdrücklich seine intime Zuneigung deutlich machen will.

Die Blume ist das Lächeln der Pflanze. (Peter Hille)

Selbstverständlich darf man Blumen aus dem eigenen Garten mitbringen – und einem Hobbykoch auch durchaus einen Bund frisches Basilikum. Es müssen auch nicht unbedingt Schnittblumen sein. Weiß man, daß die Gastgeberin einen kleinen Sukkulentengarten hat, dann ist auch an einem hübschen blühenden Kaktus nichts auszusetzen. Ist man aber unsicher, so kauft man Blumen in einem Fachgeschäft und läßt sich dort beraten, indem man sagt, für welchen Zweck und für wen man die Blumen möchte. Nur im Notfall zieht man Blumen aus dem Automaten.

Wurden Blumen gestern noch mit Vorliebe in durchsichtige Folien gewickelt, kommt heute der Umwelt zuliebe das gute alte Blumeneinwickelpapier wieder mehr in Mode. Ein Strauß, der durch die Folie hindurch sichtbar ist, wird nicht ausgepackt, ehe man ihn überreicht. Er wird allerdings ohne die Klarsichthülle in die Vase gestellt. Nur der Strauß, der so verpackt ist, daß man ihn nicht sehen kann, wird aus dem Papier genommen, das man der Hausfrau oder dem Hausherrn dann aber getrost zur Entsorgung in die Hand drücken darf – sofern keine Stecknadel drin ist! In dem Fall weist man unbedingt auf den Pikser hin.

Wer überreicht wem die Blumen? Sofern ein Paar zu Gast geladen ist, überreicht der Herr der Dame des Hauses die Blumen – so steht es in den Benimmbüchern geschrieben. Und wieder einmal handelt es sich um eine wunderschöne Buchtheorie, die in der Praxis leicht in eine Komödienszene ausarten kann. Im allgemeinen ist nämlich just jene Dame des Hauses heutzutage auch die Köchin und gerade noch in der Küche beschäftigt. Es kommt also zunächst der Herr des Hauses allein an die Tür. Oder es sind schon andere Gäste da, um die die Dame des Hauses sich im Wohnzimmer kümmert, während der Hausherr zur Tür geht, um zu öffnen. Ganz abgesehen davon, daß moderne kleine Wohnungen nicht über den Platz im Flur verfügen, vier Personen – zwei Gäste, zwei Gastgeber – auf einmal aufzunehmen. Oft also ist von der Dame des Hauses zunächst weit und breit nichts zu sehen.

Natürlich kann der Gast die Blumen so lange in der Hand halten, bis auch die Dame des Hauses sich zeigt. Er muß aber möglicherweise zwischendurch auch seinen Mantel ablegen. Wohin dabei mit den Blumen? Er könnte sie ja vielleicht zwischen die Zähne nehmen? Oder wären sie da nicht doch in der Hand des Hausherrn besser aufgehoben? Der hat freilich seinerseits die Verpflichtung, dem Gast aus dem Mantel zu helfen und dann das Kleidungsstück ordentlich an die Garderobe zu hängen, wozu man erfahrungsgemäß auch zwei Hände braucht. Letztlich wandern die Blumen entweder mehrmals von Hand zu Hand. Oder sie werden kurzfristig auf einem Tischchen oder einer Konsole abgelegt. Oder der Hausherr wird sie rasch in die Küche bringen müssen und dann zurückeilen, um den Gästen aus den Mänteln zu helfen ... Alles mögliche wird vorkommen, doch selten wird es gelingen, der Benimmvorschrift voll und ganz zu entsprechen.

Man überreicht die Blumen weder wortlos noch hält man sie mit einem „da!" dem anderen mit steif ausgestrecktem Arm hin. Man sagt ein paar freundliche Worte dazu. Weil aber nicht jeder Mann über entsprechende Eloquenz verfügt, darf auch die Dame, wenn sie denn wortgewandter ist, die Blumen übergeben. Und zwar durchaus dem Herrn des Hauses, dem sie sagt, daß sie als Dank und Anerkennnung für die Hausfrau gedacht sind.

Wer Blumen bekommen hat, stellt sie rasch in eine Vase und bringt sie dann in das Zimmer, in dem sich die Gäste aufhalten. Es wäre unhöflich, den Strauß einfach in der Küche oder auf dem Flur liegenzulassen. Auf den Eßtisch allerdings sollte man die Vase nur dann stellen, wenn sich Gäste und Gastgeber deswegen nicht durch die Blume unterhalten müssen. Nur ein sehr kleines Sträußchen wird man auf den Eß- oder Kaffeetisch stellen können.

Konzessionen und Geschenke sind eine Speise, die den Appetit reizen. (Otto von Bismarck)

Für andere Mitbringsel als Blumen braucht man mehr Fingerspitzengefühl. Wer selbst nichts von Wein versteht, sollte einem Weinkenner entweder keinen Rebensaft mitbringen oder eine Flasche in einem Fachgeschäft besorgen, in dem er wirklich gut beraten wird. Das gleiche gilt für andere Spirituosen. Ehe Sie einen Hirnreißer oder einen billigen Fusel mitbringen, weil eine gute Flasche Cognac die Möglichkeiten Ihres Geldbeutels sprengt, sollten Sie lieber völlig umdisponieren und auf Blumen zurückgreifen. Sowieso sollte man keine zu aufwendigen Geschenke machen, das könnte den Gastgeber in Verlegenheit bringen.

Ganz besonders heikel sind selbstgemachte Mitbringsel. Während sie auf der einen Seite als ganz persönliche Gaben einen hohen Wert haben und viel Freude auslösen können, kann es andererseits aber auch sein, daß man damit völlig schiefliegt. Ein selbstgehäkelter Tischläufer paßt nun mal nicht zu einer supermodernen Designereinrichtung. Wenn Sie enttäuschte Gesichter auf beiden Seiten vermeiden wollen, dann bringen Sie Selbstgemachtes – sei es getöpfert, gemalt, gestrickt, laubgesägt oder gekocht – nur Bekannten und Freunden mit, deren Geschmack Sie ganz genau kennen.

Ein Geschenk ist genausoviel wert wie die Liebe, mit der es ausgesucht wurde. (Thyde Monnier)

Heutzutage ist es nicht unüblich, daß ein unverheiratetes Paar einlädt. Wer bekommt dann das Mitbringsel? Grundsätzlich ist es natürlich für beide gedacht, wie man bei einem Ehepaar ja auch davon ausgeht, daß ein Mitbringsel für beide ist. Weiß man allerdings, daß die beiden nicht zusammenleben, die Frau aber den Löwenanteil an der Vorbereitung – und Nachsorge – der Einladung hat, dann darf man durchaus ihr ganz gezielt das Mitbringsel in die Hand drücken und deutlich machen, daß es für sie gedacht ist. Man kann und darf selbstverständlich auch beiden etwas mitbringen.

Weiß man, daß auch Kinder im Haus leben, so soll man auch ihnen eine Kleinigkeit mitbringen. Es müssen ja nicht unbedingt Süßigkeiten sein. Es gibt sehr lustige kleine und preiswerte Spielzeuge, die einen Mordsspaß machen können.

In jedem Fall gehört es sich, das Mitbringsel auszupacken und sich zu bedanken, auch wenn man an der bloßen Form erfühlen kann, daß es sich um eine Flasche Sekt oder eine Schachtel Konfekt handelt. Wer als Beschenkter die Aufmerksamkeit unausgepackt beiseite stellt, setzt sich unter Umständen dem Verdacht aus, sie bei nächster Gelegenheit selber weiterverschenken zu wollen.

Andererseits ist man als Beschenkter nicht verpflichtet, die Schachtel Pralinen oder die Flasche Wein zu öffnen und davon anzubieten. Ob man das tut oder nicht, hängt von den Gegebenheiten ab. Hat man zum Kaffee eingeladen und einen Likör mitgebracht bekommen, so kann man nach dem Kaffee davon anbieten. Ebenso könnte man mit feinem Kleingebäck oder Pralinen verfahren. Hat man aber ein opulentes Abendessen aufgetischt, zu dem weder Likör noch Pralinen, noch der mitgebrachte Wein passen, so ist es keineswegs unhöflich, nicht von dem Mitbringsel anzubieten.

All das gilt, es sei noch einmal betont, für den Besuch bei Bekannten. Dicke Freunde kann man mal mit leeren Händen besuchen kommen. Oder man kann sehr individuell ausgesuchte Aufmerksamkeiten mitbringen – ein Eau de Toilette beispielsweise –, mit denen man bei anderen Menschen sicherlich Anstoß erregen würde. Es kann auch vorher ausgemacht worden sein, daß die Freunde den Wein zum Essen mitbringen.

Bei großen Festen, bei denen mehr als zehn Gäste zu erwarten sind, gelten andere Bedingungen und folglich andere Regeln. Die Gastgeber wären hoffnungslos überfordert, sollten sie zehn oder mehr Sträuße in Empfang nehmen und sich jedesmal gebührend bedanken. Schließlich muß man ja damit rechnen, daß die Gäste in Grüppchen eintreffen, vom Vasennotstand ganz zu schweigen. Man kommt also mit leeren Händen, denn die Blumen hat man im voraus durch einen Blumenboten geschickt. Oder man schickt sie am folgenden Tag, beides ist korrekt. Ob vorher oder nachher, man fügt eine Karte bei, auf der ein eigener handgeschriebener Dank vermerkt ist.

Die Blumen schicken zu lassen ist um so angebrachter, wenn die Feier nicht im Hause der Gastgeber, sondern beispielsweise in einem Restaurant stattfindet. Dann hätten die Gastgeber nämlich zusätzlich noch das Problem, die Blumenflut nach dem Fest nach Hause transportieren zu müssen.

Große Geschenke sind wieder eine andere Sache. Sie werden vor allem bei Familienfesten überreicht, auf die wir erst später zu sprechen kommen (siehe Seite 276).

Begrüßung

Mit einer geballten Faust kann man keinen Händedruck wechseln. (Indira Gandhi)

Während man selbst gute Bekannte und Freunde auf der Straße nicht mit Handschlag grüßt, nicht einmal unbedingt dann, wenn man stehenbleiben und ein wenig plaudern will (von der Begrüßung auf der Straße war ja schon die Rede, siehe auf Seite 56), so ist es doch in unseren Breiten allgemein üblich, daß Gäste und Gastgeber sich mit Handschlag grüßen. Das kann mit einem Kopfnicken einhergehen, der Herr kann auch eine leichte Verbeugung vor der Dame und dem wesentlich älteren Herrn andeuten. Die Dame dagegen wird auch vor der wesentlich älteren Dame nicht knicksen.

Es gibt regelrechte Handschlagstypen. Die meisten Menschen reichen sich die Hand, die Hände liegen einen kurzen Moment fest ineinander, dann löst man sie wieder. So sollte es sein. Manche lassen aber einfach nicht wieder los, sie schütteln und pumpen und reden dabei auf einen ein – nehmen wir es als ein Zeichen ihrer Zuneigung. Unangenehmer sind schon zwei andere Typen. Ich möchte sie die Schlabberhändigen und die Handquetscher nennen. Die einen scheinen einem statt der Hand einen wattegefüllten Handschuh in einem nicht fixierten Kugelgelenk zu reichen. Bei den anderen hat man dagegen den Eindruck, die eigene Hand in einen Schraubstock gesteckt zu haben. Das erste ist unschön, das zweite wirklich unangenehm. Man sollte sich selbst einmal kritisch daraufhin überprüfen, ob man zur einen oder anderen Gruppe gehört, und, wenn es so sein sollte, versuchen das abzustellen.

Eine besonders herzliche Form des Handschlags ist der beidhändige Gruß. Man reicht sich die Hände, und der eine oder der andere legt auch noch die Linke dazu. Meist tut das nur einer von beiden, um besondere Dankbarkeit oder Verbundenheit auszudrücken.

Höflichkeit ist der dritte Arm, der uns erlaubt, Zudringliche auf Distanz zu halten. (Walther Kiaulehn)

Aus Frankreich, Italien und Spanien sind andere Grußformen zu uns gekommen, die besonders bei jüngeren Menschen sehr beliebt sind. Da ist die sogenannte Akkolade – einst die feierliche Umarmung, mit der ein Neuling in den Ritterorden aufgenommen wurde. Sie gilt heute als eine Begrüßungsform, die nicht nur Freunden und Bekannten vorbehalten ist. Auch Fremde grüßen sich in bestimmten Kreisen – man spricht da gern von der Schickeria – mit dieser Wange-an-Wange-Form des Grußes, bei der aber dennoch ein gewisser Abstand gehalten wird. Denn man umarmt sich bei der Akkolade im allgemeinen nicht.

Zwischen zwei Frauen oder zwischen Frau und Mann sieht man die Akkolade häufig. Zwischen zwei Männern ist sie bei uns seltener zu beobachten – abgesehen von historischen Ausnahmen von der Regel: Die sozialistischen Bruderküsse, die in dieser postrevolutionären Zeit mangels sozialistischer Brüder selten geworden sind. Üblicher zwischen Männern ist eine herzlichere Form der Begrüßung, bei der die beiden sich gegenseitig die rechte Hand reichen und die linke dazu auf die Schulter des anderen legen oder ihm dabei leicht auf die Schulter klopfen.

Wirklich auf die Wange geküßt wird auch nur in Ausnahmefällen. Die Damen wissen warum: Sie sind meist geschminkt und wirklich kußechte Lippenstifte gibt es noch nicht. Da sie dem anderen natürlich kein ungewolltes Rouge aufdrücken wollen, halten sie wenige Millimeter Abstand. Statt dessen haucht man vor allem in Süddeutschland: „Bussi, Bussi."

Da die Akkolade zwischen Unbekannten eine Sache der gesellschaftlichen Gruppe ist, sollte man bei neuen Bekannten vorsichtig sein. Spürt man Distanz, bekommt man aus weitem Abstand eine Hand gereicht, sollte man den anderen nicht in diese doch recht intime Form der Begrüßung hineinzwingen. Umgekehrt sollte man sich den Gepflogenheiten einer Gruppe anpassen. Wenn man sieht, daß alle sich auf diese Art begrüßen, macht man mit, auch wenn es einem vielleicht ein wenig gegen den Strich geht.

Zum guten Schluß noch ein Wort an die Herren. Viele vergraben gern die Hände in den Hosentaschen. Es sei ihnen von Herzen gegönnt. Auch die Dame hätte manchmal gern eine Tasche am Kleid oder im Rock. Inzwischen haben sogar viele dieser Damenkleidungsstücke Taschen, und folglich läuft auch so manche Frau gelegentlich mit der Hand in der Tasche herum. Während man einen anderen Menschen begrüßt, ihm also die Hand reicht, ihm vorgestellt wird oder sich selbst vorstellen muß, nimmt man auch die linke Hand aus der Tasche. Frauen sind hier nur sehr selten gedankenlos, Männer schon eher. Deshalb dürfen Männer untereinander auch tun, was ihnen beliebt. Wenn sie beide bei der Begrüßung die Linke in der Tasche behalten wollen, nun gut. Begrüßt der Herr aber eine Dame, dann sollte er daran denken, daß die lässig in der Tasche gehaltene Hand als ein gewisser Ausdruck der Mißachtung gilt. Im Laufe des Gespräches dann eine Hand wieder in die Tasche zu stecken, ist nur in allerfeinster Gesellschaft ein Fauxpas. Beide Hände tief in die Taschen zu wühlen gilt in jeder Gesellschaft als wenig fein, zumal das ohne aufgeknöpftes Jackett kaum möglich ist. Wenn der Herr aufsteht, ist er aber gehalten, sofort einen Knopf des Jacketts zu schließen.

Ich bin für die Beibehaltung des Handkusses. Irgendwo muß man ja schließlich anfangen. (Sacha Guitry)

Der Handkuß

Angeblich soll er ja wieder groß in Mode sein. Von Tanzschulenleitern geführte Statistiken weisen aus, daß größtes Interesse besteht, die Technik des vollendeten Handkusses zu erlernen.

Schon Winston Churchill aber sagte: „Traue nur solchen Statistiken, die du selbst gefälscht hast." Bei genauerem Hinsehen nämlich zeigt sich, es herrscht fast ausschließlich bei den jungen Herren Interesse, Desinteresse dagegen bei den jungen Damen.

Viele Frauen finden es ausgesprochen affig, daß ein Mann die ihm gereichte Hand nicht fest ergreift, sondern nur sacht an den Fingern hält, sich dann zu ihr niederbeugt, um zwei Zentimeter darüber innezuhalten und einen Kuß in die Luft zu hauchen. Denn alles andere wäre grob ungalant. Weder reißt der gerade stehende Herr die Hand der Dame zu sich in Mundhöhe hoch, noch drückt er ihr wirklich die Lippen auf die Hand. Ebenso ungalant ist es allerdings von der Dame, dem Herrn die Hand so zu reichen, daß sie den Handkuß geradezu erzwingt, also mit dem Handrücken nach oben, die Finger leicht nach unten abgewinkelt und eine Idee höher als in normaler Handschüttelhöhe. Das ist nur in einer Gesellschaft angebracht, in der wie anno Tobak der Handkuß übliche Begrüßung ist.

Früher gebührte der Handkuß nur der verheirateten Frau und der älteren, um nicht zu sagen alten Dame. Er war nur in geschlossenen Räumen gestattet, wobei die überdachte Bahnhofshalle nicht als geschlossener Raum galt, der Garten, in dem das Gartenfest stattfand, aber sehr wohl.

Heute ist alles möglich: Die junge Dame muß nicht verheiratet sein, es kann auf dem Bahnhof oder am Strand handgeküßt werden, der Handkuß darf sogar ein von beiden Seiten nicht ganz ernst genommener Jux sein. Lediglich eins bleibt eherne Regel: Die Lippen berühren niemals die Hand, auch dann nicht, wenn die Dame einen Handschuh trägt, den sie selbstverständlich nicht vorher ablegt.

Und noch eins: Nur der Herr küßt der Dame die Hand. Ist es umgekehrt, dann handelt es sich bei dem männlichen Wesen um den Papst oder einen anderen hohen kirchlichen Würdenträger. Diesen küssen Männer wie Frauen, sofern sie gläubig sind, nicht die Hand, sondern den Bischofsring. Nichtgläubige sind von dieser Form der Ehrbezeugung freigestellt.

Ich hatte schon immer den Verdacht, daß der Handkuß in einer Zeit des extremen Serviettenmangels erfunden wurde. (Alexander Roda Roda)

Gäste einander vorstellen
und miteinander bekannt machen

Zwischen Vorstellen und Bekanntmachen wurde früher sehr streng unterschieden: Vorgestellt wurden einander Personen ungleichen Ranges, miteinander bekannt machen konnte man nur Gleichrangige. Die Aufgabe, vorzustellen und bekannt zu machen, oblag dem Hausherrn. Obgleich vieles heute längst nicht mehr so eng gesehen wird, gibt es doch ein paar Dinge zu beachten.

Hat man zwei Ehepaare oder mehrere Singles zum Abendessen eingeladen, die einander noch nicht kennen, so ist man auch heute als Gastgeber – ob männlich oder weiblich – verpflichtet, sie einander vorzustellen, respektive sie miteinander bekannt zu machen. Man darf bei einem so kleinen Kreis nicht erwarten, daß die Gäste das untereinander selbst tun. Wenn sie es freilich schnell und unkompliziert selbst erledigen, ist es um so besser. Der Gastgeber wird sie nicht daran hindern. Als alleinstehende Frau muß man sich auch nicht extra einen Mann einladen, der diese schwierige Aufgabe übernimmt, denn: Selbst ist die Frau!

Wer den höchsten Rang in einer Gruppe von Tieren oder Menschen hat, ist leicht zu erkennen. Es ist immer derjenige, der am meisten angeschaut wird. Davon kommt auch das Wort Ansehen. (Irenäus Eibl-Eibesfeldt)

Die Grundregel beim Vorstellen heißt: Der Rangniedere wird zuerst dem Ranghöheren vorgestellt, der Jüngere zuerst dem Älteren, der Herr zuerst der Dame. „Herr Professor Meier, darf ich Ihnen Herrn Müller vorstellen? Herr Müller – Herr Professor Meyer." Die beiden Herren könnten gleichaltrig sein, aber der eine führt einen akademischen Titel, weshalb er als höherrangig gilt.

Früher waren diese Regeln bis ins letzte Detail ausgefeilt und bereiteten manchem Gastgeber schon Tage vor der Einladung Alpträume. Besonders Damen pflegten die Unterscheidung zwischen älter und jünger sehr genau zu nehmen. Da konnte es, wenn man mangels genauerer Informationen nach Augenschein gehen mußte, zu peinlichsten Fehlleistungen kommen. Außerdem galt früher unabhängig von der Altersfrage bei Damen: verheiratet geht vor ledig. Da mußte dann das 40jährige unverheiratete Fräulein Doktor zunächst der 25jährigen Ehefrau vorgestellt werden. Da man heute die reine Tatsache der stattgehabten Eheschließung nicht mehr als besondere persönliche Leistung wertet, würde man die Vorstellung anders herum vornehmen. Denn die erste Dame ist nicht nur älter, sie ist als Akademikerin auch höherrangig, in dem Sinne, daß sie sich durch eigene Arbeit eine berufliche Qualifikation und Position geschaffen hat.

Im ungezwungenen Kreis mit netten Bekannten wird heute (hoffentlich) weniger auf diese letztlich ja recht zweifelhaften Rangdetails der Vorstellung geachtet. Viel wichtiger ist es, meiner Meinung nach, bei der Vorstellung ein paar Worte zu sagen, die den Beteiligten den Einstieg in eine Unterhaltung erleichtern, und zum zweiten, die Namen deutlich und gut verständlich auszusprechen und dabei nicht zu nuscheln. Also etwa: „Frau Dr. Meyer, darf ich Ihnen das Ehepaar Müller vorstellen, das ich letztes Jahr bei unserer herrlichen Busreise durch die Toskana kennenlernte. Frau Dr. Meyer ist Kunsthistorikerin." Hier hätte die Reihenfolge auch umgekehrt sein können. Zum Ehepaar Müller gewandt hätte man auch sagen können: „Darf ich Ihnen Frau Dr. Erika Meyer vorstellen? Sie ist Kunsthistorikerin und arbeitet im hiesigen Museum für Kunstgeschichte. Liebe Erika, das ist das Ehepaar Müller, das ich bei meiner letzten Toskanareise kennenlernte und von dem ich dir erzählt habe ... "

Die Tatsache, daß den beiden damit eine noch so schmale Brücke gebaut ist, über die sie in ein Gespräch kommen können, ist deshalb wichtiger als die alte Etikette, weil erfahrungsgemäß der Beginn eines Gesprächs zwischen Menschen, die sich noch nicht kennen, immer etwas schwierig ist. Die Gäste verbringen aber einen ganzen Abend miteinander und sollen sich unterhalten und wohl fühlen. Was immer getan werden kann, um das zu gewährleisten, ist wichtiger als die reine Etikette, bei der es der Vorstellende ja oft bei der bloßen Namensnennung beläßt. Gravierende Unterschiede nimmt man natürlich schon zur Kenntnis und beachtet sie. So wird man dem würdigen alten Herrn immer zuerst die junge Dame oder den jungen Herrn vorstellen, und auch gegenüber der alten Dame diese Höflichkeit nicht außer acht lassen.

Sind aber schon fünf Leute versammelt und kommt als nächster ein einzelner Gast oder noch ein Ehepaar hinzu, dann kann man heute, ohne etwas falsch zu machen, die Gäste rundum der Reihe nach vorstellen, und zwar zunächst den einzelnen oder das Paar der ganzen Gruppe, dann die Mitglieder der Gruppe dem einzelnen beziehungsweise dem Paar.

Die einander Vorgestellten können, müssen sich aber nicht die Hand reichen. Sollte sich, um einen kurzen Schlenker zum Grüßen auf der Straße zu machen, diese Szene auf der Straße abspielen, wird man auf das Händereichen verzichten. Man hat ja nicht vor, Stunden beisammenzubleiben. In Gesellschaft gäbe es bei der letztgenannten Situation – einzelner oder Paar

Nach manchem Gespräch mit einem Menschen hat man das Verlangen, einen Hund zu streicheln, einem Affen zuzunikken oder vor einem Elefanten den Hut zu ziehen. (Maxim Gorki)

trifft auf Gruppe – leicht ein Händedurcheinander. Folglich genügt ein freundliches Kopfnicken und/oder ein Lächeln. Wenn doch Hände gereicht werden, so hat das vom Ranghöheren auszugehen oder von demjenigen, dem der andere zuerst vorgestellt wurde.

Findet die Begrüßung zwischen bereits sitzenden und neu hinzugekommenen Gästen statt, so ist es auch heute noch üblich, daß die Herren aufstehen, egal, ob ein anderer Herr, eine Dame oder ein Paar hinzugekommen ist. Sitzen bleiben dürfen Damen und sehr alte Herren.

Man wird bemerken, daß es selten geschieht, daß ein Herr sitzen bleibt, wenn eine Dame dazukommt. Kein Herr möchte ein sehr alter Herr sein. Dagegen kommt es schon öfter vor, daß ein sehr junger Schnösel sitzen bleibt, wenn neue Gäste hinzukommen. Hat sich der junge Mann gar zu sehr in den Sessel geflegelt, darf ihm die Dame zum Gruß durchaus anbieten: „Bitte, bleiben Sie nur liegen!"

Eine sehr junge Frau wird dagegen aufstehen, wenn eine deutlich ältere Dame oder ein älterer Herr hinzukommt. Nun ist der 50jährige Mann gegenüber der 20jährigen Frau zwar deutlich älter, dennoch wird sie sitzen bleiben, denn der Herr möchte sicher nicht gern als alter Herr eingeschätzt werden. Die 50jährige Dame wird dagegen nichts einzuwenden haben, wenn das „junge Ding" für sie aufsteht.

Am Anfang war das Wort – am Ende die Phrase. (Stanislaw Jerzy Lec)

Was erwidert man, wenn man jemandem vorgestellt wird? „Angenehm!" sagte man früher oder „Habe die Ehre". Es wird, nicht zu Unrecht, darüber gelächelt. Und doch wird kaum einer von sich behaupten können, nicht selbst in dieser Situation schon eine der üblichen Floskeln gebraucht zu haben, wobei das auch sehr häufig benutzte „Sehr erfreut" noch am sinnvollsten scheint.

Aus zwei Gründen ist eine normale Grußformel („guten Tag", „guten Abend") mit angefügtem Namen eine gute und richtige Lösung. Erstens klingt es schöner. Zum zweiten –und das ist wichtiger – prägt man sich einen Namen, den man selbst schon einmal laut ausgesprochen hat, besser ein. Und darum geht es ja beim Vorstellen. Jeder soll wissen, wie der andere heißt. Deshalb ist es auch sehr wichtig, daß der Gastgeber, wenn er seine Gäste miteinander bekannt macht, die Namen deutlich ausspricht und nicht in seinen Bart brummelt.

Sich selbst vorstellen

Kommt man als einzelner oder als Paar in eine große Gesellschaft und ist von den Gastgebern weit und breit nichts zu
sehen, kann sich die Notwendigkeit ergeben, daß man sich
selbst vorstellen muß. Nach alter Etikette können nur Herren
sich selbst vorstellen, und zwar ohne Nennung des akademischen Grades, des Adelstitels oder der Stellung. Heute gibt es
so viele, auch bewußt alleinstehende Frauen, daß diese Regel
nicht nur unsinnig, sondern unhaltbar geworden ist. Sollen
etwa zwei Frauen auf einer Party dastehen und angestrengt
aneinander vorbeischauen, statt sich miteinander bekannt zu
machen und ein interessantes Gespräch miteinander zu führen? Beibehalten könnte man freilich jenen Teil der alten Etiketteregel, der besagt, man verzichtet darauf, seine Titel zu
nennen, wenn man sich selbst vorstellt. Doch auch hier bin ich
für eine flexible Handhabung. Es gibt Situationen, in denen es
nicht unangebracht ist, sich mit seinem akademischem Titel
vorzustellen.

Gehen wir von der normalen Situation aus. Sich selbst einem
anderen vorstellen bedeutete: Der Herr nennt seinen Namen,
entweder nur den Nachnamen oder Vor- und Zunamen. Er kann
das mit einer Formel verbinden: „Erlauben Sie, daß ich mich
vorstelle?", „Darf ich mich bekannt machen?", „Gestatten". Er
kann es auch in der ganz knappen Form tun und nur den
Namen nennen. Die Dame hat etwas mehr Auswahl. Sie kann
sich, ob mit oder ohne Formel, als „Meier" vorstellen oder als
„Anna Meier". Sie kann zu beiden Versionen „Frau" hinzusetzen, und sie kann, wenn sie auf diese Anrede Wert legt, sich
auch als „Fräulein Meier" vorstellen.

Bei einem Ehepaar wird einer der beiden das Vorstellen übernehmen und dann hinzufügen: „Und das ist mein Mann", „Das
ist meine Frau." Die Bezeichnungen Gattin/Gatte oder Ge-
mahl/Gemahlin sind antiquiert. Sie werden höchstens noch
scherzhaft, vielleicht sogar überhöht als „mein Göttergatte"
verwendet.

Anders, wenn das Gegenüber sich nach der Ehefrau oder dem
Ehemann erkundigt. „Wie geht es Ihrer Gattin?", „Wie geht es
dem Herrn Gemahl?" sind korrekte Formulierungen, die zwar
ein wenig altertümelnd klingen, aber noch immer häufig benutzt werden. Ebenso hört man die Frage nach einem schon
betagten Elternteil mit einer höflichen Anrede verbunden: „Wie
geht es Ihrer Frau Mutter/Ihrem Herrn Vater?"

*Gesellschaft ist wie die Luft: Notwendig zum Atmen, aber nicht ausrei-
chend, daß man davon leben könnte. (George Santayana)*

In der Schweiz ebenso wie im angelsächsischen Raum war es lange üblich, die Frage nach dem Befinden des Ehepartners oder die Bitte um Weitergabe von Grüßen, mit dem Namen zu verknüpfen: „Und grüßen Sie Frau Nüssli von mir." – „And how is Mrs. Dalloway?" Auch heute hört man diese Formulierung noch gelegentlich.

Ist das Paar unverheiratet, bleibt es den beiden überlassen, ob sie sich als Lebensgefährten zu erkennen geben wollen, etwa indem der Mann „meine Freundin (meine Lebensgefährtin), Frau Erika Meier", und dann sich selbst mit eigenem Namen vorstellt, oder ob sie das nicht unbedingt zeigen wollen. Dann wird jeder von beiden sich selbst ohne erläuternden Zusatz vorstellen.

Anrede und Titel

Der erwachsene Mann hat ohne Rücksicht auf seinen Familienstand ein Anrecht auf die Anrede „Herr Soundso". Das gilt sinngemäß auch für die Frau, die korrekt „Frau Soundso" angesprochen wird, ohne Rücksicht auf ihren Familienstand und ohne die heute zum Glück selten gewordene Frage: „Oder müßte ich Fräulein sagen?"

Die Zeiten haben sich geändert. Die Frau ist, was sie ist, aufgrund eigener Entscheidung und Leistung, nicht aufgrund einer Eheschließung. Ob eine Frau Wert darauf legt, ihre Position als Ledige oder Verheiratete jedem bekanntzumachen, hat allein sie zu bestimmen und sonst niemand. Möchte sie mit „Fräulein" angesprochen werden, so hat sie von sich aus darum zu bitten. Dieser Bitte ist in jedem Fall ohne Diskussion nachzukommen. Nach ihrem Familienstand zu fragen, und sei es unter dem Deckmäntelchen, doch nur korrekt oder höflich sein zu wollen, ist unangebracht. Die Frage nach dem Familienstand steht nur einer Behörde zu.

Wie aber ist es mit Titeln? Hat Herr Dr. Meier ein Anrecht darauf, mit diesem Titel angesprochen zu werden, und wie steht es mit seiner Ehefrau?

Manche Titel werden ersessen, manche erstanden. (H. Osmin)

Zunächst ein paar allgemeine Worte zu den Titeln. Der Durchschnittsbürger wird selten Staatsoberhäupter, Monarchen, Mitglieder des Diplomatischen Korps, höchste kirchliche Würdenträger oder ähnliches bei sich zu Gast haben oder bei ihnen zu Gast sein. Am ehesten kommt er mit Trägern akademischer Titel in Berührung.

Doch sollte man um die Anrede nicht so viel Gedöns machen. Auch Seine Eminenz der Herr Erzbischof haben einen bürgerlichen Namen, mit dem kann und darf man ihn ansprechen. Und das gilt auch für den Herrn Bundeskanzler oder den Herrn Bürgermeister, die Frau Obergerichtsrat und so weiter. All dies sind Berufs- oder Amtsbezeichnungen, die zwar deutlich machen, wie weit es der betreffende Mensch auf der Karriereleiter gebracht hat, sie sind aber auch sehr unpersönlich. Viele Menschen in hohen Positionen ziehen es heute sogar eher vor, mit ihrem Namen statt mit einem anonymen Titel angesprochen zu werden.

Akademische Titel sind Grade (Diplom, Magister, Doktor), die man an der Universität oder einer Hochschule erworben hat oder die einem ehrenhalber verliehen worden sind. Professor dagegen ist kein akademischer Grad, sondern eine Berufsbezeichnung. Ein Hochschullehrer, der sich habilitiert, also eine Arbeit geschrieben hat, die ihn berechtigt, eine Professorenstelle einzunehmen, der eine solche Stelle aber nicht innehat, ist Privatdozent, aber kein „Professor" im eigentlichen Sinn. Die korrekte schriftliche Anrede lautet in diesem Fall „Dr. habil.". Da aber bei uns niemand Professor sein kann (es sei denn ehrenhalber), ohne vorher den Doktorgrad erworben zu haben, darf man einen Professor auch „Herr Dr. Soundso" und jede Professorin „Frau Dr. Soundso" nennen.

Ein wenig anders ist es mit ererbten Adelsprädikaten, die Bestandteil des Namens sind. Während man auf Anreden wie „Hoheit" oder „Durchlaucht" verzichten darf, ist es richtig, ein Mitglied eines Adelshauses „Fürst Taxis" (ohne Herr), oder „Prinzessin Diana", „Gräfin Hohenlohe" (ohne Frau) anzusprechen. „Herr Graf" ist richtig, wenn der Mann in der Tat mit Nachnamen Graf heißt. Ist er ein Graf, wäre die Anrede strenggenommen verkehrt. Aber wir sagten ja, so streng wollen wir es nicht nehmen.

Man darf in einer demokratischen Gesellschaft jeden Menschen ohne seinen erworbenen Titel, also nur mit seinem Namen anreden. Kein Mensch ist verpflichtet, einen General der Bundeswehr mit „Herr General" anzusprechen, es sei denn – darauf kommen wir gleich noch ausführlicher –, er wurde uns als „General Soundso" vorgestellt, und wir haben seinen Namen wieder vergessen. Inhaber gleichen Titels tun das gemeinhin sowieso nicht. Kein Doktor redet den anderen mit „Herr/Frau Dr. Soundso" an. Es sei denn, es handelt sich um zwei frischgebackene Doktoren, die das zum Scherz tun.

Einen Namen hat man, wenn man keinen Wert mehr auf Titel legt. (Sigmund Graff)

Nun gibt es auch Menschen, die auf ihre Titel unendlich stolz sind. Man kann sich dann stur stellen, man kann ihnen aber auch den Gefallen tun, wenn es ihnen denn gar so sehr schmeichelt. Allerdings setzt man in der mündlichen Anrede immer nur einen Titel vor den Namen. „Frau Bundestagspräsidentin Professor Doktor Süßmuth" wäre im Gespräch nicht nur ein furchtbarer Bandwurm, eine solche Titelreihung kann auch mißverstanden werden. Ein so Angesprochener könnte meinen, man wolle sich über seine Titel mokieren. Lediglich im Schriftverkehr führt man eine Reihung bei der Adresse auf.

Wer kommt, wird nach seinem Gesicht beurteilt. Wer geht, nach seinem Kopf. (Heinrich Wiesner)

Und noch eines ist heute ganz und gar unangebracht, nämlich den erworbenen Titel des Mannes auf die Ehefrau zu übertragen! Die Ehefrau eines Professors ist nur dann „Frau Professor Soundso", wenn sie selbst an der Hochschule eine Professur innehat oder hatte, sonst nicht. Umgekehrt gilt genau dasselbe. Auch der Herr Professor Soundso muß selbst Inhaber eines Lehrstuhls sein, nicht der Ehemann einer Professorin.

Nun gibt es freilich einen triftigen Grund, warum viele Menschen zum Titel als Anrede Zuflucht nehmen. Da wurden einem zehn Leute vorgestellt, zwei Namen hat man mit Mühe und Not behalten, und zum Glück noch hier ein „Herr Direktor", dort ein „Frau Staatsanwältin". Es ist ein Notnagel, an dem man sich festhalten kann. Man sollte aber erstens wissen, daß die Anrede „Frau/Herr Doktor" ohne Zusatz des Namens eigentlich nur für eine Ärztin oder einen Arzt im Dienst gebräuchlich ist. Einen Doktorgrad kann man nämlich in allen Fakultäten erwerben. Zum zweiten hat kaum jemand etwas dagegen, wenn man noch einmal nach seinem Namen fragt. Im Gegenteil, Sie werden sich wundern, wie viele Menschen die Gelegenheit dankbar aufgreifen, auch Sie noch einmal nach Ihrem Namen fragen zu können! Wenn Sie jetzt mit dem oder der Betreffenden ein Gespräch führen und dabei den Namen mehrmals nennen, haben Sie ihn wahrscheinlich intus und werden ihn nicht gleich wieder vergessen. Vor allem brauchen Sie als Mann nicht auf das antiquierte „Gnädige Frau" zurückzugreifen.

Die „Gnä' Frau", die „Dame" mag einem Kellner im Restaurant, einem Verkäufer oder einer Verkäuferin vorbehalten bleiben, die nach einer höflichen Anrede suchen, wenn sie den Namen der Frau nicht kennen und es ungewöhnlich wäre, daß sie sich vorstellt. Unbedingt vermeiden sollte der Herr Anreden wie „Madame", „Madam" oder „Lady" oder ähnliche Floskeln. Es sei denn, der Herr ist Ausländer und der deutschen Sprache nicht mächtig, oder er legt Wert auf eine kalte Dusche.

Das korrekte Allgemeinverhalten

Neben den bisher erwähnten Regeln des guten Betragens spielt auch die Art und Weise, wie man in Gesellschaft steht, sitzt und geht eine nicht unbedeutende Rolle. Die Haltung des Körpers spricht ihre eigene Sprache, eben die Körpersprache. Sie ist bis zu einem gewissen Grad unbewußt, aber sie ist keineswegs unkontrollierbar.

Vieles wird in der Kindheit anerzogen. Nicht zuletzt hier macht sich die freiere Erziehung der letzten zwei Jahrzehnte bemerkbar. So einiges, was vor Jahrzehnten unmöglich gewesen wäre, wird heute von vielen jungen Leuten als völlig normales und korrektes Verhalten eingestuft. Lediglich die Vertreter der älteren Generation nehmen noch Anstoß daran. Mitglieder der mittleren Generation neigen dazu, die legerere Verhaltensweise der jüngeren zu übernehmen, denn sie ist in vielerlei Hinsicht bequemer. Ob sich allzuviel Laschheit letzlich durchsetzen kann, wird sich zeigen. Immer noch gelten einige Regeln, und Verstöße gegen sie werden von einer Mehrheit als unangenehm empfunden.

Man kann und soll also darauf achten, wie man sich bewegt, schließlich läßt die Art und Weise der äußeren Körperhaltung Rückschlüsse auf die innere Haltung zu. Wer beispielsweise seinem Gegenüber mit übereinandergeschlagenen Beinen und verschränkten Armen zuhört, macht deutlich, daß er auf größte Distanz hält und am Gesprächspartner und dem, was er zu sagen hat, eigentlich kein besonderes Interesse hat.

Damen sind, was ihre Körperhaltung betrifft, traditionsgemäß größeren Restriktionen unterworfen als Herren. Sie scheinen sich diesen Beschränkungen auch leichter anpassen zu können. Hier wirkt sich jahrhunderte-, um nicht zu sagen jahrtausendelange Übung aus. Verstöße wurden bei Frauen immer sehr viel strenger geahndet als bei Männern.

Zunächst gilt heute für beide, daß man sich einigermaßen gerade hält, weder bei Herren noch bei Damen sieht eine allzu schlaffe Körperhaltung ansprechend aus. Wer mit hängenden Schultern und krummem Rücken steht, streckt automatisch auch den Bauch raus. Allerdings steht oder sitzt man auch nicht kerzengerade, als hätte man ein Stahlkorsett an.

Besonders wenn man längere Zeit steht und dabei weder ein Glas noch sonst etwas in der Hand hat, weiß man oft nicht, wohin mit den Händen. Damen haben meist ihre Handtasche, an der sie sich unter Umständen „festhalten" können. Heute ist

Der Körper ist der Übersetzer der Seele ins Sichtbare. (Christian Morgenstern)

es auch erlaubt, eine Hand leicht in die Rock-, Kleid- oder Hosentasche zu stecken. Das heißt, man muß noch ein wenig von der Hand sehen, sie darf nicht völlig darin verschwinden. Auch der Herr darf eine Hand locker in die Hosentasche stecken. In die Taschen des Jacketts dagegen gehören seine Hände nur für den kurzen Augenblick, in dem er etwas herausholen will. Der Herr sollte außerdem die Hände nicht ständig auf dem Rücken halten und sie nicht gekreuzt schützend vor seine edelsten Teile legen.

Während der Herr zwar lässiger, sprich etwas breitbeiniger stehen darf als die Dame, sollte er doch nicht ausgesprochen breitbeinig stehen, schon gar nicht mit in die Hüften gestemmten Armen. Die Dame ist noch mehr gehalten, darauf zu achten, daß sie die Beine nicht spreizt, vor allem nicht im Sitzen. Bei ihr sollten, welche Position sie auch einnimmt, die Knie immer geschlossen sein, egal ob sie die Beine gerade vor sich stellt, leicht schräg abwinkelt oder übereinanderschlägt. Das gilt um so mehr, wenn sie einen kurzen Rock trägt. Hat sie Hosen an, darf sie heute die Beine auch etwas lockerer übereinanderschlagen. Die für Frauen als „korrekt" angesehene Sitzweise – man denke an Erika Berger auf ihrer Couch – ist nämlich alles andere als bequem, auch wenn es natürlich so aussehen soll, als wäre es das. Selbstverständlich stemmt auch die Dame nicht die Hände in die Hüften.

Der Herr kann mit übereinandergeschlagenen Beinen etwas lockerer sitzen. Doch einen Knöchel oder gar den Fuß auf das andere Knie zu legen ist ebenso unschön und unangebracht wie voll ausgestreckte, nur an den Füßen gekreuzte Beine. Bei dieser Haltung rutscht man nämlich leicht von der sitzenden in eine eher liegende Position.

Die Gäste der unzähligen Talkshows im Fernsehen geben ein wunderbares Studienmaterial ab. Hier kann man sehr gut sehen, wie die Prominenz – und was sich dafür hält – zu sitzen beziehungsweise gelegentlich zu lümmeln pflegt, wie das aussieht und welchen Eindruck das macht. Es wird auffallen, daß nur sehr wenige Frauen ausgesprochen provokativ oder aufreizend dasitzen.

Ein Gentleman ist ein Herr, der sich sogar dann der Zuckerzange bedient, wenn er allein ist. (Alphonse Allais)

Mit Sitzen und Stehen allein ist es aber noch nicht getan. Noch ein paar andere Dinge hat man in Gesellschaft strikt unter Kontrolle zu halten. So gähnt man beispielsweise nicht ungeniert, gar noch mit Ton wie der Löwe von Metro-Goldwyn-Mayer. Kann man ein Gähnen nicht unterdrücken, hält man sich die Hand vor den Mund. Der gute Rat, mit geschlossenem Mund zu gähnen, ist nicht viel wert. Ehe man sich versieht, will der Mund doch weiter aufgehen, als er soll, und dann ergeben sich unwillkürlich schmatzende Lippengeräusche.

Auch Husten, Niesen und sich die Nase putzen soll man so geräuschlos wie es nur eben geht. Nun ist leises Husten so gut wie gar nicht möglich – das wäre ein bloßes Räuspern. Aber es ist möglich, sich ein Taschentuch vor den Mund zu halten, was freilich voraussetzt, daß man immer ein sauberes Taschentuch bei sich hat. Bekommt man einen richtigen Hustenanfall, entfernt man sich von der Gesellschaft. Reizhustenanfälle kommen selten aus heiterem Himmel. Sie sind häufig Folgeerscheinungen einer Erkältung oder einer Stimmüberlastung. Man kann vorbeugend Medikamente dagegen einnehmen. Jeder Apotheker wird Sie gerne beraten. Etwas anderes ist der Husten, der folgt, wenn man sich verschluckt hat (siehe Seite 146). Ein Niesen kann man manchmal mit einem kleinen Trick unterdrücken: Spürt man das Kribbeln in der Nase und legt sich sofort mit ein wenig Druck einen Finger mitten auf das Philtrum, die Oberlippenrinne, vergeht der Niesreiz meistens. Er kann aber wiederkommen. Muß man niesen, hält man sich mindestens die Hand vor Mund und Nase, besser natürlich das Taschentuch. Der herzhafte, freie, laute Nieser gehört in die eigenen vier Wände, sofern man dort allein ist. Niest jemand anderes, übergeht man das in der besseren Gesellschaft schweigend. Man sagt weder: „Wohl bekomm's" noch „Gesundheit" oder ähnliches. Und selbst sagt man auch nicht „Pardon" oder „'tschuljung", wenn man niesen oder aufstoßen mußte.

Das Naseputzen ist ebenfalls eine Sache, die meist mit Geräusch verbunden ist, zumal, wenn man an einer Erkältung leidet. Wer erkältet ist, sollte mit Rücksicht auf andere Menschen, die sich anstecken könnten, gar nicht erst auf einer Gesellschaft erscheinen. Ist man gezwungen, die Nase gründlich zu putzen, weil man einfach keine Luft mehr durch die Nase bekommt, so entfernt man sich von der Gesellschaft. Keinesfalls trompetet man bei Tisch in sein Taschentuch, und noch weniger unterzieht man das Ergebnis seiner Anstrengung einer gründlichen Betrachtung. Auch Nasenspray oder -tropfen appliziert man niemals bei Tisch. Auf einer Stehparty sucht man sich wenigstens ein ruhiges Eckchen und dreht den anderen Gästen kurz den Rücken zu.

Auch andere Körpergeräusche hat man zu kontrollieren, im Notfall muß man sich kurz von der Gesellschaft absetzen. Zu den Körpergeräuschen gehören auch willkürlich produzierte

Warum geht man, wenn man erkältet ist, lieber ins Konzert oder Theater statt zum Arzt? (Hermann Prey)

wie allzu lautes, schrilles Lachen oder lautes Reden. Selbstverständlich darf man lachen, auch herzlich, wenn es was zu Lachen gibt. Und man soll auch nicht so leise sprechen, daß die anderen regelrecht die Ohren spitzen müssen, um überhaupt etwas zu verstehen. Je nach Gegebenheit muß man das rechte Maß zu finden versuchen.

Mit all dem noch nicht genug, muß man auch darauf achten, daß man sich in Gesellschaft nicht auffällig kratzt, sich nicht im Gesicht rumfummelt, sich nicht dauernd durch die Haare fährt, nicht an den Fingernägeln kaut, sich nicht ständig auf die Lippen beißt und was der unbewußten Reflexe und dummen Angewohnheiten mehr sind, die man sich oft in früher Jugend angeeignet hat. Man kann sich selbst sehr genau beobachten und Untugenden, die man sich angewöhnt hat, auch wieder abgewöhnen.

In die Kategorie der gewohnheitsmäßigen Unarten gehört auch eine Angewohnheit, die – naturgemäß – ausschließlich Männer haben: die kurze und nur vermeintlich diskrete, prüfende Handbewegung, ob auch der Hosenlatz ordentlich verschlossen ist. Manche Herren scheinen darüber hinaus von einer besonderen Kastrationsangst gepeinigt zu sein, denn ihr Griff dient weniger der Überprüfung des akkuraten Verschlusses als vielmehr der Selbstvergewisserung, keiner Teile verlustig gegangen zu sein. Es mögen Überreste der Schauermärchen sein, die Jakob Sprenger 1487 in seinem „Hexenhammer" verbreitete. Es bleibe dahingestellt, welchen Ursprungs die Geste sein mag. Wenn Sie von sich wissen oder man Ihnen diskret gesteckt hat, daß Sie dazu neigen, gewöhnen Sie es sich ab!

Im Abstand wahren liegt das Geheimnis der Kultur. (George Bernard Shaw)

Und noch einen körpersprachlichen Aspekt gilt es in Gesellschaft zu beachten: den Abstand, den Menschen im Gespräch üblicherweise voneinander halten. Solange wir es mit Menschen unseres eigenen Kulturkreises zu tun haben, wird uns dabei wenig auffallen. Wir pflegen im Durchschnitt etwa einen Meter Abstand vom fremden Gesprächspartner zu halten. Wenn wir in überfüllten Verkehrsmitteln, in Aufzügen und ähnlichem diesen Abstand verringern müssen, ist uns das meist unangenehm. Engländer und Skandinavier halten gern einen noch größeren Abstand. Südländer gehen dagegen gern näher aufeinander zu und haben auch nichts gegen kurzen Körperkontakt. Ein Engländer, dem ein Fremder beim Gespräch die Hand an den Arm legt, ist wahrscheinlich äußerst verblüfft und wird zurückweichen. Ein Italiener wird dagegen das Gefühl haben, mit einem guten Freund zu sprechen.

Neben der Körpersprache ist natürlich das echte Gespräch von ganz entscheidender Bedeutung. Es kommt ihm eine so wichtige Funktion zu, daß ihm ein eigenes Kapitel gewidmet sein soll (siehe Seite 113).

Als Raucher in Gesellschaft

In jüngster Zeit scheint sich für den Bereich der menschlichen Gesundheit mehr und mehr eine Vorstellung Bahn zu brechen, die der Weltsicht primitiver Kulturen fast zum Verwechseln ähnlich wird. Es gibt sogenannte Naturvölker, bei denen die Vorstellung von einem natürlichen Tod unbekannt ist: Tod ist prinzipiell eine Folge von Hexerei. Stirbt ein Mensch, so wird per Orakel der Schuldige gesucht und selbstverständlich immer gefunden. Er oder sie wird dann bestraft, und die Ordnung ist wiederhergestellt.

In unserer Gesellschaft heißen diese Hexen Herzinfarkt, Krebs, Aids und so weiter. In allen Medien wimmelt es von aufklärenden Informationen, die darüber Auskunft geben, wie man sich vor allen tödlichen Krankheiten schützen kann und soll, wodurch letztlich der Tod zu etwas Selbstverschuldetem wird, dem man hätte entgehen können, hätte man nur den Rat befolgt und sich vor der Krankheit geschützt.

Folgerichtig hat sich auch das Verhalten gegenüber den Rauchern in den letzten Jahren drastisch geändert. Seit man weiß, daß und in welchem Maße Rauchen die Gesundheit gefährdet, herrscht eine ausgesprochene Feindseligkeit den Liebhabern des blauen Dunstes gegenüber, geradeso als wären nur sie allein für alle Umweltschäden und alle Krebsleiden dieser Erde ganz persönlich durch ihre schlechte Angewohnheit verantwortlich. Nach dem Motto: „Auf einen groben Klotz gehört ein grober Keil" reagieren viele Raucher auf die oft unglaublich drastische Ablehnung, die sie bei manchen Nichtrauchern erfahren, mit ebensolcher Hartnäckigkeit und rauchen geradezu zum Trotz.

In der Tat hat eigentlich kein Mensch das Recht, sich in die Lebensführung eines anderen einzumischen, und sei sie noch so selbstmörderisch. Wenn es um unser bis dato noch liebstes Kind – das Auto – geht, tun wir das ja auch nicht. Obwohl erheblich mehr Menschen ohne eigenes Verschulden durch Verkehrsunfälle geschädigt werden oder gar ums Leben kommen als durch die Folgen eines blauen Rauchs, den sie nicht selbst erzeugt haben. Dennoch haben es die Raucher, die erheb-

Ein leidenschaftlicher Raucher, der immer wieder von den Gefahren des Rauchens für seine Gesundheit liest, hört in den meisten Fällen auf zu lesen. (Winston Churchill)

lich weniger unschuldige Mitmenschen auf dem Gewissen haben als die Autofahrer, in der heutigen Gesellschaft nicht leicht. Die Räume, in denen sie ihrer Sucht oder ihrem Vergnügen nachkommen dürfen, werden immer mehr eingeschränkt. Selbst Hotelzimmer, in denen der einzelne Gast mutterseelenallein ist, können Nichtraucherzimmer sein, in denen strenggenommen nicht geraucht werden darf, weil der nachfolgende Gast sich von dem in Vorhängen und Polstern steckenden Qualmgeruch gestört fühlen könnte. Gelegentlich wird bereits bei der Vorbestellung eines Hotelzimmers nach Raucher und Nichtraucher unterschieden. Das gleiche gilt bekanntlich für Fluggäste und Bahnfahrer.

Was Rauchern Nichtrauchern antun heißt bei Nichtschwimmern: ersäufen. (Werner Schneyder)

Stand früher in den Benimmbüchern zu lesen, man habe für seine Gäste Zigarren und Zigaretten parat zu halten, so wagt heute ein dem Glimmstengel verfallener Mensch manchmal kaum noch die schüchterne Bitte, ob er vielleicht auf dem Balkon rasch ein Zigarettchen rauchen dürfe, aus lauter Angst, daß sich die Gesundheitsapostel auf ihn stürzen und ihn in drastischen Worten darüber belehren könnten, daß er dabei ist, sich selbst umzubringen und seine Mitmenschen auszurotten. Könnten sich die Nichtraucher entschließen, auf ihre Predigten zu verzichten, wären die Raucher wahrscheinlich eher geneigt, mehr Rücksicht auf sie zu nehmen. Mir jedenfalls ist kein Raucher bekannt, der nicht bereit wäre, einsichtig und rücksichtsvoll zu reagieren, wenn er freundlich und begründet um Unterlassung gebeten wird. Just an dieser Freundlichkeit jedoch mangelt es den Nichtrauchern immer öfter, auch wenn man ihren Unmut verstehen kann.

Kein Raucher wird sich weigern, absolute Verbotsschilder zur Kenntnis zu nehmen. Und zwar nicht nur, weil bei Zuwiderhandlung Strafe droht, sondern weil seine Einsicht weit genug reicht, zu wissen, daß an Orten, an denen Explosionsgefahr besteht, wie beispielsweise an Tankstellen, in bestimmten Bereichen von chemischen Betrieben und Flugplätzen, das Rauchen eine unmittelbar tödliche Gefahr darstellt. Auch daß in Krankenhäusern und den Wartezimmern der Arztpraxen, in Kaufhäusern, Straßen- und U-Bahnen, in Parkhäusern, Kirchen und Museen nicht geraucht werden darf, nehmen eigentlich alle Raucher verständnisvoll zur Kenntnis. Sie halten sich auch in Theatern, Kinos und bei anderen Veranstaltungen für die Dauer der Vorstellung zurück. Meist gibt es in Theatern und Kinos im Foyer eine Raucherzone, in der man in der Pause rasch seinem Laster frönen kann.

Leider hapert es mit der Einsicht gelegentlich, wenn sich Raucher im Freien befinden und unbeobachtet glauben. Das kann mitunter verheerende Folgen haben, etwa, wenn jemand im Hochsommer in einer Zeit großer Dürre im Wald raucht und die Zigarette nicht hundertprozentig ausdrückt oder ein noch brennendes Streichholz wegwirft. Andererseits sind beileibe nicht an allen Waldbränden uneinsichtige Raucher schuld!

Möchte man in Anwesenheit anderer rauchen, ist in erster Linie auf Kinder Rücksicht zu nehmen. Sie kennen, solange sie noch sehr klein sind, weder die Gefahr, noch können sie sich verbal dagegen zur Wehr setzen. Im Beisein von Kindern sollte folglich überhaupt nicht geraucht werden. Dadurch wird nicht nur die Gesundheit des Kindes geschützt, man gibt ihm zugleich auch ein gutes Vorbild. In Gegenwart Erwachsener ist es eine selbstverständliche Frage der Höflichkeit, um Erlaubnis zu bitten – sogar in den eigenen vier Wänden, wenn Besuch da ist. Allerdings ist der Besuch gehalten, weitestgehende Großzügigkeit zu üben. Es strapaziert die Geduld eines Rauchers nämlich schon einigermaßen, wenn seine Gäste ihm diktieren, wie er sich bei sich zu Hause zu verhalten hat, und dieselben Leute ihm, wenn er bei ihnen zu Gast ist, wiederum vorschreiben, was er tun darf und was nicht.

Die eben beschriebene Situation bezieht sich auf eine kleine Gesellschaft von wenigen Leuten. Etwas anderes ist die große Gesellschaft. Da wird man sich als Raucher daran orientieren, ob Aschenbecher aufgestellt sind. Wo Aschenbecher stehen, darf grundsätzlich geraucht werden. Sind keine Aschenbecher zu sehen, kann man davon ausgehen, daß es sich um eine Nichtraucherversammlung handelt. Im Zweifel fragt man den Gastgeber – bevor man sich eine Zigarette anzündet.

Steht man im Rahmen einer großen Gesellschaft mit einem einzelnen Gesprächspartner zusammen, so wird man sich keine Zigarette anzünden, während der andere gerade seine vom Büffet geholten Häppchen verspeist, und man wird, auch wenn der andere nichts ißt, als höflicher Mensch fragen, ob man rauchen darf. Man könnte freilich auch anders herum argumentieren: Wenn allgemeine Raucherlaubnis besteht, dann muß eben der, der sich dadurch belästigt fühlt, das Feld räumen. Daß ein Nichtraucher, der zu einer Gruppe von mehr als drei Rauchern stößt, ihnen das im gegebenen Rahmen grundsätzlich erlaubte Vergnügen untersagt, wäre reichlich undemokratisch. Andererseits wäre der einzelne Raucher, der sich in einer Gruppe befindet oder sich einer solchen zugesellt, die mehrheit-

Wer seine Bitte nur weiß zitternd vorzutragen, lehrt, den er bittet, ihm seine Bitten abzuschlagen. (Barthold Brockes)

lich aus Nichtrauchern besteht, gehalten, sich deren Bitte zu unterwerfen und nicht zu rauchen. Kurz, auch in großer Gesellschaft gibt es individuelle Unterschiede, die zu beachten sind.

Auch wenn Sie begeisterter Bogart-Fan sind, sollten Sie die Nachahmung Ihres Idols nicht so weit treiben, mit der Zigarette im Mundwinkel herumzulaufen oder gar zu sprechen. Nun gibt es Situationen, in denen man geneigt ist, die Zigarette für einen Moment rasch zwischen die Lippen zu klemmen, etwa, wenn man an der Bar für sich und andere Getränke holt und mit zwei, drei Gläsern beide Hände voll hat. Strenggenommen hätte man, ehe man die Gläser entgegennimmt, die Zigarette auszumachen. Man kann das aber auch, je nach der Gesellschaft, in der man sich befindet, etwas lockerer sehen.

Heutzutage gilt ein Mann schon als Gentleman, wenn er die Zigarette aus dem Mund nimmt, bevor er eine Frau küßt.
(Barbra Streisand)

Daß man niemandem den Qualm direkt ins Gesicht bläst, versteht sich von selbst. Und genauso klar sollte für Raucher wie für Nichtraucher sein, daß Aschenbecher nur für die Asche und die Kippen von Zigaretten, Zigarillos und Zigarren gedacht sind. Benutzte Tempotaschentücher, Zahnstocher, Obstkerne, Plastikspießchen von kleinen Häppchen haben in einem Aschenbecher nichts zu suchen. Umgekehrt gehören Asche und Kippen nicht in die Toilette. Das ist mehr als eine Unhöflichkeit, das ist eine Umweltsünde! Sie gehören auch nicht auf Untertassen oder andere Teller, nicht in halbleere Kaffeetassen, Blumentöpfe oder was dem Qualmer sonst noch so alles einfallen mag. Auch Zigaretten in geschlossenen Räumen auf dem Fußboden auszutreten ist eine grobe Ungehörigkeit. Auf dem Bahnsteig oder in der Bahnhofshalle mag das noch hingehen, obwohl auch hier eigentlich keine Abfälle auf den Boden geworfen werden sollten. Und eine Kippe ist nun einmal Abfall. Wo jedoch außerdem ein Fußboden in Mitleidenschaft gezogen würde, geht der Spaß wirklich zu weit.

Große, mit Sand gefüllte Schalen sind übrigens sehr gute Aschenbecher. Sie ersticken die Glut zuverlässig und sie verhindern, daß sich der unangenehme Geruch von abgestandenen Zigaretten entwickelt.

Einst gab es hinsichtlich des Feuergebens keine Probleme. Im sogenannten Tabakskolleg saßen nur Herren, die ihre Zigarren und Pfeifen selbst entzündeten, oder es waren Lakeien zu ihren Diensten. Dann durften auch die Frauen rauchen, und der korrekte Kavalier, sogar wenn er selbst Nichtraucher war, trug immer ein Feuerzeug oder eine Schachtel Streichhölzer bei sich, für den Fall, daß eine Dame zu rauchen wünschte. Geschah das am Tisch, so stand der Herr auf, wenn er der Dame

Feuer gab. Eine Dame hätte niemals im Beisein eines Herrn nach dem eigenen Feuerzeug gegriffen. Auch das schliff sich im Laufe der Zeit ab. Wer rauchte, egal ob Dame oder Herr, durfte sich die Rauchware selbst anzünden und tat oder vielmehr tut dies mit völliger Selbstverständlichkeit.

Darüber hinaus kann heute jeder jedem Feuer geben: der Herr der Dame, die Dame dem Herrn, der Jüngere dem Älteren und umgekehrt. Einige Beschränkungen für das Feuergeben sind lediglich durch die Art der Rauchware bedingt. Seit der Fidibus nicht mehr in Mode ist, kann ein Fremder einem Pfeifenraucher nur schwerlich Feuer geben. Wer Pfeife raucht, muß sich selbst helfen. Doch ebenso wie der Zigarrenraucher, der das genüßliche lange Entzünden der Zigarre als Teil des Gesamtgenusses wertet, ist auch der Pfeifenraucher darüber nicht traurig.

Wer einem anderen Feuer reicht, muß auf ein paar Dinge achten. Benutzt er ein Feuerzeug, so sollte er wissen, wie die Flamme eingestellt ist. Niemand freut sich, wenn ihm gleich Wimpern und Augenbrauen angesengt werden, und kein Raucher hat gern eine bis zur Mitte angebrannte Zigarette. Wer schon so höflich ist, Feuer zu geben, sollte noch einen Schritt weiter gehen und die Hand mit der Feuerquelle so nahe bringen, daß der Raucher sich ihr nur noch leicht entgegenzuneigen braucht. Man sollte nicht erwarten, daß der Raucher sich zum Feuer strecken muß.

Kaugummikauer

In dem Maße, in dem Raucher in gesellschaftlichen Mißkredit geraten, scheinen die Gummikauer im Vormarsch zu sein. Beherrschte früher die Zigarettenreklame das Bild, so ist es heute die Reklame für das kaubare Kautschukprodukt, das ach so schrecklich gesund und auch für Gebißträger geeignet sein soll. Nun mag in der Tat Kaugummi für die Zähne gut sein und den Atem frisch halten, was ja beides wahrhaftig kein Schaden ist. Aber so ganz ohne Probleme ist die Gummikauerei dann nun auch nicht.

Fragt man Kinder und Jugendliche, die heutzutage die leidenschaftlichsten Kauer sind, ob sie der Anblick eines dauerkauenden Freundes oder einer Freundin stört, so verneinen sie das im allgemeinen. Selbst wenn der Kumpel mit offenem Mund kaut und hörbar knatscht, wird das von sehr jungen Leuten nicht als störend empfunden.

Aufrichtigkeit ist die Zuflucht derer, die weder Phantasie noch Taktgefühl haben. (Henry de Montherlant)

In Kulturen, in denen traditionsgemäß statt Kaugummi Betel- und Kolanüsse sowie andere Stimulanzien oder, wie in Ruß-land, Sonnenblumenkerne gekaut werden, ist man an den damit verbundenen Anblick ebenfalls gewöhnt. Niemand nimmt daran Anstoß, nicht einmal an der Spuckerei, die mit den genannten Kaugewohnheiten ebenfalls verknüpft ist.

Möglicherweise ist uns der Anblick stumpfsinnig mahlender Kiefer einfach noch nicht vertraut genug. Vielleicht sollte im Fernsehen von Ansagern und Moderatorinnen mehr gekaut werden? Noch jedenfalls empfindet die Mehrzahl der Erwach-senen in diesem unserem Lande den Anblick von Gummi kauenden Mitmenschen, egal welchen Alters, wenig erbaulich. Darauf sollte Rücksicht genommen werden. Wer kauen möchte, sollte das wenigstens mit geschlossenem Mund tun.

Eltern ver-zeihen ihren Kindern die Fehler am schwersten, die sie selbst ihnen anerzo-gen haben. (Marie von Ebner-Eschenbach)

Ganz sicherlich eine Frage der Höflichkeit und des guten Um-gangs miteinander ist die Entsorgung des ausgekauten, ge-schmacklos gewordenen Knatschgummis. Er gehört in jedem Fall in einen Abfalleimer oder eine Mülltonne, und zwar mög-lichst mit einem Papier umhüllt! Er gehört, selbst wenn er eingewickelt ist, nicht in Aschenbecher oder auf Unterteller. Schon gar nicht wird er einfach auf die Straße gespuckt, unter irgendwelche Sitze geklebt, in öffentliche oder private Briefkä-sten gesteckt. Auch Autoschlösser sind keineswegs originelle Ablageplätze für weichgeknatschte Kaugummis, auch wenn es Jugendliche gibt, die so was irre witzig finden.

Eigentlich sollte es kein Problem darstellen, sich des Kaugum-mis in der geforderten Weise zu entledigen. Die meisten Streifen sind einzeln in ein Extrapapier verpackt, das man in der Tasche so lange aufhebt, bis man den Kaugummi loswerden möchte. Genau in das Papier, aus dem man den Kaustreifen herausge-wickelt hat, verpackt man ihn wieder und wirft ihn dann in den nächsten Mülleimer. Entnahm man seine Kaupastillen einer Druckfolienkarte, so umhüllt man das ausgekaute Produkt mit einem Papiertaschentuch, einer Ecke Zeitungspapier oder ähn-lichem. Sinn dieser vorherigen Umhüllung ist schlicht der, daß ein Kaugummi nun mal eine gewisse Haftkraft hat, auch am Boden oder der Seitenwand eines Müll- oder Abfalleimers. Will man sicher sein, daß er aus dem Behälter, in den man ihn warf, auch wieder rauskommt, dann muß man ihn seiner Klebkraft berauben.

Das Gästebuch

Nicht nur der Dichter Heinrich Heine sah sich ungern gezwungen, zu allem Überfluß von seiner eigenen Frau Mathilde, sich
ins Gäste- beziehungsweise Stammbuch eintragen zu müssen:

„Hier, auf gewalkten Lumpen, soll ich
mit einer Spule von der Gans
hinkritzeln ernsthaft halb, halb drollig,
versifizierten Firlefanz –

O Modewut! Ist man ein Dichter,
quält uns die eigene Frau zuletzt,
bis man, wie andre Sangeslichter,
ihr einen Reim ins Album setzt.“

Das Gästebuch ist nun mal der Alptraum vieler Gäste und der
Stolz der meisten Gastgeber, vor allem, wenn sich bereits die
eine oder andere berühmte Persönlichkeit mit einem zünden-
den Vers oder einer witzigen Zeichnung darin verewigt hat. Der
Gastgeber erwartet eine geistsprühende, brillante Formulierung. Der Gast, der, schon aufbruchsbereit in Hut und Mantel,
das Buch hingestreckt bekommt, hat dagegen eher einen Black-
out als einen Geistesblitz.

Man hatte den Eindruck, daß er seine Gäste nur des Gästebuchs wegen einlud. (Wolfgang Eschker)

Es ist nicht verkehrt, wenn auch für den Gastgeber vielleicht
ein wenig enttäuschend, sich lediglich mit einem: „Herzlichen
Dank für den wunderschönen Abend“ einzutragen. Besser als
ein nicht gelungener Knittelvers nach dem Motto: „Reim dich
oder ich freß dich“, ist es allemal. Datum und Unterschrift
gehören natürlich dazu.

Vorsichtige und einfühlsame Gastgeber nennen selbst am Kopf
der Seite den Anlaß des Festes und das Datum: „Zur Housewor-
ming-Party am (Datum) waren bei uns zu Gast: …“ Nun
brauchen die Gäste theoretisch nur noch zu unterschreiben.
Wem trotzdem ein Verslein oder ein paar hübsche Zeilen einfallen, kann sie ja dazuschreiben.

Zwei Dinge sind für beide Seiten hilfreich: Der Gastgeber sollte
das Gästebuch so hinlegen, daß die Gäste schon beim Eintreten
sehen, was auf sie zukommen wird. Dann kann man schon ein
wenig nachdenken und wird nicht völlig davon überrumpelt,
sich in ein Gästebuch eintragen zu müssen. Oder er nimmt sich
denjenigen Gast, von dem er weiß, daß er ein guter Formulierer
ist, schon am Anfang beiseite und sagt ihm, daß er zum Schluß

der Geselligkeit einen Eintrag machen soll, den alle anderen dann mit unterschreiben.

Die Gäste dagegen sollten immer damit rechnen, zum guten Schluß ein Gästebuch unter die Nase gehalten zu bekommen. Wenn man dann doch verschont bleibt – um so besser.

Wer ein Gästebuch führt, sollte dafür sorgen, daß die Gäste, die sich eintragen sollen, dafür ein wenig Zeit und Ruhe haben und allein für sich an einem Tisch schreiben können. Niemand hat es gern, wenn ihm andere beim Schreiben auf die Finger schauen. In dieser Situation schon gar nicht.

Ist das kleine Œuvre fertig, darf, ja sollte der Gastgeber gleich einen Blick darauf werfen und sich auch sofort für die gelungene Eintragung bedanken. Ein ganz klein bißchen eitel sind wir ja alle, und jeder hört gern ein Lob.

Verabschiedung der Gäste

Wie beim Empfang ist es auch bei der Verabschiedung ein Unterschied, ob man eine große Gesellschaft zu Besuch hatte oder nur zwei bis vier Gäste. Gehen wir zuerst von der kleinen Runde aus.

Manche Menschen können in einer Stunde länger dableiben, als andere in einer Woche. (William D. Howells)

Aus der Art der Einladung war schon ersichtlich, was der Gastgeber erwartet: Wer ausdrücklich zum Kaffee oder Tee eingeladen war, bleibt als Gast nicht kleben, bis der Gastgeber entweder verschämt darauf hinweisen muß, daß er für ein Abendessen nicht vorgesorgt hat, oder murrend in der Küche verschwindet, um aus den Vorräten in Tiefkühltruhe und Dosenschrank irgendwas zusammenzustellen. Wird man nicht ausdrücklich, ehrlich und überzeugend gebeten, länger zu bleiben, dann verabschiedet man sich von einer Nachmittagseinladung um 18, spätestens um 18.30 Uhr.

War man zum Abendessen eingeladen, springt man nicht sofort nach dem Essen auf und verabschiedet sich. Aber länger als bis 23 Uhr bleibt man auch nicht, schon gar nicht ungebeten. Diese Angaben beziehen sich auf Besuche bei Bekannten. Mit langjährigen Freunden wird man selbstverständlich auch bis weit über Mitternacht zusammensitzen, wenn die Gelegenheit es erlaubt.

Natürlich verabschiedet man sich vom Gastgeber und bedankt sich dabei für die Einladung. Ob man sich auch von den anderen Gästen verabschiedet, hängt von der Situation ab. Muß man aus irgendeinem Grund extrem früh gehen, tut man es, ohne großes Aufsehen zu machen. Oft hat es ja für die anderen Gäste eine Art Signalwirkung, wenn einer geht. Es springen dann alle auf und meinen, sie müßten oder sollten sich jetzt auch verabschieden. Ist es aber ohnehin eigentlich Aufbruchszeit, wird man sich auch von den anderen Gästen verabschieden, je nach Größe des Kreises per Handschlag oder auch nur allgemein mit einem Lächeln und einer Verbeugung in die Runde.

Der Gastgeber begleitet die Gäste zur Garderobe, hilft ihnen in die Mäntel und bringt sie zur Tür, im eigenen Haus auch bis zum Gartentor. Wohnt man in einem Mehrfamilienhaus, dessen Haustür abends von einem Hausmeister oder anderen Hausbewohnern erfahrungsgemäß abgeschlossen wird, geht man mit an die Haustür, um eventuell aufzuschließen. Nur sehr guten Freunden drückt man den Schlüssel in die Hand und bittet sie, ihn nach Gebrauch in den Briefkasten zu werfen. Wohnt man in einem oberen Stockwerk, gar in einem Haus mit Aufzug, und ist die Haustür niemals verschlossen, dann verabschiedet man die Gäste vor dem Lift.

Vor allem, wenn man alleinstehende Gastgeberin oder Singlegastgeber ist und noch Gäste in der Wohnung sind, werden die Gäste, die schon gehen, Verständnis dafür haben, daß man die anderen nicht zu lange warten lassen möchte. Sind die Gastgeber zu zweit, oder sind die aufbrechenden die einzigen Gäste, kann man sie natürlich auch bis zur Straße, bis zum Auto oder bis zur Bushaltestelle begleiten.

Im allgemeinen freut man sich ja, wenn es den Gästen gut gefällt. Gelegentlich kommt es jedoch vor, daß es einem Gast besser gefällt, als dem Gastgeber lieb ist. Was tut der höfliche Gastgeber mit Gästen, die nicht wissen, wann Schluß ist? Man darf, ohne grob oder unhöflich zu werden, darauf hinweisen, daß der Abend sehr schön war, man aber am nächsten Tag eine sehr wichtige Besprechung hat, sehr früh raus muß, weil dies oder jenes ansteht, und man gern ausgeschlafen wäre. Der sensible Gast wird den Wink verstehen und aufbrechen. Es gibt aber hartnäckigere Naturen, die den Wink sehr wohl verstehen und dennoch ungeniert sagen: „Na, aber das letzte Fläschchen machen wir doch erst noch leer", oder die gar fragen: „Aber einen kleinen Cognac haben Sie doch erst noch für mich?"

Wenn es sich bei diesem Gast nicht ausgerechnet um Ihren Chef oder eine andere, für Sie persönlich sehr wichtige Person handelt, werden Sie wahrscheinlich kein gesteigertes Interesse haben, diesen Menschen wieder bei sich zu Gast zu haben. Sie

Aufrichtigkeit ist höchstwahrscheinlich die verwegenste Form der Tapferkeit. (William S. Maugham)

dürfen also im Notfall auch deutlicher werden. Zwischen einem zarten Hinweis und einem eindeutigen Rausschmiß gibt es ja eine ganze Reihe von Nuancen.

Die Verabschiedung der Gäste bei großen Gesellschaften sieht anders aus. Man verabschiedet sich, je nach Art der Einladung, höchstens vom Gastgeber und dem einen oder anderen Gast, den man persönlich gut kennt oder mit dem man sich bis eben sehr nett unterhalten hat. Ist der Gastgeber gerade verhindert, kann man auch ohne große Worte gehen, man bedankt sich ohnehin am nächsten Tag noch einmal.

Dank für die Einladung und Gegeneinladung

Man stattet Dank eigentlich deshalb ab, um die Dankbarkeit loszuwerden. (Eduard von Hartmann)

Ob man zum Kaffee, zum Fünfuhrtee, zu einem Glas Wein oder zu einem großen Abendessen eingeladen war, macht einen gewissen Unterschied, wenn es um die Frage geht, ob man am nächsten Tag mit einem freundlichen Schreiben oder einem Anruf nochmals seinen Dank ausdrückt. Nach einem Plauderstündchen zum Tee, zu dem vielleicht nur ein paar Kekse gereicht wurden, sieht der schriftliche Dank reichlich übertrieben aus. Ist man aber mit einem herrlichen Essen verwöhnt worden, darf man seine Anerkennung auch am folgenden Tag noch einmal zum Ausdruck bringen. Sowohl die schriftliche als auch die telefonische Danksagung gilt heute als korrekt. Wer eingeladen war, sich aber tödlich gelangweilt hat und eigentlich kein Interesse empfindet, die Gastgeber wieder zu treffen, der beläßt es bei dem einmaligen Treffen und wird sich auch nicht bedanken.

Grundsätzlich ist jeder, der privat in kleiner Runde eingeladen wurde, zu einer Gegeneinladung verpflichtet, sofern er dieser Verpflichtung nachkommen kann. Nicht immer ist das möglich. Angenommen, jemand ist von weit her zu einem Kongreß angereist. Dort trifft er zufällig einen alten Schulfreund, der am Tagungsort lebt und ihn privat zu sich einlädt. Eine solche Einladung kann so ohne weiteres nicht erwidert werden. Eine Gegeneinladung ins Restaurant wäre denkbar, ist aber vielleicht aus Zeitmangel nicht machbar.

Handelte es sich um einen offiziellen Empfang beim Bürgermeister, so hatte der zwar die Funktion des Gastgebers, aber zur Gegeneinladung ist man ebensowenig verpflichtet wie zur Gegeneinladung des Hochzeitspaares, das einen zu seiner Feier einlud.

Logiergäste

Übernachtungen im Hotel sind teuer, und nicht immer ist ein Zimmer zu kriegen. Hat man im eigenen Hause oder in der Wohnung entsprechenden Raum und Möglichkeiten zur Verfügung, wird man Bekannten oder Freunden, die von weit her zu Besuch kommen, anbieten, über Nacht zu bleiben.

Gute Freunde, die man lange kennt, sind im allgemeinen unproblematische Übernachtungsgäste. Mit ihnen kann man alle nötigen Absprachen treffen, ohne sich lange zieren zu müssen. Man wird es nicht als unangenehm empfinden, sich im Nachtgewand oder im Morgenmantel zu begegnen. Die Absprache, wer wann aufsteht, wer wann das Bad benutzt und so weiter, ist unproblematisch.

All das wird etwas schwieriger, wenn man verhältnismäßig fremde Menschen als Übernachtungsgäste bei sich hat. Ganz sicherlich kein Zeichen von gutem Benehmen ist es, als selbstverständlich vorauszusetzen, daß man bei anderen Leuten übernachten kann und mit den Worten: „Machen Sie sich bloß keine Umstände, mir genügt der Fußboden", einfach seinen Schlafsack auszurollen. Wer bei anderen übernachten möchte, muß sich auf jeden Fall vorher erkundigen, ob das geht und ob es dem Gastgeber angenehm ist. Schließlich machen Übernachtungsgäste Arbeit, auch und oft gerade solche, die sich für völlig unproblematisch halten.

Der Gastfreund soll sich wie zu Hause fühlen, aber sich nicht wie zu Hause betragen. (Karl Peltzer)

Weiß man, daß Gäste kommen und über Nacht bleiben werden, kann man das Bett für sie schon zurechtmachen. Daß man ihnen frische Bettwäsche zur Verfügung stellt, sollte klar sein. Ist man selbst ein sehr beschäftigter Mensch, wird es der Gast wohl nicht zu übelnehmen, wenn er zwar alles in seinem Zimmer vorfindet, Kopfkissen und Bettdecke aber rasch selbst beziehen muß.

Ob der Gast das Bett vor seiner Abreise abzieht, sollte durch eine kurze Rückfrage geklärt werden. Grundsätzlich wäre es ein Entgegenkommen gegenüber dem Gastgeber, denn abgezogen werden muß das Bett ja allemal. Nun sind aber nicht alle freundlichen Gastgeber mit hundertprozentig einwandfreiem Bettzeug gesegnet. Das Kopfkissen ist ohne Bezug vielleicht nicht mehr sehr ansehnlich, und im Bettbezug steckte eine alte Wolldecke. Die Preisgabe dieser so hübsch verborgenen Tatsachen könnte dem Gastgeber oder der Gastgeberin peinlich sein. Ob man als Gast seine eigenen Handtücher, Waschlappen und so weiter mitbringt, kann meist vorher geklärt werden. Daß grundsätzlich alles einschließlich Zahnbürste zur Verfügung gestellt wird, darf man in einem Luxushotel erwarten, nicht bei privaten Gastgebern. Auch benutzt man nicht einfach ungefragt den Fön. Man wühlt weder im Badezimmerschrank herum, noch bedient man sich an der Hautcreme oder der Rasierseife der Gastgeber. Hat man seine eigenen Sachen vergessen oder, weil die Übernachtung nicht vorgeplant war, nicht dabei, fragt man, was man benutzen darf. Der umsichtige Gastgeber wird in jedem Fall von sich aus Angebote machen.

Daß man das Bad und die Toilette benutzen darf, ist klar; daß man als Gast beides mindestens so sauber hinterläßt, wie man es vorgefunden hat, sollte auch klar sein. Es ist aber gut, Absprachen zu treffen, wann das Badezimmer benutzt werden darf, besonders, wenn am Morgen mehrere Leute durchs Bad müssen. Ist der Gastgeber berufstätig und muß das Haus früh verlassen, wird der Gast, der über Zeit verfügt, nicht zuerst ins Bad gehen und die Örtlichkeit blockieren. In jedem Fall sollte man als Gast fragen, ob man baden darf, wenn man ein Wannenbad nehmen möchte. Abends könnte es wegen der Lärmbelästigung unangebracht sein, morgens könnte es zu Zeitproblemen führen.

Toleranz kann man von Rauchern lernen: Noch nie hat sich ein Raucher über einen Nichtraucher beschwert. (Alessandro Pertini)

Als Raucher erkundigt man sich, ob es erlaubt ist, im Gästezimmer zu rauchen. Sehr starke Raucher sollten sogar schon bevor sie die Einladung annehmen, diese Frage klären, denn genau in diesem Punkt kann die Situation heikel werden.

Starke Raucher leiden an einer Sucht, da hilft keine Beschönigung. Von ihnen zu verlangen, während der ganzen Dauer eines Gastaufenthaltes nicht zu rauchen, kommt für sie einem Martyrium gleich. Die ganze Gastfreundschaft kann ihnen verleidet sein, wenn sie dafür ein solches Opfer bringen müssen.

Umgekehrt kann man verstehen, daß erklärte Nichtraucher keinen Qualmgeruch in ihrer Wohnung haben wollen. Hier hilft alleine das rechtzeitige klare Wort. Gastgeber, die nichts gegen rauchende Gäste einzuwenden haben, können zum Zeichen ihres stillschweigenden Einverständnisses einen Aschenbecher ins Zimmer stellen.

Möchte der Gast ein Mineralwasser mit in sein Zimmer nehmen oder vor dem Zubettgehen noch einen kleinen Schlaftrunk, dann bittet er den Gastgeber darum. Er geht nicht einfach an den Kühlschrank und holt sich, was er braucht. Schon gar nicht leert er, ohne zu fragen, die Flasche mit dem teuren Cognac, es sei denn, er ist ein alter Freund des Hauses und hat zu solcher Selbstbedienung die Generalerlaubnis.

Ist man als Übernachtungsgast eingeladen, darf das Mitbringsel für die Gastgeber etwas üppiger ausfallen als das Mitbringsel zu einer normalen Abendeinladung. Nicht angebracht ist es allerdings, einen Schein auf dem Nachttisch liegenzulassen, sozusagen als Trinkgeld für den Gastgeber. Etwas anderes ist es, wenn man teure Telefongespräche hat führen müssen. Dann bietet man selbstverständlich eine Kostenerstattung an.

Die gelungene Konversation

Es ist ein überraschendes Phänomen, doch die meisten Benimmbücher widmen allen möglichen Fragen des Anstands seitenlange Kapitel, nur die Konversation, das Gespräch, die Unterhaltung ist ein Stiefkind dieser Bücher. Oft finden sich nur zum Stichwort „Tischgespräch" ein paar mehr oder weniger nichtssagende Zeilen. Dabei ist die mündliche Kommunikation das A und O aller menschlichen Interaktion, unterscheidet doch vor allen Dingen die Sprache den Menschen vom Tier.

Und wenn man Leute fragt, ob ihnen ein Fest gefallen hat, dann werden sie selten die schlechten Tischmanieren eines anderen Gastes bemängeln, wenn sie sich gut unterhalten haben. Dagegen werden sie das Fest als nicht gelungen bezeichnen und auch mangelnde Tischsitten bemerken, wenn sie zwar bestens abgefüttert wurden, aber in punkto Konversation enttäuscht waren – sei es, weil insgesamt kein rechtes Gespräch aufkam, sei es, weil sie selbst nicht zu Wort kamen.

Auch sprechen und miteinander reden will gelernt sein. Auch das richtige Reden ist ein Teil der guten Umgangsform.

Das Menschlichste, was wir haben, ist doch die Sprache, und wir haben sie, um zu sprechen. (Theodor Fontane)

Vom richtigen Sprechen

Jeder Mensch, der nicht stumm geboren ist, wird bereits als Kleinkind sprechen lernen, sofern er sprechende Vorbilder hat. Das heißt, die Anlage zur Erlernung der Sprache ist uns angeboren, die Sprache selbst nicht. Kaspar Hauser, jenes berühmte Findelkind, das völlig isoliert aufgewachsen war und als 16jähriger in Nürnberg auftauchte, konnte zunächst nur ganz wenige Wörter unartikuliert aussprechen, lernte dann aber in sehr kurzer Zeit recht gut sprechen.

Zwei Jahre braucht der Mensch, um das Sprechen, ein Leben lang, um das Schweigen zu lernen. (Ernest Hemingway)

Bis zu welcher Perfektion der Mensch die eigene Sprache letztlich beherrscht, hängt also weitgehend von den Bildungsmöglichkeiten ab, die ihm zur Verfügung stehen. Der gesunde Mensch bleibt ein Leben lang lernfähig. So, wie man andere Dinge, nicht nur des guten Tons, auch als Erwachsener noch lernen kann, so kann man auch seine Sprache ständig weiterentwickeln. Eine Möglichkeit, von der leider zu wenig Menschen Gebrauch machen, weil sie über das entsprechende Angebot nicht informiert sind oder weil sie sich nicht trauen, einen solchen Kurs zu besuchen und aus anderen Gründen.

Die erste und wichtigste Regel heißt: Sprich deutlich! Um zu veranschaulichen, was unter deutlichem Sprechen zu verstehen ist, sei eine kleine Anekdote erzählt. Der österreichische Sänger und Filmschauspieler Leo Slezak gab auch Sprachunterricht. Eines Tages ermahnte er einen Schüler: „Sie sollen sagen: ‚Es ist der Mai erschienen' und nicht: ‚Es ißt der Meier Schienen'".

Oder man stelle sich folgenden Dialog vor:

„Wo sind Sie beschäftigt?"

„'scharbeide beiden Siemenswergen."

„Waaas? Bei den Sieben Zwergen?"

„Nein, bei den Siemens-Werken."

Deutlich sprechen heißt: Genau und richtig artikulieren, also die Pausen zwischen den Wörtern richtig einhalten, die Endungen der Wörter aussprechen, die Wörter selbst nicht zu hastig hervorsprudeln, keine Mittelsilben verschlucken, harte und weiche Konsonanten deutlich voneinander unterscheiden. Es gab einen deutschen Journalisten, der regelmäßig im Fernsehen von unserem „Ausmister Genscher" berichtete. Nicht, weil er einen Witz machen wollte, sondern weil er wohl glaubte, für die artikulierte Form „Außenminister" keine Zeit zu haben. Und der dienstälteste Außenminister selbst? Nun, der sprach „Politik" fast immer so aus, daß es wie „Boldik" klang.

Zur leicht vom sächsischen Dialekt gefärbten Aussprache gesellte sich eine Nachlässigkeit, die die eigentliche Schwäche erst ausmachte. Es ist ein offenes Geheimnis, daß Sprecher dieser Art, die es natürlich in jeder Sprache gibt, der Alptraum aller Simultandolmetscher sind. Doch auch fast jeder andere Zuhörer ist überfordert, wenn er es mit einem notorischen Nuschler zu tun bekommt.

Eltern, die feststellen, daß außer ihnen selbst so gut wie niemand ihr Kind verstehen kann, sollten daran denken, daß das möglicherweise an der Aussprache des Kindes liegt, nicht am schlechten Gehör der restlichen Menschheit. Sie sollten folglich mit ihrem Kind die gute Aussprache üben. Auch wenn gelegentliche Wortneuschöpfungen der Kinder sehr lustig sind, sollte man sie weder ins eigene Vokabular aufnehmen noch sie im ernsthaften Gespräch mit Kindern benutzen. Das Kind muß sich das falsche Wort später nur mühsam wieder abgewöhnen. Man muß auch nicht unbedingt in der Babysprache mit Kindern sprechen. Es fördert die Sprachbildung der Kinder nämlich in keiner Weise, wenn sie ständig mit ungenügender Artikulation und Babyvokabular aus Erwachsenenmund konfrontiert werden.

Nun gibt es unbestritten Künstler des unvollendeten Satzes. Man denke nur an den Kabarettisten Dieter Hildebrandt. Doch täusche man sich nicht. Was bei ihm so klingt, als wäre es unvollendet, ist fast immer mit Bedacht in dieser Form belassen, weshalb das Publikum ja auch nur selten im unklaren darüber bleibt, was gesagt werden sollte. Und wenn einer nicht mitkommt, dann nicht deswegen, weil die Sprache zu undeutlich gewesen wäre, sondern weil er nicht auf der Höhe der aktuellen politischen Entwicklung ist.

Darum jedoch geht es: Der Zuhörer darf nicht im unklaren bleiben. Er soll nicht rätseln müssen, er soll verstehen, und zwar sowohl akustisch als auch inhaltlich. Deshalb ist auch ein voll ausgeprägter Dialekt ein schlechtes Kommunikationsmittel zwischen Leuten, die verschiedene Dialekte sprechen. Ich erinnere mich an einen Anglistikstudenten aus dem Fränkischen mit derart stark dialektal gefärbter Aussprache, daß ich ihn fast besser verstand, wenn er englisch sprach. Hinzu kommt, daß die Besonderheit einer Mundart ja nicht nur in der Aussprache besteht, sondern zudem auch in zahlreichen eigenen, dialektalen Ausdrücken, die demjenigen, der den Dialekt nicht beherrscht, wie Wörter aus einer fremden Sprache vorkommen.

You can say you to me. (angeblich Helmut Kohl zu Ronald Reagen)

Während nichts dagegen einzuwenden ist, daß Mundarten gepflegt und erhalten werden, muß man andererseits sehen, daß es Umfelder gibt, in denen man sie nicht verwenden kann, wenn man verstanden werden möchte. Da wir in einer Demokratie leben, muß die Minderheit sich nach der Mehrheit richten. Wer als deutscher Tourist in ein rätoromanisches Bergdorf reist, darf genausowenig erwarten, dort in gepflegtem Hochdeutsch begrüßt zu werden, wie der Rätoromane erwarten darf, daß man ihn in Hannover versteht. Eine leichte Dialektfärbung in der Aussprache ist dagegen nicht tragisch, im Gegenteil, sie kann sehr charmant klingen. Nur Dialektausdrücke, die keinen Eingang in die allgemeine Umgangssprache gefunden haben, sollten, wenn irgend möglich, vermieden werden, sonst kann es zu Mißverständnissen kommen.

Es ist ein weitverbreiteter Irrtum zu glauben, der Mensch könne nichts für seine Stimme. Sänger und Schauspieler sind der beste Beweis dafür, daß Stimmbildung möglich ist. Besonders Menschen, die viel und oft in der Öffentlichkeit oder auch nur bei kleineren Veranstaltungen reden, sollten sich einmal anhand eines Tonbandes überprüfen. Man hört die eigene Stimme nämlich selbst ganz anders als Fremde sie wahrnehmen.

Von allen Frauen, deren Charme ich erlegen bin, hatte ich hauptsächlich Augen und Stimmen in Erinnerung. (Marcel Proust)

Ein Mensch kann persönlich noch so lieb und nett sein, wenn er eine quäkende, hohe, schrill klingende Stimme hat, hört man ihm nicht gern zu. Es ist eine weitgehend unbewußte Reaktion des Zuhörers, sich von einem solchen Sprecher abzuwenden. Fatalerweise ist die hohe, zittrige Stimme häufiger ein Problem der Frauen. Sie klingen, besonders wenn sie laut sprechen, so, als wollten sie gleich in Tränen ausbrechen. Frauentränen sind nun mal der Horror eines jeden Mannes. Wenn Sie als Frau das Gefühl haben, daß Ihnen in Gesellschaft vor allem Männer nicht zuhören, dann hören Sie selbst mal sehr kritisch auf Ihre Stimme.

Fast so wichtig wie der Klang der Stimme sind die Gesten und das Mienenspiel, die unsere Sprache begleiten. Während die Gestik sehr deutlich kulturell geprägt ist – Südländer beispielsweise haben eine sehr viel lebhafter ausgeprägte Gestik als Nordeuropäer –, unterliegt das Mienenspiel bis zu einem gewissen Grad dem Unterbewußtsein. Dennoch hat man natürlich über beides Gewalt und sollte sie auch ausüben. Wer beim Sprechen keine Miene verzieht, wirkt auf sein Gegenüber sehr irritierend. Wer dagegen regelrechte Grimassen schneidet, kann leicht lächerlich wirken. Ähnlich ist es mit den Gesten. Man sollte nicht stocksteif dasitzen oder -stehen, die Hände an der Hosennaht. Man sollte aber auch nicht so herumfuchteln, daß andere immerzu versucht sind, Gegenstände vor einem in Sicherheit zu bringen, weil die Gefahr besteht, daß man sie mit seinen ausfahrenden Bewegungen umwerfen wird.

Reden, wie einem der Schnabel gewachsen ist?

Es ist kein Geheimnis, daß die Menschen je nach Bildungsgrad über einen unterschiedlich großen Wortschatz und dementsprechend unterschiedliche Möglichkeiten des Ausdrucks verfügen. Darüber hinaus haben fast alle Menschen auch einen gruppenspezifischen Wortschatz, der durch den Beruf, die Altersgruppe und andere Umstände geprägt ist.

Zwei Jugendliche in der Disco reden anders miteinander als zwei Rentner auf der Parkbank. Dennoch können sich natürlich alle vier problemlos miteinander verständigen. Jeder der vier wird aber anders sprechen, je nachdem ob er beispielsweise als Zeuge vor Gericht auftreten müßte oder sich mit seinem jeweiligen Altersgenossen unterhält. Und der Richter wird mit den Zeugen anders sprechen als im vertrauten Gespräch mit seiner Frau und mit ihr wiederum anders als mit seinem dreijährigen Kind.

Im großen und ganzen beherrschen wir alle verschiedene Formen des Diskurses, der Redeweise. Manche Menschen haben allerdings weniger Möglichkeiten erlernt. Sie sprechen, wie ihnen der Schnabel gewachsen ist. Das Gespräch mit ihnen ist aus verschiedenen Gründen nicht ganz einfach. Sie sprechen die Wörter möglicherweise undeutlich aus, sie benutzen Wörter – zumal Fremdwörter und idiomatische Ausdrücke – falsch, so daß sich Mißverständnisse ergeben. Sie machen grammatikalische Fehler, die ebenfalls Mißverständnisse nach sich ziehen können.

Um aus dem Stegreif eine gute Rede halten zu können, braucht man mindestens drei Wochen Vorbereitungszeit. (Mark Twain)

Jeder kennt den berühmten Witz von dem Berliner, der neben einem Hamburger auf der Parkbank sitzt. Als eine junge Frau vorbeikommt, sagt der Berliner: „Die hat mir anjekiekt".

„Mich", korrigiert der Hamburger.

„Wat, Ihnen?"

„Nein, Sie."

„Na also, saje ick doch. Mir hat se anjekiekt!"

Solche Sprecher bilden aber auch unvollständige Sätze, drükken sich sehr vereinfacht aus und neigen gleichzeitig zu Wiederholungen. Sie wiederholen, weil sie die Erfahrung gemacht haben, oft nicht verstanden zu werden. Sie legen das Phänomen aber falsch aus. Sie glauben, rein akustisch nicht verstanden worden zu sein, wiederholen also automatisch, sobald das Gegenüber nur die Stirn runzelt, genau den schon gesagten Satz, bloß lauter. Daß es sich um ein inhaltliches Nichtverstehen handeln könnte, kommt ihnen nicht in den Sinn. Die Sätze solcher Sprecher sind kurz und wenig ausgeschmückt, also farblos. Häufig ist der Bezug undeutlich, so daß man gar nicht weiß, von wem oder von was gerade die Rede ist. Vor allem aber ist ihre Sprache mit fixen Redewendungen durchsetzt, die ihnen selbst längst nicht mehr auffallen, die die Geduld des Zuhörers aber sehr strapazieren können. Solche Redewendungen reichen vom kurzen „... gell?" bis zum besonders nervtötenden „... verstehen Sie?" oder „verstehste?" – eben, weil sie so häufig nicht verstanden werden.

Als ich noch Kind war und wir in einem Dorf im Oberhessischen lebten, hatten wir einen Nachbarn, der bei seinen Bekannten den Spitznamen „der Sarich" (der „Sage-ich") hatte, weil er etwa so sprach: „Na sarich zu meiner Frau, sarich, Lisbeth, sarich, guck doch emol, sarich ... "

Der gebildetere Sprecher hat keine Veranlassung, sich über den weniger gebildeten zu erheben. Es ist grob taktlos, einen solchen Sprecher in herabsetzender Absicht nachzuäffen oder beim dritten „... verstehen Sie?" einzuhaken und zu sagen: „Ja natürlich verstehe ich, ich bin ja nicht blöd."

Zuhören ist eine leise, aber elementare Äußerung guten Benehmens. (Thaddäus Troll)

Wir müssen lernen, solchen Sprechern mit Geduld zu begegnen und auch ihnen zuzuhören. Allerdings – und das ist ganz wichtig – darf man, ja man muß sie sogar mit ganz kurzen, gezielten Zwischenfragen immer dann unterbrechen, wenn der rote Faden verlorenzugehen droht. Da von solchen Sprechern oft wenig spezifiziert wird, da statt einer genauen Bezeichnung von Person oder Sache oft ein verallgemeinerndes „der" oder „die" oder „Dings" benutzt wird, kann leicht ein verwirrendes Knäuel entstehen. Schließlich kann man der ganzen Geschichte nicht mehr folgen und schaltet gedanklich ab. Das kann man nur durch kurze Zwischenfragen verhindern, die vom Sprecher meist gar nicht als Unterbrechungen empfunden werden, sondern eher als Bestätigungen. Letztlich hilft es beiden Seiten.

Man kann seine eigene Sprachkompetenz in jeder Hinsicht, was Aussprache, Wortschatz und Grammatik betrifft, verbessern. Zum Beispiel indem man Kurse besucht, Bücher und Zeitungen liest. Jeder kann grundsätzlich für sich und seine Sprache etwas tun. Sprachwissenschaftler haben allerdings festgestellt, daß Frauen aller Schichten, besonders aber Frauen der sogenannten Mittelschicht, sehr viel mehr darum bemüht sind, ihre sprachliche Kompetenz zu verbessern als Männer. Selbst Männer der gebildeten Schicht zeigen hier oft wenig Anstrengung.

Zwei schwierige Gesprächspartner

Man darf aus dem bisher Gesagten nicht schließen, daß der gebildete Mensch zwangsläufig der bessere Sprecher wäre. Es gibt Menschen, die Inhaber höchster akademischer Grade sind und ein derart pseudogelehrtes Kauderwelsch reden, daß man ihnen nicht folgen kann. Das war letztlich eines der größten Probleme der „68er". Viele der Studenten redeten gerade über die Köpfe derer hinweg, die sie am dringendsten ansprechen wollten, weil sie unfähig waren, sich klar und verständlich auszudrücken.

Ich erinnere mich an eine Episode, die sich im Frankfurter Frobenius-Institut ereignete, zu einer Zeit als die revolutionären Wellen am höchsten schlugen. Der britische Anthropologe E. E. Evans-Pritchard, der große alte Mann der englischen Völkerkunde, war zu einem Vortrag in die Mainmetropole gekommen. Die Studenten bestanden auf Diskussion. Ein Mitglied einer extra aus Heidelberg angereisten Gruppe von Soziologen meldete sich zu Wort und begann seine Frage mit: „Firstly ... (erstens)", verfranste sich dann in einer Endlosschleife, kam endlich zum Schluß und schaute den englischen Gelehrten triumphierend und herausfordernd an. Und der sagte nur: „Yes. Well, and secondly? – Ja, und zweitens?" Sogar ein paar der anwesenden Studenten mußten lachen.

Der Umgang mit solchen Sprechern ist fast noch schwieriger als der mit den vorgenannten. Denn mit kurzen, rückversichernden Zwischenfragen ist es nicht getan, wenn sich jemand in einem Labyrinth aus komplizierten Satzstrukturen verfangen hat, das obendrein mit Fremdwörtern nur so gespickt ist. Wer als durchschnittlich gebildeter Mensch den Ausführungen eines anderen nicht folgen kann, sollte deshalb keine Minderwertigkeitskomplexe bekommen. Oft verbirgt sich hinter hochkompliziert klingenden Satzgebilden nichts als eine reine Binsenweisheit.

Manche Menschen benutzen ihre Intelligenz zum Vereinfachen, manche zum Komplizieren. (Erich Kästner)

Selbstverständlich darf man nach der Bedeutung eines Fremdwortes fragen. Man entlarvt sich damit keineswegs als ungebildet, sondern – im Gegenteil – als lernbegierig. So mancher Sprecher, der mit Fremdwörtern um sich wirft, kommt ganz hübsch ins Schleudern, wenn er seine Begriffe erläutern soll, und benutzt plötzlich sehr viel weniger Fremdwörter.

Ein anderer schwieriger Gesprächspartner ist der Oberlehrertyp, der Mensch, der ständig schulmeistert, der wie ein wandelndes Lexikon daherkommt und andere mit Vorliebe durch

Es gibt Besser-
wisser, die
niemals begrei-
fen, daß man
recht haben
und doch ein
Idiot sein
kann.
(Martin
Kessel)

Redewendungen wie „Na ja, Sie wissen ja" oder „wie allgemein bekannt ist" in Verlegenheit bringt oder auch als ungebildete Dummköpfe erscheinen läßt. Auch hier kann man nur raten, sich nicht ins Bockshorn jagen zu lassen. Schulmeisternde Zeitgenossen sind oft im Grunde verunsicherte Menschen, die sich durch die Zurschaustellung ihres Wissens eine Art zweites Rückgrat schaffen. Wenn man mit Fragen auf sie eingeht, ihnen Gelegenheit gibt, ihr Wissen auszubreiten, läßt der Wunsch, von oben herab zu belehren meist nach. Es entspinnt sich statt dessen eine interessante Unterhaltung.

Ins Gespräch kommen, im Gespräch bleiben

Es gibt eine klassische Alptraumsituation: Man kommt als einziger Fremder in eine Gesellschaft, deren Mitglieder sich untereinander bereits kennen. Eine Situation, die von Frauen meist noch bedrückender empfunden wird als von Männern, weil sie traditionsgemäß nicht dazu erzogen werden, das Wort zu ergreifen, und weil bewußt oder unbewußt noch in vielen Köpfen die Idee herumspukt, eine Frau dürfe sich nicht selbst vorstellen.

Auf Seite 90 wurde schon erwähnt, daß der Gastgeber die Pflicht hat, seine Gäste miteinander bekannt zu machen und daß es wichtiger ist, den Gästen einen Einstieg in ein Gespräch zu schaffen, als die korrekte Reihenfolge der Vorstellung einzuhalten. Was aber, wenn der Gastgeber beschäftigt oder weit und breit nicht zu sehen ist? Daß man sich – auch als Frau – selbst vorstellen darf, wurde weiter oben schon erwähnt. Doch was kann man tun, wenn danach das Gespräch gleich wieder stockt? Man muß bei sich selbst anfangen. Wer im Gespräch bleiben will, muß etwas sagen. Wer auf den anderen wartet, kann mitunter lange warten. Vor allem kann und darf die Dame nicht erwarten, daß der Herr in jedem Fall das Gespräch aufrechterhält.

Wie hält man das Gespräch aber überhaupt in Gang? Zunächst muß man mit dem Vorurteil aufräumen, man dürfe einem Fremden keine Fragen stellen. Natürlich ist ein Gespräch schnell erschöpft, wenn man glaubt, nur Aussagen allgemeiner Natur machen zu dürfen. Nein, man darf fragen, freilich ohne dabei indiskret zu werden. Je nach Gegebenheit und Situation ist die Frage zulässig, woher und/oder seit wann der Gesprächspartner den Gastgeber kennt. Ebenso sind Fragen zum Beruf oder anderen äußeren Lebensumständen, nach Reisen oder Hobbys erlaubt. Meist entspinnt sich dann eine Unterhaltung über das eine oder andere Thema. Es geht ja nicht darum, tiefschürfende Diskussionen zu führen. Es geht zunächst um das, was die Engländer „small talk" nennen, also das „kleine Gespräch", die unverbindliche, aber freundliche Plauderei.

Nun gibt es Männer, die sich im gescheiten Gespräch mit einer intelligenten Frau noch immer sehr schwer tun. Sie antworten einsilbig und wenden sich gleich wieder ab. Wir wollen hier nicht die psychologischen Hintergründe dieses Verhaltens durchleuchten. Wenn Sie als Frau an ein solches Exemplar geraten, dann können Sie nur eins machen: links liegenlassen und sich, wenn möglich, einem anderen Gesprächspartner zuwenden. Ist ein solcher Mann bei einem gesetzten Essen ausgerechnet Ihr Tischherr, dann nehmen Sie es mit Humor. Mehr als drei Anläufe, ihn ins Gespräch zu ziehen, sollten Sie nicht nehmen. Und keinesfalls sollten Sie dieser Erfahrung wegen Zweifel an Ihrem Selbstwertgefühl bekommen. Der Mann meidet das Gespräch mit Ihnen nämlich nicht, weil er sie für zu dumm hält. Im Gegenteil, er fürchtet, nicht genügend bewundert zu werden.

Die gute Unterhaltung besteht nicht darin, daß man selbst etwas Gescheites sagt, sondern, daß man etwas Dummes anhören kann. (Wilhelm Busch)

Das Gespräch in der Gruppe

Wenn auf einer Party dreißig oder noch mehr Leute zusammenkommen, dann bilden sich zwangsläufig Gesprächsgruppen. Meist beginnt die Gruppenbildung, wenn sechs und mehr Leute zusammenkommen. Vor allem bei einem gesetzten Essen ist es kaum möglich, daß sich mehr als fünf Teilnehmer an einem Gespräch beteiligen. Die Abstände werden sonst zu groß, man muß zu laut sprechen. Sitzt man selbst am Rande einer solchen Konversationsgruppe und kann dem Gespräch rein von der Akustik her kaum folgen, darf man zur anderen Seite hin eine neue Gruppe aufmachen. Es kann natürlich passieren, daß auf beiden Seiten sich schon eine Gruppe gebildet hat und man selbst weder hier noch da einsteigen kann – eine klassische Situation für Humoristen wie Loriot. Innerhalb der Gruppen sollte jeder Teilnehmer die Möglichkeit haben, zu Wort zu kommen. Worauf im einzelnen zu achten ist, wird im Abschnitt über das Tischgespräch eingehend erwähnt (siehe Seite 169). Bei der Stehparty sind die Gruppen flexibler. Man kann sich selbst freier bewegen und sich mal der einen, mal der anderen

Gruppe anschließen. Früher beobachtete man fast regelmäßig ein Phänomen, dem man auch heute noch begegnet: die Aufspaltung in Frauen- und Männergruppen. Das geschieht oft ganz automatisch, ohne daß eine bewußte Absicht dahinterstünde. Einer der Gründe ist darin zu suchen, daß Männer zu ein paar Untugenden neigen. Sie sprechen länger und lauter als Frauen; sie fallen ihnen viel öfter ins Wort als umgekehrt – und Frauen lassen sich das viel zu oft gefallen! –, sie gehen auf das, was Frauen sagen, viel weniger ein, und sie hören viel weniger zu, wenn Frauen sprechen. Kurz, sie schaffen, weitgehend unbewußt, eine Gesprächssituation, in der Frauen sich nicht wohl fühlen. Hinzu kommt, daß manche Männer glauben, typische Männergespräche anfangen zu müssen. Das können blöde, sexistische Witze sein oder Gespräche über Autos und andere klassische Männerthemen.

Ehe Frauen vergeblich darum kämpfen, sich in einer solchen Gruppe Gehör zu verschaffen, finden sie sich in der eigenen Gruppe zusammen, in der übrigens keineswegs bloß typische Frauenthemen wie Mode, Küche, Kinder abgehandelt werden. Wenn die jeweiligen Gruppen für sich befriedigende Gespräche führen, dann ist grundsätzlich gegen diese Aufspaltung nichts einzuwenden. Es ist allemal besser, alle unterhalten sich gut, als man zwingt sich zu gemischten Gruppen, fühlt sich aber unwohl darin. Dennoch besteht kein Grund, die bekannte Situation auf sich beruhen zu lassen. Grundsätzlich können und dürfen Frauen daran arbeiten, jede Situation für sich zu verbessern, auch im Bereich der Gesprächsführung. Das heißt, sie müssen lernen, sich auch im Gespräch gegenüber Männern besser zu behaupten.

Gesprächskiller

Viele Gastgeber machen einen großen Fehler. Sie fürchten, daß kein Gespräch aufkommen wird. Da sie aber vermeiden wollen, daß das große Schweigen herrscht, schalten sie Musik ein oder lassen – eine heute häufig zu beobachtende Unsitte – den Fernseher laufen, wenn Gäste kommen.

Fernsehen ist Kaugummi für die Augen. (Orson Welles)

Ist man nicht ausdrücklich zusammengekommen, um ein Tennismatch, ein Fußballspiel, eine Talkshow oder was auch immer im Fernsehen zu sehen, so hat der Kasten ausgeschaltet zu bleiben, wenn Gäste da sind! Gegen reine Instrumentalmusik in gedämpfter Lautstärke ist weniger einzuwenden, es sei denn, es handelt sich ausdrücklich um eine Tanzparty. Auch Zimmerdekorationen und alle möglichen Gags oder Stimmungsmacher sollten bei einer normalen Einladung entweder gar nicht oder nur sehr sparsam eingesetzt werden, sie haben ihren Sinn und Zweck eher bei Faschingsgesellschaften, Kindergeburtstagen und ähnlichem.

Eine umstrittene Funktion unter den Stimmungsmachern hat der Witz. Meist liest man in Benimmbüchern, daß in „feiner Gesellschaft" keine Witze erzählt werden dürfen. Ich finde, das kann man so nicht sagen. Erstens kommt es auf den Witz an und zweitens darauf, ob er Bestandteil einer Konversation ist oder ob das Witzeerzählen die Konversation ersetzt. Ein einzelner, zündender, guter Witz kann durchaus ein Bannbrecher sein und eine Konversation überhaupt erst in Gang bringen.

Komplimente

Sie sind ein heikles Thema, denn Komplimente machen ist nicht einfach. Ein danebengegangenes Kompliment ist schlechter als gar keins. Grundsätzlich kann jeder jedem Komplimente machen, auch ein Mann einem anderen, auch eine Frau einem Mann, auch der sogenannte Rangniedere dem Ranghöheren. Auf das Wie kommt es an.

Einigermaßen überholt sind die Komplimente, die man als Wiener Schmäh bezeichnet. Heute schmilzt keine Frau mehr dahin, wenn sie einen Mann sagen hört: „Gnädige Frau tanzen wie eine Feder!", „Gnä' Frau sehen heute wieder hinreißend aus!", sie fühlt sich aber möglicherweise geneigt, dem Kavalier die kalte Schulter zu zeigen. Abgegriffene Komplimente sind nicht nur einfallslos, sie haben etwas Beleidigendes – wer sie zu hören bekommt, könnte sich sagen:„Ich bin es offensichtlich nicht wert, daß man sich für mich etwas Neues, Individuelles einfallen läßt."

Frauen werden nie durch Komplimente entwaffnet. Männer immer. (Oscar Wilde)

Von bekannten, viel benutzten und entsprechend abgegriffenen Komplimenten wird also dringend abgeraten. Ebenso ist Vorsicht geboten bei verallgemeinernden und stark übertreibenden Komplimenten. „Sie sind die perfekteste Gastegeberin, die man sich vorstellen kann" ist ein zu dick aufgetragenes Lob, dadurch wird es in seiner Gesamtheit unglaubwürdig. Noch schlimmer wird es, wenn ein derart aufgeblasenes Lob mit der Unfähigkeit zu sachlicher Beurteilung verknüpft ist. Wenn etwa ein Mensch, der bekanntermaßen von Musik rein gar nichts versteht, einem Musiker sagt: „Sie sind der absolut größte Violinvirtuose dieses Jahrhunderts." Das klingt verdächtig nach Anbiederei oder nach unglaublicher Herablassung, je nachdem, wer der Sprecher ist. Da ist es besser und obendrein ein größeres Kompliment, wenn man sagt: „Ich verstehe nichts von Musik, aber Ihrem Spiel könnte ich stundenlang zuhören."

Von einem guten Kompliment kann ich zwei Monate leben. (Mark Twain)

Je selbstverständlicher und ungezwungener, je spontaner ein Kompliment aus einem Menschen herausprudelt, desto mehr Freude wird es auslösen. Alles, was einstudiert klingt, was nach Pflichterfüllung schmeckt, nach dem Motto „Der gut erzogene Herr macht der Dame ein Kompliment, weil sich das so gehört", verliert zwangsläufig an Kraft. Wenn es nichts gibt, das man spontan loben könnte, ist es besser, man sagt auch nichts.

Noch eine besondere Warnung an dieser Stelle. Bei den Herren hat sich herumgesprochen, daß es heutzutage Frauen gibt, die Komplimente, die sich allein auf ihr Äußeres beziehen, nicht sonderlich schätzen. Es ist ein verbreiteter Fehler dieser Männer anzunehmen, solche Frauen wünschten unbedingt andere Komplimente, vorrangig solche, die sich auf ihren Intellekt beziehen. Dem ist aber ganz und gar nicht so. Wirklich intelligente Frauen legen absolut keinen Wert darauf, für ihre Intelligenz, ihr Wissen, ihre Bildung, ihr Können gelobt zu werden. Immerhin ist der Effekt leicht derselbe wie im oben genannten Beispiel mit dem Violinvirtuosen. Besonders, wenn es mit den eigenen intellektuellen Fähigkeiten des Mannes nicht weit her ist, klingt ein Kompliment aus seinem Mund für die Dame herablassend. Es könnte sein, daß ein solcher Mann die Worte Herbert Wehners zur Antwort bekommt: „Ihr Lob trifft mich in keiner Weise."

„Wie bitte?"

Es gibt zwei Möglichkeiten, warum wir den Gesprächspartner nicht verstehen. Entweder konnten wir ihm inhaltlich nicht folgen, oder wir haben ihn akustisch nicht verstanden.

Warum es sein kann, daß man inhaltlich nicht folgen konnte, haben wir weiter oben schon ausführlich behandelt. Entweder man versteht den Sprecher nicht, weil man sein Bezugssystem nicht durchschaut, oder man versteht ihn nicht, weil er über die Köpfe seiner Zuhörer hinweg doziert. Und dann gibt es natürlich das Mißverständnis, das entsteht, weil ein doppeldeutiger Begriff benutzt wurde.

Da kommt nach den Ferien eine junge Frau in den Volkshoch-
schulkurs zurück und meldet sich bei der Kursleiterin:
„Ich wollte nur sagen, daß ich in den Ferien geheiratet habe.
Ich heiße jetzt Anders."
Darauf die Kursleiterin: „Oh, meinen herzlichen Glückwunsch!
Und wie heißen Sie jetzt?"
„Anders."
„Jaja, aber wie heißen Sie denn jetzt?"
Darauf wieder die junge Frau, jetzt sehr laut und deutlich:
„An-ders."
Es gehört zu den Sprachgewohnheiten der einfachen Sprecher,
von denen weiter oben bereits die Rede war, im Falle eines
Mißverständnisses davon auszugehen, daß es sich nur um eine
Frage der Phonstärke handeln könne, weshalb sie oft genau
dieselben Worte wiederholen, nur eben lauter. Je wortgewand-
ter der Sprecher, desto selbstverständlicher wird er oder sie
nach einer anderen Ausdrucksmöglichkeit suchen und damit
zugleich auch die Eventualität abdecken, daß es sich um ein
Mißverständnis anderer Art handeln kann. Was auch immer der
Grund ist, warum man etwas nicht versteht, man muß einfach
nachfragen.
„Hä?" ist eine gebräuchliche, aber denkbar unhöfliche Formel.
„Was?", „Wie?" oder „Hm?" ist nicht viel besser, und „Wie
meinen?" hat einen deutlichen Touch von Herablassung. „Wie
bitte?" ist die kürzeste der höflichen Floskeln, doch ist es im
Sinne der reibungslosen Verständigung gut, wenn man präzisie-
ren kann. „Entschuldigung, das letzte Wort habe ich nicht
verstanden." Oder man wiederholt den Satz so, daß lediglich
der nicht verstandene Teil übrigbleibt. „Ich kann meinen ...
nicht finden", sagt jemand, und man fragt zurück: „Sie können
Ihren was nicht finden?" Dann braucht der Sprecher nicht den
ganzen Satz zu wiederholen, sondern nur das eine, nicht verstandene Wort. Oder man macht gleich deutlich, daß man
akustisch folgen konnte, aber über den Inhalt im unklaren ist,
was den Sprecher hoffentlich dazu animiert, eine neue Formulierung zu wählen.
Mit Schwerhörigen muß man übrigens nicht unbedingt extrem
laut sprechen. Eine deutliche Aussprache hilft meist sehr viel
besser, auch wenn es sich nur um das Nachlassen der Hörkraft
im Alter handelt. Von Geburt Schwerhörige lesen ohnehin von
den Lippen ab, was erst recht eine sehr deutliche Aussprache
erfordert, aber keine Lautstärke. Wichtig ist freilich, daß man
dem Schwerhörigen das Gesicht zuwendet.

*Lautsprecher
verstärken
die Stimme,
aber nicht die
Argumente.
(Hans Kasper)*

Und noch eine andere Behinderung sei hier erwähnt, das Stottern. Es ist ein weitverbreiteter, fataler Irrtum zu glauben, Stotterer seien geistig minderbemittelt. Ganz im Gegenteil macht die Eigenart ihrer Behinderung gerade die Stotterer geistig besonders rege, denn oft müssen sie, wenn ein bestimmtes Wort ihnen einfach nicht über die Lippen will, rasch ein anderes suchen. Sie haben also häufig einen sehr viel größeren Wortschatz und eine ausgefeiltere Ausdrucksweise als der Durchschnittsmensch. Es ist, das sei unbestritten, mühsam, einem Menschen, der schwer stottert, zuzuhören. Man ist leicht geneigt, ihm ins Wort zu fallen, oder das Wort, mit dem er sich abmüht und das man schon erkannt hat, auszusprechen – den Stotterer also zu drängen. Das verschlimmert die Situation. Je ruhiger man dem Stotterer zuhört, je mehr man ihm das Gefühl gibt, ganz normal mit ihm zu sprechen, desto flüssiger spricht er oft. Es kommt vor, daß Menschen, die zunächst sehr heftig stottern, in einer entspannten Atmosphäre fast normal sprechen, weil sie sich wohl fühlen.

Das Gespräch mit dem Fremdsprachigen

Ich kann in zwölf Sprachen nein sagen – das ist unerläßlich für eine Frau, die weit herumkommt. (Sophia Loren)

Viele Ausländer haben sich der nicht geringen Mühe unterzogen Deutsch zu lernen, eine Sprache, die nicht nur ihrer komplizierten Grammatik wegen im Ruf steht, schwierig zu sein. Wir sollten diese Anstrengung nicht dadurch unterlaufen, daß wir einem Ausländer, der vielleicht Fehler macht, gleich anbieten, die Konversation doch in der Weltsprache Englisch weiterzuführen. Nur dann, wenn Sie merken, daß der andere sich wirklich schwer tut, daß sein Kenntnisstand selbst für eine einfache Unterhaltung nicht ausreicht, sollten Sie höflich anbieten – sofern Sie selbst über genügend Fremdsprachenkenntnisse verfügen –, in einer anderen Sprache weiterzureden. Wie gesagt, anbieten, nicht gleich zu Englisch oder einer anderen Sprache übergehen.

Alles, was über das Miteinandersprechen bisher gesagt wurde, gilt natürlich um so mehr für das Gespräch mit dem Ausländer (siehe auch Seite 47). Man muß deutlich sprechen, allerdings ohne dabei so übertrieben zu artikulieren, daß es schon einer Karikatur gleichkommt. Darüber hinaus gilt es aber noch ein paar andere Dinge zu beachten.

Jede Sprache, auch das Deutsche, hat idiomatische, bildhafte und umgangssprachliche Ausdrücke, die nicht unbedingt in den Lehrbüchern stehen, schon gar nicht in den Lektionen für Anfänger. Im Gespräch mit dem Fremdsprachigen wird man versuchen, solche Ausdrücke nicht zu verwenden oder sie sofort zu erklären. Man wird also nicht sagen: „Na, da haben Sie aber Schwein gehabt", sondern: „Da hatten Sie aber Glück." Und ebenso wird man komplizierte Satzgebilde, seltene Wörter und geschraubte Wendungen vermeiden, wenn es auch schlichter geht, was eigentlich immer der Fall ist. Man braucht nicht zu sagen: „Gestern führten meine unvorsichtigen Schritte mich zur Rennbahn, woselbst ich all meines Geldes verlustig ging." Doch Vorsicht: „Gestern habe ich beim Rennen Geld verloren", kann auch mißverstanden werden. Der andere könnte fragen: „Wieso sind Sie nicht langsam gegangen?"

Man nimmt auf den Wissensstand und die Sprachkompetenz des anderen Rücksicht. Häufig sind Menschen, die Fremdsprachen lernen, gerade an den idiomatischen Ausdrücken interessiert. Dann enthält man sie ihnen natürlich nicht vor. Es kann dabei passieren, daß ein Ausländer sich an das Bild erinnert, aber die Worte nicht mehr zusammenbekommt. Dadurch entstehen so hübsche Wendungen wie: „Da warf ich das Gewehr ins Getreide … ". Neulich fragte mich ein Engländer, der wußte, daß ich an einer Buchübersetzung arbeite: „Hast du das Buch schon übergesetzt?"

Wenn so etwas geschieht, muß man nicht todernst bleiben und so tun, als wäre nichts gewesen. Erstens darf man lachen. Denn zwischen einem freundlichen Lachen über eine unfreiwillige Pointe und einem schadenfreudigen, hämischen Auslachen ist ja ein großer Unterschied! Und zweitens darf man dem Sprecher erklären, wo der Fehler liegt und warum der Ausdruck witzig ist. Ein ernsthaft Lernender ist dafür dankbar. Man sieht vor allem am letzten Beispiel, wie verflixt kompliziert das Deutsche sein kann. Vom Schriftbild her sind „übersetzen" (über den Fluß) und „übersetzen" (von einer Sprache in die andere) ja nicht zu unterscheiden. Hätte das Buch über den Fluß gemußt, hätte der Engländer sich völlig korrekt ausgedrückt. Um so mehr Achtung gebührt denen, die sich der Mühe unterziehen, diese Sprache trotz ihrer vielen grammatischen Fußangeln zu lernen.

Menschen, die mit Leichtigkeit fremde Sprachen erlernen, haben gewöhnlich einen starken Charakter. (Ludwig Börne)

Höflicher Umgang mit

Zwischen den Umgangsformen, die man am Arbeitsplatz den Kolleginnen und Kollegen gegenüber an den Tag legen sollte, und dem höflichen Umgang, den man im Alltagsleben mit Bekannten oder Freunden pflegt, ist fast kein Unterschied. Allerdings wird es Unterschiede geben zwischen der Art, in der gleichrangige Kollegen miteinander umgehen und dem Verhalten zwischen Vorgesetzten und Untergebenen.

Die Kollegen, die an einem Fließband miteinander arbeiten, werden sich möglicherweise duzen und einen kumpelhaften Ton miteinander pflegen, den sie gegenüber dem Direktor des Betriebes nicht anschlagen werden. Der Direktor seinerseits wird mit den Arbeitern am Laufband, wenn er denn überhaupt mit ihnen spricht, anders sprechen als mit einem seiner Kollegen aus der Führungsebene. Auf allen Ebenen, unter Arbeitern und Angestellten ebenso wie unter den Führungskräften, wird es Duzfreunde geben. Die einzelnen Schichten der Hierarchien werden aber wohl kaum durch solche Duzverbindungen durchbrochen.

Die früher oft vertretene Ansicht, es schade dem Ansehen des Vorgesetzten, wenn irgend jemand ihn duzt, und sei es ein Mitarbeiter auf gleicher Ebene, gilt heute nicht mehr. Der Chef verliert nicht an Respekt, weil ein alter Studienkollege, der im gleichen Hause arbeitet, mit ihm per du ist. Heute wird man

Arbeitskollegen

eher den Kopf schütteln, wenn er der Fassade des Ansehens wegen die private Freundschaft zu einem innerbetrieblich Rangniederen leugnet.

Ganz gleich, wie vielschichtig ein Betrieb aufgebaut sein mag, ein höflicher Umgangston ist dem Betriebsklima in jedem Fall zuträglich, und jeder darf ihn sich erlauben. So dürfte der Direktor ruhig den Pförtner grüßen beziehungsweise dessen Gruß erwidern, wenn er sich morgens vom Chauffeur aufs Betriebsgelände kutschieren läßt. Auch den Kollegen untereinander schadet es nichts, wenn sie sich morgens grüßen und abends voneinander verabschieden.

Der Handschlag ist dabei im allgemeinen nicht üblich, es sei denn, alle Beteiligten legen ausdrücklich Wert darauf. Freilich wird man sich nur in kleinen Kreisen täglich mit Handschlag grüßen, etwa wenn zwei oder drei Kollegen miteinander das Büro teilen. Wollte man sich in einem Großraumbüro, in dem vielleicht mehr als zwanzig Angestellte sitzen, überall per Handschlag begrüßen, würde ein großer Teil der Arbeitszeit auf die Begrüßungszeremonien entfallen. Im Sinne des Arbeitgebers ist das sicherlich nicht.

Etwas anderes ist die Verabschiedung, bevor man in Urlaub fährt oder der erste Gruß, wenn man aus dem Urlaub zurück ist. Da wird man sich von den nächsten Kollegen wohl schon mit Handschlag verabschieden. Und noch eine Regel gilt grund-

Ein Chef ist ein Mensch, der anderer bedarf. (Paul Ambroise Valéry)

sätzlich heute noch: Ein Handschlag zwischen Chef und Untergebenem hat vom Chef auszugehen. Wer also zum Direktor gebeten wird, sollte – auch als Frau – ihm nicht von sich aus im Überschwang der Freude über die vielleicht zu erwartende Gehaltserhöhung oder Beförderung gleich die Hand hinstrekken. Man ist gehalten abzuwarten, ob der Vorgesetzte die Hand zum Gruß anbietet, wobei er bei einem männlichen Mitarbeiter sitzen bleiben kann, bei einem weiblichen sollte er, wenn er schon die Hand reicht, auch aufstehen.

Ob sich die Mitarbeiter eines Betriebes zwischendurch noch weitere Tageszeiten entbieten, etwa zur Mittagspause ein „Mahlzeit", ist individueller Regelung unterworfen. Manchen Leuten geht gerade der genannte Gruß furchtbar auf die Nerven.

Ohne Ausnahme gilt: Wer einen Raum betritt, grüßt zuerst alle darin Anwesenden. Sind das mehrere, mit einem allgemeinen Gruß. Ist nur ein anderer im Raum, mit individuellem Gruß, sofern man den Namen kennt. Das heißt, auch die Abteilungsleiterin, die eines der Büros des Hauses betritt, grüßt zuerst. Weder die Tatsache, daß sie die Dame, noch die Gegebenheit, daß sie die Chefin ist, enthebt sie dieser Pflicht. Stumm einzutreten und zu erwarten, daß alles von den Stühlen aufspringt, war zu Kaisers Zeiten ein Privileg der Vorgesetzten und der Schulmeister. Die Tage von Wilhelm zwo sind vorbei.

Anders ist die Situation auf den Fluren eines Hauses oder auf dem offenen Betriebsgelände. Da gilt die übliche Höflichkeitsregel: Der Rangniedere grüßt zunächst den Ranghöheren. In der Praxis kann das natürlich eine komplizierte Auslegungssache werden. Ist der 35jährige Chef der Abteilung Grafik und Layout ranghöher als die gleichaltrige zweite Lokalredakteurin einer Tageszeitung? Meines Erachtens sollte es möglich sein, einfach, ohne lange zu zögern und zu überlegen, zu grüßen, wenn man einen Kollegen, eine Kollegin auf sich zukommen sieht. Leider kommt es aber immer wieder vor, daß Mitarbeiter eines Betriebes glauben, solche Rangfragen aushandeln zu müssen und ein Anrecht darauf zu haben, zuerst gegrüßt zu werden. Wo man es mit solchen schwierigen Mitarbeitern oder Mitarbeiterinnen zu tun hat, ist man großzügig. Und sollten zwei dieser Art aneinandergeraten, brauchen sich die Kollegen nicht den Kopf darüber zu zerbrechen, wie die beiden das miteinander ausmachen.

Das gleiche Problem wie beim Grüßen ergibt sich bei der Frage des Vortrittlassens an Türen und Aufzügen. Grundsätzlich hat der Herr der Dame die Tür aufzuhalten, der Rangniedere dem

Ranghöheren. Es bricht aber einer sowohl älteren als auch im beruflichen Rang höherstehenden Dame kein Zacken aus der Krone, wenn sie dem Hausboten des Betriebes die Tür aufhält, der mit seinem Wagen voller Akten und Hauspost unterwegs ist. Genausowenig vergibt sich der Herr Direktor etwas, wenn er der jungen Frau aus der Kantine die Tür aufhält, die auf einem Tablett den Kaffee für die Herren in der Besprechungs·runde bringt.

An geschlossene Türen, hinter denen sich kleine Büros mit höchstens drei Mitarbeitern befinden, klopft man üblicherweise an. Man wartet, bis ein „Herein" signalisiert, daß man eintreten darf. Befindet sich hinter der Tür allerdings ein größeres Büro oder sogar eine Werkstatt oder ähnliches, darf man ohne anzu·klopfen eintreten. Das Klopfen würde wohl ohnehin niemand hören.

Ob, wo, wie und wann in einem Betrieb geraucht werden darf, wird zunächst durch die Betriebsordnung festgelegt. Die ver·schärften Bedingungen, denen sich Raucher heute überall ge·genübersehen, werden dazu führen, daß sie auch am Arbeits·platz immer seltener ungehindert rauchen können. Wo zwei Kollegen in einem Raum sich einig sind, wird es keine Proble·me geben. Eventuell ist es möglich, Raucher und Nichtraucher zusammenzusetzen. Wo das nicht möglich ist, hat der Raucher heute wohl das Nachsehen.

Alle schlechten Angewohnheiten entwickeln sich in der Familie. Das fängt mit Mord an und geht über Betrug und Trunksucht bis zum Rauchen. (Alfred Hitchcock)

Neue Kollegen

Neue Kolleginnen und Kollegen sind oft in einer ähnlichen Situation wie ein Partygast, der als einziger alle anderen nicht kennt. Nicht jeder Mensch kann mit dieser Situation souverän umgehen.

Ein umsichtiger Chef wird den neuen Mitarbeiter den Kollegen vorstellen, wie ein Hausherr seinen Gast den anderen Gästen vorstellt. Wer den Betrieb und die Kollegen schon gut kennt, weil er schon seit längerer Zeit im Hause angestellt ist, hat sozusagen den Heimvorteil. Es wäre also schön, wenn einer oder alle Kollegen sich darum bemühten, dem neu Hinzuge·

*Die Superklug-
heit ist eine
der veräch-
lichsten
Arten der
Unklugheit.
(Lichtenberg)*

kommenen die Eingewöhnung so leicht wie möglich zu machen. Dazu gehört natürlich ein neuer Kollege, der sich emp-
fänglich zeigt. Wer glaubt, alles besser zu können und alles
besser zu wissen, den werden die Kollegen bald im Regen
stehenlassen.

Es herrschen nun mal in den unterschiedlichen Betrieben auch
unterschiedliche Gepflogenheiten. Wer mit offenen Augen und
Ohren an einen neuen Arbeitsplatz kommt, wird bald sehen,
was beispielsweise in punkto Kleidung üblich ist. Außerdem
wird man bald spitz haben, wie der Umgangston ist. Ob beispielsweise eine eher freundschaftliche Sprache vorherrscht,
was ja noch nicht heißen muß, daß alle sich duzen, oder ein
eher steifer Ton. Sollte es Dinge geben, mit denen man sich
absolut nicht einverstanden erklären kann, so wird man das
irgendwann schon ins Gespräch bringen können.

Auch die Frage, ob ein neuer Mitarbeiter seinen Einstand feiert
und in welcher Weise das geschieht, wird von den üblichen
Gepflogenheiten des Hauses oder der Abteilung abhängen. In
jedem Fall ist es gut, sich zu erkundigen, was im Hause üblich
ist, damit man einerseits die Erwartungen der Kollegen nicht
enttäuscht und andererseits den Chef nicht verprellt.

Schwierige Kollegen

Im Privatleben kann man unangenehmen Zeitgenossen im
allgemeinen aus dem Weg gehen. Im Berufsleben hat man diese
Möglichkeit meist nicht. Und jeder kennt wohl die peinliche
Situation, die sich ergibt, wenn man mit schwierigen Kollegen
zu tun hat.

Da gibt es die notorischen Schnorrer, die einen ständig um
etwas bitten, sei es ein Papiertaschentuch, eine Zigarette, ein
Tütchen Pulverkaffee oder ein Schuß Büchsenmilch, sei es Geld
für den Getränkeautomaten. Selbst bieten sie nichts an, und
meist vergessen sie auch, ihre kleinen Schulden zurückzuzah-
len. Es liegt in der Natur der Schnorrer, daß man ihnen erst im
Laufe der Zeit auf die Schliche kommt. Wenn es soweit ist, dann
sollte man klar und unmißverständlich sagen, daß man dieses

Verhalten unkollegial findet. Man braucht deswegen ja nicht gleich unhöflich zu werden.

Doch nicht nur die Schmarotzer gehören zu den wenig geliebten Kollegen. Da sind auch die Verweigerer, diejenigen, die sich an intern getroffene Abmachungen nicht halten, die also beispielsweise nicht mitziehen, wenn es um das Kaffeekochen oder den Büroabwasch geht, obwohl ausgemacht ist, daß reihum für Kaffee gesorgt wird und daß jeder mal in die Kantine geht, um das benutzte Geschirr zurückzubringen.

Dann wieder gibt es Kollegen und Kolleginnen, die durch andere Unarten auffallen, etwa durch ein allzu aufdringliches Parfüm. Oder sie sind Gesundheitsfanatiker und essen jeden Morgen zum Frühstück drei rohe Knoblauchzehen. Andere klatschen und tratschen, schwätzen einem das Ohr ab und stehlen einem mit ihrem Gelaber die Zeit. Wieder andere haben ein wunderbares Talent, anderen ihre Arbeit aufzuhalsen. Dann gibt es die ewig Pikierten, die Streitsüchtigen und so weiter und so fort. Ja sogar winzige Kleinigkeiten können einem irgendwann ganz furchtbar aufs Gemüt schlagen: Etwa wenn ein Kollege die Angewohnheit hat, seinen Kaffee drei Minuten lang hörbar umzurühren und dann den Löffel schmatzend abzulecken, immer wieder irgend eine dumme Redensart zu verwenden, jedesmal einen Stoßseufzer auszustoßen, wenn er sich auf seinen Schreibtischstuhl plumpsen läßt, oder was der nervenaufreibenden Angewohnheiten mehr sein können.

Wie gesagt, ein klares, unmißverständliches und trotzdem höfliches Wort ist meist die beste Lösung. Es fällt aber, das sei eingeräumt, oftmals nicht leicht. Wer getraut sich schon, einfach herzugehen und zu sagen: „Entschuldigen Sie, Frau Kollegin, aber das Parfüm, das Sie benutzen, hat einen zu schweren Duft. Würden Sie bitte ein leichteres Duftwasser verwenden?" Noch dazu, wenn gerade diese Kollegin außerdem dafür bekannt ist, leicht beleidigt zu sein, oder wenn sie, was die Sache noch schwieriger macht, die einzige Frau unter männlichen Kollegen ist.

Aus einem übertriebenen Taktgefühl heraus versuchen die Kolleginnen und Kollegen dann erst ihr Glück mit zarten Andeutungen, die meist nicht oder falsch verstanden werden. Dann nehmen sie eventuell Zuflucht zur Ironie, was die Sache noch schlimmer machen kann, denn Ironie wird meist noch weniger verstanden. Zum Schluß hat man dann möglicherweise aus einer Lappalie eine völlig verfahrene Situation und einen Riesenknatsch am Hals.

Der Ironiker ist meist nur ein beleidigter Pathetiker. (Christian Morgenstern)

Zugegeben, man ist gelegentlich mit hartgesottenen Kollegen konfrontiert, denen auch das klare, freundliche Wort nicht imponiert. Sie trinken zwar munter vom Gemeinschaftskaffee, doch selbst welchen besorgen oder kochen tun sie nicht. Tassen abspülen ist ebenfalls unter ihrer Würde. Und auf die Bitte, die eine oder andere unangenehme Angewohnheit doch vielleicht abzustellen, antworten sie nur mit einem „Hab dich nicht so“. Da ist guter Rat teuer. Je nach der Situation wird es eventuell unvermeidlich sein, daß sich die anderen Kollegen zu einer Aktion zusammentun. Wenn fünf Mann geschlossen einem saumseligen Geschirrspüler auf die Pelle rücken, wacht er vielleicht auf. In anderen Fällen wird man den Chef einschalten

Klatsch ist eine feste Verbindung zwischen zwei losen Zungen. (Willy Reichert)

müssen – etwa wenn durch gewohnheitsmäßige Tratscherei einem Mitarbeiter ernsthafter Schaden zugefügt wird. Die Beschwerde beim Vorgesetzten sollte aber wirklich das äußerste Mittel sein.

Ganz schwierig wird es natürlich, wenn der Chef selbst oder ein anderer, in der Hierarchie höher angesiedelter Mitarbeiter der unliebsame Kollege ist. Ein allgemeingültiger Ratschlag ist hier nicht zu geben, doch darf in unserer heutigen Zeit wohl jeder auch dem Vorgesetzten gegenüber deutlich machen, daß bestimmte Dinge ihm oder ihr nicht angenehm sind. Je länger man damit zögert, je länger man sich irgend etwas gefallen läßt, desto komplizierter wird es allerdings.

Betriebsfeste und -ausflüge

Sie sind eigentlich in allen Betrieben ein Teil des Arbeitslebens. Es ist nämlich eine sehr alte Erkenntnis, daß besser gearbeitet wird, wenn ab und zu auch einmal gefeiert werden darf. Freilich ist zu unterscheiden zwischen den Betriebsfesten, die von „oben“ ausgehen, beispielsweise weil das Firmenjubiläum gefeiert wird, und den abteilungsinternen Geselligkeiten, bei denen ein Mitarbeiter beispielsweise seinen Geburtstag feiert. Während die von oben, also von der Geschäftsleitung ausgehende Feier „offiziell“ ist, kann die kleine interne Feier, vor allem wenn sie während der Arbeitszeit stattfindet, zu Ärger im

Betrieb führen. Ehe man also zu seinem Geburtstag die Korken knallen läßt, sollte man sich, wie bereits erwähnt, erkundigen, was im Hause üblich und erlaubt ist.

Den ganzen Betrieb betreffende Feste gehen alle an. Auch wenn man von solchen Festivitäten persönlich nichts hält, kann man sich nicht ausschließen. Aber man kann sich zurückhalten. Man muß sich nicht vollaufen lassen, man muß auch nicht in bierseliger Stimmung einer allgemeinen Verbrüderung zustimmen. Gehört Tanz zum Programm, verhält man sich grundsätzlich, wie im Kapitel „Auf der Tanzfläche" (siehe Seite 238) ausgeführt. Auch der Kollege wird begreifen, daß man nicht tanzen kann oder möchte, wenn man es in höfliche Worte kleidet. Umgekehrt wird auch der Chef nichts dagegen haben, wenn er von einer Mitarbeiterin zum Tanz aufgefordert wird. Es kommt eben ganz auf die Gesamtatmosphäre an.

Man sollte sich freilich darüber im klaren sein, daß gerade bei Betriebsfesten alle auf einer Art Präsentierteller sitzen. Mehr noch als im normalen Berufsleben kommt es hier auf Taktgefühl und guten Umgang an. Die Mitarbeiterin, die glaubt, der Betriebsausflug sei die Gelegenheit, sich endlich mal an den jungen Mann aus der Expedition ranmachen zu können oder dem Chef ein wenig zu schmeicheln, kann genauso schiefliegen wie der Mitarbeiter, der endlich seine Chance bei der Kollegin für gekommen sieht. Abgesehen davon, daß beide abblitzen können, wird auch noch der ganze Betrieb von der Niederlage erfahren. Einige haben die Situation bestimmt beobachtet, und Klatschbasen, männliche wie weibliche, gibt es wohl in jedem Betrieb. Und selbst wenn es gutgeht oder wenn es mächtig funkt, muß das ja auch nicht gleich die ganze Belegschaft wissen. Wer wirklich ernsthaft persönlich an einem Kollegen oder einer Kollegin interessiert ist, sollte sich andere Gelegenheiten suchen, die Gegenseitigkeit der Neigungen zu testen.

Ist ein Festprogramm ausgearbeitet, an dem vielleicht auch Mitarbeiter des Betriebes beteiligt sind, dann ist es nur fair, die Leistungen gebührend zu beklatschen und sich bei den Mitarbeitern zu bedanken, auch wenn ihre Leistungen als Zauberkünstler, Steptänzer oder Conférencier möglicherweise nicht Weltklasseniveau haben. Wer sich mit seinen Kunststückchen jedoch den Kollegen ungebeten aufdrängt, weil er, vielleicht gar in schon leicht alkoholisiertem Zustand, seine Fähigkeiten nicht mehr so recht einzuschätzen vermag, wer andere mit zotigen oder blöden Witzen anödet, der braucht auf Applaus

Die Trunkenheit bringt nur zum Vorschein, was schon in uns liegt. Sie entstellt nicht, sie übertreibt. (André Gide)

nicht zu hoffen. Er oder sie sollte aber daran denken, daß auch Vorgesetzte anwesend sind, die aus solchem Verhalten ihre Schlüsse ziehen. Betriebsfeste sind dazu da, die möglicherweise steife Atmosphäre zwischen Kollegen zu lockern. Sie sind nicht dazu gedacht, sämtliche Schranken niederzureißen.

Nichts bedarf so sehr der Reform wie die Gewohnheiten der Mitmenschen. (Mark Twain)

Gelegentlich kommt es vor, daß zu Betriebsfesten auch die Ehepartner der Betriebsangehörigen eingeladen sind. Manchmal ist auch nur die Ehefrau des Chefs dabei. Sie ist übrigens schlicht „Frau Soundso", sie ist nicht „Frau Generaldirektor". Und man verhält sich ihr gegenüber auch nicht devoter als gegenüber jeder anderen Dame.

Ist es im Trubel der rauschenden Feier zu Verbrüderungsszenen gekommen – wenn man den Berichten glauben darf, ist das fester Bestandteil fast jeder Betriebsfeier –, zu denen man am nächsten Tag eigentlich nicht mehr stehen möchte, dann sollte man gleich am nächsten Arbeitstag Farbe bekennen und deutlich zum gewohnten alten Sie zurückkehren. Besser ist es freilich, gleich einen kühlen Kopf zu bewahren und gar nicht erst mitzumachen, wenn man nicht ganz sicher ist, daß man das Du mit dem Kollegen wirklich wünscht.

Geburts- und andere Feiertage im Büro

Meist sind die Geburtstage der Kollegen und der Vorgesetzten bekannt. In vielen Betrieben ist es üblich, daß vorher einer der Mitarbeiter von allen Kollegen ein wenig Geld einsammelt, um einen Blumenstrauß oder ein anderes Geschenk für das Geburtstagskind zu besorgen. Im Laufe des Tages kommt es dann zu einer Gratulationskur, und manchmal gibt der Jubilar nach Dienstschluß einen aus.

Im Zusammenhang mit solchen persönlichen Festen kommen ein paar Fragen auf. Muß derjenige, der die guten Wünsche entgegennimmt, dazu von seinem Platz aufstehen oder kann er sitzen bleiben? Grundsätzlich gelten zwar die Regeln, die schon auf Seite 56 bezüglich des höflichen Umgangs in Gesellschaft erwähnt wurden. Da aber eine Gratulation etwas anderes ist als eine reine Begrüßung, sehe ich persönlich die Sache etwas differenzierter.

Eine Gratulation, egal ob zum Geburtstag, zur Hochzeit, zur Geburt eines Kindes, zur Beförderung oder was auch immer, ist ja ein umfassenderer Austausch von Höflichkeitsfloskeln, der im allgemeinen auch mit einem Händeschütteln einhergeht. Der eine gratuliert mit mehr oder weniger gewählten und gescheiten Worten, der andere dankt, vielleicht erwidert der erste darauf noch einmal etwas. Dieser Austausch ist für mein Empfinden gestört, wenn dabei einer steht und einer sitzt.

Eine Ausnahme mögen extreme Unterschiede im beruflichen Rang sein, etwa wenn der Azubi der Chefin gratuliert, und Gratulationen, die sozusagen im Vorübergehen in einem großen Raum ausgesprochen werden, also beispielsweise, wenn der Chef beim Kontrollgang durch einen Raum, in dem Näherinnen an ihren Maschinen sitzen, kurz stehenbleibt, um einer Näherin zu gratulieren. Es würde wahrscheinlich den Arbeitsablauf ziemlich stören, wenn sie aufstünde.

Manchmal kommt es vor, daß im Rahmen einer Betriebsversammlung oder auch bei einem Betriebsfest Mitarbeiter erwähnt werden, die ihr zehn-, zwanzig- oder fünfundzwanzigjähriges Dienstjubiläum feiern. Wenn im Rahmen einer Ansprache diese Kollegen lediglich namentlich erwähnt werden, dann dürfen sie dabei ruhig sitzen bleiben. Sie brauchen nicht aufzustehen und sich in die Runde zu verbeugen. Etwas anderes ist es, wenn ihnen eine Urkunde verliehen wird, vielleicht auch ein Geschenk dazu. Das ist eine kleine Zeremonie, und dazu erhebt man sich als Betroffener.

Ein Jubiläum ist ein Datum, an dem eine Null für eine Null von mehreren Nullen geehrt wird. (Peter Ustinov)

Weniger eine Frage des guten Tons, als vielmehr eine Frage der individuellen Regelung, ist die nach den Blumen oder anderen Geschenken für die Frau des Chefs zu deren Geburtstag oder zur Geburt eines Kindes. Hier sollte danach entschieden werden, wie mit den anderen Mitarbeitern umgegangen wird. Sekretärinnen neigen schon mal dazu, den Chef bevorzugt zu behandeln. Manchmal halten das auch die anderen Angestellten für angebracht. Grundsätzlich kann von einer Verpflichtung in dieser Richtung jedoch keine Rede sein.

Außerhalb des Betriebes sind Mitarbeiter und Vorgesetzte normale Privatleute, die in die Kategorie „Bekannte" fallen. Man grüßt sie auf der Straße, im Restaurant oder wo immer man ihnen fern vom Arbeitsplatz begegnet, wie man Bekannte ansonsten auch grüßt (siehe Seite 86), darüber hinaus ist man zu nichts verpflichtet.

Bei Tisch in kleiner Runde

Sie möchten neu gewonnene Bekannte, etwa das nette Ehepaar, das Sie im letzten Urlaub kennenlernten, zum Abendessen einladen. Gar kein Problem. Sie haben die Adressen und Telefonnummern ausgetauscht. Schreiben Sie, oder rufen Sie an, und machen Sie einen Termin aus.

Jetzt erst gilt es, ein paar gezielte Überlegungen anzustellen. Hatten Sie während des Urlaubs Gelegenheit, den Geschmack Ihrer Gäste kennenzulernen? Dann ist es eine Sache der Selbstverständlichkeit, darauf Rücksicht zu nehmen. Haben Sie beispielsweise während des Urlaubs festgestellt, daß beide oder auch nur einer von beiden strikt vegetarisch lebt, dann werden Sie nicht ausgerechnet ein Bollito misto (aufwendiges Gericht mit mehreren Fleischsorten) oder eine Schlachtplatte auf den Tisch bringen. Auch werden Sie nicht gerade ein Fischgericht servieren, wenn Sie wissen, daß Ihre Gäste Fisch aus tiefster Seele verabscheuen, weil zum Beispiel einer von ihnen fast an einer Fischgräte erstickt wäre.

Suchen Sie also ein einfaches, gängiges Menü aus, das möglichst dem breiten Geschmack entspricht, wenn Sie sich nicht vorher noch informieren können, was zu den Lieblingsspeisen des zu erwartenden Besuchs zählt. Mit einem solchen Essen und den entsprechenden Beilagen werden Sie bestimmt immer richtig liegen.

Das richtige Gastmahl

Bei der Auswahl eines passenden Menüs werden Sie sich in jedem Fall dem Geschmack der Gäste anpassen. Finden Sie in einem entsprechenden Kochbuch ein Gericht, das Ihnen zusagt, das Sie aber nie zuvor zubereitet haben, das Ihnen fremde Zutaten enthält oder möglicherweise in der Herstellung gewisse Ansprüche stellt – vielleicht ein Soufflé oder eine Pastete –, dann feiern Sie mit diesem Gericht nicht ausgerechnet, wenn Sie Gäste erwarten, ihre Premiere. Es sei denn, Ihre Gäste sind gute, alte Freunde, die es mit Humor nehmen, wenn irgendwas schiefgegangen ist. Für alle anderen Gäste bereiten Sie nur solche Gerichte zu, die Sie vorher ausprobiert haben, deren Zutaten Sie kennen oder bei denen wahrhaftig nichts danebengehen kann.

Auch wenn zu dem von Ihnen zubereiteten Gericht ein Bier oder ein Wein am besten paßt, sollten Sie unbedingt auch Mineralwasser und ein oder zwei Sorten Fruchtsaft bereithalten. Wenn der Gast alkoholische Getränke ablehnt, fragen Sie weder warum, noch drängen Sie ihn, doch ein kleines Schlückchen zu nehmen, das schade doch nichts. Für Menschen, die einmal unter Alkoholsucht gelitten haben, diese Sucht aber

überwinden konnten, bedeutet der winzigste Schluck eine Katastrophe. Außerdem gibt es Menschen, die aus religiösen oder
anderen Gründen jeden Alkohol ablehnen. Wenn der Gast das
Bedürfnis hat, diese Gründe darzulegen, dann wird er es tun.
Als Gastgeber jedoch hat man nicht das Recht, neugierig nach-
zufragen. Man respektiert die Ablehnung ohne Kommentar.

Angenommen, Sie haben gar keine Ahnung, in welche Richtung der Geschmack Ihrer Gäste geht. Dürfen Sie dann bei der
Einladung vorfühlen, was Ihre Gäste mögen und was sie ablehnen? Warum nicht? Sie laden telefonisch oder persönlich ein
und lassen einfließen, daß Sie gedenken, Hammelfleisch mit
Bohnen auf den Tisch zu bringen. Entweder Sie sehen am
Gesichtsausdruck oder hören am Seufzer des Eingeladenen,
daß ihm schon beim Gedanken an Hammelfleisch ganz übel
wird. Dann überlegen Sie sich schleunigst etwas anderes. Sind
Sie sich nicht sicher, dann vergewissern Sie sich, ob Sie Ihrem
Gast mit Ihrem Menü wirklich eine Freude bereiten, indem Sie
ihn geradeheraus fragen.

Wer offen gefragt wird, sollte ebenso ungeniert antworten. Wem
Hammelfleisch, saure Nieren, Fisch oder was auch immer ein
Greuel sind, sollte nicht aus falscher Höflichkeit dem Gastgeber
mit bescheidener Zurückhaltung versichern, er esse grundsätzlich alles, das habe er zu Hause so gelernt. Schließlich möchte
der Gastgeber dem Gast und auch sich selbst eine Freude
machen. Die ist aber von vornherein gründlich getrübt, wenn
der eine sich größte Mühe gibt, etwas ganz Tolles zu zaubern,
was der andere dann mit Todesverachtung hinunterwürgt.

In jedem Fall muß der Eingeladene sofort darauf hinweisen,
wenn er eine besondere Diät halten muß. Im Zweifelsfalle muß
er eine Essenseinladung höflich und mit der entsprechenden
Erklärung ablehnen. Sehr unfreundlich wäre es, eine Einladung
anzunehmen und dann erst bei Tisch zu verkünden, daß man
dies und das aus gesundheitlichen Gründen nicht essen darf.
Vielleicht hat sich keine Gelegenheit ergeben, nach dem Geschmack der Gäste zu fragen. Dann ist es gut, möglichst unaus-
gefallene Gerichte zu Tisch zu bringen und Speisen, die zu den
heiklen Angelegenheiten gehören, wie beispielsweise Innereien
oder sehr exotisch gewürzte Gerichte, zu meiden.

Ebenso unhöflich wäre es, den Gast mit ungewöhnlichen Eß-
techniken zu konfrontieren. Etwa, indem man eine chinesische
Reistafel serviert und wie selbstverständlich erwartet, daß der
Gast mit Stäbchen essen kann. Was immer den Gast in Verlegenheit bringen könnte, versucht man zu vermeiden.

*Man reiche
das Wenige,
das man der
Gastfreund-
schaft opfern
kann, in
gehörigem
Maße, mit
guter Art, mit
treuem Herzen
und mit
freundlichem
Gesichte dar.
(Adolph
Freiherr von
Knigge)*

Beim Essen wird sich Gelegenheit ergeben, über das Essen zu sprechen. So läßt sich herausfinden, was man den Gästen beim nächsten Mal vorsetzen darf oder was man den Gastgebern bei der Gegeneinladung servieren könnte.

Der ausländische Gast

Ein Fehler wird leider sehr oft gemacht, und – Ironie des Schicksals – gerade er wird aus falsch verstandenem Entgegenkommen und Wohlwollen heraus begangen. Dem fremdländischen Gast möchte die Hausfrau oft eine ganz besondere Freude machen, weshalb sie ihm ein für seine Heimat typisches Gericht vorsetzt, sozusagen damit er sich wie zu Hause fühlt. Da wird dann gar noch extra ein Kochbuch mit Gerichten der türkischen, italienischen, griechischen, indonesischen, indischen oder chinesischen Küche angeschafft – und dann geht meist so ziemlich alles daneben.

Man muß sich nur vergegenwärtigen, wie „typisch" etwa ein Eisbein mit Sauerkraut und Erbsbrei von einer, sagen wir tunesischen Hausfrau zubereitet werden könnte, um sich klarzumachen, wie leicht das umgekehrte Unterfangen, einen stilechten Couscous zuzubereiten, mißlingen kann.

Sollen wir uns also lieber ein Beispiel an unserem derzeitigen Bundeskanzler Helmut Kohl nehmen, der bisher noch jeden ausländischen Gast mit Pfälzer Saumagen hat abfüttern lassen? Ich habe auch da meine Bedenken. So wenig es angebracht ist, dem indischen Gast ein „echt indisches Curry" vorzusetzen, so wenig sollte man den Ausländer mit einheimischer Extremkost konfrontieren. Schon so manchem Einheimischen ist bei Labskaus oder sauren Kutteln nicht wohl, dem Fremden sollten wir das niemals ungefragt zumuten.

Lungenhaché ... das sieht aus wie: „Haben Sie das gegessen, oder werden Sie das essen?" (Kurt Tucholsky)

Darf man ein Gericht ablehnen?

Was aber, wenn wir selbst als Gast mit Speisen konfrontiert werden, die nicht nach unserem Geschmack sind? Muß man essen, was auf den Tisch kommt? Nein, in unseren Breiten muß man das nicht. Es gibt allerdings Länder, in denen die Zurückweisung von angebotener Nahrung eine grobe Unhöflichkeit, ja eine schwere Beleidigung darstellt. Das sollte man unbedingt bedenken, wenn man im Ausland zu Gast oder in Deutschland

Der Gourmet muß in jeder Suppe ein Haar finden, um seine Klasse zu beweisen. (Oliver Hassencamp)

von einem ausländischen Gastgeber eingeladen ist. Hier gelten unsere Sitten, und bei uns darf man ablehnen. Man tut es freilich mit dem größtmöglichen Takt, sehr höflich und sehr vorsichtig, und man bittet um Nachsicht und Entschuldigung. Keinesfalls vermittelt man dem Gastgeber das Gefühl, es sei seine Schuld, weil er sich erdreistet habe, etwas auf den Tisch zu stellen, was dem Gast nicht behagt.

Bei einer unbekannten Speise bittet man beispielsweise um ein kleines Portiönchen, das man auch bei großer Abneigung bewältigen kann und sagt, daß man probieren möchte, aber man schreit nicht: „Igitt, was soll denn das sein?" Weiß man, daß man auch den kleinsten Happen nicht runterbringen wird, hält man sich an die Beilagen, oder man bittet die Hausfrau um ein Butterbrot. Je nach Situation wird man vielleicht auch eine Notlüge gebrauchen und sagen, man müsse eine strikte Diät halten. Aber diese Ausrede – wir sprachen schon davon – ist keine Patentlösung, denn wer in der Tat eine strenge Diät einhalten muß, informiert den Gastgeber rechtzeitig darüber. Im eigenen Interesse ist es natürlich wenig sinnvoll, ein Essen, das man nur unter Aufbietung aller Willenskraft verspeisen kann, in den höchsten Tönen zu loben. Schlimmstenfalls bekommen Sie dasselbe Gericht wieder vorgesetzt, wenn Sie das nächste Mal zu Gast sind.

Wird Ihnen ein Essen vorgesetzt, das Sie gerne verzehren würden, das aber eine bestimmte Eßtechnik verlangt, die Sie nicht beherrschen, so dürfen Sie ungeniert die Gastgeber um Belehrung bitten. Zum Beispiel wie man die Stäbchen hält oder wie man einem Hummer zu Leibe rückt. Ehe Sie aber am reichlich gedeckten Tisch verhungern, weil Ihnen kein Brocken in den Mund kommt, dürfen Sie um ein Besteck bitten, sofern die Gastgeberin nicht von sich aus die Aufmerksamkeit hatte, Ihnen eins zu reichen.

Der Aperitif

Egal, ob man nur ein, zwei oder mehr als sechs Leute zum Essen eingeladen hat, in keinem Fall wird man die Gäste sofort, kaum daß sie aus dem Mantel geschlüpft sind, zu Tisch bitten. Das kann nur einem Gast passieren, der sich deutlich verspätet hat. Man nimmt erst einmal im Wohnzimmer Platz. Wenn es sehr viele Gäste sind, bleibt man auch stehen, plaudert ein wenig, und der Gastgeber bietet einen Aperitif an.

Hierfür eignen sich Kräuterweine, Sherry oder Portwein, Campari, Wermut, ein leichter, trockener Weißwein oder mit Tonic oder Ginger-Ale zum Longdrink verlängerte Alkoholika. Selbstverständlich müssen Sie nicht alles zur Auswahl bereit haben. Es genügt völlig, wenn Sie zwei alkoholische Varianten anbieten können. Doch sollten Sie mindestens ein nicht alkoholisches Getränk anbieten können, einen Orangensaft beispielsweise. Viele Menschen nehmen gern einen Tomaten- oder Gemüsesaft vor dem Essen.

Während der Aperitif gereicht wird, darf im Hintergrund eine leise, angenehme Musik spielen. Das muß nicht unbedingt Klassik sein, aber das Neueste aus der Heavy-Metal-Szene ist auch nicht gerade angebracht. Den Fernseher sollte man nicht laufen lassen, es sei denn, es gibt eine hochbrisante Tagesnachricht, über die alle Anwesenden informiert sein möchten.

Bedenken Sie als Gastgeber auch, daß die Gäste vielleicht vor dem Essen rasch noch die Hände waschen möchten. Kalkulieren Sie das ein, wenn Sie zu Tisch bitten. Das heißt, Sie rufen zu Tisch, wenn noch ein paar Minuten Luft sind, nicht, wenn schon irgendein Gericht dampfend aufgetragen ist.

Umgekehrt sollte ein Gast, der ein bestimmtes Bedürfnis hat oder sich noch rasch die Hände waschen möchte, nicht warten, bis zu Tisch gebeten wird und dann erst nach der Toilette fragen. Er oder sie tut das rechtzeitig, bevor zu Tisch gebeten wird. Nicht zuletzt, um den Gästen auch diese Möglichkeit zu geben, wird ja der Aperitif gereicht.

Fernsehen ist ebensowenig schädlich, wie Wein schädlich ist; krankhaft ist lediglich die Unfähigkeit mit dem lustversprechenden Angebot umgehen zu können. (Alexander Mitscherlich)

Darf man in der Küche zu Tisch bitten?

Nicht in jeder Wohnung ist heute ein extra Eßzimmer vorgesehen. Ja sogar das Wohnzimmer bietet häufig keinen Raum für die Eßecke. Die ist oft in der Küche eingebaut. Darf man Gäste in die Küche an den Eßtisch bitten, oder muß, wer eben keinen anderen Eßplatz hat, darauf verzichten, Gäste einzuladen?

Ich finde, man darf Gäste in seine Küche laden, wenn dort der Eßtisch steht. Man wird allerdings darauf achten, daß sich weder in der Spüle der ganze Abwasch von der letzten Woche stapelt, noch daß es von der aktuellen Kocherei zu wüst aussieht. Daß eine Küche, in der im Augenblick ein feines Menü zubereitet wird, nicht sauber wie geleckt aussehen kann, ist klar. Doch ehe man auf den Spaß eines schönen Essens mit Bekannten verzichtet, darf es ruhig ein wenig rustikal zugehen.

*Die kleine
Küche macht
das Haus
groß.
(Toskanisches
Sprichwort)*

Auch für ein einfaches Essen mit Bekannten im kleinen Kreis deckt man den Tisch hübsch und sorgfältig. Mit anderen Worten, man achtet darauf, daß alles da ist, was gebraucht wird. Ist der Tisch freilich sehr klein und wird es eventuell zu eng, darf man Gedeckteile, die noch nicht gebraucht werden, auf einem Beistelltisch bereithalten. Man muß weder das große Gedeck auflegen, noch auf einen Gang verzichten. Genauso wird man unter Umständen Schüsseln und Platten nicht auf den Tisch stellen können. Man reicht sie dann dem Gast und bittet ihn, sich zu bedienen. Danach stellt man sie auf einem Extratisch ab, wenn möglich auf einer Wärmeplatte.

Wer sitzt wo?

Die Sitzordnung bei einem großen Festmenü hat ihre eigenen Regeln (siehe Seite 260), denen man sich aber nicht sklavisch unterwerfen muß. Hier geht es um das kleine Essen mit zwei bis vier Bekannten. Da ist die Sitzordnung eigentlich völlig frei. Handelt es sich um zwei Paare, wird man sich ungezwungen so setzen, daß derjenige, der zwischendurch aufstehen muß, dies tun kann, ohne die anderen zu belästigen.
An einem runden Tisch ist es sinnvoll bunte Reihe zu machen, also immer abwechselnd eine Dame und einen Herrn zu plazieren. Dem könnte freilich die Zusammensetzung der Gäste widersprechen – Herren oder Damen könnten in der Überzahl sein. Früher hätte man aus diesem Grund die ganze Einladung platzen lassen müssen. Heute kann man das glücklicherweise sehr viel lockerer handhaben.
Die offizielle Sitzordnung verlangt, daß der wichtigste männliche Gast links von der Hausfrau, der wichtigste weibliche Gast rechts vom Hausherrn sitzt. Die Frage ist, gerade wenn es sich um mehrere Gäste handelt: Wer ist der wichtigste und für wen? Nehmen wir beispielsweise an, das Ehepaar Meier, beide berufstätig, hätte seine beiden Chefs mit Ehefrauen zum Essen eingeladen. Ist dann sein Chef wichtiger oder ihr Chef? Das Getue um wichtigste Gäste, um Rang und Positionen erscheint mir reichlich überholt, zumal bei Treffen im privaten Kreis. Warum soll man die Gäste nicht zu Tisch bitten und sie auffordern, sich zu setzen, wie sie möchten? Oft genügt es, wenn man einem der Gäste einen Platz vorschlägt: „Frau Dr. Kunze, wenn Sie vielleicht hier Platz nehmen möchten?" Die übrigen gruppieren sich dann schon aus eigener Initiative.

„Langen Sie nur kräftig zu!"

Hier stoßen wir auf eine schwierige Frage, die noch recht heftig diskutiert wird. Muß der Gastgeber den Gast wiederholt auffordern, ja geradezu nötigen, doch nur recht kräftig zuzugreifen? Muß der Gast sich zunächst höflich zieren? Darf er nicht gleich sagen: „Das schmeckt phantastisch, ja, ich nehme gern noch einmal nach." Und was, wenn es dem Gast nicht phantastisch schmeckt und er gar nicht gern noch einmal nachnehmen möchte?

Gerade weil es bei diesem Spielchen so viele Mißverständnisse geben kann, bin ich gegen die falschen Höflichkeitsfloskeln. Und auch dagegen, daß der Gast vom Gastgeber bedient wird. Es sei denn, der Gast bittet ausdrücklich darum, man möge ihm auftun, weil er vielleicht zu kleckern fürchtet oder weil er mit einem Gerät – Spaghettizange oder was auch immer – nicht recht umzugehen weiß. Man reicht dem Gast die Schüsseln und bittet ihn, sich selbst zu bedienen. Zumindest von den Beilagen sollte er sich nach eigenem Appetit und Geschmack selbst nehmen dürfen, wobei er sich weder ein lächerlich winziges Spatzenportiönchen nimmt noch sich den Teller vollhäuft, als drohe morgen eine Hungersnot.

Die Vorspeise und das Dessert werden eventuell bereits portioniert gereicht. Der Braten wird vielleicht vom Hausherrn aufgeschnitten und auf die ihm angereichten Teller verteilt. Er nimmt dabei Rücksicht auf den Gast, der ein kleines Stück bestellt, aber, sofern die Vorräte es zulassen, auch auf den, der bekennt, er habe Appetit und könne ein gehöriges Stück vertragen.

Verputzt ein Gast die Vorspeise nicht bis auf den letzten Rest, löffelt er das Dessert nicht aus, fragt man ihn nicht lange, ob es ihm nicht geschmeckt hat. Schon gar nicht fordert man ihn auf, doch bitte aufzuessen.

Man bietet von jedem Gericht einmal an, lehnt der Gast ab, geht man davon aus, daß er nichts mehr möchte. Gehört er zu den Menschen der alten Schule, die zweimal genötigt werden möchten, dann hat er Pech gehabt. Ich persönlich, und ich glaube, ich stehe damit nicht allein, empfinde eine drängende Gastgeberin, einen drängenden Gastgeber als unangenehm. Denn wenn ich ablehne, möchte ich wirklich nichts mehr, aus welchem Grund auch immer. Dreimal ablehnen zu müssen macht wirklich keinen Spaß. Dagegen freue ich mich über den Gast, der ungeniert von sich aus fragt, ob er noch ein wenig von dem oder jenem nehmen dürfe.

Die Sprache ist die Quelle aller Mißverständnisse. (Antoine de Saint-Exupéry)

Vorsicht ist hier lediglich bei Gerichten geboten, die portioniert auf den Tisch kamen und von denen kein Nachschub zu sehen ist. Da könnte man mit der Frage nach mehr den Gastgeber in Verlegenheit bringen. Wenn noch ein Vorrat da ist, wird der Koch, die Köchin es nicht verheimlichen, wenn er oder sie sieht, wie begeistert der Gast ist.

Was hier zu den Speisen gesagt wurde, gilt auch für die Getränke. Man bietet an, aber man drängt nichts auf. Gläser füllt man erst nach, wenn sie leer sind. Auf jeden Fall fragt man, ob der Gast nachgeschenkt haben möchte. Und als Gast darf man fragen, ob man bitte etwas anderes als das angebotene haben darf – etwa ein Mineralwasser. Kein alkoholfreies Getränk vorrätig zu haben, wäre mehr als eine Gedankenlosigkeit. Viele unserer Gäste kommen mit dem eigenen Wagen und wollen damit auch wieder wegfahren, und viele nehmen zum Glück und im eigenen Interesse die Promillegrenze ernst.

Im Lob ist mehr Zudringlichkeit als im Tadel. (Friedrich Nietzsche)

Selbstverständlich darf man ein wirklich gelungenes Essen, das einem auch in der Tat sehr gut schmeckt, gebührend loben. Man darf sogar nach Zubereitung und Gewürzen fragen. Zu heuchlerischen Lobeshymnen auf einen zweifelhaften Gaumengenuß ist man nicht verpflichtet. Man schweigt und spricht über anderes. Geradezu peinlich wäre es, würde ein Gast angesichts eines zähen Bratens, angebrannten Gemüses und einer versalzenen Sauce tönen: „Ich habe schon oft bei Bocuse gespeist, aber Ihr vorzügliches Essen stellt alles in den Schatten." Ebenso darf man nach dem Wein fragen oder einen Blick auf das Etikett werfen. Es sei denn, man ist selbst ausgesprochener Kenner und bekam einen völlig unpassenden Tropfen serviert. Dann würde man mit der Frage den Gastgeber möglicherweise bloßstellen.

Leider kommt es aber auch vor, daß Menschen durchaus mit Appetit zulangen, zugleich jedoch von sich und ihrem Redetalent so begeistert sind, daß sie für die Mühen der Hausfrau oder des Hausmannes kein Wort übrig haben. Ein feines Essen ist eine Art Geschenk, und für Geschenke bedankt man sich. Spätestens also wenn der Gast geht, wäre ein Dank angebracht.

Das Malheur bei Tisch

Jeder Gast und jeder Gastgeber fürchtet sich davor, und jedem ist es schon einmal passiert: Da wird ein volles Glas umgestoßen, da kullern die Erbsen von der Gabel übers Tischtuch, da

hat man sich verschluckt und muß furchtbar husten und was
der kleinen Mißgeschicke bei Tisch mehr sein können.

Wie verhält man sich? In seiner Novelle „Eine blaßblaue Frau-
enschrift" führt uns Franz Werfel eine solche Situation vor
Augen: Leonidas Tachezy stößt aus Unsicherheit und Unge-
schicklichkeit sein Rotweinglas um. Vera, die Tochter des Gastgebers, greift sofort zur Karaffe mit Weißwein, gießt reichlich
davon über den verschütteten Roten, weil Weißwein, wie sie
sagt, am besten gegen Rotweinflecken helfe.

Nun, wirklich hilfreich gegen Rotweinflecken ist Salz. Aber hier
geht es nicht um die Fleckenkunde, auch nicht um die Ideen
Sigmund Freuds, der in seiner „Psychopathologie des Alltagsle-
bens" nachweist, daß Ungeschicklichkeiten dieser Art „Freud-
sche Fehlleistungen" sind, das heißt genauer gegen den Gastgeber gerichtete Racheakte. Hier geht es allein um die praktische
Seite.

Jedes Malheur bei Tisch ist für alle Anwesenden eine peinliche
Situation. Jeder, der sie schon erlebt hat – und wer hätte das
nicht? – war einem Gastgeber mit Humor dankbar, der den
Schaden ohne viele Worte behob oder zumindest so weit wie
möglich überging. Veras Reaktion ist nicht sonderlich humor-
voll, sie ist für den jungen Hauslehrer Leonidas eher beschä-
mend. Und gerade das ist es, was wir als Gastgeber vermeiden
sollten. Wir sollten den ungeschickten Gast nicht noch zusätzlich demütigen.

Zum Lachen braucht es immer ein wenig Geist; das Tier lacht nicht. (Gottfried Keller)

Deshalb also so wenig Aufhebens wie möglich. Eine ausgegos-
sene Flüssigkeit wird rasch aufgetupft, dann deckt man den
Schaden mit einer Serviette ab, fertig. Rollt ein weggesprunge-
ner Knödel über den Fußboden, nimmt man ihn auf und schafft
ihn beiseite. Man räumt nicht den ganzen Tisch ab, um ein
frisches Tischtuch auflegen zu können. Man kommt nicht mit
dem Putzeimer gerannt. Und man muß auch nicht denken, daß
der Gast es einem abnimmt, wenn man demonstriert, was man
doch selbst für ein ungeschickter Tolpatsch ist, indem man
selbst auch etwas umkegelt. Ein zerbrochenes Glas wird durch
ein anderes ersetzt. Ging einer der langstieligen Rotweinkelche
zu Bruch, von denen man nun mal nicht unbegrenzte Mengen
besitzt, dann muß der Unglücksrabe eben mit irgendeinem
anderen Glas vorliebnehmen. Daraus kann man schließlich
auch trinken.

Der Gast freilich sollte nicht meinen, daß die Sache damit
erledigt ist. Bei Tisch sollte er zwar nicht anbieten, für den
Schaden aufzukommen, schon gar nicht locker die Börse oder

das Scheckbuch zücken. Aber hinterher sollte er sich wenigstens erkundigen, in welcher Weise und Form er Wiedergutmachung leisten kann. Und wenn ihm gesagt wird, um was für ein Glas es sich handelte, wo und wie er Ersatz beschaffen kann, dann sollte er das auch wirklich tun! Erst große Töne spucken von wegen „Ach Gott, ist mir das peinlich, die Ming-Vase werde ich Ihnen selbstverständlich ersetzen" und dann nie wieder was von sich hören zu lassen ist absolut keine feine Art.

Bescheidenheit ist immer falsche Bescheidenheit. (Jules Renard)

Ist wirklich großer Schaden entstanden, wird man unter Umständen seine Versicherung bemühen. Als Gastgeber darf man das getrost annehmen. Und war es nur ein mittlerer Schaden, den der Gastgeber alleine tragen kann und den er auch, wie er glaubhaft versichert, alleine tragen möchte, darf man sich am nächsten Tag trotzdem mit einem kleinen Blumenstrauß entschuldigen. Einfach einen Gegenstand kaufen, der dem zerbrochenen irgendwie ähnlich sieht, ist meist auch keine sehr gute Lösung.

Eine andere Art von Malheur bei Tisch kommt auch immer wieder vor: Man hat sich verschluckt. Es hat überhaupt keinen Sinn zu versuchen, den unausweichlichen Husten, der darauf folgt, zu unterdrücken. Machen Sie nicht den Fehler, es zu versuchen! Die Sache wird dadurch nur schlimmer. Jeder Mensch hat sich schon einmal verschluckt, es muß einem nicht peinlich sein. Peinlich wird es erst, wenn der Versuch, die Sache zu unterdrücken, schiefgeht. Was einem in die Luft- statt in die Speiseröhre geraten ist, muß und will raus, im Zweifel mit Gewalt. Und das kann bedeuten: durch die Nase.

Wer sich verschluckt hat, nimmt die Serviette vor den Mund und hustet. Ist es gar zu schlimm und sitzt man nicht zu allem Unglück auch noch ungünstig eingeklemmt an einer langen Tafel in großer Gesellschaft, steht man auf, verläßt den Raum und hustet sich aus.

Nun ist bekannt, daß ein leichter Schlag auf den Rücken hilfreich ist, wenn sich jemand verschluckt hat. Ob man aber einem Mitmenschen auf diese Art zur Hilfe kommt, ist von der Gesellschaft abhängig, in der man sich bewegt. Grundsätzlich ist es in sogenannter feiner Gesellschaft nicht erlaubt. Doch ehe jemand einen Erstickungsanfall bekommt, sollte man die Regeln des guten Tons beiseite lassen.

Grundsätzlich sei jedem empfohlen, langsam und bedächtig zu essen und zu trinken und vor allem darauf zu achten, daß man gerade beim Trinken nicht gleichzeitig Luft holt. Dadurch läßt sich am ehesten verhindern, daß man sich verschluckt.

Allgemeine Tischsitten

Ob im kleinen Kreis bei Freunden gespeist wird oder ob man beim großen Galafest tafelt, ob zu Hause oder im Restaurant, ein paar Dinge haben bei Tisch generelle Gültigkeit. Um die soll es in diesem Kapitel gehen, wobei althergebrachte Sitten und Gebräuche kritisch hinterfragt werden.

Das große Stühlerücken

Nehmen wir an, das Essen ist fertig, man schreitet zu Tisch. Früher war es üblich, daß auch im kleinsten Kreise und im Restaurant der Herr der Dame den Stuhl zurechtrückte. Das heißt, er stand mit entsprechendem Abstand hinter dem Stuhl, griff ihn mit beiden Händen an der Rückenlehne und zog ihn zunächst so weit zurück, daß die Dame bequem vor den Stuhl treten konnte, um sich zu setzen. Dabei war es dann Aufgabe des Herrn, ihr den Stuhl so unterzuschieben, daß er ihr nicht gegen die Kniekehlen stieß. Am einfachsten ist diese Form der Hilfestellung zu leisten, wenn man den Stuhl hinten ein wenig anhebt, so daß die Sitzfläche eine leichte Schräge bildet.

Ein schönes altes Zeremoniell. Macht man das heute auch noch? Nun, ich denke, man kann, aber man muß nicht, schon gar nicht im kleinen privaten Kreis. Eine selbstbewußte Frau, die körperlich in der Lage ist, ihren Stuhl selbst zurechtzurükken, wird sich vom Herrn nicht mißachtet fühlen, wenn er sie das selbst tun läßt. Einem Herrn alter Schule sollte sie andererseits das Vergnügen, ihr den Stuhl zurechtzurücken, nicht mit einer schnippischen Bemerkung verwehren.

Letztlich ist hier eine Etikettevorschrift aus Zeiten übriggeblieben, in denen gewisse Dinge einfach nicht vorkamen. Beispielsweise das Abendessen, zu dem die alleinstehende Gastgeberin bittet und zu dem sie die ebenfalls alleinstehende Freundin und ein Ehepaar einlädt. Jetzt haben wir drei Damen und einen Herrn. Welcher der Damen soll der Herr bei Tisch nun zuerst den Stuhl zurechtrücken? Und die anderen beiden? Sollen sie solange stehenbleiben und warten?

Es steckt ja, wenn man all solche freundlichen Hilfeleistungen etwas genauer unter die Lupe nimmt, ein wenig mehr dahinter als bloße Höflichkeit. Auch das Stuhlzurechtrücken war und ist

Zwischen den Stühlen sitzt man unbequem, aber luftig.
(Alfred Polgar)

149

ein ganz subtiler Hinweis auf die angebliche Schwäche, die Hilfsbedürftigkeit, ja letztlich die Abhängigkeit der Frau.

In vielen Restaurants erübrigt sich die Frage heute ohnehin, weil es keine Stühle mehr gibt, sondern nur noch fest installierte Bänke.

Kurz, wer als junger Herr der jungen Dame den Stuhl zurechtrücken möchte, der soll sie fragen, ob es ihr angenehm ist. Und wenn sie höflich ablehnt, sollte er das akzeptieren. Der älteren Dame, die diese Form der Höflichkeitsbezeugung vielleicht erwartet, hilft man – übrigens auch als junge Frau – ungefragt. Und man hilft als Dame oder Herr auch dem älteren Herrn, sofern er Hilfe braucht.

Sitzen Sie bequem

Wichtiger als die eben erörterte Frage ist, wie man sitzt, welche Haltung man bei Tisch einnimmt. Je bequemer man sitzt, desto ungezwungener kann man sich verhalten. Aber es gilt auch umgekehrt, daß man um so bequemer sitzt, je ungezwungener man sich fühlt. Das Sitzen ist also beinahe ebensosehr eine Frage der Psychologie wie des guten Benehmens.

Wer, wie es die Sitte einst vorschrieb, am Tisch sitzt, als hätte er einen Ladestock verschluckt – wozu die sogenannte höhere Tochter auch noch die Augen züchtig niedergeschlagen zu halten hatte –, der ist gezwungenermaßen so verkrampft, daß Mißgeschicke regelrecht vorprogrammiert sind.

Am bequemsten sitzt man, wenn man die eigene Sitzfläche voll ausnutzt. Das kann bei entsprechenden Körpermaßen bedeuten, daß man die ganze Stuhlfläche beansprucht. Wer dagegen ängstlich vorn auf der Stuhlkante sitzt, hat keinen vollen Halt, wird sich demgemäß leicht verkrampfen und sitzt entsprechend ungemütlich.

Wer keine üblen Gewohnheiten hat, hat wahrscheinlich auch keine Persönlichkeit. (William Faulkner)

Obwohl es am bequemsten ist und der guten Haltung am meisten entgegenkommt, die Beine parallel angewinkelt zu halten und die Füße gerade vor sich zu stellen, haben doch viele Menschen die Angewohnheit, die Füße nach hinten unter den Stuhl zu ziehen oder die Beine um die Stuhlbeine zu wickeln. Und nicht nur Damen neigen dazu, unter dem Tisch aus den Schuhen zu schlüpfen.

Schlechte Gewohnheiten wird man nur schwer wieder los. Es ist deshalb recht müßig zu sagen, dies oder jenes gehöre sich nicht. Gerade beim verkrampften Sitzen geht es ja um mehr, als um die bloße Frage des Anstands und der Gewohnheit. Man sitzt auch aus psychologischen Gründen verkrampft, vielleicht, weil man sich in einer bestimmten Umgebung unwohl fühlt oder weil man insgesamt an einer gewissen Verunsicherung leidet.

Besser, als sich zu zwingen „anständig" zu sitzen, ist es, sich in aller Ruhe zu überlegen, was einem Angst macht, warum man sich eigentlich verunsichert fühlt und ob, sachlich betrachtet, ein Grund besteht, ängstlich zu sein. Hat man einen Gast, dem man sich in welcher Beziehung auch immer unterlegen fühlt? Hat man Grund zu diesem Unterlegenheitsgefühl? Ist er wirklich der große Zampano, vor dem man zittern müßte, oder hat man nicht selbst auch Qualitäten zu bieten? Wenn Sie merken, daß Sie grundsätzlich dazu neigen, bei Tisch verspannt und unbequem zu sitzen, besprechen Sie das Problem mit einem guten Freund oder einer guten Freundin. Das könnte mehr helfen als die Eigenermahnung.

Wie so oft gibt es freilich auch hier den umgekehrten Fall, nämlich den Menschen, der sich so sicher und unverkrampft fühlt, daß er sich bräsig aufpflanzt: Die eine Hand in der Hosentasche, oder in die Hüfte gestemmt, den Arm auf den Tisch gestützt, unterhält er mit mächtigem Organ die ganze Tischrunde. Das gehört sich nicht, doch ist es nicht nötig, es hier zu erwähnen. Wer so bei Tisch sitzt, liest auch keine Benimmbücher.

Während man noch auf das Essen wartet, darf man die Hände bis zu den Gelenken, ja bis zur Hälfte der Unterarme neben dem schon aufgelegten Gedeck auf den Tisch stützen. Nach den Regeln des guten Tons gilt es als grob unhöflich, zurückgelehnt und mit verschränkten Armen oder gar mit senkrecht gehaltenem Besteck in den Händen der Dinge zu harren, die da kommen sollen. Auch versteckt man nicht beide Hände verschämt im Schoß. Ebensowenig gehört es sich, einen oder beide Ellenbogen auf den Tisch zu stützen oder mit den Händen zu fuchteln.

Nun, man kann darauf achten, daß einem gerade das Letztgenannte nicht passiert. Doch wenn ich einen interessanten Gesprächspartner habe, der mir eine ungeheuer wichtige oder spannende Geschichte erzählen kann, die er mit Gesten untermauert, oder der sich dabei mal kurz mit dem Ellenbogen auf den Tisch stützt – wohlgemerkt, noch ist das Essen nicht serviert! –, der ist mir persönlich erheblich angenehmer als ein gestenloser, aber wohlerzogener Langweiler.

Langweiler: Ein Mensch, der redet, wenn man wünscht, daß er zuhört. (Ambrose Bierce)

Ist das Essen serviert, zeigt sich der Vorteil der bequemen Sitzhaltung noch deutlicher, denn man ist ja gehalten, das Essen zum Mund zu führen, nicht umgekehrt. Und das geht erheblich besser, wenn man gelöst sitzt, als wenn man ängstlich auf der Stuhlkante balanciert. Auch während des Essens stützt man die Ellenbogen nicht auf. Man hält die Arme möglichst nahe am Körper, winkelt sie nicht weit zur Seite ab.

Das Gedeck

Es gibt Besucher, die so ungeschickt sind, immer dann zu kommen, wenn man zu Hause ist.
(Iris Murdoch)

Das kleine Gedeck für ein Essen mit Hauptgang und Nachspeise sieht im allgemeinen so aus: In der Mitte steht der Teller, links liegt die Gabel, rechts das Messer, der Dessertlöffel hat oben über dem Teller seinen Platz, sein Griff zeigt nach rechts. Auch das Glas, ob Saft-, Wein- oder Wasserglas, steht rechts oben.

Wird eine Suppe gereicht, steht der Suppenteller respektive die Suppentasse samt zugehörigem Unterteller auf dem Teller für den Hauptgang, der Suppenlöffel liegt rechts neben dem Messer. Früher war es üblich, den Suppenlöffel zusammen mit dem Dessertlöffel oben quer aufzulegen und Messer und Gabel zusammen rechts oder auch links neben dem Teller zu plazieren. Das ist nicht falsch, es ist nur nicht mehr gebräuchlich.

Kommt ein weiteres Getränk hinzu, wird die Folge der Gläser oben rechts so angeordnet, daß man sie von außen nach innen eins nach dem anderen benutzt. Es hat sich heute eingebürgert, auf jeden Fall ganz rechts außen ein Wasserglas bereitzustellen. Ebenso verfährt man mit den Bestecken, wenn sich die Menüfolge um weitere Gänge verlängert. Was am weitesten außen liegt, wird zuerst benutzt.

Ein Gedeck für Vorspeise, Suppe, Fischgang, Fleischgang und Dessert sieht also so aus: Rechts liegen von außen nach innen Vorspeisenmesser, Löffel, Fischmesser, Menümesser. Links liegen von außen nach innen Vorspeisengabel, Fischgabel, Menügabel. Oben liegen der Dessertlöffel, Griff nach rechts, darunter die Dessertgabel mit dem Griff nach links. Sind frische Früchte zum Dessert vorgesehen, liegt anstelle des Dessertlöffels ein Obstmesser dort.

Rechts oberhalb der Bestecke stehen die Gläser, von außen nach innen das Wasserglas, dann eventuell ein Südweinglas – vielleicht gibt es zur Vorspeise einen trockenen Madeira. Zur Suppe wird kein Getränk gereicht, also kein Glas. Zum Fisch gibt es einen Weißwein. Zum Hauptgang, vielleicht Wild, einen

Rotwein und zum Dessert ein Glas Champagner. Es stünde also eine Reihe von fünf Gläsern da.

Links neben oder etwas versetzt oberhalb der Gabeln könnte ein kleiner Brotteller stehen, auf dessen Rand ein Dessertmesser liegt. Man benutzt es, um das gebrochene Brot mit einem Butterreiterchen zu versehen.

Selbstverständlich können an einer kleinen Tafel die jeweils benötigten Bestecke und Teller mit dem jeweiligen Gang serviert werden, denn ein volles Gedeck der beschriebenen Art nimmt gut und gerne 60 bis 70 Zentimeter ein. Lediglich das Besteck für den Hauptgang ist dann schon aufgedeckt. Auch die Gläser können mit dem jeweils neuen Getränk gereicht werden. In der Mitte steht dann ein Platzteller, ein bloß der Dekoration dienender etwas größerer Teller mit meist einfarbigem oder buntem Rand, eventuell auch ein goldfarbener oder silberner Teller, auf dem alle nachfolgenden Speiseteller abgestellt werden. Man kann freilich auch nur die dekorativ gefaltete Serviette in die Mitte legen. Die Serviette kann aber auch auf dem Platzteller, links neben dem Gedeck auf dem Tisch oder auf dem Brotteller liegen.

Bleibt noch die Frage, ob Gabeln und Löffel mit der Wölbung nach oben oder nach unten aufgelegt werden und wo die Schneide des Messers hinzeigt. Bei uns ist es üblich, die Wölbungen nach unten zu decken, so wie man das Besteck auch benutzt. Deshalb legt man in England die Bestecke oft mit der Wölbung nach oben auf, denn man benutzt sie dort auch so. Eine Ausnahme bilden bei uns alte Silberbestecke mit Monogramm auf der Unterseite. Das möchte man ja zeigen, und das soll gesehen werden. Die Schneide der Messer zeigt immer zum Teller.

Die Engländer haben die Tischreden erfunden, damit man ihr Essen vergißt. (Pierre Daninos)

Hat man unter seinen Gästen einen oder mehrere Linkshänder, von denen man weiß, daß sie auch linkshändig essen, so wäre es ein besonderes Entgegenkommen, ihnen das Gedeck spiegelverkehrt aufzulegen. Jeder Linkshänder wird aber Verständnis dafür haben, daß das Bild einer eingedeckten Tafel gestört ist, wenn ein „linkes" Gedeck dazwischen liegt. Mit dem gleichen Verständnis, mit dem der Linkshänder das hinnimmt, nehmen wir hin, daß sie oder er im Laufe des Essens sein Gedeck umarrangiert.

Messerbänkchen, die mehr und mehr wieder in Mode kommen, stehen rechts vom Teller, oberhalb der Messer. Sie wurden zuerst in England eingeführt, wo man von alters her alles, was auf dem Teller ist, zunächst in mundgerechte Stücke schneidet, dann das Messer ablegt (mit der Klinge auf dem Bänkchen), um nur mit der Gabel zu essen. Dabei gehört die nicht benutzte Hand unter den Tisch – ein Verhalten, das bei uns als „unmögliche" Tischsitte gilt.

Da wir anders verfahren, brauchen wir die Messerbänkchen eigentlich nicht, denn man legt das Messer während des Essens nicht ab. Möchte man von einem Gericht nachgereicht bekommen, legt man das Besteck gekreuzt auf den Teller. Ist man fertig, legt man es parallel. Und doch machen Messerbänkchen Sinn. Ein Satz Messerbänkchen aus Edelstahl oder Porzellan ist nämlich erheblich billiger als ein Besteck für sechs oder noch mehr Personen. Wer also ein großes Essen geben will, aber nicht genügend Bestecke hat, der darf die Gäste bitten, das Besteck von der Vorspeise auf den Messerbänkchen zu deponieren und beim Hauptgang wieder zu benutzen, sofern der Hauptgang kein Fischgang ist. Genau diesem Zweck, die Bestecke von Gang zu Gang aufzubewahren, dienten die Messerbänkchen bei uns in früheren Zeiten, als ein Menü mit acht bis zehn Gängen nicht unüblich war. Lediglich die Teller müssen in der Tat von Gang zu Gang gewechselt werden.

Die Serviette

Wenn man nach einem Festessen die Gastgeberin auf beide Wangen küßt, erspart man die Serviette. (Alexander Roda Roda)

Egal, ob Frühstück, Mittag- oder Abendessen, warm oder kalt – zu einem vollständigen Gedeck gehört eine Serviette. Deren Sinn und Zweck besteht darin, während des Essens die Kleidung zu schützen und zwischendurch oder am Schluß den Mund damit abzutupfen. Regional begrenzte Bezeichnungen wie das schweizerische „Eßmantel" oder das norddeutsche „Kleckerbuschen" oder auch alte deutsche Ausdrücke wie „Träufeltuch", „Brustlatzen" und „Schläppchen" machen das deutlich. Die Serviette ist grundsätzlich nicht dafür gedacht, erst einmal das Besteck, den Teller oder die Gläser damit abzuwischen.

Hat man im Restaurant ein nicht hundertprozentig sauberes Besteck oder Geschirr erwischt, darf man selbstverständlich reklamieren, aber tunlichst unauffällig und ohne gleich nach dem Geschäftsführer zu rufen. Ein wenig anders sieht das in Selbstbedienungsrestaurants oder in Kantinen aus, wo man sich die Bestecke oft aus großen, offenen Behältern selbst herausfischen muß. Man kann davon ausgehen, daß schon einige Hände die Bestecke abgefingert haben, mit denen man nun essen soll. Da habe ich persönlich jedes Verständnis für einen Menschen, der sein Besteck erst noch einmal mit der Serviette nachwischt.

Die Serviette kann aus Stoff oder Papier sein. Eine Serviette zum Kaffeetisch ist oft ein beinahe nur noch symbolischer Hauch aus Japanpapier. Sie kann aus dem gleichen Stoff gemacht sein wie die Tischdecke, sie kann aber auch farblich darauf abgestimmt sein. Weder für das Format noch für die Art der Faltung gibt es eine Regel. Auch ihr Platz liegt nicht fest, sie kann entweder links vom Teller liegen oder auf dem Teller. Oft sind die Servietten so gefaltet, daß sie wie kleine Türmchen auf den Tellern stehen und den Gast – so hübsch sie aussehen mögen – doch ein wenig behindern. Dann darf man sie getrost wegnehmen, auffalten und auf den Schoß legen. Ansonsten wartet man damit, bis die Speisen gereicht werden.

Die halb oder ganz aufgefaltete Serviette gehöre grundsätzlich immer auf den Schoß, heißt es in allen einschlägigen Benimmbüchern. Wenn man sie dort leicht, aber unauffällig feststecken kann, etwa im Rock- oder Hosenbund oder im Gürtel, dann sollte man das tun. Servietten haben nämlich leider die unangenehme Angewohnheit, leicht zu Boden zu gleiten, vor allem, wenn man ein Kleid aus glattem Stoff trägt. Meist merkt man erst dann, wenn man sie dringend braucht, daß sie längst schon zu Boden gefallen ist.

Für mich besteht zwischen den derzeit herrschenden Regeln des guten Tons und dem Zweck der Serviette eine Diskrepanz. Die Kleidung solle sie schützen, heißt es. Erfahrungsgemäß kleckern sich Männer viel öfter auf den Schlips als auf die Hose. Und auch bei der Dame ist der Bereich des Oberkörpers viel kleckergefährdeter. Was immer der gute Ton heute vorschreibt – ich habe nichts gegen einen Herrn, der vernünftig genug ist, sich einen Zipfel der Serviette in den Kragen oder den Westenausschnitt zu stecken. Ich habe nichts gegen die Dame, die ein Kettchen mit zwei Klemmverschlüssen bei sich führt, an dem sie die Serviette in Brusthöhe anknipsen kann.

Denn guter Ton hin oder her, auch das Praktische muß zu seinem Recht kommen. Es gibt nun mal Menschen, die sind notorische Kleckerer. Nicht, weil sie keine Tischmanieren hätten, sondern weil sie einfach ein bißchen ungeschickter sind als andere. Möglicherweise haben sie auch mit einer kleinen, äußerlich gar nicht sichtbaren Behinderung zu kämpfen. So, nun will ein solcher Mensch zur Opernpremiere, möchte aber vorher im Restaurant noch rasch einen Happen essen, oder

Ich trage meistens Krawatten mit komplizierten indischen Dessins. Das hat den Vorteil, daß keiner merkt, wenn ich mich bekleckere. (Peter Ustinov)

Eine gescheite Frau hat Millionen geborene Feinde: alle dummen Männer. (Marie von Ebner-Eschenbach)

eine Geschäftsfrau hat nach dem Mittagessen einen wichtigen Besprechungstermin. Was ist jetzt besser: Den guten Ton beim Essen zu wahren und die Serviette auf den Schoß zu nehmen, aber einen dicken Saucenfleck auf dem Hemd oder der Bluse zu riskieren? Oder doch lieber die Serviette im Hemdkragen oder am Kettchen zu befestigen und unbefleckt in die Oper oder die Besprechung zu gehen?

In Italien und Frankreich ist man hier noch sehr viel praktischer. Gibt es dort typische Schlabbergerichte, dann bindet man sich die Serviette mit einem Knoten um den Hals. Bei uns wird dem allerhöchstens beim Krebsessen Rechnung getragen, dann muß freilich gleich die wie ein Kinderlätzchen aussehende spezielle Krebsserviette her.

Die Serviette dient auch dazu, daß man sich zwischen den Gängen und vor jedem Schluck, den man aus dem Glas nimmt, die Lippen abtupft. Das hat nicht nur den Sinn, wenig ästhetisch aussehende Fettspuren auf den Glasrändern zu vermeiden, Fett an den Lippen beeinträchtigt auch den Geschmack der Getränke. Außerdem führt es dazu, daß beispielsweise die Schaumkrone des Biers schneller zusammenfällt.

Nach dem Essen wird die Stoffserviette nicht akkurat in die alten Falten zurückgelegt, sondern locker zusammengenommen und links neben dem Gedeck abgelegt. Auch mit Papierservietten verfährt man so. Man knüllt sie nicht zu einem kleinen Bällchen, das man dann in der restlichen Salatsauce schwimmen läßt. Man legt sie auch nicht auf den Hauptgerichtteller, schon gar nicht, wenn er vor Fett und Sauce schwimmt oder noch Speisereste auf dem Teller liegen. Der Sinn liegt in der heute immer mehr praktizierten Mülltrennung. Papierservietten kommen, wenn sie wenig verschmutzt sind, in die Papiersammlung, Speisereste auf den Kompost. Das eine hat beim anderen aber nichts zu suchen.

Gäste, die sehr häufig zum Essen kommen oder Logiergäste in einem einfachen Hotel sind, bekommen einen Serviettenring oder eine Serviettentasche für ihre Stoffserviette. Papierservietten werden höchstens en famille mehrmals benutzt. Ring oder Tasche liegen links neben dem Gedeck, der Gast ist gehalten, das Mundtuch nach der Mahlzeit wieder so darin zu verstauen, wie er es vor der Mahlzeit vorgefunden hat.

Und was, wenn die Serviette tatsächlich zu Boden geglitten ist? Im Restaurant wird man den Kellner bitten, eine neue zu bringen. Sofern die zu Boden gefallene Serviette für ihn ohne weiteres erreichbar ist, wird er sie von sich aus aufheben.

Bei einem Privatbesuch kommt es drauf an, wie die Gesamtatmosphäre ist. Geht es sehr steif zu, verhält man sich wie im Speiselokal: Man bittet um eine neue Serviette. Befindet man sich in einer auch nur halbwegs lockeren Runde, beugt man sich rasch herunter, hebt die Serviette auf und legt sie sich wieder auf den Schoß. Man darf davon ausgehen, daß der Boden nicht so schmutzig ist, daß man sich gleich eine schlimme Krankheit holt, wenn man das einmal zu Boden geglittene Tuch dennoch benutzt, um sich die Lippen damit abzutupfen. Bemerkt dagegen der Gastgeber oder die Gastgeberin, daß dem Gast die Serviette zu Boden gefallen ist, so reicht man ihm stillschweigend eine neue. Man macht ihn nicht aufmerksam mit den Worten: „Sie haben Ihre Serviette zu Boden fallen lassen!" Gästen, mit denen man familiär umgehen kann, darf man auch die aufgehobene Serviette reichen. Vorausgesetzt, es ist niemand draufgetreten, und auch der Hund hat noch nicht dran geschnüffelt oder rumgeknabbert.

Wünscht man „Guten Appetit"?

Viele halten den „bon appétit" für eine leere, überflüssige Floskel. Und richtig, nicht erst Loriot mußte uns vorführen, wie lästig es sein kann, ständig von allen Seiten guten Appetit gewünscht zu bekommen, wenn man in Ruhe essen will. Und auch auf das „Mahlzeit" als allgemeinen Mittagsgruß und Wunsch zum Essensbeginn sollten wir verzichten können.
Bei einem Essen im kleinen privaten Kreis ist es üblich, daß die Hausfrau oder auch der Hausmann, sofern er Gastgeber und Koch ist, das Essen eröffnet. Alle Gäste warten, bis alle einen gefüllten Teller vor sich haben und schauen dann auf das Zeichen der Gastgeberin. Warum soll sie dieses Zeichen nicht mit einem „Ich wünsche allen einen guten Appetit" oder ähnlichen Worten geben? Besser als „Na, dann woll'n wir mal" ist es sicherlich.
Die Regel, daß die Gastgeberin oder der Gastgeber das Essen eröffnet, gilt bei jedem Gang. Erst wenn alle von allen Speisen auf dem Teller haben, wird gegessen. Weder ist der ganz schnelle Gast schon beim Dessert, wenn der Genußesser noch mit der Vorspeise beschäftigt ist, noch fängt man an zu essen, sobald man sich aufgetan hat.
Etwas anderes ist es beim großen Festessen mit vielen Gästen, die dazu vielleicht noch unterschiedliche Speisen nach eigener

Abgedroschene Phrasen lassen auf Stroh im Kopf schließen. (Gerhard Uhlenbruck)

Wahl bekommen. Dabei wird zwar auch darauf geachtet, daß die einzelnen Gänge in sich geschlossene Einheiten bilden, doch fängt man an zu essen, sobald man bedient wurde. Wollte man auf alle warten, würde so manches Gericht kalt werden oder so manches Eis mit heißen Himbeeren zu einem faden Einerlei zusammenschmelzen.

Das Tischgebet

In einer Zeit, in der nicht mehr davon ausgegangen werden kann, daß alle Menschen religiös sind, hat das Tischgebet an Bedeutung verloren. Und in der Tat hat an einer weltlichen Tafel ein lautes Tischgebet nichts zu suchen.

Je weniger Worte, je besser Gebet. (Martin Luther)

Die aufmerksame Gastgeberin wird allerdings auf den religiösen Gast, der ein stilles, kurzes Dankgebet sprechen möchte, Rücksicht nehmen. Sie wird nicht gerade dann, wenn sie sieht, daß der Gast das Haupt neigt und die Hände zusammenlegt, zum Glas greifen und zum ersten Schluck auffordern. Vielmehr wird sie vielleicht so tun, als fehle noch etwas, oder sie wird den Tisch überschauen, ob alles da ist.

Der Gast, der das Bedürfnis nach einem Dankgebet hat, betet stumm. Er murmelt sein Gebet nicht vor sich hin, schon gar nicht zwingt er die Tischrunde, an seiner Einstellung teilzunehmen, indem er laut betet.

Wieder etwas anderes ist das Essen zur Feier eines christlichen Festes, an dem möglicherweise sogar ein Geistlicher teilnimmt, der den Tischsegen spricht. Hier wird der nichtreligiöse Gast sich schweigend zurückhalten. Gehört es zum Gebet, daß alle Anwesenden rund um den Tisch sich an den Händen fassen, muß er mittun. Das Gebet laut mitzusprechen, braucht er allerdings nicht.

„Zum Wohl!"

Ganz korrekt ist es, mit dem ersten Schluck zu warten, bis der Hausherr das Glas erhebt und mit einem „Zum Wohl" oder „Prosit" den Gästen zutrinkt, die selbstverständlich auch das Glas nehmen und mittrinken. Da es heute oft genug eine alleinstehende Hausherrin gibt, die zu Gast bittet, steht ihr natürlich auch diese Ehre zu. Im strengen Sinne nicht korrekt ist es, wenn jemand schon vor dem Gastgeber still zum Glas greift. Der sollte deshalb seinerseits die Gäste nicht zu lange auf dem Trocknen sitzen lassen, sondern möglichst bald sein Glas erheben.

Ein Glas mit einem schweren Rotwein, der niemals gekühlt gereicht wird, darf man zum Trinken so halten, daß der Kelch locker in der Hand liegt. Einen gekühlten Weißwein trinkt man aus dem Glas, das man am Stiel hält. Die Handwärme würde den Wein sonst zu sehr aufheizen. Weinkenner halten bei Weinproben das Glas sogar am Fuß.

Wer den Wein einschenkt, der gießt sich selbst zunächst den Probierschluck ein, freilich nur, wenn der Wein direkt aus der Flasche und nicht aus dem Dekanter oder einer Karaffe ausgeschenkt wird. Dekantierter Wein ist probiert, und in ihm schwimmt auch kein Korken. Selbstverständlich darf die alleinstehende Gastgeberin den Wein einschenken und den Probeschluck nehmen. Sie darf aber auch, da sie ja sicherlich auch andere Dinge zu erledigen hat, diese Aufgabe einem Herrn oder einer Dame aus dem Kreis der Gäste übertragen. Wer immer das ist, schenkt sich aus einer Flasche den ersten Schluck ein, schlicht und einfach, weil es leicht passieren kann, daß ein Stückchen Kork mitkommt. Erst dann gießt er entweder der Einfachheit halber reihum ein oder, bei einer sehr konservativ eingestellten Gesellschaft, nach Rangordnung. In diesem Fall muß der Einschenkende dazu um den Tisch herumgehen, hinter den jeweiligen Gast treten und von rechts einschenken. Handelt es sich um eine Gesellschaft, bei der es etwas lockerer zugeht, braucht der Einschenkende bloß aufzustehen – aus einem rein praktischen Grund, das Einschenken ist dann einfacher, sonst könnte er auch sitzen bleiben. Er darf bei einer nicht zu großen Tafel von seinem Platz aus über den Tisch hinweg einschenken. Anders als bei Kaffee- und Teetassen reicht man das Glas zum Ein- oder Nachschenken nicht an, man läßt es auf dem Tisch stehen.

Im Restaurant wird der Kellner dem Herrn, der meistens auch bestellt hat, den ersten Schluck eingießen. Er erwartet, daß er den Wein probiert und die Genehmigung zum Einschenken gibt. Im Zuge der Emanzipation ist es sehr gut möglich, daß die Dame mehr vom Wein versteht als der Herr. In diesem Fall wird sie den Wein wählen und auch darum bitten, den ersten Schluck kosten zu dürfen.

Weißweingläser werden im allgemeinen zu knapp zwei Dritteln gefüllt. Da aber Rotweingläser bauchiger sind und manchmal sogar die Form großer Kelche annehmen, füllt man sie nur zur

Die Deutschen lieben Rheinwein. Er wird in schlanke Flaschen gefüllt und für ein gutes Getränk gehalten. Vom Essig unterscheidet er sich durch das Etikett. (Mark Twain)

159

Hälfte oder bleibt sogar noch unter dieser Marke. Zum Einschenken faßt man die Flasche nicht oben am Hals sondern in Höhe des Etiketts, doch verdeckt man das Etikett nicht mit der Hand. Um ein Nachtropfen zu verhindern, dreht man die Flasche zum Schluß leicht nach links zum eigenen Körper hin.

Zu einem großen Menü werden im allgemeinen auch verschiedene Weine gereicht. Die alte Regel hieß: Ist der neue Wein eingeschenkt, darf man vom Wein des vorhergehenden Ganges nicht mehr trinken. Viele haben deshalb rasch ein halbes Glas Wein in einem Zug geleert, wenn sie sahen, daß der nächste Wein eingeschenkt wurde. Der köstliche Tropfen wäre ja sonst verloren gewesen.

Man hat heute im Rahmen des guten Tons andere Möglichkeiten. Man kann sich von jedem Wein nur einen Schluck einschenken lassen, man darf einen Weingang übergehen, man darf den Wein des einen Ganges auch zum nächsten trinken, man darf den Wein überhaupt ablehnen und um ein Mineralwasser bitten. Nur eines darf man wirklich nicht: Zwei verschiedene Weine – egal ob weiße oder rote – nacheinander in dasselbe Glas einschenken. Zu jedem Wein gehört ein eigenes, dazu passendes Glas.

Es wird bei uns Deutschen mit wenig so viel Zeit totgeschlagen wie mit dem Biertrinken. (Otto von Bismarck)

Freilich wird nicht nur Wein, sondern zu einem deftigen Essen auch gern ein Bier, sei es ein Export, ein Pils oder ein Alkoholfreies, eingeschenkt. Während man ein kleines Helles aus einem kräftigen Humpen oder Seidel trinken kann, verlangt das Pils nach einem feineren Glas, beispielsweise einer Biertulpe, das Weißbier gar nach einem großen, sehr hohen Glas. Es gibt Biergläser, die so ziemlich die Mitte halten und aus denen man fast alle Sorten, bis auf das stark schäumende Weizenbier, trinken kann.

Das Bier sollte frisch und gut gekühlt sein, damit es weder zu stark schäumt, noch flau ins Glas plätschert. Trotzdem muß man beim Einschenken immer darauf achten, daß der Schaum nicht überläuft. Man hält das Glas beim Einschenken am besten leicht schräg. Das heißt, man nimmt das Bierglas dazu in die Hand, im Gegensatz zum Weinglas, das auf dem Tisch stehenbleibt, während man einschenkt.

Der deutsche Biertrinker mag eine kräftige Blume auf seinem Bier. Dem Engländer ist der Schaum eher Betrug, er schenkt so ein, daß sich wenig Schaum bildet. Englische Lagerbiere schäumen ohnehin nur schwach, und sollte doch Schaum auf dem Bier stehen, schöpft er ihn ab. Hier gilt wieder der Grundsatz: andere Länder, andere Sitten.

Ein Tip für die Hausfrau/den Hausmann: Spülen Sie die Gläser immer mit heißem, klarem Wasser nach! Die geringste Spur von Spülmittelresten am Glas läßt die Schaumkrone wie nichts zusammenfallen. Auch wenn es Bier zum Essen gibt, wartet man, bis der Hausherr oder die allein einladende Dame das Glas erhebt.

Anstoßen und Zutrinken

Wer mit wem und wann in welcher Reihenfolge anstößt, dafür gibt es keine festen Regeln. Allerdings ist es eher ein familiärer Brauch und bei hochoffiziellen Anlässen ebenso unüblich wie beim Essen mit entfernten Bekannten. Gerade aber weil es sich um einen sehr familiären Brauch handelt, ist es merkwürdig, daß einige Benimmbücher behaupten, man dürfe nur mit Wein- und Sektgläsern anstoßen.

Natürlich erzeugt es keinen sonderlichen Wohlklang, wenn Bierhumpen oder Bowlegläser aneinanderstoßen. Genausowenig klingen dicke Rheinwein- und Frankenweingläser mit ihrem markant grünen Fuß sonderlich erhebend. Doch darauf allein kommt es ja nicht an. Wenn es zum Wohl des Geburtstagskindes oder eines Jubelpaares geschieht, dürfen alle Gläser, auch völlig ungleiche, aneinanderstoßen. Allerdings werden zarte Weingläser grundsätzlich am Stiel angefaßt, wenn man anstoßen möchte, denn nur dann entwickeln die Gläser tatsächlich ihren vollen Klang.

Die besten Vergrößerungsgläser für die Freuden dieser Welt sind die, aus denen man trinkt. (Joachim Ringelnatz)

Das Zutrinken ist eine so urdeutsche Sitte, daß manche Ausländer sich geradezu kugeln könnten vor Lachen. Andere wieder finden den Brauch so unwiderstehlich, daß sie ihr Glas gar nicht mehr stehenlassen können. Es hat sich aus den alten studentischen Trinksitten entwickelt, die einem sehr strengen Zeremoniell unterworfen waren. Mit dem Wiederaufblühen der studentischen Verbindungen und der alten Burschenherrlichkeit erfahren nicht nur die zweifelhaften Vergnügungen auf dem Paukboden, wo schlagende Verbindungen ihre Mensuren ausgefochten haben, eine Renaissance. Es werden auch wieder „Salamander gerieben" (dabei wird das Glas dreimal auf dem Tisch gerieben, geleert und nach kurzem Trommeln mit einem Schlag niedergesetzt) und Verstöße gegen das sture Zeremoniell werden mit Trinkbefehlen wie „Rest weg!" oder „In-die-Kanne-schicken!" geahndet, zu denen ganz bestimmte Körpergesten gehören.

Der Wein ist unter den Getränken das nützlichste, unter den Arzneien die schmackhafteste und unter den Nahrungsmitteln das angenehmste. (Plutarch)

Davon ist beim üblichen Zutrinken nur übriggeblieben, daß man das Glas hebt, wenn man mit demjenigen, dem man zutrinken möchte, Blickkontakt hat, dazu leicht mit dem Kopf nickt und freundlich lächelt. Der Herr mag das Kopfnicken zu einer leichten Verbeugung im Sitzen erweitern. Nicht mehr üblich ist, daß zwei Herren, die sich zutrinken, danach die Gläser leeren müssen. Und auch nicht mehr akzeptiert wird das Dogma, daß nur Herren die Initiative ergreifen dürfen, sprich, nur Herren der Dame des Hauses, der Tischdame und der Dame zur Linken – aber keiner anderen am Tisch! – und sodann rangniederen Herren zutrinken dürfen. Heute dürfen auch Damen einander zutrinken, und im familiären Kreis darf auch die Dame einem Herrn zutrinken, ohne sich dadurch möglicherweise zu kompromittieren.

Speisen servieren

Ob man die Speisen in Schüsseln serviert oder portioniert aufträgt, ist weniger eine Frage des guten Tons als vielmehr eine Platzfrage einerseits und eine Frage der Ausstattung mit Geschirren und Geräten andererseits. Ist der Tisch groß genug, daß alle Schüsseln auf ihm Platz finden oder hat man einen entsprechend großen Beistelltisch, so stellt man sie auf den Tisch oder reicht sie herum, und jeder bedient sich selbst.

Haben Sie das Geschirr gut vorgewärmt, versteht es sich, daß Sie die Gäste darauf hinweisen. Es ist nun mal ein gesunder Reflex, daß man etwas, an dem man sich die Finger verbrennt, fallen läßt. Der Gast, dem eine Schüssel oder Platte zu heiß erscheint, darf seine Serviette wie einen Topflappen benutzen oder den Gastgeber bitten, ihm aufzutun.

Hat man eine Anrichte, so kann man die Speisen dort auf Warmhalteplatten abstellen und die Gäste bitten, mit ihrem Teller zur Anrichte zu kommen und sich dort selbst zu bedienen. Wenn der Gast es ausdrücklich wünscht, serviert ihm der Gastgeber.

Ist man in seinem Haushalt nicht wie ein mittleres Restaurant ausgestattet, darf man in der Küche die Speisen direkt aus den Töpfen auf die möglichst vorgewärmten Teller geben, wobei man zusieht, daß alles hübsch verteilt ist und die Teller am Rand nicht bekleckert sind. Gute Freunde kann man mit ihrem Teller statt zur Anrichte in die Küche bitten, wo sie sich aus Töpfen und Pfannen selbst bedienen.

Da nicht alle eine Hotelfachschule absolviert haben, sollte weder von den Gästen noch vom Gastgeber erwartet werden, daß sie einhändig mit Vorlegebestecken hantieren können oder sonstige Kellnertricks beherrschen. Es sollte nur vom Gastgeber darauf geachtet werden, daß bei jeder Schüssel und jeder Platte ein Vorlegelöffel beziehungsweise eine -gabel liegt und daß der Gast sich ausschließlich mit diesem Besteck, nicht mit seinem eigenen Eßbesteck bedient.

Problematisch ist manchmal der Umgang mit Saucieren. Es gibt Porzellansaucieren mit Griff, Ausguß und fest verbundenem Unterteller. Es ist praktisch unmöglich, aus diesen Konstruktionen eine Sauce auszugießen, ohne zu kleckern, weshalb es sich empfiehlt, auch zu diesen Saucieren einen Saucenlöffel zu reichen. Aus kleinen Saucieren, die nicht mit dem Unterteller verbunden sind, kann man die Sauce wie aus einem Milchkännchen direkt ausgießen. Es ist aber empfehlenswert, auf den Unterteller einen Tropfenfänger aus Papier zu legen, und zwar aus ganz praktischen Gründen. Es wird unvermeidlich etwas Sauce vom Gießrand entlang zum Fuß des Gefäßes laufen. Sammelt sich diese auf dem ungeschützten Unterteller, tropft es, wenn man die Sauciere wieder aufnimmt. Für den Gast ist es peinlich, für den Gastgeber, der ein verschmutztes Tischtuch hat, ärgerlich.

Der richtige Umgang mit dem Besteck

Gibt es als Vorspeise eine Suppe, so kann sie im Teller oder in der Tasse gereicht werden. In jedem Fall beugt man sich nur leicht vor und führt den Löffel, auf den man nur soviel nimmt, daß die Flüssigkeit nicht heruntertropft, zum Mund. Man nähert nämlich nicht den Mund dem Teller und löffelt dann in der Schaufelradmethode.

Gerade klare Fleischbrühen können oft verflixt heiß sein. Darf man auf den Löffel blasen, um einem verbrannten Mund vorzubeugen? Wer dezent mit leicht gespitzten Lippen ein wenig bläst – nicht aus dicken Backen pustet! –, ohne daß Suppe vom Löffel spritzt, begeht meines Erachtens keine Todsünde. Korrekter wäre es, sehr wenig auf den Löffel zu nehmen und ihn eine kurze Zeit frei schwebend zu halten, in der Hoffnung, der Inhalt kühle sich so mundgerecht ab. Den Löffel mehrmals durch die Suppe oder Brühe zu ziehen, um so den gesamten Tellerinhalt ein wenig abzukühlen, ist eine andere erlaubte

Die Mordwerkzeuge, die mehr Tote fordern als alle Bomben und Autos zusammen, liegen täglich vor uns auf dem Tisch: Messer und Gabel.
(Manfred Köhnlechner)

163

Methode, sofern der Löffel dabei nicht hörbar über den Tellerboden schabt, sagt der gute Ton. Nicht erlaubt ist es, Suppe oder Brühe auf den Löffel zu nehmen und platschend in den Teller zurücklaufen zu lassen, was schon deshalb ein sinnvolles Verbot ist, weil die eigene Kleidung das erste sein wird, was man dabei gründlich verspritzt.

Ungehöriger, als ein wenig zu blasen, ist es hierzulande, die Suppe geräuschvoll vom Löffel zu schlürfen. In manchen anderen Ländern, beispielsweise in Teilen Chinas, ist das Schlürfen nicht nur Sitte. Es ist geradezu unhöflich, es nicht zu tun.

Natürlich gibt es Vorschriften darüber, wie der Löffel zu halten und zum Munde zu führen ist. So packt man den Löffel nicht wie ein Kind mit der ganzen Hand, sondern man nimmt ihn so, daß der Stiel in der Beuge zwischen Zeigefinger und Daumen ruht. Den kleinen Finger spreizt man nicht geziert ab, auch nicht beim Rühren in der Kaffee- oder Mokkatasse.

Ob man den Löffel nun aber mit einem leichten Bogen von vorn, also mit der Spitze zum Mund führt oder ob man, wie es eher englischer Sitte entspricht, die Flüssigkeit von der Seite des Löffels aufnimmt, das sollte jedem selbst überlassen bleiben. Welche Methode man wählt, hängt nämlich auch von der Form des Löffels ab. Je größer allerdings der Löffel, und bei alten Silberbestecken gibt es gelegentlich regelrechte Suppenschaufeln, desto weniger wird man versuchen, den Löffel ganz in den Mund zu schieben.

Gesegnet seien jene, die nichts zu sagen haben und den Mund halten. (Oscar Wilde)

Hat man sein Süppchen in einem tiefen Teller serviert bekommen, wird man, ohne den Teller anzuheben, nicht alles auslöffeln können. Ganz korrekt wäre es, diesen Rest im Teller zu lassen. Es ist aber auch erlaubt, den Teller ein ganz klein wenig anzuheben, und zwar von sich selbst weg, nicht zu sich hin, um so den Rest aufzunehmen. So jedenfalls findet man es in älteren und gar nicht so alten Anstandsbüchern beschrieben. Nirgendwo habe ich allerdings eine Erklärung dafür gefunden, warum man von sich weg und nicht zu sich hin kippen soll. Ich kann mir nur eins denken: Wenn man bei Anheben des Tellers kleckert, dann geht die Bescherung auf das Tischtuch des Gastgebers, nicht auf die eigene Kleidung. Kurz, die Vorschrift scheint einer sinnvollen Logik zu entbehren: Kippen Sie, wie Sie wollen!

Eine Suppenschale mit zwei Henkeln darf man, wenn man etwa die Hälfte oder zwei Drittel ausgelöffelt hat, zum Mund führen und austrinken. Der Löffel gehört währenddessen auf den Unterteller. Das ist sinnvoll, denn das Tischtuch könnte verschmutzen, wenn man den Löffel neben dem Teller ablegte. Obwohl die Schale zwei Henkel hat, soll man sie doch nur an einem, nämlich dem rechten Henkel aufnehmen, wenn man die Suppe austrinkt. Daß sie dennoch auch einen linken Henkel hat, wird damit erklärt, daß man sie während des Löffelns an diesem Henkel hält, damit sie nicht auf dem Unterteller herumrutscht. Wiederum will mir der Zweck der Vorschrift nicht einleuchten. Ehe mir eine ausgefallen geformte, vielleicht ungewöhnlich schwere Suppentasse mit einem sehr engen Henkel, den ich schlecht greifen kann, aus der Hand gleitet oder seitlich wegkippt, nehme ich sie beherzt an beiden Henkeln, Benimmvorschrift hin oder her. Befinde ich mich in einer Gesellschaft, in der es ganz etepetete zugeht, lasse ich den Rest in der Tasse. Hat man seine Suppe ausgelöffelt, so legt man den Löffel – und zwar ohne ihn vorher gründlich von allen Seiten abgeleckt zu haben – auf dem Unterteller, nicht in der Suppentasse, ab. Hat man einen Teller ohne Unterteller serviert bekommen, gehört der Löffel in den Teller, der Griff weist schräg nach rechts.

Bleibt noch kurz zum Kaffee- und Teelöffel anzumerken, daß sie gedacht sind, das jeweilige Getränk umzurühren, sofern es mit Zucker, Sahne, Kandis, Zitrone oder was auch immer gemischt wird. Man rührt so kurz wie möglich, ohne mit dem Löffel über den Tassenboden zu kratzen oder an der Tassenwand ein Glockenspiel zu veranstalten. Hat man umgerührt, hebt man den Löffel aus der Tasse und legt ihn auf der Untertasse ab. Man darf einmal ganz leicht damit schnicken, um den Tropfen, der immer am Löffel hängt, abzuschütteln. Unfein ist es dagegen, den Löffel abzulecken, ehe man ihn auf die Untertasse legt, oder ihn hörbar am Tassenrand abzuklopfen.

Nachdem nun die Löffelhürde genommen ist, folgt der richtige Gebrauch von Messer und Gabel. Für das Messer gilt: Man greift es von oben. Mit kleinem, Ring- und Mittelfinger umfaßt man es so, daß der Messergriff locker in der Hand liegt, während der Zeigefinger oben auf dem Griff den nötigen Schneidedruck ausübt, ohne dabei auf die Klinge vorzurutschen. Der Daumen sorgt für die nötige Seitenstabilität.

Für die Gabel hingegen gelten verschiedene Handhabungen: Man hält und führt sie wie das Messer, wenn sie dessen Funktion ausfüllt, also zum Zerteilen und Zerkleinern weicher Speisen dient. Dabei achtet man darauf, daß der Zeigefinger nicht bis auf die Zinken hinababgleitet. Genauso hält man die Gabel, wenn man etwas festhält, wovon man mit dem Messer abschneidet, und wenn man etwas aufspießt, das man von der

Der Mensch hat neben dem Trieb der Fortpflanzung und dem zu essen und zu trinken, zwei Leidenschaften: Krach zu machen und nicht aufzuhören. (Kurt Tucholsky)

Gabel abessen möchte. Dient die Gabel dagegen als Schaufel, hält und führt man sie wie einen Löffel. Da die Gabel während des Essens beiden Funktionen dient, muß man lernen, sie geschickt hin- und herzudrehen.

Während es bei uns üblich ist, von den Speisen jeweils mundgerechte Stücke abzuschneiden und sie dann zum Mund zu führen – Messer und Gabel also nur aus der Hand zu legen, um entweder einen Schluck zu trinken oder noch einmal nachzunehmen –, gelten in den angelsächsischen Ländern und in Amerika andere Sitten. Vor allem die Amerikaner schneiden häufig erst alles, was sich auf dem Teller befindet, in mundgerechte Stücke. Dann legen sie das Messer beiseite und essen nur mit der Gabel, wobei die freie Hand unter dem Tisch gehalten wird. Eher angelsächsische Sitte ist es dagegen, die Gabel stets mit der Wölbung nach oben zu halten. Gibt es bei uns ein Gericht, zu dem man nur die Gabel braucht, ist es ungehörig, die freie Hand in den Schoß zu legen, sie gehört neben das Gedeck auf den Tisch.

*Viele Menschen sind zu gut erzogen, um mit vollem Mund zu sprechen, aber sie haben keine Bedenken, dies mit leerem Kopf zu tun.
(Orson Welles)*

Wie man sieht, sind Benimmregeln eine Art Raster, das ziemlich willkürlich ausgefüllt wird. Letztlich sollte es nur darum gehen, bei Tisch einen möglichst ästhetischen Anblick zu bieten: also nicht zu mantschen, nicht zu schmatzen und zu rülpsen (in manchen Kulturen dagegen, auch der unseren zur Lutherzeit, ein absolutes Muß!), nicht zu spucken, nicht so mit dem Besteck auf dem Teller herumzufuhrwerken, daß etwas über den Tellerrand auf das Tischtuch gleitet, nicht zu stopfen, nicht mit halbvollem Mund zu trinken, nicht mit vollem Mund zu reden. Da es aber immer noch Kreise gibt, in denen man glaubt, die einzig unumstößlich richtigen Regeln zu kennen, fahren wir fort, diese Vorschriften aufzuführen.

Möchte man zwischendurch einen Schluck trinken, sich den Mund abtupfen oder ähnliches, so muß man das Besteck oder auch nur das Messer aus der Hand legen. Benutztes Besteck gehört nicht auf das Tischtuch. Eine sinnvolle Regel, es könnte leicht Flecken geben. Früher gab es, wie schon erwähnt (siehe Seite 152), zu diesem Zweck Messerbänkchen, die heute wieder stark im Kommen sind. Ob man nun aber das Besteck oder das Messer so ablegt, daß das Griffende das Tischtuch, die Klinge den Tellerrand berührt, oder ob man es in seiner Gänze quer über den oberen Tellerrand legt, wird unter Benimmexperten auf das heftigste diskutiert. Erschwert wird die ohnehin noch nicht gefundene Entscheidung durch eine dritte Möglichkeit, nämlich das Messer oder das Besteck so abzulegen, wie man es tut, wenn man noch einmal nachnehmen möchte oder noch einmal von einem Gang bedient zu werden wünscht. Dazu legt man das Besteck gekreuzt auf den Teller, wobei die Zinken der Gabel nach oben weisen. Legt man Messer und Gabel dagegen parallel und leicht nach rechts von sich wegweisend auf den Teller, so heißt das, man wünscht nichts mehr. Daß man selbstverständlich nur die Gabel, niemals das Messer zum Mund führt, bedarf eigentlich wohl keiner Erwähnung. Wie man mit speziellen Eßgeräten, etwa Schneckenzange und -gabel umgeht, steht im Kapitel „Wie ißt man was?" (Seite 176).

Gehören Salz- und Pfefferstreuer auf den Tisch?

Der Münchner Starkoch Eckhart Witzigmann soll einmal gesagt haben, bei ihm kämen kein Salz- und Pfefferstreuer auf den Tisch, denn „wer sich ein Bild von Picasso kauft, malt sich auch nicht selbst noch ein paar Blümchen drauf". Nun, Witzigmann ist unbestritten ein Künstler seines Metiers, aber Geschmäcker sind nun mal verschieden. Der eine mag es gern sehr salzig, der andere nicht. Und manch einer muß auch aus gesundheitlichen Gründen vorsichtig mit Salz umgehen.

Salz und Brot machen Wangen rot. (Deutsches Sprichwort)

Ich stelle grundsätzlich Salz und Pfeffermühle, bei entsprechenden Gerichten auch andere Gewürze, auf den Tisch. Doch sehe ich es nicht so sehr gerne, wenn ein Gast, noch ehe er überhaupt einen einzigen Bissen probiert hat, schon zum Salz greift und kräftig nachstreut.

Allerdings habe ich mich neulich belehren lassen müssen, daß es sich auch hierbei weniger um ein Problem des guten Tons als vielmehr vorrangig um ein psychologisches Phänomen handelt. Den notorischen Salzstreuern gehe es gar nicht ums Salzen, sondern um die Autonomie. Ihr Verhalten sei Ausdruck ihrer inneren Einstellung, die da hieße: „Ich bestimme, was ich tue" – oder vielleicht auch: „Ich lasse mir von einem schlechten Koch nicht vorschreiben, ob ich ein versalzenes Essen nachsalze!" Nun, wie auch immer, ich stelle Gewürze auf den Tisch und ermuntere zu ihrem Gebrauch, da viele Menschen meinen, es sei unhöflich nachzuwürzen.

Bei Salaten oder italienischen Gerichten wie Caprese (Tomaten, Mozzarella und frisches Basilikum) überlasse ich das Würzen, vor allem aber die Dosierung von Essig und Öl grundsätzlich dem Gast, verweigere mich aber natürlich auch nicht, wenn ich gebeten werde, dem Gast den Salat anzurichten.

Bin ich selbst zu Gast im Restaurant oder bei guten Freunden, dann frage ich nach Salz oder Pfeffer. Bin ich dagegen bei Bekannten und spüre, daß die Frage ungnädig aufgenommen würde, halte ich meinen Mund und esse das Gericht, so wie es mir vorgesetzt wurde.

Ißt man den Teller leer?

Früher galt es als wohlerzogen, prinzipiell einen Anstandshappen auf dem Teller liegen zu lassen. Alles andere zeugte von Gier und Maßlosigkeit. Das gilt heute nicht mehr. Man ißt seinen Teller leer. Aber man ißt ihn nicht auf, wie in einem Benimmbuch gefordert wird, denn der Gast bekäme davon nur Bauchweh, und für den Gastgeber wäre es ein teurer Spaß, müßte er sich nach jeder Einladung neues Geschirr kaufen. Man ißt den Teller leer, wenn man sich selbst bedient hat. Und man darf etwas liegen lassen, wenn man eine Portion vorgesetzt bekam, die man nicht bewältigen kann.

Oft sind die Speisen auf dem Teller garniert. Wer mag, darf auch die eßbare Garnitur oder Teile davon essen, obwohl sie dafür eigentlich nicht gedacht ist. Aber warum soll man einen Stengel Petersilie, ein Radieschen, eine Tomatenscheibe nicht essen, wenn einem der Geschmack zusagt? Freilich, von der Servierplatte wird man sich die Garnitur nicht herunterpicken, es sei denn, man ist bei Freunden oder sehr guten Bekannten eingeladen und man hat ein ausgesprochenes Faible für das, was als Garnitur verwendet wurde.

Man kann einen Menschen mit guten Saucen ebenso unter die Erde bringen wie mit Strychnin; es dauert nur etwas länger. (Christiaan Barnard)

Heikel wird es wieder, wenn es um Reste einer köstlichen Sauce geht. Früher mußte man tränenden Auges zusehen, wie der Teller mitsamt der darauf verbliebenen Köstlichkeit abgeräumt wurde. Denn mit der Gabel konnte man die Sauce nicht aufnehmen, mit dem Messer durfte – und darf – man sie nicht aufnehmen. Auch heute verbietet der gute Ton, das Messer abzulecken, und sei es nur die Spitze. Zwar gibt es spezielle, recht flach gehaltene Saucenlöffel, aber wer hat die schon in seinem privaten Besteckssortiment? Selbst in Restaurants findet man sie in Deutschland nur sehr selten.

Die Sauce mit Brot aufzunehmen gilt in feinen Kreisen als „shocking". Ich tue es trotzdem, wenn es die Sauce verdient. Und ich habe noch keinen Koch und noch keine Köchin erlebt, der oder die sich deshalb auf den Schlips getreten gefühlt hätte. Denn wer so göttliche Saucen zuzubereiten versteht, ist meist

von offener Wesensart und läßt solche Kleinigkeiten durchgehen. Wer sie aber nicht durchgehen läßt, kocht auch meiner
Erfahrung nach nicht so hervorragend, daß man in Versuchung
geführt werden könnte, dem guten Ton zuwiderzuhandeln. Bin
ich selbst Gastgeberin und werde von einem Gast, der den
letzten Saucenrest aufnehmen will, um ein Löffelchen oder um
Brot gebeten, dann freue ich mich.
Und auch der Gast, der seinen Dessertteller gründlich mit dem
Löffel ausschabt, verhält sich natürlich überhaupt nicht comme
il faut. Ist es jedoch mein Gast, der das tut, schlägt mein Herz
höher, denn mein Dessert scheint ihm zu munden.

Tischgespräch

Ob man im kleinen Kreis zu Tisch sitzt oder an einer großen
Festtafel speist, es wird selten völlig schweigend gegessen. Zwar
heißt es aus gutem Grund: „Mit vollem Munde spricht man
nicht." Aber bei einem gemütlichen Essen, das sich über einen
gewissen Zeitraum hinzieht, haben ja nicht alle ununterbro-
chen den Mund voll.
Ist die Runde überschaubar oder sogar klein, werden alle am
Tisch Sitzenden mehr oder weniger am Gespräch teilnehmen.
Ist es eine große Gesellschaft, beschränkt sich der Kreis derer,
die sich, ohne schreien zu müssen, unterhalten können, auf die
rechts und links von einem und vielleicht noch auf die einem
am Tisch gegenübersitzenden Gäste. Es werden dann an einer
langen Tafel mehrere Gespräche gleichzeitig geführt.
Nichts ist dagegen einzuwenden, daß ein Tischgespräch anre-
gend und interessant, heiter und locker ist. Es gibt keine Themen, die typischer- oder üblicherweise das Tischgespräch eröff-
nen sollten. Dagegen gibt es ein paar Themen, die sich zum
Tischgespräch wenig eignen. Dazu gehören die eigenen Krankheiten, die kürzlich überstandene Operation oder auch das
Essen selbst, wenn es beispielsweise in Schwärmerei für eine
Küche ausartet, die von der gerade genossenen deutlich absticht. Sei es, daß man von hervorragenden Gaumengenüssen
berichtet, während das Essen auf dem Tisch eher unterer
Durchschnitt ist, sei es, daß man von deftigen Käsespezialitäten
spricht, während ein zartes Parfait den Abschluß des Diners
bildet. Immerhin gibt es Menschen, denen allein schon beim
Gedanken an einen Romadur dessen Aroma in die Nase steigt
– und zu einem Himbeerparfait würde es wohl wenig passen.

*Lästige Kon-
versation
mit Tisch-
damen kann
man sich
ersparen,
indem man
unverheiratete
Frauen fragt,
wie viele Kin-
der sie schon
haben, und
verheiratete,
warum sie
noch keine
haben.
(George
Bernard
Shaw)*

Grundsätzlich sollte ein Tischgespräch so angelegt sein, daß alle Anwesenden sich daran beteiligen können. Ist also eine Gruppe von Fachleuten zusammen, dann dürfen sie selbstverständlich fachsimpeln oder sich über ihr Spezialgebiet so unterhalten, daß auch der Laie noch schritthalten und mitreden kann. Fangen aber zwei Gäste an, Fachchinesisch zu reden, so sollte der Gastgeber oder einer der Gäste geschickt eingreifen und die Runde wieder auf ein allgemeineres Thema bringen. Es ist zu hoffen, daß der Gastgeber selbst nicht einer der beiden Fachsimpler ist.

Ein Tischgespräch zu zweit ist das ergiebigste von allen. Das Fehlen von Zuhörern unterdrückt die Eitelkeit. (André Maurois)

Auch einen Gast, der allein das Gespräch an sich zieht und gar anfängt, der Tischrunde wie vom hohen Katheder herab eine Vorlesung zu halten oder der mit seinen Erfolgen protzt, sollte man möglichst geschickt dazu bringen, das Thema zu wechseln und auch andere mal zu Wort kommen zu lassen. Allerdings sollte man einen deutlich schüchternen, schweigenden Gast nicht mit einem „Na, nun sagen Sie doch auch mal was!" ins Gespräch zu ziehen versuchen. Merkt man, daß jemand schon zweimal angesetzt hat, aber von einem Wortgewaltigeren übertönt wurde, so eilt man diesem Gast diskret zu Hilfe. Sollten zwei oder drei der Gäste besonders eloquent sein, dürfen sie gern – sofern sie selbst darüber nicht verhungern und die anderen nicht langweilen – das Gespräch bestimmen.

Eine politische Debatte, gar ein heftiges Streitgespräch zwischen Vertretern verschiedener Geistesrichtungen, ist dagegen als Tischgespräch nicht geeignet. Der geschickte Hausherr, die geschickte Gastgeberin wird versuchen, es erst gar nicht so weit kommen zu lassen. Das heißt ja nicht, daß man sich am Allerweltsthema Wetter festbeißen muß.

Leider haben insbesondere Gastgeberinnen eine dumme Angewohnheit. Mit der Absicht, das Gespräch in Gang zu bringen, entschuldigen sie sich für irgend etwas: für das nicht gelungene Essen (das natürlich hervorragend ist), für die nicht blütenreine Tischdecke (das winzige Fleckchen hätte keiner bemerkt, hätte sie nicht selbst darauf hingewiesen), das nicht zusammenpassende Besteck (niemandem wäre es aufgefallen). Diese eigene Herabsetzung führt meist zu Peinlichkeiten. Denn der Gast muß ja dementieren, auch und gerade dann, wenn das Essen vielleicht wirklich nicht besonders gelungen ist. Schließlich kann nur ein ganz dicker Freund sagen: „Och, mach dir nichts draus, ich kann auch nicht gut kochen."

Es gibt andere Möglichkeiten, ein Gespräch einzufädeln. Hat man Bekannte zu Gast, die man beim letzten Urlaub kennenlernte, wird man wahrscheinlich zunächst Urlaubserinnerungen austauschen. Schwieriger ist das Tischgespräch mit Unbekannten, eine Situation, in die man eigentlich nur bei großen Festen gerät. (Siehe auch das Kapitel „Die gelungene Konversation", Seite 113.)

Gesellschaftliche Konversation ist die Kunst, an Wichtiges zu denken, während man Unwichtiges sagt. (Laurence Olivier)

Zahnstocherbenutzung und Make-up-Korrektur

Eine Fleisch- oder Gemüsefaser zwischen den Zähnen kann sehr lästig sein. Darf man, wo doch in vielen Lokalen Zahnstocher auf dem Tisch stehen, diese am Tisch ungeniert benutzen? Oder darf man den kleinen Zahnstocher, den man als leidgeprüfter Mensch immer in der Tasche mit sich führt, zücken? Wiederum ein Punkt, an dem die Meinungen der Benimmexperten auseinandergehen. Die einen halten es für ganz und gar ungehörig, rasch und diskret hinter vorgehaltener Hand einen Zahnstocher zu benutzen. Die anderen sehen das längst nicht so eng und plädieren für mehr Zahnstocher auf deutschen Tischen.

Die wirklich diskrete und schnelle Benutzung eines Zahnstochers sollte nicht verboten sein. Daß man dabei nicht hörbar die Luft durch die Zähne zieht und sich nicht ausführlich in allen Zähnen rumstochert, ist ja ohnehin klar. Stehen allerdings keine Zahnstocher auf dem Tisch und hat man keinen eigenen in der Tasche, fragt man weder laut quer über den Tisch hinweg danach, noch holt man eine Schachtel Streichhölzer aus der Tasche, um sich dann mit dem Daumennagel ein entsprechendes Gerät zurechtzuschnitzen. Das ist in der Tat eine Sache, die man fern vom Tisch erledigt.

Natürlich scheint es ein sinnvoller Rat, die Tafel kurz zu verlassen, wenn man sich eine störende Faser aus einem Zahnzwischenraum entfernen möchte. Doch hier, wie schon so oft, kann man nur sagen: Grau ist alle Theorie. Man sitzt zu Tisch, kann vielleicht, ohne mindestens zwei andere Gäste zu belästigen, nicht aufstehen. Das Essen ist aber noch nicht beendet, es wird noch ein süßes Dessert und danach eventuell sogar noch Käse gereicht werden. Unter diesen Umständen würde es sich verbieten, vom Tisch aufzustehen. Muß man deshalb still vor sich hin leiden? Das sollte jeder für sich selbst entscheiden dürfen. Wenn man es sich verkneifen kann, dann wird man auf den Gebrauch des Zahnstochers am Tisch verzichten und erst hinausgehen, wenn das Menü beendet ist.

Aber man sollte wissen, daß es speziell an deutschen Tischen so streng zugeht. Kein Franzose oder Italiener, kein Grieche oder Spanier fände etwas dabei, wenn jemand die Zahnstocher, die auf dem Tisch stehen, auch benutzt – und dort stehen sie fast immer auf dem Tisch. Der benutzte Zahnstocher gehört auf den Rand des eigenen Tellers, nicht in den Aschenbecher.

Ebenso wie in der Frage der Zahnstocherbenutzung scheiden sich die Expertenmeinungen auch beim Problem der Make-up-Korrektur. Der Dame, die es versteht, rasch und ohne Aufsehen mit zwei schnellen Strichen den Lippenstift nachzuziehen, sollte man das gestatten. Obwohl es zumutbar wäre, daß sie dafür den Toilettenraum aufsucht, zumal sie leicht beim kurzen Blick in den kleinen Taschenspiegel entdeckt, daß auch die Nase einen neuen Hauch Puder vertragen könnte oder das Augen-Make-up einer kleinen Nachbesserung bedarf. Und das sollte sie nun wirklich nicht am Tisch erledigen. Und selbstverständlich dürfen weder die Dame noch der Herr schnell den Kamm aus der Tische ziehen und sich bei Tisch durch die mehr oder weniger üppige Lockenpracht fahren.

Der Herr, der vor dem Essen demonstrativ den Gürtel und den Hosenbund lockert, muß schon bei sehr guten Freunden zu Gast sein, um damit bei uns nicht anzuecken. In vielen afrikanischen Ländern würde man diese Geste dagegen freudig begrüßen, besagt sie doch, daß dieser Mensch mit größtem Appetit zu essen gedenkt.

Tafel aufheben

Hausarbeit ist Menschenarbeit und nicht Frauenarbeit. (Alice Schwarzer)

So, wie es der Hausfrau obliegt, das Zeichen für den Beginn des Essens zu geben, ist sie es auch, die die Tafel aufhebt. Je nach der Runde, die zusammengekommen ist, geht es dabei leger oder auch etwas steifer zu.

Früher war es üblich, nach einem großen Essen einen Mokka zu reichen, und zwar nicht am Eßtisch sondern in einem anderen Raum. Das Signal dafür gab die Hausfrau, die aufstand und nach nebenan bat. Zum Mokka durfte geraucht werden.

Heute ist der Mokka mit dem zugehörigen Brimborium ein wenig aus der Mode. Beliebter ist heute der Espresso, zu dem man am Eßtisch sitzen bleibt. Mit guten Bekannten und Freunden verweilt man wohl ohnehin gern noch ein wenig am Tisch und plaudert weiter. Auch wollen nicht alle einen Espresso. Manche mögen lieber noch einen Schluck Wein, andere wollen noch ein wenig vom Obst, wieder andere würden gern zum Espresso einen Cognac oder einen Grappa trinken.

Die abgegessenen Teller deckt man natürlich ab. Aber warum muß alles aufspringen und den Tisch fluchtartig verlassen, wenn das eigentliche Essen vorbei ist? Letztlich ist die Frage, wo man den Kaffee, den Mokka, den Espresso nimmt, auch von den Räumlichkeiten bestimmt, die man zur Verfügung hat. So, wie es erlaubt ist, in der Küche zu Tisch zu bitten, wenn man keine andere Möglichkeit hat, darf man auch in anderen Dingen den gegebenen Möglichkeiten entsprechend verfahren und im Zweifelsfalle improvisieren.

Der Kaffee muß heiß wie die Hölle, schwarz wie der Teufel, rein wie ein Engel, süß wie die Liebe sein.
(Talleyrand)

Das kalte Buffet

Man unterscheidet zwischen dem kalten Buffet, an dem, wie Reinhard Mey uns vor Jahren belehrte, die heißen Schlachten geschlagen werden, dem warmen Buffet, an dem es gelegentlich nicht weniger heiß zugehen soll, und den gemischten Buffets, auf denen man warme und kalte Speisen vorfindet.

Das Praktische am Buffet ist, daß man es einschließlich Geschirr, Besteck und Gläsern bei einem Partyservice ordern und als Gastgeber die Hände (fast) in den Schoß legen kann. Das ist allerdings weder billig noch ohne Risiko. Besonders, wenn man ein Serviceunternehmen noch nicht kennt, sollte man zunächst bei Freunden, Bekannten oder Kollegen Erkundigungen einziehen.

Aufwendig, aber bei überschaubarer Zahl der Gäste lohnend, ist das selbstgemachte Buffet. Doch ob bestellt oder selbst gezaubert – ehe man sich Gedanken über die lukullischen Genüsse macht, die man auf seinem Buffet anbieten will, sollte man gründlich darüber nachdenken, um welche Art von Festlichkeit es sich handelt, wie viele Gäste man erwartet und ob die Gäste einen festen Platz an einem Tisch einnehmen können oder im Stehen vom Teller essen müssen. Wer nämlich jede Menge Sitzgelegenheiten, aber als Tellerunterlage nichts anderes als den eigenen Schoß der Gäste bieten kann, der sollte möglichst nichts aufs Buffet bringen, das man mit Messer und

173

Gabel essen muß. Das heißt nicht, daß man auf warme Speisen verzichten müßte. Alles, was sich problemlos mit einer Hand gabeln oder direkt aus der Hand essen läßt, ist erlaubt. Wenn der Gast aber gezwungen ist, den Teller auf seinen Knien zu balancieren und dann mit Messer und Gabel einem festen Stück Fleisch beikommen muß, das Glas neben sich auf dem Fußboden abgestellt, kommt leicht Unmut auf.

Genauso haarig kann es werden, wenn das Buffet ohne Besteck und gar noch ohne Teller auskommt, weil angeblich mundgerechte Häppchen gereicht werden. Ich frage mich manchmal, was andere Menschen für einen Mund haben. Meiner jedenfalls reicht selten oder nie, die hübsch dekorierten, oft reichlich mit Remoulade oder Mayonnaise betupften „Häppchen" auf einen Sitz hineinzubugsieren. Und wenn es mir doch gelingt, dann stehe ich da mit weit geblähten Backen wie ein Ochsenfrosch beim Balzgesang. Kluge und einfühlsame Gastgeber servieren deshalb in der Tat mundgerechte Häppchen oder solche, von denen man abbeißen kann, ohne daß dabei gleich die Füllungen hervorquatschen. Außerdem stellen sie wenigstens kleine Teller und jede Menge Servietten zur Verfügung.

Wenn das Essen für acht reicht, so reicht es auch für zehn. (Molière: Der Geizige)

Gerade bei einer größeren Zahl von Gästen, über deren individuelle Geschmäcker man nicht gut Bescheid weiß, ist das Buffet ideal. Jeder Gast kann so – ohne deshalb die Hausfrau zu beleidigen – nach eigenem Gusto das auswählen, was ihm beliebt. Er kann um Fisch und Meerestiere einen Bogen machen, er kann sich an fleischlose Salate und Gemüse halten, er kann dreimal von der süßen Creme nehmen. Voraussetzung ist, daß man keine Miniportionen hinstellt, sondern alles so berechnet, daß für jeden Gast von allem mindestens eine Portion da ist, dann reguliert sich der Bedarf der „starken Esser" so ziemlich mit dem derer, die von der einen oder anderen Platte gar nichts mögen.

Eine feste Regel, wie ein Buffet aufzubauen ist, gibt es nicht. Es gibt aber ein paar von der Logik diktierte Grundsätze. Das Buffet muß gut zugänglich und übersichtlich aufgebaut sein. Es müssen genügend Teller, Bestecke und Servietten ausgelegt sein, und zwar an dem Ende, an dem man sich dem Buffet zunächst nähert, eventuell auf einem Extratisch. Der besseren Übersichtlichkeit halber empfiehlt es sich, ein besonders großes Buffet stufig aufzubauen oder so, daß man um den Buffettisch herumgehen kann. Dabei sind die Gäste gehalten, die Fahrtrichtung zu beachten – ein Buffet ist nämlich wie eine Einbahnstraße.

Bei jeder Platte und jeder Schüssel sollte Vorlegebesteck liegen. Man bedient sich tunlichst nicht mit seinem eigenen Besteck, und man achtet auch darauf, das Vorlagebesteck auf die Platte zurückzulegen und nicht mitzunehmen.

Auch Gläser und Getränke baut man, wenn der Platz dafür reicht, besser auf einem eigenen Tisch auf.

Der Gast am Buffet

So ganz unrecht hatte Reinhard Mey natürlich nicht. Es gibt sie, die Gäste, die sich auf das Buffet stürzen, als herrsche Hungersnot im Lande. Und es gibt solche, die schon verstohlen um die herrlichen Aufbauten herumstreichen, sich im stillen vormerken, wovon sie sich nachher auf den Teller häufen werden, wobei sie der Versuchung nicht widerstehen können, hier oder da eine Verzierung wegzupicken. Nichts gegen den Gast, der erst einmal einen bewundernden Blick über ein appetitanregendes Buffet gleiten läßt, der sich Zeit nimmt, ein Lob auf die Verantwortliche auszusprechen – doch sollte man das tun, wenn das Buffet eröffnet ist, nicht gleich beim Betreten des Raumes.

Kurz, es ist nicht der schlechteste Gast, der sich ein wenig Zeit läßt, ehe er zum Buffet eilt, und der auch dort mit Bedacht wählt. Es macht allemal einen besseren Eindruck, mehrmals zum Buffet zu gehen, als sich gleich beim ersten Gang den Teller vollzuladen, nach dem Motto: „Wer zuerst kommt, malt zuerst." Natürlich kann es einem passieren, daß die erlesensten Köstlichkeiten dann schon weg sind. Man wird es verschmerzen können. Bei einem warmen Buffet ist es ohnehin üblich, mehrmals zum Buffet zu gehen. Man nimmt nicht gleich auf drei verschiedenen Tellern von allen Gängen etwas und balanciert seine Beute dann wie ein Oberkellner durch den Raum zu seinem Platz.

Ob man will oder nicht, muß man beim reinen Stehbuffet ohnehin meist einen Balanceakt absolvieren. Da hat man den Teller in der Hand, von dem man mit der Gabel oder mit den Fingern essen soll, ein Glas ist da kaum mehr unterzubringen. Früher hatte die Dame außerdem noch das kleine Abendtäschchen unter den Arm zu klemmen. Wie gut, daß die Mode heute schicke kleine Umhängetäschchen parat hält. Kommt dann noch jemand, der einen begrüßen möchte, ist die kleine Katastrophe meist perfekt. Da gibt es nur eins: Ruhe bewahren und

Der große Hunger macht die Liebe klein – eine Unart, die sich der Appetit nie herausnähme. (Thaddäus Troll)

175

immer eins nach dem anderen. Man holt sich ein paar Häpp-chen und verspeist sie. Erst dann holt man sich ein Getränk. Solange der Vorrat am Buffet reicht, kann man das abwech-selnd praktizieren und dabei zwischendurch auch noch mit anderen Gästen ein angeregtes Gespräch führen.

Keinem Gast bricht ein Zacken aus der Krone, wenn er seinen Teller auf dem dafür vorgesehenen Tisch, eventuell auch auf einer dazu bestimmten, inzwischen freien Ecke des Buffets abstellt. Im Zweifel kann er den Gastgeber fragen, wo er den leeren Teller abstellen kann. Nichts ist so ungemütlich und unappetitlich wie halbleergegessene Teller, die kreuz und quer herumstehen und auf denen gar noch Zigarettenstummel her-umliegen. Gäste, die rauchen, sollten für Asche und Kippen die Aschenbecher benutzen. Wenn sie keine sehen, fragen sie den Gastgeber. Erfährt der Gast dabei, daß Rauchen hier nicht erwünscht ist, muß er sich wohl oder übel daran halten.

Narrenhände beschmieren Tisch und Wände. (Deutsches Sprichwort)

Auch wenn einem Gast etwas vom Teller auf den Boden gefallen ist, darf er sich bücken und den Schaden zu beheben versu-chen. Unter Umständen muß er die Hausfrau oder den Haus-herrn von seinem Mißgeschick informieren. Andere Gäste könnten nämlich auf dem Speiserest ausrutschen.

Wie ißt man was?

Wie in vielen anderen Bereichen ändern sich auch im Sektor Eßmanieren die Vorschriften des guten Tons. Vieles, was früher „unmöglich" war, ist heute durchaus erlaubt, anderes ist weiter-hin streng verpönt. Sehr viel öfter als früher darf man heute die Finger benutzen, und auch das Messer darf man ungenierter einsetzen. Da heute alle Messer verchromte Klingen haben, verlieren die Vorschriften, nach denen man bestimmte Speisen mit einem Messer nicht in Berührung bringen durfte, ihren Sinn. Die Klinge kann nicht mehr anlaufen, folglich kann auch der Geschmack der Speisen durch die Messerklinge nicht mehr beeinträchtigt werden.

Weiterhin strikte Gültigkeit hat die Regel, daß man nichts vom Messer direkt in den Mund nimmt und daß man die Gabel aus der Hand legt, während man etwas mit den Fingern zum Mund führt. Beides hat den Sinn, sich vor Verletzungen zu schützen. Aus diesem Grund nimmt man ja auch den Kaffeelöffel aus der Tasse oder dem Becher, ehe man trinkt.

Die Zahl der Sonderbestecke ist zwar überschaubar, der Umgang damit erfordert jedoch gelegentlich etwas Übung. Betrachtet man die Sache von einem eher pragmatischen Standpunkt, erkennt man, daß so manches Gerät überflüssig ist und vor allem dem Hersteller dient, der damit ein Geschäft macht. Wer privat Gäste zu sich einladen und kulinarisch verwöhnen möchte, muß sich deshalb nicht die Ausstattung eines Nobelrestaurants zulegen. Wie in vielen Bereichen des Lebens läßt sich auch hier improvisieren. Und wer sich mokiert, daß der Gastgeber kein Fischbesteck, kein Buttermesser, keine Kompottlöffel, keine unterschiedlichen Gläser für leichte und schwere Rotweine besitzt – nun, der ist schlicht und einfach ein unerzogener Gast.

Ananas und andere exotische Früchte

Niemand wird eine ganze Ananas als Nachtisch auf den Teller bekommen, denkt man sich so – und täuscht sich. Heute sind sogenannte Babyananasfrüchte im Handel, die nicht größer sind als eine Orange. Wer sie am Stück serviert, muß ein Obstbesteck dazu reichen. Mit dem Messer viertelt man die Frucht, löst das Fleisch von der Schale und ißt es mit der Gabel. Eine andere Möglichkeit besteht darin, halbierte Früchte zu reichen und dazu einen Grapefruitlöffel. Scheiben oder Stücke einer frischen großen Ananas serviert man eßfertig, so daß dazu ein Löffel gereicht werden kann.

Auch frische Mangos, Kakis und Kaktusfrüchte, Guaven, kleine Cantaloupemelonen, Papayas, Cherimoyas und Annonen (Zimtäpfel) werden halbiert zu Tisch gebracht und ausgelöffelt. Die Außenschale läßt man stehen, kleinere Kerne muß man eventuell entfernen.

Bei den Granatäpfeln mit ihrer extrem harten Außenhaut sind es gerade die roten Kerne mit ihrer zarten Fruchthülle, die man auslöffelt. Frische Feigen, ob grün oder blau, haben eine eßbare Schale. Dennoch kann man sie auch auslöffeln und die Schale liegenlassen.

Aber Vorsicht mit Exoten: Einige enthalten Stoffe, die sich mit Alkohol nicht vertragen, andere sind Auslöser von Allergien.

Zu beachten ist auch, daß keine exotische Frucht vollreif geerntet und dann erst auf die Reise geschickt werden kann. Was uns hier im Handel angeboten wird, sind auf der Reise nachgereifte Früchte, deren Geschmack deutlich abfällt gegenüber den Früchten, die man im Ursprungsland bekommen kann. Überlegen Sie, ob der Preis im Verhältnis zum gebotenen Geschmack steht, ehe Sie teure Exoten kaufen.

Äpfel

Wird, was heute selten vorkommt, ein roher, ungeschälter Apfel als Dessert gereicht, wird man ihm ohne Übung nur schwerlich so zu Leibe rücken können, wie es die hohe Schule des guten Tons verlangt. Die nämlich setzt voraus, daß zu der Frucht ein spezielles Obstbesteck gereicht wird. Mit der Gabel hält man den Apfel fest und schneidet ihn mit dem Messer in Viertel oder Achtel. Eventuell darf man den Apfel dabei auch mit der Hand auf dem Teller festhalten. Keinesfalls jedoch darf man ihn vom Teller weg in die Hand nehmen und durchschneiden. Während man die Teile mit der Gabel auf dem Teller hält, schneidet man das Kerngehäuse aus. Zum Schälen kann man die Stücke in die Hand nehmen. Die mundgerecht geschnittenen Häppchen werden dann mit der Gabel zum Mund geführt.
Angesichts dieser chirurgischen Prozedur auf den Genuß des Apfels zu verzichten ist in sogenannter guter Gesellschaft erlaubt. Ihn einfach in die Jacken- oder Handtasche zu stecken, um ihn später wie jeder vernünftige Mensch aus der Hand zu essen, leider nicht. Bekommt man allerdings bei Freunden oder guten Bekannten einen Apfel zum Nachtisch angeboten, darf man ihn in die Hand nehmen, durchschneiden, schälen (oder auch nicht) und die Viertel aus der Hand verzehren.

Der Apfel wird geteilt und das Kerngehäuse entfernt. Die mundgerechten Häppchen ißt man mit der Gabel

Aprikosen

Rohe Aprikosen zum Dessert werden wie Äpfel (siehe dort) mit dem Obstbesteck gegessen, doch kann man die zarte Haut dranlassen.

Artischocken

Sehr junge und entsprechend kleine Artischocken sind bei uns erst seit kurzem auf dem Markt. In Italien stellen sie schon seit den Tagen der alten Römer eine beliebte Delikatesse dar. Sie werden, ob fritiert oder gefüllt, ganz verzehrt, und zwar mit Messer und Gabel. Ebenso verfährt man mit (marinierten) Artischockenherzen und -böden aus Glas oder Dose.

Große gegarte Artischocken ißt man, indem man die Blättchen einzeln mit der Hand abzupft, leicht in die Sauce tupft und dann den fleischigen unteren Teil mit den Zähnen abzieht. Zwischendurch säubert man die Hände in der Finger schale

Große Artischocken werden im allgemeinen als Vorspeise mit einer feinen Vinaigrette oder einem Dip gereicht. Dieser Form der Artischockenzubereitung muß man mit den Fingern zu Leibe rücken, weshalb für jeden Esser eine Fingerschale mit warmem Wasser und einer Zitronenscheibe darin auf den Tisch gehört.

Die Blätter werden von außen nach innen von der gegarten Artischocke gezupft. Das fleischige untere Ende der Blätter taucht man in die Sauce und lutscht es aus, möglichst ohne auf dem Weg zwischen Dip und Mund zu kleckern und ohne beim Nuckeln allzu laute Geräusche zu machen. Man zieht den unteren Teil der Blätter durch die Zähne, kaut aber nicht darauf herum. Den Rest legt man auf einem zum Gedeck gehörenden Extrateller ab.

Hat man sich bis zum Boden der Artischocke durchgearbeitet, spült man sich die Finger ab und greift zum bereitliegenden Besteck. Man entfernt mit Messer und Gabel das ungenießbare Heu und ißt dann ebenfalls mit Messer und Gabel den besonders schmackhaften Boden, wobei man die Stücke ebenfalls wieder in die Sauce tauchen kann.

Aufläufe

Salzige Aufläufe ißt man je nach den Zutaten mit der Gabel oder, falls es etwas zu schneiden gibt, mit Messer und Gabel (siehe auch Pastagerichte).

Süße Aufläufe, die wohl selten bei festlicheren Anlässen als Hauptgericht gereicht werden, ißt man mit dem Löffel. Korrekt wäre es in einem solchen Fall, Löffel und Gabel wie für ein Dessert einzudecken.

Austern

Bei Austern, die roh aus der geöffneten Schale mitsamt dem Meerwasser, doch ohne irgendwelche Zusätze wie Zitronensaft, Salz oder Pfeffer verzehrt werden, darf nicht, bei ihnen muß geschlürft werden, meinen zumindest echte Gourmets. Menschen, denen jedwede Art von Eßgeräusch peinlich klingt, werden den Gebrauch der Austerngabel vorziehen. Die braucht man ohnehin, um das Muschelfleisch am Austernpunkt von der Schale zu lösen. Außerdem gibt es Austernfreunde, die nicht

Zuerst werden Austernpunkt und Bartrand mit der scharfen Seite der Gabel abgetrennt. Danach wird die Auster mit etwas Zitronensaft beträufelt und dann von der Muschel geschlürft oder mit der Austerngabel aufgenommen

nur Zitronensaft aufträufeln, sondern auch einen Tropfen Tabasco nicht ablehnen.

So oder so, der normale Duchschnittsmensch sollte sich jedenfalls nicht der Mühe unterziehen, die Austern selbst zu öffnen. Dazu braucht man ein kurzes, stumpfes, sehr stabiles Messer, zu Recht Austernbrecher genannt, für die eine Hand und einen möglichst dicken Handschuh für die andere. Daraus ergibt sich, daß man in Restaurants ohnehin nur bereits geöffnete Austern serviert bekommt. Und dort oder am Spezialitätenstand in der feinen Einkaufspassage sollte man sie auch essen, sofern man nicht ein besoderes Geschick zum Öffnen dieser Meeresfrüchte mitbringt und die nötigen Utensilien besitzt.

Bekommt man die Austern nicht roh serviert, sondern beispielsweise als Austerngratin in kleinen Förmchen, so ißt man das Gericht mit der normalen Gabel oder der Fischgabel.

Avocados

Werden halbierte, gefüllte Avocados als Vorspeise gereicht, gibt es als Besteck dazu meist eine Vorspeisengabel und einen Löffel. Beide Besteckteile kann man wahlweise benutzen, etwa zunächst die Gabel, um mit ihr die Füllung zu essen und dann den Löffel, um damit das weiche Fruchtfleisch auszulösen. Selbstverständlich darf man aber auch alles mit dem Löffel essen.

Die Gabel ist aus rein praktischen Gründen nicht so geeignet, weil man die harte, wenig geschmackvolle Avocadoschale nicht mitißt, sie aber bei dem Versuch, das Fruchtfleisch auszulösen, damit leicht durchstoßen würde.

Bananen

Eine rohe Banane zum Dessert wird meist in der Schale gereicht. In dem Fall schneidet man mit dem Obstmesser die Spitze weg und zieht einen Streifen der Schale ab. Nun kann man die Frucht mit Messer und Gabel aus der restlichen Schale essen.

Nur im Freundeskreis kann man rohe Bananen auch aus der Hand essen, wobei man sie zuerst rundum zur Hälfte abschält, so daß man die verbliebene Schale als natürlichen Fingerschutz benutzen kann.

Die Banane schält man mit dem Obstmesser, und das Fruchtfleisch wird dann mit Messer und Gabel gegessen

Flambierte oder gebackene Bananen, die man gern karamelisiert, mit Mandeln oder einer feinen Sauce als Dessert reicht, sind ganz oder mindestens zum Teil aus der Schale gelöst. Da sie sehr weich sind, ißt man sie ganz einfach mit dem Dessertlöffel.

Beeren

Sie werden meist bereits gesäubert und eßfertig, eventuell mit Zucker oder einer Zabaione gereicht und können demzufolge mit dem Dessertlöffel gegessen werden.

Frische Erdbeeren, an denen die grüne Kelchkrause belassen wurde, werden gern mit Streu- oder Puderzucker gereicht. Man nimmt sich von dem Zucker auf den eigenen Dessertteller, faßt die Erdbeere am Stiel, tupft sie in den Zucker und beißt sie ab. Den Stiel legt man auf dem Rand des Desserttellers ab.

Eine ungezupfte Traube Johannisbeeren wird man höchstens als Dekoration eines Desserts erleben. Ist man bei Freunden oder guten Bekannten zu Gast, darf man die Traube am Stil nehmen und die Früchtchen mit den Zähnen abzupfen.

Birnen (siehe Äpfel)

Bowlenfrüchte

Kleine Fruchtstückchen, die direkt in der Bowle schwimmen, trinkt man mit. Für größere Stückchen wird ein Holz- oder Plastikspieß oder ein kleiner Löffel bereitgelegt. Früchte in anderen Drinks, etwa die unvermeidliche grüne Olive im Dry Martini wird auf einen Spieß gesteckt und ins Glas gegeben. Wer mag, kann diese Früchte selbstverständlich essen.

Eine Ausnahme bilden an den Glasrand gesteckte Zitronen-, Limonen- oder Orangenscheiben. Sie sind ungeschält und als reine Verzierung gedacht.

Brot

Wird zu Vorspeisen ein kleines Brötchen, eine Kümmelstange oder ähnliches gereicht, so liegt dieses Gebäck bereits auf einem kleinen Tellerchen links oberhalb des Platztellers. Toastbrot sollte frisch aus einem Toaster kommen und erst bei Tisch aus einem Brotkörbchen gereicht werden. Man darf es mit den Fingern aus dem Brotkorb nehmen.

Gibt es zu diesem Toast oder dem Brötchen Butter, so erhält jeder Gast zu seinem Brotteller ein eigenes Messer. Die Butter kann als kleines Stück schon auf dem Brotteller liegen, oder es

Wird zur Vorspeise Brot gereicht, teilt man es in mundgerechte Stücke. Wenn es dazu Butter gibt, streicht man sie mit dem eigenen Buttermesser auf; kleine Vorspeisestückchen schiebt man mit einem Brotbröckchen auf die Gabel

wird eine Butterdose herumgereicht. Aus ihr bedient sich der Gast mit dem beigefügten Buttermesser. Gibt es keins oder hat einer der anderen Gäste vergessen, es zur Butterdose zurückzulegen, nimmt man kurzerhand und stillschweigend sein eigenes Messer. Der Gast schneidet sich damit ein angemessen großes Stück Butter ab und plaziert es bis zur weiteren Verwendung am Rande des Brottellers.

Das Brötchen wird nicht in der Mitte durchgeschnitten und bestrichen, auch der Toast wird nicht im ganzen gebuttert. Es werden vielmehr jeweils mundgerechte Stückchen abgebrochen. Auf die setzt man mit dem Messer kleine Butterreiterchen, ehe man sie mit der Hand zum Mund führt.

Als Todsünde gilt es in feinen Kreisen, Brot in die Suppe zu brocken oder mit Brot auf dem Teller verbliebene Sauce aufzuwischen (doch siehe hierzu Seite 163).

Toastscheiben und Brötchen zum Frühstück nimmt man mit der Hand aus dem Brotkorb. Man bestreicht sie im ganzen mit Butter. Konfitüre oder Honig kann man portionsweise auf den jeweils abzubeißenden Happen geben oder auch auf der ganzen Scheibe oder Brötchenhälfte verteilen. Dazu nimmt man die Konfitüre mit dem Löffel aus dem Glas oder Gefäß, in dem sie serviert wurde. Man fährt nicht mit dem eigenen Messer, an dem möglicherweise noch Butterreste kleben, die den Glasinhalt verderben könnten, hinein.

Ist die Brotscheibe sehr groß, was bei Grau- oder Vollkornbrot vorkommt, schneidet man sie auf dem eigenen Teller oder Frühstücksbrett erst einmal durch, bevor man sie bestreicht. Auch Frühstücksbrötchen sind gelegentlich unhandlich groß und haben noch dazu oft ein knatschiges Innenleben. Ist man privat zu Besuch, wird man das Brötchen essen, wie es ist. In Hotels, in denen zum Frühstück gleich ein Tischmülleimer gedeckt wird, in den all die Reste der zahllosen Miniverpackungen wandern, kann man auch das Füllsel eines Brötchens entsorgen. Unschön ist es in der Tat, wenn ein Gast die Masse herauspolkt und zwischen den Fingern knetet, um sie zu guter Letzt doch noch in den Mund zu stecken.

Werden auch Wurst und Käse zum Frühstück gereicht, so ißt man das Brötchen, das man damit belegt, aus der Hand. Das Brot dagegen kann man, muß man aber nicht, mit Messer und Gabel essen. Marmelade- und Honigbrote ißt man normalerweise nicht mit Messer und Gabel.

Belegte Brote zum Abendessen, die man sich am Tisch selbst streicht, behandelt man wie das Frühstücksbrot. Man nimmt die Scheibe mit der Hand vom Brotteller, legt sie auf den eigenen Teller und bestreicht sie mit Butter, wobei man sie mit der Hand festhält. Manche Menschen halten sie dabei mit der Gabel fest, was nicht sehr praktisch ist, denn das Brot kann leicht wegrutschen.

Das belegte Brot ißt man im allgemeinen mit Messer und Gabel, weil man vermeiden möchte, daß man fettige Finger bekommt. Eine Klappstulle macht man sich nur, wenn es die anderen am Tisch auch tun.

Werden belegte Brote, Schnittchen oder Sandwiches gereicht, so bekommt man dazu meist nur einen Teller und eine Serviette. Man ißt folglich aus der Hand.

Cocktailhappen (siehe Kanapees)

Chinesisches Essen (siehe Stäbchen)

Crêpes

Diese hauchzarten, meist gefüllten Pfannkuchen werden in süßer und salziger Variante gereicht. Salzig gefüllte Crêpes verspeist man nur mit der Gabel. Die rustikalere Variante, den Pfannekuchen, kann man dagegen getrost mit dem Messer schneiden, vor allem, wenn Speck oder Schinken mit eingebakken sind. ⌇

Zu süßen Crêpes wird ein Dessertbesteck gereicht, das aus Löffel und Gabel besteht. Man löffelt die weicheren Bestandteile des Desserts und benutzt für die Crêpes die Gabel.

Desserts

Cremespeisen, Flammeris, Eis und Parfaits, Fruchtgrützen, Gelees, Obstsalate und Fruchtkompotte ißt man allein mit dem Löffel. Kerne oder Steine vom Obst gibt man vom Mund auf den Löffel und plaziert sie auf dem Unterteller der Dessertschale. Um den letzten Rest der Fruchtsoße auslöffeln zu können, darf man den Teller ein wenig anheben, und zwar, so sagt die Regel, von sich weg.

Zu allen Desserts, die mit festen Bestandteilen kombiniert sind, wie beispielsweise mit Waffeln, Mürbeteigböden, Baiser, Blätterteig, Brandteig, Crêpes und so weiter, wird ein Dessertbesteck, bestehend aus Löffel und Gabel, eingedeckt.

Gibt es ein Gebäck zum Dessert, etwa Petits fours, kleine Törtchen oder Strudel ohne Vanillesauce, so wird eine Kuchengabel dazu gereicht. Für Strudel mit Vanillesauce braucht man zusätzlich einen Dessertlöffel.

Eier und Eierspeisen

Das weiche Frühstücksei wird üblicherweise mit der Spitze nach oben in den Eierbecher gestellt. Es darf, wenn man den Bogen raus hat, heutzutage geköpft werden. Man sollte also nicht unbedingt üben, wenn man irgendwo zu Gast ist, denn die Kunst besteht darin, den Dotter bloßzulegen, ohne daß er über die Schale läuft.

Ein – mit Verlaub – überflüssiger Firlefanz ist die Eischere, mit der man die Spitze des Eis abschneiden soll. Wer sich das Köpfen nicht zutraut, klopft die Schale an der Spitze mit dem Eierlöffel an und nimmt sie mit den Fingern ab. Die Schalen legt man auf den unteren Rand des Eierbechers. Hat der Becher keinen, versteckt man sie unter dem Ei.

Man ißt das Ei mit einem Eierlöffel, der nicht aus Silber sein sollte, weil das den Eigeschmack stark beeinträchtigt. Das heißt nun nicht, daß man Eierlöffel aus Perlmutt oder echtem Horn besitzen müßte. Plastik oder Edelstahl tun es in jedem Fall.

Die Schale des ausgelöffelten Eis umgedreht in den Eierbecher zu stecken, so daß es wie ein frisches Ei aussieht, ist ein beliebter Kinderscherz, den sich noch mancher Erwachsene gedankenlos leistet.

Eier aus dem Egg-Cobbler oder Eier im Glas ißt man mit dem Eierlöffel. Rührei, Spiegelei oder Omelett dagegen nur mit der Gabel. Eine Ausnahme bildet das englische „Ham and eggs" und Gerichte wie „Schnitzel Holstein" oder „Labskaus", zu denen ein Spiegelei gehört: Der mitgebratene Schinken, das Schnitzel, der Toast oder was immer müssen mit dem Messer geschnitten werden. Wer aber auch sein weiches Omelett oder sein Rührei mit Messer und Gabel essen möchte, soll das tun.

Erdnüsse und anderes Knabbergebäck

Kleine Knabbereien wie Salzstangen, Kräcker, Käsegebäck und so weiter stellt man in Schälchen und Behältern auf den Tisch. Der Gast bedient sich zwar mit der Hand, doch pickt man eher einzeln mit den Fingern aus der Schale, als daß man gleich mit der vollen Hand hineingreift. Salzstangen nimmt man einzeln oder paarweise, nicht gleich eine ganze Handvoll, als wären es Mikadostäbe. Jedem Gast gibt man eine Papierserviette, damit er sich klebrige oder fettige Finger daran abwischen kann, eventuell auch ein kleines Tellerchen als Zwischenablage.

Erdnüsse, genauso wie andere Nüsse oder Salzmandeln, stellt man in einer Schale mit Löffel auf den Tisch; ein chinesischer Porzellansuppenlöffel ist besonders geeignet, weil er einen hohen Rand und ein gutes Fassungsvermögen hat. Der Gast nimmt sich damit eine kleine Portion in die hohle Hand oder auf ein Tellerchen und ißt mit den Fingern. Wer den Trick nicht hundertprozentig beherrscht, sollte die Nüsse nicht einzeln in die Luft werfen und mit dem Mund auffangen.

Fisch

Fisch, der, egal ob gebraten, gedünstet, gekocht oder anders zubereitet, warm gereicht wird, ißt man mit dem Fischbesteck. Es besteht aus einer breiten, kurzen Gabel und einem stumpfen, leicht abgeschrägten Messer, das eigentlich besser Schieber genannt werden sollte, denn schneiden kann man mit diesem Instrument nichts, damit man damit nicht versehentlich eine Gräte durchtrennt und sie dadurch wirklich gefährlich macht. Zwei normale Gabeln können daher das Fischbesteck am allerbesten ersetzen. Wer privat zum Essen einlädt, aber weder Fischbestecke besitzt noch eine entsprechende Anzahl Gabeln, der legt ein normales Besteck auf und lacht nicht über den Gast, der klug genug ist, den Rücken und nicht die Schneide der Klinge einzusetzen, wenn der Fisch feine Gräten hat.

Bei einer Forelle schneidet man zuerst die Haut am Rücken ein und zieht sie auf der oberen Hälfte mit dem Fischbesteck ab. Dann hebt man vorsichtig das Filet von der Mittelgräte ab, die nun freiliegt und ausgelöst werden kann

Im ganzen gekochte Fische, etwa Forelle blau, ißt man folgendermaßen: Zunächst fährt man mit dem Fischmesser am Rücken entlang, um die Haut aufzutrennen und abzuheben. Man darf und kann die Haut allerdings auch mitessen. In diesem Fall löst man sie nicht ab. Sodann hebt man das obere Filet vorsichtig von der Mittelgräte, die dadurch frei liegt, so daß man sie nun auch abheben kann. Oder man dreht den Fisch auf dem Teller um und wiederholt den beschriebenen Vorgang. Es empfiehlt sich, erst das abgelöste Filet zu essen. Der Rest wird sonst zu leicht kalt. Feinschmecker vergessen nie, auch noch die Bäckchen der Forelle auszulösen.

Hat man eine Gräte in den Mund bekommen, solle man sie diskret und ohne Einsatz der Finger vom Mund auf die Gabel und von dort zum Tellerrand befördern – sagt der gute Ton. Wer je eine feine Gräte auf der Zunge kleben hatte, weiß, wie weltfremd dieser Rat ist. Ehe man sich an einer Gräte verschluckt – was, wie schon Wilhelm Busch drastisch zeigte, sehr übel enden kann! –, geht Vernunft vor gutem Benehmen: Man nimmt die Finger zu Hilfe.

Zu geräuchertem Fisch, ob Aal, Lachs, Makrele oder Stör, wird ebenso wie zu Rollmöpsen, Matjesheringen und anderen Fischen in Marinade immer ein ganz normales Besteck gereicht. Bei diesen Fischen besteht kaum eine Gefahr, eine gefährliche Gräte zu erwischen. Sie sind jedoch im allgemeinen viel zu fest oder haben doch, wie der Aal, eine zu ledrige Haut, als daß man ihnen mit einem Fischmesser beikommen könnte.

Fleischspieße

Bevor man zu essen anfängt, zieht man den Spieß heraus. Dabei hält man ihn am hinteren Ende fest. Sofern es sich um einen Metallspieß handelt, mit größter Vorsicht, denn der kann sehr heiß sein! Bei einem Holzspieß besteht diese Gefahr nicht. Man stellt den Spieß möglichst senkrecht und schiebt mit der Gabel Fleisch und Gemüse von ihm ab. Merkt man, daß die Fleisch- und Gemüsestücke sich nur schwer vom Spieß lösen, schiebt man sie von unten beginnend einzeln mit der Gabel vom Spieß. Lösen sie sich leicht, kann man alles auf einmal von oben her mit der Gabel vom Spieß drücken. In jedem Fall ist Behutsamkeit geboten. Manchmal hakt es erst ein wenig und plötzlich flutscht es wie toll – und zwar gleich über den Tellerrand auf die Tischdecke.

Fondue

Eine Zeitlang war Fondue, ob mit Fleisch, Fisch, Käse oder auch Schokolade, ein kulinarischer Renner. In jedem Fall braucht man Sondergeschirre und -bestecke: nämlich Fonduetopf und Rechaud sowie extrem langstielige, zweizinkige Fonduegabeln mit Holz- oder Porzellangriff. Fondueteller müssen nicht unbedingt sein, normale Eßteller tun es auch. Die Fonduegabel dient nur dazu, die Fleisch-, Fisch- oder Gemüsestücke im Fett beziehungsweise in der Brühe zu garen. Die gegarten Brocken nimmt man dann auf den Teller, von dem man sie mit dem normalen Besteck ißt. Es ist weniger unfein als vielmehr ziemlich gefährlich, die Fonduegabel in den Mund zu nehmen. Ihr metallischer Teil ist nämlich äußerst heiß.

Zum Käsefondue braucht man einen Caquelon. Das ist ein nicht zu flaches, glasiertes Steingut- oder Tongeschirr mit dickem Griff. Zünftige Käsefondueesser nehmen mit der eigenen Gabel einen Brotwürfel, den sie in die zähflüssige, sehr heiße Käsemasse tunken. Soll es feiner zugehen, macht man es wie beim Fondue und verwendet zwei Gabeln.

Zum Sukiyaki und mongolischen Feuertopf braucht man kleine Drahtsiebe und Stäbchen (siehe dort).

Geflügel

Geflügel, egal ob zarte Stubenküken oder Brahthähnchen, Gans, Truthahn oder Fasan, muß bei einem feinen Essen grundsätzlich mit Messer und Gabel bezwungen werden. Das ist

Geflügel wird grundsätzlich mit Messer und Gabel gegessen; ein gebratenes Hühnerteil ohne Sauce darf man aber auch in die Hand nehmen

insofern sinnvoll, als man meist Beilagen und im allgemeinen auch eine leckere Sauce dazu serviert bekommt. Nähme man das Geflügel in die Hand, müßte man das Besteck entweder mit fettigen Fingern anfassen, oder man müßte die Serviette extrem verschmutzen.

Wird nur ein saftiges Grillhähnchen serviert, was bei einem feinen Festessen wohl kaum der Fall sein dürfte, dann darf man selbstverständlich mit den Fingern essen. Allerdings nimmt man nicht die ganze Hühnerhälfte mit beiden Händen auf. Man löst vielmehr Teile, wie Flügel und Schenkel, ab und hält sie, wenn möglich, mit den Fingerspitzen nur einer Hand.

Gemüse (siehe auch Spargel)

Je nachdem, wie man besser zurechtkommt, darf man Gemüse mit der Gabel zerteilen oder mit dem Messer schneiden. Nur mit der Gabel zu Mus drücken, wie es manche Esser gern mit Erbsen tun, sollte man sie nicht. Das ist nur sinnvoll, wenn man, wie manche Engländer es grundsätzlich tun, die Gabel mit der Wölbung nach oben zum Mund führt. Da wir die Gabel immer mit der Wölbung nach unten benutzen, kann man auch Erbsen mit Hilfe des Messers in die Gabelkuhle schieben und dann, hoffentlich sicher, zum Mund führen. Leichter, als sie auf der Messerklinge zu balancieren, ist es allemal.

Hummer und Langusten

Im Restaurant bekommt man die schmackhaften Meerestiere ebenso wie bei einem umsichtigen Gastgeber so vorbereitet, daß der Verzehr keine Probleme macht. Als Sonderbesteck ist bei Tisch nur noch die lange Hummergabel nötig. Was zu schneiden und mit der Hummerzange zu knacken war, wurde hoffentlich schon in der Küche erledigt.

Das Fleisch aus dem Hummerschwanz wird mit Messer und Gabel gegessen. Mit der Hummergabel zieht man sodann das Fleisch aus den aufgeknackten Scheren, die man dazu in die Hand nimmt. Die Beine werden vom Hummerkörper abgedreht und in den Gelenken gebrochen. Sehr dünne Beine werden ausgesaugt, aus dickeren holt man das Fleisch mit der Hummergabel. Zum Schluß reinigt man sich die Finger in den Fingerschalen, die unbedingt auf dem Tisch stehen sollten.

Wenn die Scheren noch nicht abgetrennt sind, bricht man die kleine mit einem Ruck heraus; für die größere bedarf es einer Hummerzange. Mit der Hummergabel zieht man das Fleisch aus den Röhrenknochen. Das Fleisch aus dem Schwanz wird mit Messer und Gabel gegessen

Nach dem Essen säubert man die Finger in der bereit-stehenden Fingerschale

Kanapees

Sie sollten so klein sein, daß man sie auf einen Sitz in den Mund stecken kann – leider sind sie das nicht immer. Das heißt, man bekommt sie zwar zur Not mit einem Mal in den Mund, der ist dann aber so voll, daß man minutenlang mit Kauen und Schluk-ken beschäftigt ist. Wie unangenehm, wenn gerade dann ein anderer Gast kommt, der sich gern mit einem unterhalten möchte. Achten Sie als Gastgeber also darauf, kleine Häppchen vorzubereiten.

Auch wenn es die Häppchen bei einer Stehparty gibt, sollten immer Teller und Servietten bereitstehen. Spieße, mit denen irgendwelche Verzierungen festgesteckt waren, legt man auf diesem Teller ab oder auf einem Teller am Büffet, nicht in irgendeinem Aschenbecher.

Kartoffeln und Klöße

Kartoffeln, gleich auf welche Weise zubereitet, dürfe man nie-mals mit dem Messer schneiden, hieß es früher. Man müsse sie mit der Gabel zerkleinern, sonst, so lautete die drastische Mahnung, zerschneide man die Ehre der Hausfrau.

Der Grund für diese Regel war freilich ein anderer: Die nicht rostfreie Messerklinge lief an, wenn man Kartoffeln mit ihr schnitt, und gleichzeitig schmeckte die Kartoffel dadurch me-tallisch. Da das mit den heutigen Edelstahlklingen nicht mehr passieren kann, bin ich für einen gelegentlichen klaren Schnitt. Zum Beispiel bei Pommes frites, die manchmal in einer Länge auf den Teller kommen, die für den normalen Mund nicht verkraftbar ist, und die so kross fritiert sind, daß man sie ohne

Heute darf man Kartoffeln auch mit dem Messer schneiden

Mühe und Gefahr mit der Gabel nicht durchteilen kann. Gefahr insofern, als die doch etwas störrischen „Fritten" auf dem Teller hin und her rutschen, wenn man ihnen allein mit der Gabel zu Leibe rückt. Ehe man sich versieht, hat man schon drei oder vier aufs Tischtuch expediert. Mit der Hand allerdings darf man nur die Pommes frites essen, die man sich an der Bude geholt hat und die man direkt aus der Tüte verzehrt.

Auch kleine, im ganzen geröstete Kartoffeln schneide ich mit dem Messer durch, ehe sie mir beim Versuch, sie nur mit der Gabel zu zerteilen, vom Teller springen.

Ebenfalls ein schwerer Benimmfehler sei es, eine Kartoffel mit der Gabel in die köstliche Sauce zu quetschen. Auch das sehe ich nicht so streng. Ein kleines Stückchen Kartoffel abgeteilt, leicht in die Sauce gedrückt und dann mit der Gabel aufgenommen – das kann ich nicht schlimm finden. Unschön ist es nur, wenn jemand alle Kartoffeln, die er auf dem Teller hat, auf einmal in die Sauce quetscht und dann das Ganze noch kräftig mit den übrigen Gemüsen vermanscht.

Gebackene Kartoffeln werden in der Alufolie auf dem Teller serviert oder auf einem kleinen Extrateller gereicht. Meist mit etwas Butter, eventuell auch mit saurer Sahne oder Kräuterquark. Egal wie, es gibt einen kleinen Löffel dazu, mit dem man die Kartoffel ausißt. Die Schale läßt man samt Folie stehen.

Knödel und Klöße, ob auf Kartoffel- oder Mehlbasis hergestellt, wurden früher wie Kartoffeln behandelt: also niemals mit dem Messer geschnitten. Ein dicker, saftiger Knödel, der in einer schönen Fleischsauce schwimmt, ist so ziemlich das Glitschigste, was einem unterkommen kann. Wie oft sind schon saucentriefende Knödel über ein blütenweißes Damasttischtuch gekullert, nur weil der gute Ton gewahrt werden sollte. Wie viel sicherer ist es da, einen Knödel mit der Gabel zu halten, während man mit dem Messer davon abschneidet.

Käse

Er wird sowohl als Brotbelag gereicht als auch zum Abschluß
eines Menüs. Dementsprechend ändert sich die Art, wie man
ihn essen kann.

Hartkäse, der als Brotbelag gedacht ist, wird entweder schon in
Scheiben geschnitten aufgetragen, oder man legt einen Käseho-
bel dazu. So kann sich der Gast selbst nach Belieben Scheiben
vom ganzen Stück schneiden, die er sich dann auf das gebutterte Brot legt.

Hartkäse, der Bestandteil einer Käseplatte zum Abschluß eines
Menüs ist, wird dagegen nicht abgehobelt. Von ihm schneidet
man sich mit dem Käsemesser oder -beil, das auf der Käseplatte
liegt, ein Stück ab. Man nimmt das Stück auf den eigenen Teller
und ißt es mit Messer und Gabel, und zwar pur oder mit Brot,
das man dazu in mundgerechte Stücke bricht.

Weichkäse als Brotbelag streicht man auf, oder man schneidet
dünne Scheiben von ihm ab, die man unverstrichen aufs Brot
legt. Dienen Weichkäse als Menüabschluß, nimmt man wiederum kleine Portionen auf den Teller und ißt sie mit der Gabel
oder setzt mit dem Messer Reiter auf ein mundgerecht abgebro-
chenes Stückchen Brot.

Die meisten Käse kommen so auf den Tisch, daß man sie
verzehren kann, wie sie sind. Allerdings gibt es Menschen, die
die weiße Schimmelschicht eines Camemberts nicht mögen,
die einen Romadur erst schaben, die die schwarze Asche von
einem Schafskäse ebenso verdächtig finden wie die Weinblät-
ter, in die manche Ziegenkäsespezialitäten gehüllt sind. Es steht
jedem frei, vom Käse zu essen, was er mag. Die gelbe oder rote
Wachshaut über einem Geheimratskäse oder einem Gouda
wird niemand mögen.

Beim Zusammenstellen einer Käseplatte sollte man sich weitgehend an den Käsen eines Landes oder einer Großregion
orientieren, also nicht unbedingt einen englischen Sage Derby
(das ist ein Salbeikäse) zu vorwiegend italienischen Käsen
servieren. Hart- und Weichkäse einer Region kann man dagegen gut kombinieren, also neben einem Pecorino auch einen
Gorgonzola auf die Käseplatte legen.

Es sollten immer mehrere Sorten zur Auswahl stehen, es sei
denn, ein Käse verträgt seiner ausgeprägten Eigenwilligkeit
wegen keinen anderen Käse in seiner Nähe, wie etwa ein
Stilton, den man mit frischen Walnüssen, Portwein und Hafer-
mehlkräckern reicht.

Kaviar

Echter Beluga gehört wohl zum Edelsten und Teuersten, was man an Vorspeisen haben kann. Ob nun dieser vom Stör stammende schwarze oder graue Kaviar oder ob der rote Lachskaviar gereicht wird, in jedem Fall streiten die Gourmets und solche, die es sein wollen, wie man ihn zu essen hat. Nur in einem Punkt herrscht Einigkeit: Sehr gut gekühlt soll er sein, weshalb Kaviar in Restaurants in Spezialschalen auf den Tisch kommt, die auf gestoßenem Eis stehen. Aus diesen Schalen nimmt man sich kleine Portiönchen auf den Vorspeisenteller, wozu man natürlich einen speziellen Löffel braucht, dessen Schaufelteil aus Perlmutt oder Horn gefertigt ist.

Nun kann man den dazu gereichten Toast – andere bevorzugen Schwarzbrot – in mundgerechte Stücke brechen, buttern und

Man nimmt eine kleine Portion Kaviar auf den Teller, beträufelt ihn mit Zitronensaft und gibt ihn mit dem Spezialmesser aufs Brot

dann ein wenig vom Kaviar mit dem dafür vorgesehenen Spezialmesser mit Hornklinge auf das Brot geben. Man kann den
Kaviar aber auch pur essen, oder man ißt Brot und Kaviar
getrennt.

Werden Blinis (kleine Buchweizenpfannkuchen) zum Kaviar
gereicht, so ißt man mit Messer und Gabel.

Im allgemeinen werden nur die unedleren Sorten, wie etwa
Seehasenrogen und der blaßrote Forellenkaviar, mit Pellkartof-
feln, gehackten Zwiebeln und Ei gereicht. Auch dann ißt man
mit Messer und Gabel.

Diskret verschwiegen wird in allen Benimmbüchern, daß die
kleinen schwarzen Fischrogenperlen die Angewohnheit haben,
in winzigsten Zahnlücken sowie zwischen Zähnen und Zahn-
fleisch hängenzubleiben – einen ganzen Abend lang. Der
Champagner, den man dazu trinkt, spült sie nicht weg, es sei
denn, man bewegte ihn wie Zahnputzwasser im Mund, was
allerdings der gute Ton verbietet. Wer Kaviar gegessen hat,
sollte also möglichst nach dem Essen einen diskreten Blick in
einen Spiegel werfen und, wenn nötig, kurz den Mund mit
Wasser ausspülen.

Kirschen

Frische, helle Kirschen ißt man mit der Hand. Die Kerne bug-
siert man von der locker zur Faust gelegten Hand auf den
Tellerrand, man spuckt sie nicht direkt auf den Obstteller zurück. Handelt es sich um dicke, dunkelrote Herzkirschen, wird
ein umsichtiger Gastgeber Löffel bereitlegen, mit deren Hilfe
man sich der Kerne entledigt, denn sie würden in der Hand
häßliche Obstflecken hinterlassen. Gibt es keine Löffel, behilft
man sich, wie von Loriot empfohlen: Man speichert die Kerne
wie ein Hamster in den Backentaschen.

Klopse

Weiche Fleischzubereitungen, wie Königsberger Klopse, Frika-
dellen (Buletten) oder ähnliches, und Fleisch, das bereits in
mundgerechte Stücke geschnitten ist, wie Gulasch oder Ge-
schnetzeltes, werde nicht mit dem Messer, sondern mit der
Gabel zerteilt – hieß es früher. Und das ist meiner Meinung
nach ein alter Zopf. Nichts spricht dagegen, einen Klops mit

dem Messer zu zerteilen. Ein großer Gulaschbrocken ist oft ohne Messer überhaupt nicht zu bewältigen – es sei denn, das Fleisch ist so verkocht, daß es schon durch einen scharfen Blick zerfällt. Man hat ja ein ganzes Gericht mit Beilagen auf dem Teller, zumindest neben dem Fleisch noch Reis oder Kartoffeln. Nur mit der Gabel läßt sich längst nicht so gut essen wie mit Messer und Gabel, denn das Messer hat ja auch eine Art Schieberfunktion. Warum also soll man das Messer nicht auch zum Schneiden benutzen, wenn man es sowieso schon in der Hand hat? Das gilt übrigens auch für gefüllte Gemüse, beispielsweise gefüllte Paprika, die den Rezepten der neuen Küche entsprechend oft so zubereitet sind, daß das Gemüse noch Biß hat. Versuchen Sie einmal, einen noch bißfesten Paprika nur mit der Gabel zu zerteilen.

Konfekt

Pralinen darf man direkt aus der Packung anbieten, und der Gast darf mit den Fingern zugreifen. Abbeißen ist gefährlich, weil manche Praline, auch wenn sie nicht so aussieht, eine flüssige oder cremige Füllung hat. Pralinen aus der eigenen Herstellung eines Konditors werden im allgemeinen in Papier- oder Zellophantüten verkauft. Eine solche Tüte läßt man natürlich nicht unter den Gästen herumgehen. Man legt die Pralinen vorher in eine Konfektschale. Auch aus ihr dürfen sich die Gäste dann aber mit der Hand bedienen, man muß keine Zuckerzange oder gar eine besondere Konfektzange dazulegen. Das gilt auch für trockenes, nicht klebendes Kleingebäck.
Kandierte Früchte sind meist etwas klebrig und oft zu groß, als daß man sie in einem Stück in den Mund stecken könnte. Zu ihnen reicht man kleine Konfektgäbelchen. Holzspieße tun es aber auch.

Krebse

Ein Problem stellen Krebse nur dann dar, wenn sie frisch gekocht im ganzen auf den Tisch kommen. Da sie wie kleine Hummer aussehen, werden sie im Prinzip auch auf die gleiche Art verspeist, nur erledigt man die Arbeit bei Tisch selbst. Dabei kann es gehörig spritzen, und der rote Krebssaft macht wunderschöne Flecken. Zum Krebsessen bekommt der Gast deshalb eine spezielle Serviette, die wie ein Kinderlätzchen aussieht und auch so angelegt wird.

Dann geht's los: mit Fingern, Krebsmesser und Gabel. Zunächst bricht man dem Krebs den Schwanz ab. Dazu nimmt man ihn in die Hand, biegt den Schwanz nach oben und dreht dabei etwas. Rutscht das Fleisch dabei nicht schon von selbst heraus, schneidet man den Panzer an der Unterseite mit dem Krebs-messer auf. Beine und Scherenspitzen werden geknackt, indem man sie durch das Loch im Krebsmesser schiebt, dann kann man die Beine auslutschen. Die Scheren werden mit dem Krebsmesser aufgeschnitten.

Auf jeden Fall müssen zum Krebsessen Fingerschalen und ein Teller für die Abfälle bereitstehen.

Krevetten, Garnelen, Krabben

Diese kleineren Krustentiere werden meist fertig ausgepult zu Tisch gebracht. Kommen sie in der Schale auf den Tisch, darf man sie mit den Händen schälen und essen. Man hält die Garnele am Kopf, biegt den Körper gerade und zieht ihn mit einer Drehung aus dem Panzer. Bei größeren Exemplaren dreht man den Kopf ab, drückt auf den Panzer, um ihn zu lockern, und öffnet ihn dann. Auch hier werden Fingerschalen mit warmem Wasser benötigt.

Kuchen, Torten

Trockene Kuchen, also alle Rührkuchen, wie Zitronen-, Sand-, Marmorkuchen, oder auch Stolle, werden, so heißt es, mit der Hand gegessen, indem man auf dem Kuchenteller Bröckchen davon abbricht, die man dann zum Munde führt. Leider ist ein Kuchen, der so trocken ist, daß man auf diese Art mit ihm verfahren kann, eigentlich den Verzehr nicht wert. Abgesehen davon, daß auch trockene Kuchen oft einen dünnen Schokola-den- oder Zuckergußüberzug haben oder mit Puderzucker über-stäubt sind, enthalten sie Fett, manchmal auch Rosinen und ähnliches. Kurz und gut, meist hat man zum Schluß ziemlich klebrige Finger. Die Papierserviette hilft da wenig. Finger ablek-ken ist aber nicht erlaubt!

Ich reiche zu Gebäck – ausgenommen Weihnachts- oder andere Plätzchen – grundsätzlich einen Teller und Kuchengabeln. Wer die Gabel nicht benutzen möchte, kann es ja bleibenlassen, ich möchte sie benutzen.

Stücke von runden Kuchen und Torten kommen in Keilen auf den Teller, die von der Spitze zum dicken Ende hin zu verzehren sind. Es genügt, daß man das weiß, um sich im Notfall daran halten zu können. Wenn ich ein Stück Käsekuchen auf den Teller bekomme und ich sehe, daß hinten eine dicke, harte, wahrscheinlich wenig schmackhafte Teigkruste sitzt, dann esse ich diese zuerst, im Café lasse ich sie vielleicht sogar liegen.

Der Anschnitt eines Kastenkuchens, das dicke vordere oder hintere Ende, gehöre nicht auf die Kuchenplatte, habe ich gerade neulich erst wieder gelesen. Gut, wenn man pingelige Gäste erwartet, hält man sich daran. Es gibt aber Leute, die mögen gerade den Anschnitt besonders gern, weshalb ich immer frage, ob jemand vielleicht dieses Stück haben möchte. Oft stellt sich dabei heraus, daß es schade ist, daß der Kuchen nur zwei Enden hat.

Mais

Frische Maiskolben mit Butter und etwas Salz ißt man bei guten Freunden aus der Hand. Geht es fein zu, bekommt man zu den Maiskolben entweder zwei kleine dreizinkige Gabeln gereicht, oder in den Kolben stecken bereits Spieße, an denen man sie anfassen kann. Man führt die Kolben damit zum Mund und nagt die saftigen Körner direkt ab.

Mirabellen (siehe Kirschen)

Muscheln (siehe Schaltiere)

Orangen

Mit dem Obstmesser schneidet man die Schale ringsum jeweils vom Blütenansatz zum Gegenpol auf. Dann zieht man die Schalensegmente beiseite, so daß die Frucht wie auf den Schalenkranz gebettet liegt. Mit der Hand darf man die Fruchtsegmente voneinander trennen, doch führt man sie in feiner Gesellschaft mit der Gabel zum Mund (bei Freunden mit der

*Die Orange
wird mit dem
Obstmesser
geschält und
mit den Hän-
den zerteilt*

Hand). Vermutet oder sieht man Kerne in den Segmenten,
schneidet man sie vorsichtig auf und drückt die Kerne mit der
Gabel heraus.

Andere Zitrusfrüchte, wie etwa Grapefruit, werden eher zum
Frühstück gereicht. Die halbierte Frucht liegt auf einem Extrateller. Die einzelnen Segmente sind entweder schon mit einem
scharfen Messer angeschnitten, dann kann man sie mit einem
normalen Dessert- oder Kaffeelöffel aus der Schale heben. Oder
man nimmt einen besonderen Grapefruitlöffel, der eine scharfe
Innenkante hat. Wer mag, kann die Grapefruit mit Zucker
bestreuen.

Pastagerichte (siehe auch Spaghetti)

Italienische Nudelgerichte erfreuen sich auch bei uns immer
größerer Beliebtheit. Im allgemeinen werden sie nur mit der
Gabel gegessen, bei Spaghetti kann man einen Löffel zu Hilfe
nehmen.

Lange Nudeln, die sich nicht um die Gabel wickeln lassen, wie
etwa Makkaroni, werden mit der Gabel mundgerecht zerteilt,
wenn sie nicht ohnehin schon in kurzen Stücken auf den Teller
kommen.

Es gibt aber auch Nudelgerichte, zu denen ich grundsätzlich ein
Besteck auflege. Dazu gehören Lasagne und Cannelloni, Gerichte also, die im Ofen mit Käse überbacken werden. Sie
haben dadurch eine zwar leckere, aber auch feste, manchmal
knusprige Kruste, der man, allein mit einer Gabel ausgerüstet,
ziemlich hilflos ausgeliefert ist. Da das Messer ja nicht nur ein
Schneide-, sondern auch ein Schiebewerkzeug ist, kann man
solche Gerichte mit zwei Besteckteilen in der Regel einfach
besser essen.

Pasteten

Pasteten sind in Teig gegarte Farcen (Füllungen). Ohne Teigum-
hüllung in einer Steingut- oder Gußeisenform gegarte Farcen
nennt man Terrinen, oder, sofern die Umhüllung aus Fleisch,
Fisch oder ausgebeintem Geflügel besteht, Galantinen. Alle
drei können einen „Kern" haben, ein ganzes Fleisch- oder
Fischfilet zum Beispiel, bei Gänseleberpastete oft eine schwarze Trüffel.

Die Frage, ob man Pasteten nur mit der Gabel oder mit beiden
Besteckteilen ißt, kann also nicht einheitlich beantwortet werden. Die Antwort lautet: Es kommt darauf an. Gibt es etwas zu
schneiden, dann nimmt man das Besteck, sonst bedient man
sich nur der Gabel.

Bouchées (mit heißem Ragout gefüllte Blätterteigpasteten) ißt
man üblicherweise nur mit der Vorspeisengabel. Zu Bouchées,
die mit einem Fisch- oder Meerestierragout gefüllt sind, können
auch Fischbestecke eingedeckt werden.

Russische Piroggen, spanische Empanadas, indische Samosas,
und was es sonst an kleinen, teigumschlossenen Pastetchen
gibt, werden zu Wein und Bier gereicht und aus der Hand
gegessen. Papierservietten nicht vergessen!

Pfirsiche (siehe Aprikosen)

Diese Früchte (Pflaumen, Zwetschgen, Renekloden, frische Dat-
teln) sind meist zu groß, als daß man sie wie Kirschen auf
einmal in den Mund stecken könnte. Man schneidet sie mit dem
Obstmesser durch und führt die Hälften oder Viertel mit der
Obstgabel zum Mund.

Salat

Salat, so heißt es noch heute in fast allen Benimmbüchern,
dürfe nur mit der Gabel gegessen werden. Das ist, so wie Salate
heute oft serviert werden, ein undurchführbares Kunststück.
Kopfsalatblätter landen oft in voller Größe auf dem Salatteller.
So sie frisch sind, haben sie Spannkraft; wenn man diese
frischen Blätter nur mit der Gabel zusammenfaltet und auf-
pikst, springen sie meist, kurz bevor man sie in den Mund
stecken will, wieder auf. Es spritzt nach allen Seiten, das halbe

*Große Salat-
blätter kann
man heute
durchaus
mit dem
Messer klein-
schneiden*

Gesicht ist vom Salatblatt verdeckt, und man muß – mit Verlaub – das Maul aufreißen, damit man es hineinbekommt. Strenge Benimmexperten empfehlen, im Restaurant nach dem Ober zu rufen, den Salat in die Küche zurückgehen lassen und um mundgerechte Zerkleinerung zu bitten. Was für ein Trara! Ich finde, einen grünen oder gemischten Salat darf man mit Messer und Gabel essen. Und was immer sich im Salat befindet, das für einen einfachen Gabelhappen zu groß ist, darf man in kleine Stücke schneiden.

Oft wird im Restaurant der Salat, der zum Hauptgericht gehört, schon vorab serviert. Eigentlich, so heißt es, gehöre es sich nicht, diesen Salat bereits vorweg zu essen, da er ja nicht ausgesprochene Vorspeise, sondern Bestandteil des Hauptgerichts ist. Manche Menschen haben aber einen sehr triftigen Grund, den kalten Salat vorweg zu essen und sich dann dem warmen Hauptgericht zuzuwenden. Dieser Grund ist nicht ihr unbändiger Hunger, vielmehr haben sie Zähne, die auf heiß und kalt und besonders auf einen Wechsel zwischen den beiden sehr empfindlich und schmerzhaft reagieren. Ihnen – und allen anderen – sollte gestattet sein, die Speisen in der Reihenfolge zu verzehren, wie es ihnen angenehm ist. Also beispielsweise auch, den Salat bis zum Schluß aufzuheben und nach dem eigentlichen Hauptgericht zu essen.

Schaltiere (siehe auch Austern)

Austern sind die wohl edelsten unter den Muscheln. Große Pilger- und Jakobsmuscheln werden oft auf der eigenen Schalenhälfte, in cremiger Sauce überbacken, als Vorspeise gereicht. Man ißt sie entweder mit der Gabel oder mit einer Fischgabel direkt aus der Schale.

Für im Sud gekochte Miesmuscheln, die in der Schale serviert werden, braucht man kein Besteck. Man benutzt eine leere Muschel als Zange. Die erste Muschel kann man mit der Gabel auslösen. Wer lieber alle Muscheln mit der Gabel aus der Schale angelt, darf das selbstverständlich tun. Auch dabei wird die Muschel in der einen Hand gehalten.
Sind Mies- oder andere Muscheln Bestandteil einer anderen Fischzubereitung, ißt man sie mit dem passenden Besteck, also Gabel, Fischgabel oder Löffel.

Schinken

So köstlich roher Schinken schmeckt, so hartnäckig gebärdet er sich oft, wenn man ihn schneiden oder gar beißen will. Es ist daher erlaubt und ratsam, Schinken, den man zum Frühstücksbrötchen gereicht bekommt, mit Messer und Gabel zu essen. Das gebutterte Brötchen ißt man aus der Hand dazu.
Als Gastgeber reicht man nach Möglichkeit ein Messer mit Sägeschliff zu rohem Schinken.

Schnecken

Weinberg- oder Achatschnecken sind ebenso wie Froschschenkel heute bei uns eher verpönte Gerichte, denn die Tiere gehören zu den bedrohten Arten. Dennoch kommen sie, vor allem in Frankreich, noch oft auf den Tisch.
Für Schnecken braucht man spezielle Schneckenpfännchen. Das sind feuerfeste Geschirre mit meist sechs Vertiefungen. Außerdem benötigt man Schneckenzangen und kleine Schneckengabeln. Die Schnecken werden brutzelnd heiß direkt aus dem Ofen serviert. Sie liegen dabei in der eigenen Schale in den Vertiefungen und sind mit Kräuterbutter gefüllt.
Mit der Schneckenzange greift man nun ein Haus. Das muß man ein wenig üben, es passiert nämlich leicht, daß man das Haus nicht fest im Griff hat, besonders, wenn man die Zange verkehrt hält. Dann flutscht einem das Schneckenhaus weg. Hat man es aber fest im Zangengriff, läßt man erst einmal die heiße Butter in die Vertiefung des Tellers laufen. Dann fährt man mit der kleinen, zweizinkigen Gabel in das Haus und angelt die Schnecke heraus. Doch Vorsicht, sie ist wahrscheinlich sehr heiß! Die ebenfalls sehr heiße Butter darf man mit Brot auftun-

Schnecken müssen heiß gegessen werden! Man ergreift ein Schnecken-haus mit der Schnecken-zange und holt das Fleisch mit der Schnek-kengabel heraus

ken. Das Brot ißt man aus der Hand. Das leere Schneckenhaus legt man in die Tellerkuhle zurück. Manche Schneckenfans lassen die Kräuter-Knoblauch-Butter lieber auf einen Löffel laufen und essen sie ohne Brot.

Froschschenkel werden traditionell wie Hühnerbeine aus der Hand gegessen. Die abgeknabberten Knöchelchen legt man auf den Teller zurück.

Soufflés

Salzige Soufflés werden üblicherweise mit der Gabel gegessen. Zu süßen Soufflés wird dagegen ein Desserbesteck mit Gabel und Löffel gedeckt. Sie dürfen nach eigenem Gutdünken das eine oder andere Besteckteil benutzen.

Spaghetti (siehe auch Pastagerichte)

Es hat sich längst herumgesprochen, daß diese beliebte italienische Vorspeise wie im Herkunftsland selbst mit der Gabel, allenfalls mit Gabel und Löffel gegessen wird. In Italien serviert man Spaghetti in einem tiefen Teller, weil der Tellerrand die Funktion des Löffels übernimmt, nämlich der Gabel, die gedreht wird, um die langen Nudelfäden aufzuwickeln, einen Widerpart zu geben.

Man nimmt mit den Gabelzinken nur ganz wenige Nudeln auf, denn das Wickelpaket kann beachtliche Dicke erreichen, zumal bei echt italienischer Pasta, die etwa um das Doppelte länger ist als die üblichen deutschen Spaghetti. Hat man sich vertan und eine Rolle auf der Gabel, die man nur in den Mund bekäme, risse man ihn sperrangelweit auf, läßt man lieber die ganze Portion von der Gabel gleiten und fängt noch mal zu drehen an. Den Rest der Sauce und die übriggebliebenen kurzen Nudelstückchen nimmt man mit dem Löffel auf. Kindern bereitet es einen Mordsspaß, einzelne Nudeln schlabbernd in den Mund zu saugen. Erwachsene müssen sich, zumindest in Gesellschaft, dieses Vergnügen verkneifen.

Genauso wie Spaghetti ißt man auch die langen, flachen und schmalen Fettuccine und Taglierini genannten Bandnudeln. Die breiteren Papardelle kann man nicht mehr um die Gabel wickeln. Sie werden in Ziehharmonikamanier aufgespießt.

So handhabt man Gabel und Löffel beim Spaghetti-essen

Spargel

Die zarten weißen oder grünen Gemüsestangen durften früher niemals mit dem Messer geschnitten werden, wohl aber aß man sie mit der Hand. Man hob dazu die einzelne Spargelstange mit

Spargel darf man heute mit dem Messer schneiden und mit der Gabel zum Mund führen

Unterstützung der Gabel zum Mund, hielt sie dabei mit den Fingern am Ende fest, und aß sie in einem Stück vom Kopf zum Fuß, wobei man das eventuell spelzige Ende nur auslutschte. So kann man es heute auch noch machen, man muß aber nicht. Man darf Spargel heute mit dem Messer in Stücke schneiden, die man mit der Gabel zum Mund führt. Und man darf auch alle zarten Köpfe bis zum Schluß aufheben.

Stäbchen

Viele Gerichte der chinesischen, japanischen und anderer asiatischer Küchen werden mit Stäbchen gegessen. Chinesische Stäbchen sind hinten viereckig und vorne rund, aber stumpf. Japanische Stäbchen wirken etwas zierlicher und laufen vorn fast spitz zu.

Auch der Europäer kann die Handhabung dieses Eßbestecks lernen: Das erste Stäbchen wird wie ein Bleistift in die Daumenkuhle genommen, aber gegen den Ringfinger abgestützt. Dann nimmt man das zweite Stäbchen parallel dazu, ebenfalls wie einen Bleistift. Es wird von Zeige- und Mittelfinger geführt, der Daumen gibt Halt.

Zwar läßt sich mit Stäbchen, wenn man erst einmal mit ihnen umgehen kann, so präzise greifen, daß man ein einzelnes Reiskorn aufnehmen kann, dennoch ist es in China üblich, die Reisschale in die Hand zu nehmen, nahe an den Mund zu führen und den Reis mehr zu schaufeln als aufzunehmen. Fleisch, Fisch und Gemüse werden dann von den zahlreichen Platten auf dem Tisch mit den Stäbchen genommen.

In deutschen Chinarestaurants bekommt der Gast, der mit Stäbchen essen möchte, eine Schale, denn von einem flachen Teller kann man nur schwer mit Stäbchen essen. Wer es redlich versucht hat, aber dennoch nicht zurechtkommt, darf ungeniert um ein normales Besteck bitten.

Suppe wird ebenfalls in kleinen Schalen serviert und mit dem Porzellanlöffel gegessen. Auch das ist etwas ungewohnt und muß erst ein wenig geübt werden.

Dim Sums, kleine gedämpfte oder fritierte Teigtaschen mit Füllung, werden mit Stäbchen gegriffen und entweder ganz in den Mund gesteckt, oder man beißt einmal von ihnen ab. Eine Ausnahme bilden die ziemlich großen Frühlingsrollen. Sie werden bei uns mit der Gabel verspeist. Sollten sie sehr kross ausgebacken sein, darf man auch das Messer zu Hilfe nehmen.

Das erste Stäbchen in die Falte zwischen Daumen und Zeigefinger legen und mit dem kleinen und dem Ringfinger festhalten. Das zweite mit Daumen und Zeigefinger halten und mit dem Mittelfinger führen. Das obere Stäbchen muß frei beweglich sein, damit man die Speisen aufnehmen kann

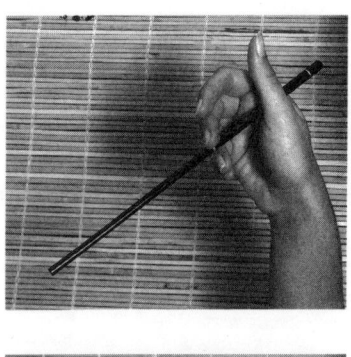

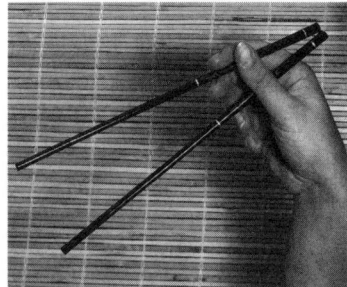

Weintrauben

Wird eine Schale mit Obst herumgereicht, auf der auch eine ganze Traube liegt, so trennt man von ihr mit der Hand oder mit der Traubenschere, sofern eine auf der Schale liegt, einen Stengel ab. Diesen kleinen Stengel Trauben legt man sich auf den eigenen Obstteller. Man zupft die einzelnen Beeren mit den

Fingern ab und führt sie zum Mund. Auch wenn es für Sterb-
liche verlockend sein mag, darf nur Gott Dionysos die ganze
Traube hochheben und mit dem Mund die Beeren von ihr
abzupfen. Kerne und eine zu harte Schale spuckt man aus, und
zwar zunächst in die zur lockeren Faust gelegte Hand. Von dort
befördert man sie an den Rand des Obsttellers.

Würstchen

Würstchen, die ohne Beilagen nur mit einer Semmel und einem
Klacks Senf gereicht werden, darf man aus der Hand essen. So
man hat, hält man sie dabei mit einer nicht fusselnden Papierserviette. Wird zu den Würstchen eine andere Beilage als eine
trockene Scheibe Brot oder ein Brötchen gereicht, also etwa
ein Kartoffelsalat, benutzt man für Beilage und Würstchen das
Besteck. Es sei denn, es wird einem alles auf Pappteller mit
Plastikbesteck vorgesetzt. So manches Plastikmesser, auch
wenn es eine Säge hat, ist der harten Pelle einer Rinds- oder
Rotwurst nicht gewachsen. Ehe man sich versieht, hat man den
Griff in der Hand und die Schneide auf dem Teller liegen. Dann
gabelt man kurz entschlossen die Beilage und nimmt das
Würstchen in die Hand.

*So ißt man
Wiener Würst-
chen (links)
und Weiß-
wurst (rechts)*

Zucker und Süßstoff

Zu Streuzucker gehört unbedingt ein Zuckerlöffel, mit dem man sich den Zucker aus der Dose in den Kaffee oder ein anderes Getränk tut, und zwar ohne den Löffel dabei in die Flüssigkeit zu tauchen! Man rührt nur mit dem eigenen Kaffeelöffel um. Würfelzucker dagegen kann ohne Löffel oder Zuckerzange auf den Tisch gestellt werden, man bedient sich mit den Fingern. Wirklich unsinnig ist eine Zuckerzange zu einzeln abgepackten Zuckerwürfeln.

Süßstoff sollte weder in flüssiger Form in Tropfflaschen auf den Tisch kommen noch in Pastillenform in den handelsüblichen Druckspendern. Das kann man machen, wenn man im häuslichen Rahmen unter sich ist. Für Gäste stellt man ein kleines Schälchen mit Süßstoffperlen auf den Tisch, aus dem man sich, wie beim Würfelzucker, mit der Hand bedienen kann. Es gibt aber auch winzig kleine Zangen für Süßstoff.

Im Restaurant

Restaurants sind Gelegenheiten, wo Wirte grüßen, Gäste bestellen und Kellner essen.
(Karl Kraus)

Man geht ins Restaurant, um rasch in der Mittagspause einen Happen zu essen, um mit dem Partner, mit lieben Bekannten oder Freunden ein exklusives Mahl zu genießen oder um Geschäftspartner zu einem Arbeitsessen einzuladen. Die Gastronomie bietet ein breitgefächertes Sortiment von Lokalitäten, es reicht vom Selbstbedienungslokal bis zum Nobelrestaurant mit Starkoch. Im einen kann man essen, im anderen wird gespeist. So jedenfalls scheint es gelegentlich, wenn man an blasierte Oberkellner gerät, die den Gast spüren lassen, daß sie es im Grunde als Zumutung empfinden, diesen Gast bedienen zu müssen. Zum Glück kommt das nur selten vor, meist trifft man auf sehr höfliches und zuvorkommendes Personal. Dennoch versteht es sich von selbst, daß man sich im Restaurant der Spitzenklasse ein wenig anders verhält als in der Dorfschänke oder im Gasthof.

Auch Damen laden ein

Die üblichen Benimmfibeln gehen grundsätzlich davon aus, daß bei einem Restaurantbesuch mindestens ein Mann dabei ist und folglich ein Mann auch die absolute Führung hat. Er führt zum Tisch, er bestellt, er wählt den Wein, er zahlt. Zwei oder mehrere Damen allein im Restaurant oder gar eine Dame allein, das kommt in den Büchern nur in der Fußnote vor. Im richtigen Leben dafür um so öfter.

Vor allem gibt es heute immer häufiger die Dame als Einladende, beispielsweise zum Geschäftsessen mit mehreren Herren. Das bedeutet nicht nur für die Ober eine Umstellung. Lediglich die beteiligten Damen empfinden es schon lange als völlig normal, daß sie, je nach Situation, die Regie übernehmen.

Wer hat den Vortritt?

Nach den Regeln der alten Schule ist schon das Betreten des Restaurants – zumindest in Deutschland – eine kleine Zeremonie. Im Ausland ist man gemeinhin etwas praktischer und unzeremoniöser. Kommt ein Paar allein, so öffnet der Herr der Dame die Tür. Sie geht vor, doch nur um dem Herrn gleich hinter der Tür ihrerseits wieder den Vortritt zu lassen, denn das Innere des Lokals gilt als unbekanntes Territorium. Der Mann aber ist der Kundschafter, der als erster das gefährliche Gelände zu sondieren hat.

Selbstverständlich hat er einen Tisch vorbestellt. Von dieser Voraussetzung gehen alle Benimmbücher aus. Die spontane Entscheidung, essen zu gehen, gibt es bei wohlerzogenen Leuten offensichtlich nicht. Er hat also reservieren lassen und muß nun dem Kellner, der herbeigeeilt kommt, seinen Namen sagen und für wie viele Personen er den Tisch bestellt hat. Dann geht der Kellner voran zum Tisch, ihm folgt die Dame, der Herr bildet das Schlußlicht.

Sollten es zwei Paare sein, die zusammen das Lokal betreten, so hält ein Herr die Tür auf, dann gehen die beiden Damen hinein, zuletzt der zweite Herr. Die Parade zum Tisch behält dann diese Formation bei. Allerdings nur, wenn kein Kellner die Führung übernimmt. Kommt aber ein dienstbarer Geist des Hauses und führt die Gesellschaft, so hat die ranghöhere Dame hinter dem Kellner zu gehen. Ihr folgt der ihr zugehörige Herr, diesem die nächste Dame und wieder ein Herr.

Mit der Zeit berauben uns die Maschinen zweier Dinge, die sicherlich zum wesentlichen Bestandteil des Menschenglücks gehören: der Spontaneität und der Abwechslung. (Bertrand Russell)

Heute kann es sein, daß die Dame den Tisch auf ihren Namen bestellt hat. Folglich erscheint es sinnvoll, daß sie den Kellner informiert, also auch innerhalb des Lokals vorgeht. Vielleicht war es auch nur ihr spontaner Vorschlag, noch irgendwo essen zu gehen. Warum sollte sie dann nicht vorangehen und einen Tisch wählen? Schließlich hat sie ja auch eingeladen.

Wenn zwei Frauen ein Restaurant besuchen, dann werden sie kein langes Trara darum machen, welche von beiden das Lokal als erste betritt. Es wird ihnen wichtiger sein, daß sie einen guten Tisch bekommen, der nicht direkt neben der Küchen- oder Toilettentür steht. Leider kommt es noch immer vor, daß man vorwiegend Damen, die ohne Herrenbegleitung kommen, an solch ungünstige Tische zu plazieren versucht. Frau darf, wenn genügend freie Tische zur Verfügung stehen, energisch dagegen Einspruch erheben!

Die Garderobe

Je später der Abend, desto schöner die Gäste. (Deutsches Sprichwort)

Ob man zuerst den Mantel an der Garderobe ablegt oder erst zum Tisch geht, hängt von der Größe des Lokals und der Entfernung zur Garderobe ab. Aber auch davon, ob man einen Tisch reserviert hat. Kann man von der Garderobe aus das Lokal nicht einsehen und hat man keinen Tisch bestellt, schaut man erst einmal, ob überhaupt ein Tisch frei ist, ehe man den Mantel auszieht.

Der freundliche Herr hilft zunächst der Dame aus dem Mantel. Er überläßt das möglichst nicht dem Ober. Erst dann legt er den eigenen Mantel ab. Ist der Herr jedoch in Begleitung von zwei oder mehr Damen, darf er sich gern vom Ober helfen lassen. Er selbst wendet sich der ältesten Dame zu, nicht der, die seinem Herzen vielleicht am nächsten steht.

Sind die Gäste bereits beim Tisch, nimmt der Herr der Dame den Mantel ab, geht zur Garderobe und zieht dort erst den eigenen Mantel aus. Zwei Damen allein verhalten sich im Prinzip genauso. Entweder legen sie beide gleich an der Garderobe die Mäntel ab, wobei die eine der anderen bei erheblichem Altersunterschied behilflich sein kann, gelegentlich kommt aber auch ein Ober zu Hilfe. In keinem Lokal sieht man es gerne, wenn die Gäste ihre Mäntel einfach über die Lehne des Nachbarstuhls legen.

Auch ist es heutzutage unüblich, daß die Frau in einem feinen Speiselokal den Hut aufbehält. Im Café, im Selbstbedienungslokal, im Gasthof kommt es vor und niemand schert sich drum. Allemal als ungehörig gilt es allerdings, wenn der Herr mit den Händen in den Hosentaschen das Lokal betritt oder so durchs Lokal geht. In der Bierkneipe mag er das tun, wenn er glaubt, es diene seinem Image, daß er wie ein Westernheld durch den Saloon schreitet.

Die Sitzordnung

Wie ein Paar sich setzt, ob nebeneinander, übereck oder gegenüber, ist Geschmackssache. Eine bindende Vorschrift gibt es nicht. Man wird sich vernünftigerweise so setzen, daß es für beide bequem ist, jeder genügend Platz hat und keiner im Zug sitzt. Für eine Unterhaltung ist die Sitzordnung übereck oder gegenüber angenehmer, weil man den Partner dann nicht nur hören, sondern auch sehen kann. Ebenso können zwei Paare sich setzen, wie sie mögen.

Auch im Restaurant rückt der Herr der Dame den Stuhl zurecht (siehe Seite 149). Doch darf auch hier der Kellner zu Hilfe eilen, sollte ein Herr in Begleitung zweier oder mehrerer Damen sein. Wie schon oben erwähnt, wird das Stühlerücken heute nicht mehr so ernst genommen. Viele, zumal jüngere Frauen, legen keinen Wert mehr darauf, manchen ist es geradezu lästig. Ein ebenfalls recht alter Zopf ist das höfliche Aufspringen aller Herren am Tisch, wenn die Dame aufsteht. Bei einem einzelnen Herrn, der das Aufstehen nur andeutet, sich aber nicht zu voller Größe erhebt, fällt es nicht so auf. Doch denken wir an das Beispiel der Geschäftsfrau, die mit drei Herren zum Essen geht. Nach dem Hauptgang möchte sie vielleicht das Lippenrot korrigieren, will das aber nicht am Tisch tun (siehe dazu auch Seite 171). Sie entschuldigt sich und steht auf, um zur Toilette zu gehen, und alle drei Herren springen auf wie ein Mann. Sobald sie zurückkommt, noch einmal das gleiche Schauspiel. Das Aufsehen, das dadurch erregt wird, hat etwas Peinliches. Behalten Sie also ruhig Platz, meine Herren!

Alte Zöpfe schneidet man am besten in der Öffentlichkeit ab, dann jammern die davon Betroffenen am wenigsten. (Theodor Fontane)

Am Tisch mit Fremden

In einem eher schlichten Lokal in England sah ich einmal ein Schildchen auf dem Tisch, auf dem zu lesen stand: „This is not the Ritz." Ich begriff die Bedeutung der Notiz in dem Augenblick, als der Kellner zwei weitere Gäste an unseren Tisch führte, die, ohne zu grüßen, Platz nahmen.

Die Engländer stehen in dem Ruf, abweisend, kühl, arrogant und auf Distanz bedacht zu sein. Das Schild auf dem Tisch machte deutlich: „So fein, wie das Ritz sind wir nicht. Sie müssen schon damit rechnen, daß Sie keinen Tisch für sich alleine haben."

Daß man trotzdem Abstand wahren kann, zeigten die beiden Herren, die an unseren Tisch gesetzt worden waren. Obgleich auch ich mit meinem Begleiter – selbst Engländer – Englisch sprach, fiel zwischen den Neuankömmlingen und uns kein einziges Wort. Ja selbst mein Lächeln und grüßendes Kopfnicken wurde nicht erwidert. Ich fürchte, diese Geste war in ihren Augen sogar ein Fauxpas. „We hadn't met" – wir waren uns eben nicht vorgestellt worden. Auch mein Begleiter übrigens würdigte die Hinzugekommenen keines Blickes. Es war also, als säßen sie an einem eigenen Tisch.

In einem feinen Lokal der gehobenen Klasse wird es kaum geschehen, daß man Ihnen weitere Gäste mit an den Tisch setzt. In einem Mittelklasserestaurant kann es sein, daß man Sie fragt, ob es Ihnen etwas ausmacht, wenn noch ein oder zwei Gäste dazukommen. Sie können das ablehnen, sehr freundlich ist es allerdings nicht. Manchmal fragen auch Gäste selbst, ob sie sich dazusetzen dürfen. Je nach Gelegenheit wird man es gestatten.

Ist man selbst in der Situation, noch einen Platz zu suchen, so ist das heute vor allem für eine Frau, die allein unterwegs ist, zum Glück keine kompromittierende Angelegenheit mehr. Die Sitten haben sich sehr geändert. Früher hätte eine Frau ein Lokal, in dem nur an „Herrentischen" noch Plätze frei waren, unverrichteter Dinge verlassen müssen. Sie hätte ihren Ruf gefährdet, hätte sie von sich aus einen Herrn angesprochen und gefragt, ob an seinem Tisch noch ein Platz frei ist. Zwar kann es ihr heute auch noch passieren, daß sie sich in einem solchen Fall gegen „Einladungen" wehren muß. Sie kann jedoch von einer ganz anderen Basis aus operieren und höflich, im Zweifel aber auch sehr energisch ablehnen.

Lediglich in Zugrestaurants braucht man eigentlich nicht zu fragen, ob man sich dazusetzen darf. Die Kapazität des Raumes ist so beschränkt, daß ständig Fremde miteinander am Tisch sitzen. Dennoch freundlich zu grüßen, sei es mit Worten, sei es auch nur mit einer Geste, schafft nicht nur eine nettere Atmosphäre, sondern ist ganz einfach auch höflicher.

Verabredungen im Restaurant

Hat man sich im Restaurant verabredet, so ist derjenige, von dem die Einladung ausgeht, zu absoluter Pünktlichkeit verpflichtet. Ist ein Herr mit einer Dame verabredet, kommt er möglichst ein wenig vor der Zeit und wartet, wenn es nicht gerade in Strömen gießt, vor dem Lokal. Einen Herrn kann er immer im Lokal erwarten. Selbstverständlich kann die Dame heute ungeniert allein in das Lokal hineingehen, dem Kellner sagen, sie sei mit einem Herrn Soundso verabredet, und er möge sie doch bitte zum reservierten Tisch führen – der in diesem Fall hoffentlich in der Tat vorbestellt wurde.

Grundsätzlich kann derjenige, der zuerst kommt, ins Lokal hineingehen und dort auf den oder die anderen warten. Als Wartender darf man sich einen Aperitif oder sonst ein Getränk bestellen und auch schon einen Blick in die Speise- und Weinkarte werfen. Mit der Bestellung allerdings wartet man, bis alle Verabredeten versammelt sind.

Jemanden in einem Lokal unverhältnismäßig lange warten zu lassen ist grob unhöflich. Wie bei der privaten Einladung versucht man in jedem Fall, das Restaurant anzurufen und dem wartenden Gast ausrichten zu lassen, daß man sich verspäten wird. Wer länger als zwanzig Minuten gewartet hat, darf entweder schon für sich bestellen oder gehen.

Pünktlichkeit ist ein gutes Training für das Alleinsein. (Georg Thomalla)

Unerwartete Bekannte

Es kommt immer mal vor, daß man in einem Restaurant unerwartet Bekannte oder Freunde antrifft. Wie verhält man sich in dieser Situation am besten?

Sind es enge, sehr gute Freunde, wird man sich eventuell mit ihnen zusammensetzen. Sind es Bekannte, so verschafft man sich erst rasch einen Überblick über die Situation: Essen sie bereits? Dann grüßt man mit einem Kopfnicken, falls man direkt am Tisch vorbeigeht mit einem „Guten Abend", doch ohne stehenzubleiben. Würde man stehenbleiben, müßten die Bekannten ihr Essen unterbrechen, der Herr müßte sogar aufstehen. Sieht man freilich, daß die Bekannten noch auf ihr Essen warten, dann kann man einen Augenblick an ihrem Tisch verharren, sich gegebenenfalls auch die Hand geben.

Ist an einem Tisch eine Runde versammelt, aus der man nur eine Person kennt, so geht man nicht zu diesem Tisch hin. Der

eine Bekannte wäre sonst verpflichtet, die ganze Runde vorzustellen. Man grüßt von fern.

Bemerkt man die Bekannten erst, nachdem man selbst schon
am eigenen Tisch Platz genommen hat, genügt ebenfalls ein
Lächeln und Kopfnicken. In jedem Fall ist es ein stummer
Gruß, eventuell kann man sich zutrinken. Niemals jedoch grüßt
man laut, gar noch mit Namensnennung, quer durchs Lokal.
Und man ist auch nicht verpflichtet aufzuspringen und an den
Tisch der Bekannten zu eilen, schon gar nicht, wenn man sieht,
daß am anderen Tisch bereits gegessen wird.

Die Bestellung

*Das Teuerste
ist nicht
immer
das Beste.
(Deutsches
Sprichwort)*

Es soll Restaurants geben, in denen zwei verschiedene Speise-
karten vorgelegt werden: solche mit Preisangaben für den
Herrn, solche ohne Preisangaben für die Dame. Auch die Dame,
die nicht zahlt, darf wissen, was die Chose kostet. Nicht, um zu
sehen, wieviel sie dem Herrn wert ist, sondern, um eventuell
auf seine Situation Rücksicht nehmen zu können. Zahlt die
Dame, muß sie erst recht wissen, mit welchem Endbetrag sie
in etwa zu rechnen hat.

Meist fragt der Kellner, wenn er die Karte bringt, ob ein Aperitif
gewünscht wird. Man kann sich dann in Ruhe dem Studium
der Karte widmen, während man seinen Sherry trinkt.

Handelt es sich um eine erste (private) Einladung ins Restaurant, sollte der Eingeladene ganz besonders aufmerksam sein
und sich nach dem Gastgeber richten. Sagt dieser beispielsweise nichts von einer Vorspeise, sondern schlägt gleich eines der
Hauptgerichte vor, so sollte man als Eingeladener nicht erst den
Hummercocktail und dann ein Kräutercremesüppchen bestellen, ehe man zum Hauptgericht kommt. Ist eine Vorspeise
durchaus im Rahmen des Budgets des Einladenden, mangelt es
ihm selbst nur am rechten Appetit, so schlägt er eine Vorspeise
vor, sagt aber, daß er selbst keine nehmen möchte. Noch besser
wäre es, er nimmt selbst etwas Leichtes, wenig Sättigendes.
Ähnlich verhält es sich mit dem Hauptgericht. Auch hier macht
der Einladende einen Vorschlag, der in etwa den Rahmen
absteckt. Als Gast muß man auf den Vorschlag nicht eingehen,
man wählt allerdings auch nicht das teuerste Gericht, wenn der
Vorschlag des Gastgebers deutlich darunterlag.

Die Absprache mit dem Partner ist auch in bezug auf das
Getränk nicht ganz unwichtig. Möchte man zum Essen einen

Wein trinken und werden keine offenen Weine ausgeschenkt, so ist es ungünstig, wenn der eine sich für Hirschbraten, der andere für Forelle blau entscheidet. Denn der eine würde zu seinem Hauptgericht wahrscheinlich einen Rotwein, der andere einen trockenen Weißwein wählen. Keinesfalls jedoch bevormundet der Einladende seinen Gast. Er macht, wie gesagt, Vorschläge: „Was würden Sie von dem Entrecôte für zwei Personen halten?" Gelegentlich finden sich Menükarten, auf denen die Gerichte mit französischen oder italienischen Namen ohne Übersetzungen aufgeführt sind. Selbstverständlich kann man den Ober um eine Erläuterung bitten. Ein höflich und mit Interesse gefragter Kellner ist sicher bereit, einem Gast Auskunft zu geben und ihn zu beraten. Es kann einem aber auch wie Evelyn Hamann und Loriot in „Ödipussi" ergehen, die sich im piekfeinen Lokal erkundigen, welches Gericht sich hinter einem komplizierten französischen Namen verbirgt. Der leicht blasierte Ober verspricht, sich zu informieren und kommt mit einem ebenso komplizierten, nur anderen französischen Namen zurück. Die beiden sind so klug als wie zuvor.

Was ein richtiger Musiker sein will, der muß auch eine Speisekarte komponieren können. (Richard Strauß)

Es ist üblich, Vorspeise und Hauptgericht zusammen zu bestellen, denn in der Küche muß nun haarscharf koordiniert werden, weil in einem guten Lokal alle Gäste eines Tisches ihre Speisen möglichst gleichzeitig aufgetragen bekommen, selbst wenn sie verschiedene Gerichte gewählt haben. Hat man allerdings etwas ausgesucht, das in der Zubereitung aufwendig ist und deutlich mehr Zeit braucht als die anderen Gerichte, wird der Kellner darauf aufmerksam machen. Das Dessert wählt man meist erst, nachdem man das Hauptgericht verzehrt hat. Erst dann kann man entscheiden, ob für eine Süßspeise, für Obst oder Käse überhaupt noch Platz ist.

Heutezutage darf bei der Bestellung jeder Gast seine Wünsche dem Kellner selbst vortragen. Hat man sich mit einem Partner abgestimmt, kann natürlich auch einer der beiden die Bestellung für beide aufgeben. Man nennt dabei das, was der andere gewählt hat, zuerst, dann seine eigenen Wünsche. Sitzt eine größere Runde am Tisch, wäre es ohnehin etwas viel verlangt, sollte der Einladende erst alle Bestellungen auswendig lernen. Vor allem, wenn man zu einem Gericht eine Frage hat, ist es besser, man fragt selbst.

Noch immer ist es weit verbreitet, daß der Ober dem Herrn die Weinkarte reicht. Es soll aber Herren geben, die von Wein rein gar nichts verstehen, und Damen, die ausgesprochene Weinkennerinnen sind. Ich finde, es ist am vernünftigsten, daß derjenige, der am meisten davon versteht, den Wein wählt. Ist das die Dame, so wird der aufmerksame Ober auch ihr die Flasche vorzeigen, damit sie Etikett und Jahrgang prüft, und sie den Probeschluck nehmen lassen.

Kommen wir noch einmal auf die eingangs erwähnte Situation zurück: Eine Dame hat zwei oder drei Herren zu einem Geschäftsessen eingeladen. Dem Ober ist klar, die Dame ist Gastgeberin. Nun möchte er es ganz korrekt machen und reicht ihr die Weinkarte. Eins rauf für den Ober! Doch der Teufel will's, daß die Dame zwar etwas von Immobiliengeschäften, aber nichts von Wein versteht. In dem Fall darf sie gerne fragen: „Wer von den Herren ist Weinkenner?" und ihm dann die Karte reichen. Und sollte niemand in der Runde wirklicher Kenner sein, darf sie auch den guten Rat des Obers einholen.

Servieren und nachnehmen

Je nach Noblesse der Lokalität bekommt der Gast die Speisen vorgelegt. In einfacheren Gasthäusern und schlichteren Restaurants, in der Pizzeria, beim Griechen, Spanier, Türken und im Chinarestaurant werden im allgemeinen entweder portionierte Teller aufgetragen oder Platten, auf denen das Bestellte arrangiert ist. Der Gast ist gehalten, sich selbst je nach Appetit aufzutun und nachzunehmen.

Auch vom Wein, sofern man eine Flasche oder eine Karaffe vom offenen bestellt hat, schenkt man sich selbst nach.

Zu oft mit der Faust auf den Tisch schlagen bekommt der Faust schlechter als dem Tisch. (Willy Brandt)

In Restaurants der gehobenen Klasse legt der Ober von den Platten, die auf einem Beistelltisch stehen, dem Gast vor. Der Beistelltisch ist so weit weg, daß der Gast sich ohne aufzustehen nicht nachnehmen kann. Doch behält das Personal im allgemeinen alle Tische so gut im Blick, daß niemand vor einem leeren Teller sitzen muß. Möchte man von einem Gericht noch einmal nachnehmen, legt man das Besteck gekreuzt auf den Teller. Der Ober nimmt den Teller dann und legt dem Gast neu auf. Eventuell bekommt man sogar für die zweite Portion einen neuen, frisch angewärmten Teller. Sämtliche Teller werden von rechts angereicht und von dieser Seite auch wieder abgedeckt. Von links dagegen bekommt man die Platten angereicht, von denen man sich dann selbst bedient.

Der Wein wird ebenfalls von rechts ein- und nachgeschenkt. Man darf aber auch darum bitten, daß der Wein in eigener Reichweite steht, so daß man sich selbst bedienen kann.

Übrigens ist es erlaubt, mit einem freundlichen Lächeln und/oder einem „Dankeschön" die Aufmerksamkeit des Kellners zu quittieren. Und das darf jeder einzelne Gast für sich tun. Die Zeiten, in denen die Dame stumm dabeisaß, während allein der Herr mit dem Kellner kommunizierte, sind endgültig vorbei. Auch die Zeiten, als Kellner reines Dienstpersonal waren, dem man Anweisung gab, das man aber ansonsten wie Luft behandelte.

Wenn es ein wenig eng zugeht und das Personal nur schwer an die Gäste herankommt, ist es kein Verbrechen, dem Kellner den Teller anzureichen, obwohl manche Leute glauben, Personal sei Personal und es müsse gefälligst sehen, wie es seine Aufgabe erfüllt. Solche Leute neigen sich häufig nicht einmal ein wenig zur Seite, um Platz zu machen und so einem Kellner seine Arbeit zu erleichtern.

Normalerweise wird in sehr guten Restaurants darauf geachtet, daß alle Gäste am Tisch ihr Essen etwa zur gleichen Zeit serviert bekommen. Manchmal ist das wegen der unterschiedlichen Garzeiten der Speisen nicht gewährleistet. Wer zuerst bedient wurde, legt nicht gleich los, sondern wartet. Ein höfliches, aufmerksames Gegenüber wird dann erlauben, daß man schon zu essen anfängt. Geschieht das nicht und fürchtet man, das eigene Essen könne kalt werden, darf man fragen: „Stört es Sie, wenn ich schon anfange?"

„Waren die Herrschaften zufrieden?"

Ist man fertig mit Essen und möchte man nichts mehr nachgereicht bekommen, legt man die Besteckteile parallel zueinander auf dem Teller ab. Der aufmerksame Kellner wird vielleicht dennoch fragen, ob man noch einmal nachnehmen möchte. Sollte es Ihnen passiert sein, daß Sie in Gedanken das Besteck falsch abgelegt haben und der Ober abräumt, obwohl Sie noch etwas wollten, dann kann man nur hoffen, daß Sie den Irrtum schnell bemerken und den Ober zurückrufen können, um das Essen in Ruhe zu beenden.

Meist wird der Gast gefragt, ob er mit dem Essen zufrieden war. Das kann eine rhetorische Frage sein, auf die der Kellner eigentlich gar keine Antwort wünscht. Es kann aber eine sehr ernstgemeinte, ehrliche Frage sein, auf die man dann auch ehrlich und differenziert antworten sollte. Umgekehrt darf der Gast auch Fragen stellen, etwa nach dem interessanten Ge-

Wenn man durchaus unzufrieden sein will, dann sei man es mit sich selbst. (Yüeh·po·tschüan)

219

würz, das der Sauce einen so aufregenden Beigeschmack verlieh. Er muß natürlich damit rechnen, daß der Koch sein Geheimnis bewahren will.

Hier, wie in so vielen anderen Fällen, macht der Ton die Musik. War man mit dem einen oder anderen nicht hundertprozentig zufrieden, kann man das in freundliche, versöhnliche Worte kleiden und zugleich, das, womit man zufrieden war, lobend erwähnen. Ebenso ist es bei den Fragen. Es sollte deutlich werden, daß man angetan ist und aus Interesse fragt. Es darf nicht der Eindruck entstehen, die Frage verberge eine heimliche Kritik.

Sonderwünsche, Reklamationen und Mißgeschicke

Ein jeder Wunsch, wenn er erfüllt, kriegt augenblicklich Junge. (Wilhelm Busch)

Sonderwünsche sollten begründet und im Rahmen des Machbaren sein, und sie sollten sich in Grenzen halten. Hat man Sonderwünsche, sollte man sich darüber im klaren sein, daß es Wünsche sind, um die man bittet. Je mehr der Gast befiehlt und kommandiert, desto unwilliger wird das Personal sein.

Besonders unbeliebt sind Gäste, die zu jedem einzelnen Bestandteil des Menüs einen Sonderwunsch haben: Die Zwiebelsuppe soll nicht mit Käse überbacken sein, statt des gemischten Salats nur einen grünen, aber mit Zitronensaft, nicht mit Essig angemacht, statt der Kroketten Kartoffelpüree und so weiter und so fort. Ein einzelner, freundlich vorgetragener Sonderwunsch wird im allgemeinen gern erfüllt. Es fällt dem Gast kein Zacken aus der Krone, wenn er sich danach beim Kellner bedankt oder den Dank an die Küche weitergeben läßt.

Hat man ernstlich Grund, etwas zu reklamieren, so geht man auch dabei sehr behutsam vor. Vor allem läßt man seinen Ärger nicht an dem aus, der wahrscheinlich am wenigsten dafür kann, nämlich dem Ober. Er ist ja nicht verantwortlich dafür, daß das Entrecote, das man ,durchgebraten' bestellt hatte, ,blutig' auf den Tisch kam. Es sei denn, er hätte die Bestellung falsch aufgegeben. Was auch immer es zu beanstanden gibt, reklamieren Sie sofort. Ist die Suppe kalt, dann löffeln Sie sie nicht aus und sagen hinterher, daß Sie nicht zufrieden waren. Wie soll man Ihre Beschwerde jetzt noch prüfen?

Passiert dem Kellner ein Mißgeschick, dann kann der Schaden zwar groß sein, ein Riesengeschrei macht es aber auch nicht ungeschehen. Schließlich nennt der Kellner uns ja auch nicht „altes Ferkel", wenn er beim Abräumen bemerkt, daß wir gekleckert haben oder wenn wir das Rotweinglas umkippen. Ist durch das Mißgeschick eines Obers Ihre Kleidung stark beschmutzt worden, ist das Haus verpflichtet, Ihre Kleidung reinigen zu lassen. Eventuell wird man ein abgekürztes Verfahren wählen und bei der Rechnung große Kulanz zeigen. Je nach dem Verhalten des Obers wird man aber auch selbst ein oder beide Augen zudrücken.

Bei einem meiner Italienaufenthalte ist folgendes passiert: Wir waren eine kleine Reisegruppe, die fünf Tage in einem Hotel in Florenz wohnte. Gleich am ersten Abend landete eine herrliche Cannelloni statt auf meinem Teller auf meiner Schulter. Ich habe selten einen Menschen so entsetzt schauen sehen wie den Kellner Angeolino. Es hätte nicht viel gefehlt und er hätte vor Schreck die ganze Platte fallen lassen. Dann sprudelte er eine Tirade von Entschuldigungen hervor, wagte aber nicht, mir bei der Beseitigung des Teigwarenschlauchs behilflich zu sein. Die anderen Mitglieder der Reisegruppe, die mit am Tisch saßen, meinten, ich müsse unbedingt den Geschäftsführer rufen, Rabatz machen, Schadenersatz verlangen. Zum Glück konnte keiner genügend Italienisch, um sich ernsthaft einzumischen. Nun kam ein zweiter Kellner mit einer Tüte Talkumpuder gerannt, das ziehe das Fett aus dem Blusenstoff, meinte er hilfreich besorgt. (Was übrigens stimmt, es gibt in der Tat nichts besseres gegen frische Fettflecken!) Angeolino stand noch immer verdattert da und murmelte Entschuldigungen. Mir war inzwischen auch eine Idee gekommen. Ich bat ihn um ein Tischtuch. Er war schnell wie der Blitz wieder da. Ich nahm das Tuch wie eine Stola um die Schultern und schritt, als wäre es das normalste Kleidungsstück der Welt, durch die Halle zum Aufzug, ging in mein Zimmer, zog mich um, kam frisch an meinen Platz zurück, drückte Angeolino das Tischtuch in die Hand und aß zu Abend, als wäre nichts gewesen.

Fünf Tage lang bekam ich bei jedem Essen vom Feinsten und wurde – von allen Kellnern! – auf das zuvorkommendste bedient. Zum Frühstück kam Angeolino und brachte mir Cappuccino. Auf dem Buffet standen indessen nur Kannen mit zichorienversetztem Kaffee und warmer Milch für einen grauen „Caffè e latte". Als wir abreisten, verabschiedete er sich persönlich mit Handschlag von mir und steckte mir ein Tütchen typischen Florentiner Gebäcks zu. Und ich erfuhr: Er hatte seinen Dienst in diesem Hotel erst wenige Tage vor dem Unglück angetreten und war in der Probezeit. Hätte ich Krach geschlagen, wäre er wahrscheinlich entlassen worden.

Es braucht viel Weisheit, aber wenig Wein, um die Menschen zufriedenzustellen. (Pestalozzi)

221

*Fremdes Miß-
geschick zu
tragen, sind
wir alle stark
genug.
(La Roche-
foucauld)*

Soviel zu Mißgeschicken, die dem Ober passieren können. Auch der Gast ist ein fehlbarer Mensch, auch ihm kann ein Mißgeschick widerfahren. Kleinere Flecken auf dem Tischtuch sind das Risiko des Hauses. Geht allerdings durch Verschulden des Gastes beispielsweise ein Glas zu Bruch, so muß der Gast für diesen Schaden aufkommen. Es liegt natürlich im Ermessen des Geschäftsführers oder des Wirtes, ob er den Schaden tatsächlich berechnet.

Ein kleineres Malheur ist es, wenn dem Gast ein Besteckteil zu Boden fällt. Dann ruft man nach dem Kellner und bittet um ein neues. Man krabbelt nicht unter den Tisch, um es dann selbst aufzuheben.

Herr Ober – Frau Oberin?

Man ruft nach dem Kellner, man bittet den Ober – so hieß es bisher die ganze Zeit. Und in der Tat sind in den Lokalen der Spitzenklasse kellnernde Frauen noch immer selten anzutreffen. Das ändert sich hoffentlich bald. Trotzdem sind Frauen in der Gastronomie natürlich vertreten. „Fräulein!" schallt es dann meistens durch die Gasträume.

Die Frage, wie man die Kellnerin anspricht, ist bei uns nicht eindeutig entschieden. Doch weder „Frollein", noch „Bedienung" oder „Hallo!" sind sehr schön. In England, in Spanien und Italien hat man es da leichter. Zur männlichen Anredeform gibt es die jeweils weibliche: Dem englischen „waiter" steht die „waitress" als Pendant gegenüber, dem spanischen „camarero" die „camarera" dem italienischen „cameriere" die „cameriera". Leider ist die deutsche Bezeichnung „Frau Oberin" schon vergeben. Die Oberin ist nun mal eine Äbtissin, eine ehrwürdige Mutter Oberin, oberste Klosterfrau eines Ordens. Während „Herr Kellner" im Gegensatz zu dem korrekten „Herr Ober" ungebräuchlich ist, wäre „Frau Kellnerin" durchaus möglich, wenn auch eine bisher nur selten gehörte Bezeichnung. Man kann sich natürlich um jegliche Anrede herumdrücken, die Kellnerin per Handzeichen heranwinken und dann nur mit „Sie" ansprechen.

Besucht man ein bestimmtes Lokal häufiger, darf man die Kellnerin (und natürlich auch den Kellner) nach ihrem (seinem) Namen fragen. Vielleicht trägt sie sogar ein Namensschildchen. Schließlich darf man sie auch ganz einfach fragen, welche Anrede sie wünscht.

An dieser Stelle sei noch ein Wort zum ausländischen Gastro-
nomiepersonal gesagt. Nicht nur in den ausländischen Lokalen,
in Pizzerien und Chinarestaurants, bedienen uns ausländische
Kellner und Kellnerinnen. Auch in deutschen Lokalen tun sie
zuvorkommend, fleißig und höflich ihren Dienst. Man muß sich
vor Augen führen, daß sie alle unter extrem erschwerten Bedingungen arbeiten, denn sie müssen sich einer Fremdsprache
bedienen. Überlegen Sie einmal kurz, ob Sie wohl in China oder
Thailand diesen Beruf ausüben könnten? Es sollte eine Selbstverständlichkeit sein, daß man mit ausländischem Gastrono-
miepersonal normales, richtiges Deutsch spricht, daß man sich
ohne falsche Übertreibung um eine klare Aussprache bemüht
und ihm die Arbeit nicht durch unverständliches Genuschel
zusätzlich erschwert.

„Ein Geschenk des Hauses"

Es gibt Restaurants, die den Gästen grundsätzlich einen kleinen Aperitif auf Kosten des Hauses servieren. In Chinarestaurants ist das häufig ein Gläschen Pflaumenwein. In anderen
Restaurants bekommen ausgewählte Gäste, die umfangreich
getafelt haben, auf Kosten des Hauses noch ein Gläschen Hoch-
prozentiges serviert, vielleicht einen Grappa, einen Ouzo oder
einen Cognac. Ob vorher oder nachher, es ist eine sehr freundliche Geste, die den Gast freilich in Verlegenheit bringen kann.
Manch einer mag das angebotene Getränk nicht, andere dürfen
es nicht trinken, wenn es Alkohol enthält.

Hat man das Lokal schon mehrmals besucht, kann man gleich
mit sehr freundlichen Worten darum bitten, nichts gebracht zu
bekommen. Darf man das angebotene Getränk aus gesundheitlichen oder anderen Gründen nicht zu sich nehmen, läßt man
es natürlich stehen, bedankt sich aber dennoch bei der Bedienung und erklärt vielleicht mit wenigen Worten, warum man es
zurückgehen läßt. Wer natürlich schon ein paar Bierchen ge-
zischt oder eine Bouteille Rotspon gepichelt hat, kann schlecht
mit dem Argument aufwarten, Alkohol sei ihm verboten.

Liegt lediglich eine überwindbare Abneigung gegenüber dem
angebotenen Getränk vor, dann sollte man wenigstens die
Hälfte trinken, schließlich handelt es sich um ein Gastge-
schenk. Sitzen die Gäste recht dicht beisammen und geht es
ein wenig rustikal zu, darf man sein Getränk auch einem
anderen Gast anbieten.

*Der geschenk-
te saure Apfel
gilt für süß.
(Lettisches
Sprichwort)*

Rauchen im Restaurant

Die Raucher vernebeln nicht nur die Luft, sondern meist auch ihren Geist, und so kann man dann leichter mit ihnen fertig werden. (Konrad Adenauer)

Hier gilt, was schon an anderer Stelle allgemein zum Rauchen gesagt wurde (siehe Seite 101). Wer rauchen möchte, fragt die Tischnachbarn, ob es gestattet ist. Es gibt heute Feinschmekkerlokale, wo sich die Frage erübrigt: Rauchen ist dort in jedem Fall unerwünscht, weil es den Genuß der anderen Gäste stören könnte. Ob es sich um ein Nichtraucherlokal handelt, erkennt man beispielsweise daran, daß keine Aschenbecher auf dem Tisch stehen.

In Frankreich ist das Rauchen in öffentlichen Gebäuden, dazu zählen auch Cafés, grundsätzlich verboten. Wer sich nicht daran hält, muß bei einer Kontrolle mit einer Geldstrafe rechnen. Sogar der Wirt kann belangt werden.

Wenn geraucht werden darf, dann bitte erst nach dem Dessert. Unter Umständen, wenn allgemeines Einverständnis besteht, auch vor dem Essen, in keinem Fall zwischen den Gängen, schon gar nicht, wenn einer der Gäste am Tisch noch ißt. Genauso störend übrigens, aber bisher nicht verboten, sind schwere Parfüms! Vor allem den Damen, aber auch einigen Herren, die gewisse Reklamesendungen mißverstanden zu haben scheinen, sei es gesagt.

Wer zahlt?

In den meisten Fällen ist klar, wer der Einladende ist. Und wer einlädt, der zahlt, egal ob Dame oder Herr. Zahlt die Dame, so tut sie es selbstverständlich selbst. Sie reicht nicht verschämt unter oder über dem Tisch dem Herrn ihr Portemonnaie und läßt ihn die Arbeit erledigen. Auch nicht, um sein Selbstwertgefühl zu stärken. Es gibt nämlich Männer, die zwar nichts dagegen haben, daß für sie gezahlt wird. Vor dem Ober ist es ihnen aber peinlich, weshalb sie gern den Eindruck erwecken, die Zahlenden zu sein. Eine Frau sollte solche Spielchen nicht mitmachen.

Nicht nur junge Paare machen heute gern vorher getrennte Kasse aus. Auch Arbeitskollegen, Freunde, Freundinnen, die beim Essen etwas besprechen, die einfach nur gemütlich zusammenkommen wollen, begleichen ihre Rechnungen häufig getrennt. Wegen der besonderen Form der Abrechnungen haben es die Kellnerinnen und Kellner gern, wenn man ihnen das gleich von vornherein sagt. Sie können dann die Bons an der

Kasse nach Personen, nicht, wie sonst allgemein üblich, nach Tischnummern drücken. Hat man das versäumt, sind die Angestellten manchmal etwas ungehalten, wenn man später getrennte Rechnungen verlangt. Wer weiß, wie das Abrechnungswesen in vielen Restaurants funktioniert, kann den Unmut verstehen. Denken Sie also auch an die Situation des Personals! Gelegentlich stellt die Bedienung gleich von sich aus die Frage: „Zusammen oder getrennt?", die vielen Gästen wiederum unangenehm ist. Sie möchten zwar getrennt zahlen, wollen es aber nicht gern laut sagen. Es in jedem Fall immer allen recht zu machen, ist ziemlich unmöglich.

Noch ein weiteres Wort zur getrennten Rechnung. Es soll Frauen geben, die sich etwas dabei denken, wenn sie von vornherein mit einem Mann getrennte Kasse ausmachen. Was auch immer ihr Grund sein mag, sie sähen ihn gern respektiert. Der Herr, der entgegen der Abmachung heimlich die gesamte Rechnung begleicht, kann eine unerwartete Überraschung erleben: Es kann sein letztes Essen mit dieser Dame gewesen sein, sollte er an eine geraten sein, die wünscht, daß sie und ihr Wort ernst genommen werden. Denn in der Tat ist es eine Bevormundung und eine Mißachtung, wenn sich der Herr nicht an die getroffene Abmachung hält, auch wenn er selbst vielleicht meint, doch nur Kavalier gewesen zu sein.

Umgekehrt sollte die Dame nicht erst, wenn es ans Zahlen geht, ihren Wunsch nach Selbständigkeit entdecken und den Herrn, der eben gerade anbot „alles zusammen" zu zahlen, vor dem Kellner mit einem schroffen „Danke, ich zahle meine Rechnung selbst" brüskieren. Hat sie keine vorherige Abmachung mit ihm getroffen und war sie auch nicht eindeutig die Einladende, dann läßt sie den Herrn, der zahlen möchte, das, bitteschön, auch erledigen. Sie kann freilich mit ihm ausmachen, daß beim nächsten Mal sie die volle Rechnung übernehmen wird. Man kann sich auch darauf einigen, daß der eine das Essen, der andere die Getränke zahlt. Und manche machen die Sache überhaupt erst später zu Hause aus.

Wie auch immer, einer verlangt die Rechnung, und die kommt in feinen Lokalen auf einem Tellerchen, diskret gefaltet oder unter einer Serviette versteckt. Selbstverständlich darf man einen prüfenden Blick auf die Rechnung werfen. Ja, man sollte das sogar tun, denn Irrtümer sind immer möglich. Aber den Taschenrechner zücken, die Lesebrille herauskramen, noch einmal die Karte verlangen und alles auf den Pfennig genau nachkontrollieren sollte man lieber nicht.

Rechnen hilft haushalten. (Deutsches Sprichwort)

Nach einem guten Festmahl knausert man nicht mit Trinkgeld. (Henrik Ibsen)

Ebenso diskret, wie die Rechnung gereicht wurde, legt man das Geld auf den Teller, und zwar zwischen die gefaltete Rechnung oder darunter, einschließlich des rasch im Kopf ausgerechneten Trinkgelds. Das Trinkgeld beträgt etwa zehn Prozent des Rechnungsbetrages. Je höher die Rechnung, desto geringer das Trinkgeld, doch unter sieben Prozent geht man nicht. Angenommen, die Rechnung beliefe sich auf DM 148,–. Dann kann der Zahlungsvorgang entweder so aussehen, daß man entsprechend DM 160,– in die gefaltete Rechnung legt. Wenn der Kellner kommt, sagt man: „Stimmt so." Er weiß dann, daß die überschüssige Summe als Trinkgeld gedacht ist.

Hat man es nicht passend, gibt es zwei andere Möglichkeiten. Man legt beispielsweise zwei Hundertermarkscheine in die Rechnung und bittet um Herausgabe auf die Summe, die man einschließlich Trinkgeld zahlen möchte („Geben Sie mir bitte auf DM 160,– heraus"). Oder man bittet um genaues Wechselgeld und läßt davon das Trinkgeld zwischen der Rechnung auf dem Tellerchen zurück.

Bei Geschäftsessen, die steuerlich absetzbar sind, braucht man einen Beleg. Er wird meist, nachdem man mit Trinkgeld bezahlt hat, inklusive Trinkgeldbetrag ausgestellt.

Der Aufbruch

Das Zeichen zum Aufbruch kann jeder geben, der nach dem Zahlen den Zeitpunkt zu gehen, für gekommen hält. Beim Verlassen des Lokals geht die Dame vor. An der Garderobe schlüpft zuerst der Herr rasch in seinen Mantel, dann hilft er der Dame. Er kann freilich auch erst zur Garderobe gehen, den Mantel der Dame zum Tisch holen und ihr dort hineinhelfen. Man wird das je nach Lokalität entscheiden. Stehen die Tische sehr dicht und besteht Gefahr, daß man mit einem Mantelärmel in einem Teller landet oder ein Glas umwirft, bringt man die Mäntel nicht zum Tisch.

Den guten Ton und das physisch Machbare in Einklang zu bringen, ist gerade beim Verlassen von Lokalen oder anderen öffentlichen Gebäuden für den Herrn oft eine reife artistische Leistung. Die gesetzliche Vorschrift besagt, daß Türen an öffentlichen Gebäuden nach außen aufzugehen haben. Eine sinnvolle Vorschrift, denn wenn ein Feuer ausbricht, stürzt alles zur Tür und will hinaus. Nun soll der Herr der Dame diese Tür, die sich nach außen öffnet, die obendrein vielleicht noch mit einem automatischen Türschließer ausgestattet ist, wodurch erheblicher Druck nötig wird, die Tür überhaupt aufzukriegen, diese Tür also soll er ihr aufhalten und ihr dennoch den Vortritt lassen. Das ist ein Kunststück, das die wenigsten beherrschen. Es ist deshalb sinnvoller, wenn bei solchen Türen der Herr vorgeht und die Tür von außen für die Dame aufhält. Auch bei Drehtüren, die es in Deutschland aus Sicherheitsgründen heute so gut wie nicht mehr gibt, geht der Herr vor.

Wenn der neue Arbeitgeber ins Restaurant einlädt

Es sei an dieser Stelle auf eine Sache hingewiesen, die vor allem Berufstätige angeht, und zwar Berufsanfänger ebenso wie Stellenwechsler. Es kommt gar nicht so selten vor, daß der Personalchef, der Abteilungsleiter, der unmittelbare oder gar der nächsthöhere Vorgesetzte einen neuen Mitarbeiter, der noch in der Probezeit ist, zum Essen einlädt. Je nach der Position, für die man vorgesehen ist, kann die Einladung sogar schon zum Vorstellungsgespräch erfolgen.

Es sollte sich hier niemand Illusionen machen. Eine solche Einladung ist ein Test und sonst nichts! Der Vorgesetzte und/oder der Personalchef wollen wissen, wie sich die Kandidatin oder der Kandidat verhält. Alles ist auf dem Prüfstand: die äußere Erscheinung, die Kleidung, das Auftreten im Lokal, der Umgang mit der Bedienung, was und wie man bestellt, die Tischmanieren, das Gespräch …

Nicht zuletzt die oben erwähnte Abweichung vom gesteckten Rahmen kann über die Zukunft des „Prüflings" entscheiden. Wer nach dem Motto „Die Firma zahlt es doch!" reinhaut und klotzig alles auffahren läßt, was gut und teuer ist, macht einen genauso schlechten Eindruck wie derjenige, der aus falscher oder falsch verstandener Bescheidenheit das Billigste wählt und vielleicht als einziger in der Runde auf Vorspeise und Dessert verzichtet. Kommen dann noch mangelnde Tischsitten dazu – Essen in der Schaufelradmethode, Ellenbogen auf dem Tisch, Schmatzen, zu viel und zu hastiges Trinken und was der möglichen Unsitten mehr sind – na, dann ist der Fall meistens gelaufen. Es soll naive Zeitgenossen geben, die die Welt nicht mehr verstehen: „Gestern hat mich der Chef noch ganz groß zum Essen eingeladen, und heute bin ich gefeuert."

Wie kann man jemanden, der sich die Arbeit anderer nimmt, Arbeitgeber nennen?
(Klaus Wagenbach)

Auf der Tanzfläche

Schon die altsteinzeitlichen Felsbilder zeigen Menschen beim Tanz. Ja selbst in der Tierwelt treffen wir auf Phänomene, die nicht zu Unrecht von Zoologen als „Tanz" bezeichnet werden. Zum Beispiel der Tanz der Bienen, mit dem sie den anderen Arbeiterinnen im Stock anzeigen, wo die nächstgelegene Futterquelle zu finden ist. Der Tanz hat also nicht zuletzt eine soziale Funktion.

Bei vielen Völkern ist der Tanz noch heute aufs engste mit Religion und Magie verknüpft, ohne daß deshalb profane ästhetische Momente außer acht blieben. Man denke etwa an die schwierigen, große Körperbeherrschung voraussetzenden indischen oder thailändischen Tempeltänze. Wenn man den Völkerkundlern glauben darf, dann gibt es kein Volk auf unserem Planeten, das nicht irgendeine Form der religiösen Vorstellung entwickelt hätte. Und ebenso gibt es kein Volk, bei dem der Tanz völlig unbekannt wäre. Freilich hat der Tanz eines indianischen Schamanen, der den Regen herbeizaubern soll, nur eines mit einem modernen Gesellschaftstanz gemein: Es handelt sich in beiden Fällen um rhythmische Bewegung. Doch während der Schamane durchaus ein Publikum haben kann, tanzt er nicht vorrangig, um gesehen zu werden. Der reine Schautanz – ob hohe Schule des Balletts oder Cancan im Moulin Rouge – ist eine sehr späte Entwicklung. Und auch der Paartanz ist eine relativ junge Erscheinung.

Wenn wir heute bei einer Hochzeit einen Walzer tanzen oder uns im flimmernd zuckenden Discolicht zu den allerneuesten Rhythmen bewegen, dann denken wir kaum an die uralten Funktionen des Tanzes. In unserer Gesellschaft ist der Tanz nur noch reine Vergnügung. Doch weist er eine ganz entscheidende Besonderheit auf: Es ist die einzige Gelegenheit, bei der völlig Fremde kurzfristig engsten Körperkontakt miteinander haben, ohne daß sie das als unangenehm empfinden würden. Oder mit den Worten von Frank Sinatra ausgedrückt: „Was in der U-Bahn Überfüllung genannt wird, nennt man in einem Nachtclub intime Atmosphäre."

Da der Mensch aber eigentlich ein Wesen ist, das ein Minimum von Abstand zum unbekannten Mitmenschen braucht, ist auch der Tanz Regeln unterworfen, die trotz der Nähe den Abstand wahren – und sei es auf übertragener Ebene. So muß man den Partner bei einem Paartanz auch heute in jedem Fall fragen, ob er oder sie mit einem tanzen möchte. Und man darf selbst beim gewagtesten Tango nicht zu weit gehen. Wobei es natürlich individueller Interpretation unterliegt, was zu weit geht.

Abgesehen von Discotheken, in denen kein besonderer Tanzstil vorgeschrieben ist, sollte man doch, wenn man die klassischen Standardtänze mag, zum mindesten deren Schrittfolge beherrschen. Dafür ist die Tanzschule der geeignete Ort, wobei man zusätzlich über allgemeine Benimmregeln informiert wird.

Aufforderung zum Tanz

Bei einer Tanzveranstaltung im Kurcafé, bei einem Ball oder einer anderen offiziellen Gelegenheit, etwa beim Betriebsfest, sieht die Aufforderung zum Tanz etwas anders aus als in der Disco oder bei der Studentenfete. Erstens hindert einen der Discolärm daran, mit langen Worten um einen Tanz zu bitten. Zweitens erlaubt die schon erwähnte Enge kaum das Zeremoniell der Bitte um den Tanz. Doch selbst da, wo die hochoffizielle Bitte um den Tanz noch ihren Platz hat, sieht die Prozedur heute anders aus als früher.

Menschen sind wie Autos: Man sollte den unerläßlichen Sicherheitsabstand voneinander einhalten. (Martin Held)

Jede Frau hat heute grundsätzlich das Recht, allein oder mit einer Freundin zu einer Tanzveranstaltung zu gehen. Früher wäre das unmöglich gewesen, sie hätte einen männlichen Begleiter haben müssen. Das hätte ihr Bruder, ein anderer Verwandter, ihr Verlobter, ihr Ehemann sein können. In jedem Fall wäre dieser männliche Begleiter von dem Herrn, der mit der Dame hätte tanzen wollen, um Erlaubnis gefragt worden. Eine heute geradezu grotesk anmutende Situation, impliziert sie doch, daß ein Mann darüber befindet, was eine Frau tut oder läßt, denn der begleitende Herr hatte selbstverständlich das Recht, über den Kopf der Dame hinweg den Tanz abzulehnen. Da dieses „Früher" noch nicht so sehr lange her ist, entstehen leicht Verwirrung und Mißverständnisse. Selbstbewußte Frauen verbitten sich, daß andere über sie bestimmen und verfügen. Ein Herr, der beim Begleiter der Dame anfragt, ehe er sie selbst um den Tanz bittet, kann allein aus diesem Grund abblitzen. Nun stehen diesen selbstbewußten Frauen auch heute noch Damen gegenüber, die es streng mit der alten Etikette halten (oft ohne sich die Hintergründe klargemacht zu haben). Und dann kann es auch noch vorkommen, daß eine Frau einfach ein besonders eifersüchtiges Exemplar von Mann zum Begleiter hat. Wenn solche etikettebewußten Damen im Beisein ihres Begleiters direkt selbst um einen Tanz gebeten werden, sind sie empört oder zumindest verunsichert und wissen nicht, wie sie reagieren sollen. Es läßt sich deshalb auch kaum eine verbindliche Aussage darüber machen, wie der Mann sich verhalten soll. Genaue Beobachtung der Lage ist wohl die beste Voraussetzung, die jeweils richtige Lösung zu finden. Allerdings sollte der Kavalier, der die Dame zum Tanz bittet, deren Begleiter nicht völlig ignorieren. Auch wenn er ihn nicht bittet, mit der

Dame tanzen zu dürfen, darf er ihm doch zunicken, ohne daß es gleich nach Siegerpose aussieht.

Mit einem „Gestatten Sie?" oder „Darf ich bitten?", „Darf ich Sie zu diesem Tanz einladen?" oder einer ähnlichen Floskel kann der Herr die Dame zum Tanz führen – und umgekehrt. Denn es ist heute durchaus üblich, daß eine Dame einen Herrn auffordert. Dazu muß nicht extra „Damenwahl" angesagt sein. Allerdings ergibt sich daraus die schon aufgeworfene Frage mit umgekehrtem Vorzeichen: Wie steht es mit der weiblichen Begleitung des Herrn? Muß die Dame, die den Herrn auffordert, zuerst dessen Begleitung um Erlaubnis fragen? Gerechterweise müßte es nach der alten Etiketteregel wohl so sein.

Wir haben aber bereits vorgegriffen. Der Herr, der die Dame auffordern möchte, muß erst einmal an ihren Tisch kommen, oder, sofern er schon an ihrem Tisch sitzt, sich zur Bitte um den Tanz erheben. Die Dame übrigens braucht ihrerseits nicht aufzustehen, wenn sie einen Herrn, der an ihrem Tisch sitzt, zum Tanz auffordert.

Er steht also auf und schließt sein Jackett, sofern er einen Anzug oder eine Kombination mit Jacke trägt. Er kommt nicht mit wehenden Rockschößen an den Tisch der Dame. Und sollte er Raucher sein, hat er seine Zigarette schon an seinem Tisch ausgemacht. Auch auf die Gefahr hin, daß er einen Korb bekommt und es dann vielleicht schade um den halbgerauchten Glimmstengel ist, kommt er nicht mit brennender Zigarette an den Tisch der Partnerin. Und wenn er nicht mit den Worten: „Nimm doch die Pfeife aus dem Maul, du Hund!" aus dem Bert-Brecht-Song „Surabaya Johnny" empfangen werden möchte, dann hat er sie auch nicht zwischen den Lippen.

Es ist bei öffentlichen Tanzveranstaltungen übrigens nicht (mehr) nötig und auch nicht (mehr) üblich, daß man sich vor der Bitte um den Tanz vorstellt.

Obwohl es in der Disco lockerer zugeht, wird man sich auch dort darüber verständigen, wenn man miteinander tanzen möchte, und sei es nur mit Handzeichen oder Augenzwinkern. Allerdings ist es in den Discotheken heutzutage sowieso üblich, allein auf die Tanzfläche zu gehen.

Tanzen ist die Poesie des Fußes. (John Dryden)

Einen Korb geben,
einen Korb bekommen

*Wer Hahn im Korb ist, kann seinen Hühnern auch mal einen Korb geben.
(Gerhard Uhlenbruck)*

Ersteres sollte man mit Takt tun, letzeres möglichst lässig wegstecken.

Es gibt eine Reihe von Gründen, warum man eine Aufforderung zum Tanz ablehnt. Es kann sein, daß einem der Mensch, der da auf einen zukommt, auf Anhieb so unsympathisch ist, daß man nicht mit ihm tanzen möchte. Dann hat man selbstverständlich das Recht, mit höflichen Worten „Nein danke, ich möchte jetzt bitte nicht tanzen" abzulehnen. Wenn irgend möglich nimmt man nicht im nächsten Augenblick ein anderes Angebot an. Sollte tatsächlich Sekunden nachdem man einen Bewerber hat abblitzen lassen, ein anderer kommen, dann darf man die Situation ruhig erklären: „Ich habe eben gerade jemandem diesen Tanz abgeschlagen. Es wäre unhöflich ihm gegenüber, wenn ich jetzt annähme. Aber den nächsten oder übernächsten Tanz mache ich gern mit Ihnen."

Es kann natürlich auch passieren, daß zwei potentielle Partner gleichzeitig auf einen zukommen. Dann kann man den einen, besonders wenn er einem gut gefällt, auf den nächsten Tanz vertrösten. Schließlich kann es vorkommen, daß man sich in einer Gesellschaft befindet, in der zwar getanzt wird, man selbst ist aber kein großer Tänzer, keine begeisterte Tänzerin und hat absolut keine Lust das Tanzbein zu schwingen. Niemand kann oder darf jemanden zum Tanz zwingen. Wenn die Lautstärke der Musik es zuläßt und Ihnen danach ist, dürfen Sie aber durchaus sagen: „Ich kann und ich möchte nicht tanzen; ich würde mich aber gern ein wenig unterhalten. Wollen Sie sich zu mir setzen?"

Einen Korb zu bekommen ist allemal unangenehm. Angeblich soll die Angst vor Ablehnung der Hauptgrund sein, warum Frauen noch immer selten die Initiative ergreifen. Daß Frauen zurückhaltender sind, hat aber häufig einen anderen, sozusagen gegenteiligen Grund: Die Aufforderung zum Tanz wird nämlich gelegentlich allzu enthusiastisch aufgenommen. Der „Herr", der von der Dame aufgefordert wurde, vermutet (oder hofft), daß mehr hinter der Aufforderung steckt als nur der Wunsch zu tanzen, und wird zudringlich. Sie hat ihn sich ja schließlich ausgesucht. Die Situation wird heikel. Es soll sehr resolute Frauen geben, die sich Zudringlichkeiten so laut verbitten, daß alles auf den „Herrn" starrt. Es soll aber auch Frauen geben, die glauben, einer solchen Situation nicht gewachsen zu sein, weshalb sie von sich aus nicht auffordern.

Andererseits soll es Herren geben, die eine Abfuhr nicht verwinden können und mit ausfallenden Bemerkungen kontern. Frauen neigen seltener zu solchen verbalen Ausrutschern. Wenn es geschieht, geht man am besten schweigend darüber hinweg.

Der Tanz geht los

Dame und Herr sind auf der Tanzfläche angekommen. Wenn es sich um einen der „klassischen" Tänze handelt, müssen sie nun die vorgeschriebene Tanzhaltung einnehmen und in möglichst großer Harmonie die entsprechenden Tanzschritte ausführen. Das heißt, alle Tänze, bei denen eine Abstimmung der Schritte aufeinander nötig ist, muß man gelernt haben. Dazu muß man nicht unbedingt eine Tanzschule besucht haben. Dennoch kann man Foxtrott, Tango, Walzer, Rumba oder auch Lambada nicht aufgrund bloßer Intuition tanzen. Man kann freilich so eine Art Universalschrittfolge üben, die man nur den jeweiligen Rhythmen anpaßt. Ein entsprechend geübter Partner wird darauf eingehen können.

Tritt man dem Partner auf die Füße oder stößt man ein anderes Paar an, so entschuldigt man sich natürlich. Beides kann aus Versehen passieren und ist nicht sonderlich tragisch. Es kann aber, wenn zwei sehr ungleiche Tänzer aneinandergeraten, zur Dauereinrichtung werden. Es ist also auch beim Tanzen unbedingt nötig, daß man sich ein wenig abstimmt. Keiner von beiden darf erwarten, daß der Partner die kompliziertesten Schrittfolgen kennt und mitmachen kann. Vor allem muß der Herr Rücksicht darauf nehmen, daß die Dame möglicherweise ein langes Kleid trägt, das nicht bis zum Oberschenkel geschlitzt ist.

Spielt eine Kapelle, so ist es üblich, daß man ihr nach Beendigung des Stücks applaudiert. Kommt die Musik aus der Konser-

Der Tanz ist ein gutes Training für junge Mädchen. Sie lernen dabei zu erraten, was der Mann im nächsten Augenblick tun wird.
(Christopher Morley)

233

ve, wird es nach dem Tanz höchstens dann Applaus geben, wenn ein Paar eine turnierreife Leistung aufs Parkett gelegt hat. Normalerweise wird während eines Tanzes nicht „abge-klatscht", daß heißt, man bleibt bei seinem gewählten Partner, seiner Partnerin, bis der Tanz zu Ende ist. Partnerwechsel während des Tanzes ist eine Besonderheit, die nur bei Tanzver-anstaltungen vorkommt, die unter der Leitung eines Conféren-ciers stehen.

Ob man mit dem gleichen Partner ein weiteres Tänzchen wagt, wird sich auf der Tanzfläche entscheiden. Jeder von beiden hat das Recht, das Zeichen zum Schlußmachen zu geben. Der Herr geleitet die Dame dann an ihren Tisch zurück, auch dann, wenn sie ihn aufgefordert hat. Obwohl man durchaus meinen könnte, die Dame, die den Herrn aufgefordert hat, sollte ihn auch zu seinem Tisch zurückbringen. Im Zuge der Gleichberechtigung wäre es eine legitime Forderung, noch aber ist es nicht üblich. Mit einer leichten Verbeugung wird sich der Herr bedanken, was die Dame möglichst nicht vollkommen schweigend hin-nimmt, und zu seinem eigenen Tisch gehen oder eine andere Dame auffordern.

Der Tanz ver-setzt uns in eine Art von Rausch, in welchem die Gemüter die Verstellung vergessen. (Adolph Freiherr von Knigge)

Dieses Auffordern einer anderen Dame hat wiederum an deren Tisch vonstatten zu gehen. Bei normalen Tanzveranstaltungen, die keinen Discocharakter haben, sei es nicht angebracht, die nächste Dame – oder den nächsten Herrn – schon gleich auf der Tanzfläche zu fragen. So jedenfalls heißt es in den üblichen Ratgebern. Ich denke, man muß das im Rahmen der Veranstal-tung sehen. Wenn es locker und nett zugeht, ist es durchaus denkbar, daß die Partner direkt auf der Tanzfläche nach einem Tanz wechseln, ohne daß erst das große Gerenne zu den Ti-schen stattfindet. Andererseits wird man nicht auf der Tanzflä-che bleiben, wenn die Kapelle eine Pause einlegt.

Während des Tanzes kann man sich unterhalten. Eine Verpflich-tung zur Konversation besteht aber nicht. Vor allzu plumpen, abgegriffenen Komplimenten – „Gnädige Frau schweben ja leicht wie eine Feder" – seien die Herren gewarnt (siehe auch Seite 123). Auf so etwas kann es heute schon mal sehr spitze Repliken geben.

In der Disco sieht das alles wiederum etwas anders aus. Da man sehr häufig „auseinander tanzt", wie es Wolf Biermann in seiner „Ballade vom Drainageleger Fredi Rohsmeisl aus Buckow" nennt (wobei der Liedermacher darauf hinweist, daß diese Form des Tanzes in der damaligen DDR aus ihm unerfindlichen Gründen verboten war), da man also auseinander tanzt oder auch ganz allein für sich, gibt es auch keine Regel, wer wen wann wohin begleitet. Hat man genug getanzt, geht man zu seinem Platz oder an die Bar, allein, zu zweit oder wie es sich eben ergibt.

Bleibt noch zu erwähnen, daß bei einem Hausball der Herr des Hauses mit allen eingeladenen Damen einmal tanzen sollte. Die anderen Herren sollten sich ebenfalls bemühen, mit allen anwesenden Damen einmal zu tanzen. Sich den ganzen Abend lang nur an eine einzige Partnerin zu halten ist den anderen gegenüber unhöflich. Was anderes ist die Tanzparty oder der Teenagerschwof. Hier kommt es weniger auf Etikette als vielmehr auf das runde Vergnügen an. Folglich tanzt man, wie man und mit wem man will.

Ein guter Abgang ziert die Übung.
(Karl Schiller)

Mode und korrekte Kleidung

Seit der Mensch angefangen hat, sich zum Schutz vor den Einflüssen der Witterung zu kleiden, legt er auch Wert darauf, daß diese Kleidung einigermaßen hübsch anzusehen ist. Überall, wo es Kleidung gibt, und sei sie noch so spärlich, sind auch gesellschaftliche Aspekte mit ihr verknüpft. Das beginnt bei der strikten Trennung zwischen männlichen und weiblichen Kleidungsstücken, einst ein Punkt, der wichtig genug war, in die großen Gesetzesbücher, wie etwa das Gesetz des Mose, Eingang zu finden, und es setzt sich fort in den Bestimmungen, denen zufolge bestimmte Kleidungsstücke besonderen Gruppen innerhalb einer Gesellschaft vorbehalten sind, wie beispielsweise Talare, Roben und so weiter. Darüber hinaus konnte und kann Kleidung als reines Statussymbol und Prestigeobjekt dienen. Man denke daran, daß früher nur den höheren Ständen erlaubt war, wertvolle Pelze, teure Seidenstoffe, feinste Wollprodukte oder etwas anderes zu tragen.

Da Kleidung also sehr viel mehr ist als reiner Körperschutz, kann sie zum Mittel der Provokation und zum Stein des Anstoßes werden. Als am 30. Mai 1431 ein 19jähriges Mädchen in Rouen auf dem Scheiterhaufen starb, da geschah das, weil sie gegen die „göttliche Kleiderordnung" verstoßen hatte: Das Bauernmädchen Jeanne d'Arc, das eine Woche vorher, am 24. Mai, wegen Aufruhr, Ketzerei, Hexerei und anderer ihr zur

Last gelegter Vergehen zu lebenslanger Haft in Frauenkleidern
verurteilt worden war, hatte im Gefängnis ihre Männerkleidung
wieder angelegt und damit das ausgesetzte Todesurteil zur
Wirkkraft gebracht. Es geht hier nicht um die Frage, was sie
veranlaßt hatte, das zu tun. Es geht allein um die Bedeutung
des Phänomens Kleidung. Denn was da 1431 geschah, das
klingt so mittelalterlich, wie es ist, und doch ist es von heutiger
Wirklichkeit nicht so sehr weit entfernt: Frauen, die sich in
bestimmten fundamentalistisch-islamischen Ländern weigern,
den Tschador, den Frauenschleier, zu tragen, wecken damit
genau dieselben Ängste wie einst Johanna von Orléans. Und
die Strafen fallen mitunter kaum weniger drastisch aus.

Zum Thema Kleidersünden eine kleine Anekdote vorab. Der
brasilianische Schriftsteller Darcy Ribeiro berichtet von seinem Freund Anisio Texeira, der im Begriff war, Priester zu
werden und eine Audienz beim Papst erhalten hatte, folgende
Geschichte: „Er traf den Papst in der Engelsburg. Der Papst trug
eine Sommersoutane und stand vor einem großen Fenster.
Anisio trat näher, kniete sich nieder, schaute auf und rührte
sich nicht mehr. Der Papst segnete ihn und wartete. Als der
Papst nicht länger warten wollte, bat er ihn aufzustehen, um
mit ihm zu reden. Anisio war völlig verwirrt und rührte sich
nicht. Er war wie gelähmt, weil er im Gegenlicht durch die
Soutane die Unterhose des Papstes sah … ".

Kleidung als Statussymbol

Die Hose ist mittlerweile ein so weibliches Kleidungsstück geworden, daß sich die Männer nach einem anderen Geschlechtssymbol umschauen sollten. (Peter Ustinov)

Wenn man genau hinschaut, sieht man, daß mit der Kleidung natürlich noch immer eine eindeutige Wertung verknüpft ist. Da gab es beispielsweise vor einiger Zeit eine politische Talkrunde im Fernsehen. Unter den geladenen Gästen war eine einzige Journalistin. Diese eine Frau in der Herrenrunde trug einen Herrenanzug mit Weste und Krawatte, dazu einen Herrenhaarschnitt. Sie wurde von allen Anwesenden voll akzeptiert. Ihre Meinung, außerordentlich fundiert und präzise vorgetragen, wurde anerkannt. Ob der eine oder andere Mann in der Runde von der Kleidung und Frisur der Kollegin irritiert war, läßt sich nicht sagen. Anmerken ließ sich jedenfalls keiner etwas. Während ich mir das anschaute, fragte ich mich, was wäre, wenn einer der Männer ein Kleid trüge, eine Perlenkette um den Hals, Ohrringe, halblange gelockte Haare, lackierte Fingernägel und so weiter. Würde irgendeiner der Männer ihn für voll genommen haben? Würde eine Frauenrunde ihn ernst genommen haben?

Wohlgemerkt, es geht nicht um die Anerkennung, die beispielsweise ein Georg Preusse in seiner Rolle als Mary oder eine Dame Edna hat. Es geht auch nicht um echte Transsexuelle. Es geht nur um die Frage, ob ein Mann in Frauenkleidern in einer ganz normalen Alltagssituation die Anerkennung fände, die heute eine Frau erfährt, die in Männerkleidung auftritt. Die Antwort ist wohl klar. Mit anderen Worten, Männerkleidung ist, so scheint es doch, mit deutlich mehr Prestige besetzt als Frauenkleidung. Demselben Phänomen begegnen wir, wenn es um verschiedene Kulturen geht.

Nehmen wir dazu ein Beispiel aus jüngster Zeit. Anfang Februar 1993 reiste Papst Paul II. nach Benin in Westafrika, wo er mit Anhängern und Priestern traditioneller religiöser Kulte zusammentraf. Unter der Überschrift „Tohuwabohu in Afrika" vermeinte eine (übrigens politisch recht neutrale) deutsche Regionalzeitung unter anderem folgendes mitteilen zu müssen: „... Dann stürmten die Voodoo-Großmeister und Häuptlinge mit ihren abenteuerlichen Kopfbedeckungen, die von Phantasiekronen über Tropenhelme bis zu Turbanen reichten, geschmückt mit Ketten und allerlei merkwürdigen Fetischen auf ihn [Papst Paul] zu, um vom Heiligen Vater persönlich eine Gedenkmünze in Empfang zu nehmen ... "

Der Tenor der ganzen Spalte ist von dieser deutlichen Herablassung geprägt. Der Schreiber dieser Zeilen schaut aus seinem
Blickwinkel auf eine ihm fremde, von ihm nicht verstandene,
ihm (deshalb?) lächerlich erscheinende Welt. Die Kopfbedek-
kung eines Voodoo-Priesters ist „abenteuerlich". Ob sie in den
Augen des Trägers eine wie auch immer geartete symbolische
Aussagekraft hat, wie beispielsweise die Mitra des Papstes für
den Katholiken, braucht der Journalist gar nicht zu fragen. Er
hat es ja hier mit primitiven Wilden zu tun, die sicherlich von
Symbolik keinen Dunst haben.

Wer Federico Fellinis Film „Roma" gesehen hat, der eine herrliche Persiflage auf eine Modenschau enthält, bei der die neue
Mode für Kleriker vorgestellt wird, inklusive einer mit bunten
Birnchen im Discoeffekt beleuchteten Mitra, der fängt an, darüber nachzudenken, wie die Kopfbedeckungen und anderen
Kleidungsstücke von Priestern unserer Religion auf andere
wirken könnten, die die symbolischen Gehalte genausowenig
beachten. Und plötzlich relativiert sich so einiges.

Das Phänomen ist das gleiche wie bei dem Beispiel mit der
Talkrunde. Es wird eine willkürlich festgesetzte Ordnung über-
gestülpt. Selbstherrlich wird festgelegt, was anerkannt und ak-
zeptabel ist und was als unangemessen oder gar lächerlich gilt.
Im Endeffekt ist es eine Machtfrage. Das Märchen „Des Kaisers
neue Kleider" läßt das auf einfachste, doch eindringliche Weise
deutlich werden. Der Potentat kann nackt daherstolzieren, und
alle werden die Pracht seiner Gewänder bewundern. Nur ein
Kind (oder ein Narr) kann das künstliche Gebäude zum Ein-
sturz bringen.

Es lohnt sich, ein wenig darüber nachzudenken, was wir in die
Kleidung hineingeheimnissen. Man kann dann sehr viel lockerer über gewollte oder ungewollte Verstöße gegen die Kleiderordnung hinwegsehen. Aber auch die Hintergründe mancher
Provokationen lassen sich besser verstehen. Man kann anfangen, zu Diskussion zu stellen, ob die Kleidung in der Tat, außer
ihrer Funktion als Körperschutz und auch Körperschmuck,
noch unbedingt eine Prestigefunktion haben muß. Brauchen
wir Richter in roten Roben? Mangelte es dem Spruch an Glaub-
würdigkeit oder Überzeugungskraft, wenn ein Mann im Straßenanzug verkündete, welche Auslegung des Grundgesetzes
mit geltendem Recht konform geht? Ist die Musik, die ein Nigel
Kennedy macht, deshalb weniger hörenswert als die eines
Yehudi Menuhin, weil der junge Provokateur als gemäßigter
Punker auftritt?

*Scham gab es
eher als Klei-
dung, und sie
wird wieder-
geboren
werden, wenn
es keine
Kleidung
mehr gibt.
(Mark Twain)*

Mode und eigener Stil

Mode ist die bereitwillige Bejahung der rätselhaften Tatsache, daß heute etwas schön ist, was gestern häßlich war und morgen unerträglich sein wird. (Senta Berger)

Nach dieser nachdenklich stimmenden Einführung soll es im folgenden um das gehen, was heute im großen und ganzen in punkto Kleidung in den verschiedenen Lebenssituationen als angemessen angesehen wird. Das ist, wie wir gesehen haben, vorrangig eine Frage des gesellschaftlichen Diktats. Hinzu kommt das Diktat der Mode, und schließlich haben wir es auch noch mit dem individuellen Stil zu tun, der sich an der Mode orientiert und mit der Mode Schritt hält. Das heißt, es geht vor allem um die Frage, ob das, was gerade Mode ist, auch unbedingt von allen getragen werden kann und sollte. Eine Frage, die Männer ebenso betrifft wie Frauen.

Nicht jeder Frau steht jede Farbe, die gerade im Augenblick der letzte Schrei und das absolute Muß ist. Nicht jede hat die Figur, die die Mode einer bestimmten Epoche gerade zwingend vorschreibt. Mehr und mehr wird besonders von Frauen erkannt, daß Mode ein Diktat ist. Oft genug ein verhängnisvolles, wie jede Frau weiß, die einmal mit engem Rock und hohen Stökkelschuhen versucht hat davonzulaufen oder auch nur die letzte Straßenbahn zu erwischen.

Neben dem, was Mode ist, gibt es das, was man den eigenen Stil nennt, das, was der einzelne Mensch aus der herrschenden Modeströmung für sich selbst macht. Die Bandbreite ist groß. Sie kann von einer traumwandlerischen Stilsicherheit reichen, mit der ein Mensch sich jederzeit so kleidet, daß seine Erscheinung schlichte Eleganz ausstrahlt, bis hin zu der gleichen traumwandlerischen Sicherheit, mit der andere regelmäßig haargenau danebenliegen. Es scheint eine intuitive Begabung zu sein, die schwer zu definieren ist, doch man kennt das Ergebnis: Auf der einen Seite gibt es Frauen, die können den billigsten Fummel so tragen, daß sie hinreißend aussehen. Auf der anderen Seite stehen Frauen, die können das eleganteste Modellkleid anhaben, und doch sieht es wie ein Fetzen aus dem Schlußverkauf aus.

Bis zu einem gewissen Grad ist das Geheimnis zu erklären. Je nach natürlicher Haut-, Haar- und Augenfarbe, aber auch nach Größe und Figur gibt es Schnitte und Farben, die einen Menschen kleiden, weil sie mit seiner Erscheinung harmonieren, und Farben, die regelrecht im Gegensatz zu ihm stehen. Allein mit den falschen Farben kann man jeden Menschen, egal ob

Mann oder Frau, ins falsche Licht rücken. Das modischste Kleid kann also an einer Frau scheußlich aussehen, wenn es nicht „ihre" Farbe ist, und das einfachste Fähnchen kann toll aussehen, wenn die Farbe ihrem Typ entspricht. Und so kann ein giftgrünes Hemd oder eine karierte Hose für den einen Mann genau das richtige sein, wohingegen der andere damit einfach unmöglich aussieht.

Das gilt gleichermaßen für die kosmetischen Bestandteile wie Lippenstift, Augen-Make-up, Nagellack und künstliche Haarfarben. Was bei der einen Frau einfach toll aussieht, kann bei einer anderen geradezu ordinär wirken. Wobei, das sei hier einschränkend noch einmal betont, die Grundeinschätzung dessen, was als toll und was als ordinär eingestuft wird, eine willkürliche Festlegung innerhalb einer herrschenden Epoche und Gesellschaft ist. Man denke etwa an die Zeiten, in denen es nicht unüblich war, daß Männer von Adel sich ein Schönheitspflästerchen ins Gesicht klebten und ein wenig (oder auch ein bißchen mehr) Rouge auf die Wangen tupften, und daß es Zeiten gab, in denen es bereits als gewöhnlich und unanständig galt, wenn eine Frau auch nur die Fußspitze unter dem langen Kleid hervorschauen ließ.

Neben der Farbe spielt selbstverständlich auch die Proportionierung eine Rolle. Ein kleiner, eher pummeliger Mensch wirkt bei Betonung der Breite, entweder durch sehr lockere oder durch auffällig quergestreifte Kleidung natürlich noch breiter. Dagegen wird die Größe eines hochgewachsenen, schlanken Menschen durch enganliegende, die Längsachse betonende Kleidung zusätzlich verstärkt. Die Mode nimmt oft auf solche Dinge wenig Rücksicht. Wenn zum Beispiel gerade besonders ausladende Schulterpolster modern sind, dann sieht die kleine, mit besonders schmalen Schultern ausgestattete Dame, die diese Dinger trägt, eben wie ein verhinderter Catcher aus. Der Mode ist das egal. Der Dame aber sollte es nicht egal sein. Man sollte Mode als Angebot verstehen, aus dem man frei das wählen kann, was dem eigenen Stil und Geschmack entspricht. Daß nicht alles, was dem eigenen Geschmack entgegenkommt, zwangsläufig auch anderen gefällt, wußten schon die alten Römer, die den Spruch prägten: „De gustibus non est disputandum" – „Über Geschmack läßt sich nicht streiten." Und doch herrscht in jeder Gesellschaft zu jeder Zeit ein gewisser Konsens darüber, was gerade als „guter Geschmack" gilt. Und daran kann und sollte man sich, wenn man nicht anecken will, orientieren.

Der einzige Geschmack, der einem Menschen wirkliche Befriedigung geben kann, ist sein eigener. (Philip Rosenthal)

Alltags- und Freizeitkleidung

Der schlechte Geschmack gefällt, sobald er Mode wird. (Félicien Marceau)

Am größten ist die Freiheit der Wahl bei der sogenannten Alltags- und Freizeitkleidung. Da ist heute eigentlich grundsätzlich alles erlaubt. Sehr junge Leute nehmen sich aus der Sicht der älteren größere Freiheiten heraus. Doch zeigt sich bei genauerem Hinsehen, daß innerhalb der sozialen Gruppen erstaunlich wenig Freiheit gewährt wird. Die 17jährige Schülerin, die im strengen Schneiderkostüm daherkommt, der Schüler, der Anzug und Krawatte trägt, wird in der eigenen Gruppe ebenso auf Widerstand und mitleidiges Lächeln stoßen wie die ältere Dame, die einen Plastikohrring mit Schnuller und grüne Strähnchen im Haar trägt. Dennoch kann auch die ältere Dame durchaus in bequemen Jeans und lockerem T-Shirt zum Supermarkt fahren, um dort ihren Großeinkauf zu erledigen, und genauso kann sie ins Kino gehen oder zum Gartenfest bei Freunden.

In den eigenen vier Wänden kann man heutzutage ohnehin sehr viel legerer herumlaufen, als das früher üblich war. Selbst wenn unverhoffter Besuch kommt, bedeutet es keinerlei Peinlichkeit, wenn man in irgendeiner Art Hausdreß erscheint. Niemand erwartet, daß man zu Hause immer und zu jeder Zeit besuchergemäß gekleidet ist. Straßen- und Freizeitkleidung kann heutzutage jeder nach Geschmack und Geldbeutel wählen. Trotzdem gibt es ein paar Dinge, die bei uns noch immer nicht zum normalen Straßenbild gehören, wie etwa die Frau, die mit Lockenwicklern unterm Kopftuch unterwegs ist. In Amerika war und ist das ein gewohntes Bild.

Die kleine Einladung

Unter dieser Überschrift geht es um all jene Gelegenheiten, die durchaus noch in den Bereich der normalen Alltagssituation gehören, die aber doch nicht den gänzlich uninformellen Charakter des Straßenbummels oder der Freizeitgestaltung haben. Also Einladungen zu Freunden oder guten Bekannten zu einer netten Plauderrunde, normale Theaterbesuche, öffentliche Veranstaltungen mit inoffiziellem Charakter, wie Vorträge aller Art, Kurse, normale Restaurantbesuche und was es sonst so an gesellschaftlichen Kleinereignissen geben mag.

Zu solchen Anlässen wird man „normal" gekleidet erscheinen, sprich in gepflegter, guter, ordentlicher Kleidung. Man wird darauf achten, daß man nicht provoziert, was man auf zweierlei Weise tun könnte. Zum einen, indem man „overdressed" daherkommt. Das bedeutet nicht ein Zuviel an Kleidung, sondern für den gegebenen Anlaß ein bißchen zu elegant, zu kostbar, zu auffällig. Zum anderen, indem man „underdressed" erscheint, was nicht ein Zuwenig an Kleidung meint, sondern zu leger, zu sportlich, zu „billig", zu unordentlich. In beiden Fällen wäre die Kleidung der Situation einfach nicht angemessen. Man würde gegenüber den anderen aus dem Rahmen fallen, indem man allzu deutlich von ihnen absticht.

Den meisten Menschen, die eine solche Diskrepanz nicht absichtlich herbeigeführt haben, ist die Situation peinlich. Um zu vermeiden, daß man, etwa bei einer Einladung „falsch angezogen" erscheint, kann man sich ruhig beim Gastgeber erkundigen, welche Art von Kleidung richtig wäre. Es gibt aber auch Situationen, in denen eine vorherige Rückfrage nicht möglich ist. Ist man auf Grund dessen im falschen Outfit erschienen, sollte man so souverän wie möglich darüber hinweggehen und hoffen, daß auch den anderen das gelingt. Am wenigsten angebracht ist es, auch noch bei jedem um Entschuldigung zu bitten und langatmige Erklärungen dafür zu finden, warum man sich aus der falschen Abteilung des Kleiderschrankes bedient hat. Bei der heutzutage doch recht großen Spannweite des Rahmens ist es ja ohnehin schon einigermaßen schwierig, total aus demselben zu fallen.

In unserer vom Fernsehen beherrschten Zeit, in der die Talkshows so selbstverständlich sind wie die täglichen Nachrichtensendungen, kommen uns andauernd Gäste der genannten Art

Wer im Bilde ist, fällt nicht so leicht aus dem Rahmen. (Hans Clarin)

ins Haus. Und hier zeigt sich am besten und am deutlichsten, welcher Wandel sich gerade in bezug auf die Kleiderordnung in der Gesellschaft vollzogen hat. Längst sind die Zeiten vorbei, in denen Moderatoren unbedingt Anzug und Krawatte tragen mußten. Pullover sind absolut salon- und tv-fähig, wie nicht nur ein Herr Eugen Drewermann oder ein Herr Klaus Bednarz deutlich machen. Und längst muß das Oberhemd nicht mehr rein weiß oder uni pastellfarben sein. Es darf in allen nur denkbaren Farben und Mustern prangen, und auch der Sakko, sofern der Herr einen trägt, kann durchaus einen kräftigen Fabton aufweisen. Der gute alte Anzug ist deshalb nicht out. Aber die Variationsmöglichkeiten, die die Herren heute haben, nähern sich denen der Damen.

Ich habe einen ganz einfachen Geschmack. Ich bin stets mit dem Besten zufrieden. (Oscar Wilde)

Dennoch sind gewisse Freiheiten nicht erlaubt: Selbst wenn draußen unerträgliche Tropenschwüle herrscht und im Studio noch die Hitze der Scheinwerfer hinzukommt, wird kein Moderator und kaum ein Gast in T-Shirt, Unterhemd und/oder Bermudas dasitzen. Das wäre ein Fall von „underdressed", eine Provokation, die sich vor allem der Gastgeber nicht erlauben darf. Hemden mit kurzen Ärmeln sind dagegen durchaus erlaubt. Genauso wird auch der privat zu sich nach Hause einladende Gastgeber seine Gäste nicht im Unterhemd empfangen, und er darf davon ausgehen, daß sie dort nicht in Shorts erscheinen werden.

Umgekehrt sieht man in den reinen Talksituationen – und sie alle entsprechen in gewisser Weise ja der unverbindlichen kleinen Privateinladung – keinen männlichen Gast oder Moderator im Smoking oder Frack und keine Moderatorin, keinen weiblichen Gast im glitzernden Cocktailkleid. Man sieht allerdings, etwa bei besagter Hitze, schon einmal einen Gast oder auch Moderator, der das Jackett abgelegt hat. Oder man sieht ein verkrumpeltes Leinenjackett, einen gelockerten Krawattenknoten oder auch ein luftiges Sommerhemd, das ohne Krawatte getragen werden kann.

Im Gegenzug dürfen Frauen heutzutage in der beschriebenen Situation sehr sportlich auftreten oder auch schlicht elegant: Hosen oder Hosenanzüge sind genauso erlaubt wie Kleider, Rock-Bluse-Kombinationen, Kostüme oder was sonst gerade die Mode bietet. Auch jede Form von „Understatement" ist erlaubt, also wertvolle, teure Stoffe oder Materialien, die aber so verarbeitet sind, daß der Gesamteindruck von Schlichtheit entsteht. Eine Seidenbluse, ein Kaschmirpullover können sündhaft teuer gewesen sein, dennoch kann man sie zu einer einfachen Einladung anziehen, sofern man ihnen die Exklusivität nicht auf 20 Meilen Entfernung ansieht oder besser gesagt, den Wunsch der Trägerin, mit diesem Kleidungsstück unbedingt auffallen zu wollen.

Selbst wenn in bezug auf die Wahl der Kleidungsstücke sehr große Freiheit herrscht, hört im allgemeinen der Spaß auf, wenn die Kleidung ungepflegt ist. Dabei macht es einen gewaltigen Unterschied, ob eine an sich saubere Leinenjacke, die für dieses Material typischen Krumpelfalten aufweist, oder ob eine Jacke, eine Hose, ein Hemd, eine Bluse speckig ist, weil sie zu lange getragen und zwischendurch nicht gereinigt oder gewaschen wurde.

Eleganz ist gemeisterte Verschwendung. (Walther Rathenau)

Kurz, man muß – und wird – unterscheiden zwischen dem Malheur und dem Laisser-faire. Die Dame, die eben an einem Stuhl hängengeblieben ist und sich eine Laufmasche gezogen hat, wird das als peinlich empfinden. Aber was soll sie machen? Vielleicht hat sie ein Paar Ersatzstümpfe oder Strumpfhosen in der Tasche. Auf jeden Fall ist ein solches Mißgeschick etwas, über das man hinwegsehen kann und sollte. Kommt sie aber in Schuhen, deren Absätze völlig schiefgelaufen sind, dann wird man nicht davon ausgehen können, daß sie eben gerade einen 60 Kilometer langen Gewaltmarsch mit Sturmgepäck hinter sich hat. Die abgelaufenen Absätze werden daher kommen, daß sie auf diesen Aspekt der Kleidung nicht achtet.

Das betrifft die Herren gleichermaßen. Ein frisches Hemd, das an einem heißen Sommertag Schwitzflecken bekommen hat, kann man eigentlich nicht beanstanden. Schließlich ist die Transpiration nicht nur eine notwendige und gesunde Körperfunktion, sie ist auch in keiner Weise der willkürlichen Steuerung unterworfen. Beanstanden kann man nur, wenn dieses Hemd einen zweiten oder gar einen dritten Tag lang hintereinander angezogen wird.

Die festliche Gelegenheit

Der normale Durchschnittsmensch erlebt in seinem Leben selten Situationen, in denen er sich außergewöhnlich festlich kleiden muß oder darf. Solche Gelegenheiten sind Hochzeiten, Galapremieren, Festspielaufführungen, Bälle, Bankette und ähnliches.

Es ist nichts an einem Feste ohne wohlgeputzte vornehme Gäste. (Johann Wolfgang von Goethe)

Wer von berufs- oder seiner gesellschaftlichen Stellung wegen häufig in großer Festgarderobe erscheinen muß, wird als Mann in seinem Kleiderschrank das Nötige hängen haben, denn wieder einmal sind Männer auch hier im Vorteil. Kein Mensch wird sagen: „Jetzt sieh dir das an, hat der doch denselben Smoking an wie letzte Woche!" Die Dame dagegen, die zweimal hintereinander im selben Abendkleid erscheint, kann sich einiger bissiger Kommentare hinter ihrem Rücken sicher sein. Doch es kann schlimmer kommen: Es können zwei Damen aufeinandertreffen, die identische Modelle tragen! In unseren Breiten geradezu eine Tragödie. Als vor Jahren zwei Damen der Gesellschaft zu den Bayreuther Festspielen in der gleichen Designerrobe erschienen, war das tagelang ganze Kolumnen in der Lokalpresse wert.

Genau umgekehrt ist die Situation in einigen afrikanischen Ländern. Wenn dort bei einer großen Familienfeier bei einem Volk wie den Yoruba in Westnigeria nicht alle in absolut gleicher Aufmachung, in Gewändern aus demselben Stoff und mit hundertprozentig übereinstimmenden Accessoires erscheinen, wird das als ungeheuer peinlich für den Abweichler empfunden. Hier ist nicht die Rede von einer traditionellen Dorfgemeinschaft – da würde es solche Uniformität nicht geben – sondern von modernen Familien in Lagos oder anderen Großstädten. Das Beispiel soll nur noch einmal verdeutlichen, was schon öfter in diesem Buch betont wurde: Nur das Vorhandensein einer Regel ist fix, deren Inhalt jedoch ist völlig willkürlich festgelegt und kann sich über Nacht ändern.

Was in unserer Gesellschaft zu welcher Gelegenheit an festlicher Kleidung zwischen gedecktem Straßenanzug und Frack für den Herrn, zwischen Hemdblusenkleid und langer Abendrobe für die Dame derzeit als angemessen gilt, ist in tabellarischer Form im Anhang (siehe Seite 295) zusammengefaßt. Im folgenden nur ein paar kurze Erläuterungen zu den einzelnen Kleidungsstücken.

Großes Abendkleid

Unter einem „großen Abendkleid" versteht man eine bodenlange, festliche, meist dekolletierte oder völlig schulterfreie, möglicherweise aber auch hochgeschlossene Robe aus irgendeinem kostbaren Stoff. Zur Ergänzung ist festlicher, nicht unbedingt echter, aber mindestens echt wirkender Schmuck erforderlich. Die große Abendgarderobe kann aber auch eine Kombination aus langem Rock und festlicher Bluse oder auch eine Kreation mit Hosen sein.

Zum dekolletierten oder schulterfreien Abendkleid gehört entweder ein langer Mantel (Cape), eine kurze Jacke oder eine Stola. Nerzjäckchen und Pelzstolen sind bei Tierschützern und anderen umweltbewußten Menschen seit längerer Zeit schon verpönt. Die Textilindustrie bietet jedoch entsprechende Kleidungsstücke aus den verschiedensten hochwertigen Stoffen beziehungsweise Imitate aus Webpelz an. Da diese Ergänzungsstücke zum Kleid gehören, werden sie eigentlich nicht an der Garderobe abgegeben, sondern bei Bällen, Empfängen und ähnlichen Gelegenheiten über der Rückenlehne des Stuhls abgelegt. Bei Galapremieren ist das, besonders wenn man mit langem Cape kommt, natürlich ungünstig. Man sollte den langen Mantel deshalb ruhig an der Garderobe abgeben und zusätzlich eine feine Stola dabeihaben, die man sich um die Schultern legt. Stola oder das Jäckchen sind auch beim Sitzen im engen Theatersessel nicht unbedingt hinderlich.

Trägt man das lange Abendkleid zu einer Veranstaltung mit Tanz, also etwa zu einem Ball, ist es günstig, darauf zu achten, daß der Schnitt des langen Rockes nicht zu eng ist. Das Tanzen wird sonst für beide Partner zu keinem rechten Vergnügen.

Eine Dame trägt keine Kleider. Sie erlaubt den Kleidern, von ihr getragen zu werden. (Yves Saint Laurent)

Kleines Abendkleid

Eleganz ist das Was, Chic ist das Wie. (Pierre Cardin)

Das kleine Abendkleid, früher auch gern Cocktail- oder Nachmittagskleid genannt, kann vom berühmten „kleinen Schwarzen", das im allgemeinen durch seine elegante Schlichtheit besticht, bis zu einer supermodernen Neonfarbenkreation reichen. Die Grenzen zum großen Abendkleid sind fließend, das heißt, das große Abendkleid kann heute durchaus auch kurz sein, wohingegen das kleine Abendkleid im allgemeinen nicht lang ist, sofern nicht schon morgen die Mode etwas anderes vorschreibt.

Anzug

Der sogenannte Büro- oder Straßenanzug kann gemustert und aus unterschiedlichen Stoffen gearbeitet sein. Ist das Jackett gemustert, so soll das Hemd unifarben sein, hieß es noch gestern. Heute ist auch das, wie man bei mutigen Männern sehen kann, überholt. Wichtig ist, wie man kombiniert, das heißt, ob die Kombination dem Mann steht. Auch die Farbe der Strümpfe hatte sich früher entweder nach der Hosen- oder Schuhfarbe zu richten und war in jedem Fall im Bereich der gedämpften, dunklen Töne angesiedelt.

Einen Stich feiner sind die sogenannten Konferenzanzüge, dunkel gehaltene, meist blaue oder graue Anzüge, gelegentlich mit Weste und Nadelstreifen, zu denen in jedem Fall eine Krawatte getragen wird.

Ist bei Einladungen der Kleidervermerk „Dunkler Anzug" angegeben, dann wird ein dunkelblauer, schwarzgrauer oder schwarzer Anzug erwartet. Zu diesem wird ebenfalls eine Krawatte – uni oder gemustert – getragen sowie ein passendes oder ein weißes Einstecktuch in der äußeren Brusttasche.

Zu allen Anzügen, so heißt es, solle der Herr passende Lederschuhe mit glatten Sohlen, zum dunklen Anzug schwarze Schuhe und schwarze Strümpfe tragen.

Cut oder Cutaway, Stresemann und Frack

Stresemann und Cut sind Gesellschaftsanzüge, die tagsüber zu festlichen Gelegenheiten getragen werden können. Der Cut ist um einen Hauch feiner als der Stresemann. Beide bestehen aus schwarzgrau gestreifter Hose, zu der beim Stresemann ein einreihiges schwarzes Jackett gehört sowie ein weißes Hemd (mit Schmuck-Manschettenknöpfen) und eine graue Weste. Die dazugehörige Krawatte ist silbergrau oder grau.

Das Jackett des Cutaway verrät seine Herkunft durch seinen Namen, der zu deutsch „abgeschnitten" bedeutet. Es entwickelte sich nämlich aus dem alten, fast knielangen Gehrock der Herren, dem die Vorderseite der Schöße schräg zur Seite hin abgeschnitten wurden. Auch diese hinten fast bis zu den Kniekehlen reichende lange Jacke ist schwarz und einreihig und wird mit weißem Hemd (Manschettenknöpfe!) grauer Weste und grauer Krawatte kombiniert. Wie beim Stresemann sollte dazu eine Krawattennadel – bevorzugt eine Perle – getragen werden. Bei Anlässen wie Hochzeiten und Pferderennen gehört der graue Zylinder zum Cut. Mit schwarzer Weste, schwarzer Krawatte und schwarzem Zylinder ist der Cut ein Traueranzug für Staatsbegräbnisse.

Der Cut ist ein nur noch selten getragener Gesellschaftsanzug. Das Protokoll der Bundesregierung sieht beispielsweise nur noch zwei Gelegenheiten vor, bei denen der Cut zwingend vorgesehen ist: beim Neujahrsempfang des Bundespräsidenten für das diplomatische Corps und bei der Beglaubigung eines Botschafters. In beiden Fällen dürfen die Gäste, wozu ja die Botschafter und Botschafterinnen gehören, in ihrer eigenen Nationaltracht erscheinen, was, wie man an den jeweils ausgestrahlten Fernsehbildern sehen kann, vor allem von Vertretern der Länder Afrikas und Asiens sehr gern gemacht wird. Und nicht zum Schaden des tristen Protokolls.

Der festlichste unter den großen Gesellschaftsanzügen ist der Frack, schwarz oder von sehr dunklem, sogenanntem Nachtblau. Die schmal geschnittene Hose wird meist mit Hosenträgern getragen. Sie hat einen hohen Bund und seitlich seidene Doppeltressen, „Galons" genannt (Doppelseidenstreifen, im Unterschied zur Smokinghose, die nur einen Einzelstreifen hat). Die Jacke ist vorn kurz tailliert und reicht wie beim Cut hinten

Zu den größten Leistungen europäischer Außenminister in Afrika gehört es, bei vierzig Grad im Schatten einen Frack zu tragen. (Roger Peyrefitte)

Der Kellner ist ein Mensch, der einen Frack anhat, ohne daß man es merkt. Hinwieder gibt es Menschen, die man für Kellner hält, sobald sie einen Frack anhaben. Der Frack hat also in keinem Fall einen Wert. (Karl Kraus)

bis an die Kniekehlen – Schwalbenschwänze nennt man diese langen Zipfel. Das Jackett wird offen getragen, das Frackhemd ist gestärkt und hat ausgearbeitete Ecken. Ferner gehört zum Gesamtensemble eine ebenfalls gestärkte ein- oder zweireihige weiße Pikeeweste. Die Frackschleife ist weiß. Die Knöpfe von Hemd und Weste sind natürlich allem angemessen und entsprechend kostbar, das heißt aus Perlmutt, eventuell aus Perlen, sogar Brillanten können den Frack ergänzen. Ebenso wie der Cutaway wird auch der Frack im allgemeinen nur noch bei hochoffiziellen Anlässen getragen. Smoking, Dinnerjacket und Spenzer sind die heute üblichen Gesellschaftsanzüge für private, festliche Gelegenheiten.

Lediglich Kellner tragen in manchen Restaurants der Spitzenklasse noch heute einen Frack als Dienstkleidung. Damit sie aber als Kellner zu erkennen sind und nicht etwa mit einem Gast verwechselt werden, legen sie eine schwarze Weste und eine schwarze Fliege zu ihrem ziemlich unbequemen Arbeitsanzug an.

Smoking, Dinnerjacket, Spenzer

Engländer und Amerikaner nennen das, was bei uns unter der Bezeichnung Smoking läuft, gern Dinnerjacket und meinen die dunkle, also schwarze oder nachtblaue Hose ohne Aufschlag, aber mit aufgesetztem einfachem seidenen Längsstreifen an der Außenseite (Galons). Dazu gehört das farblich passende Jackett mit seidenem Schalkragen oder seidenem Revers, das, sofern einreihig, zur Ergänzung einer Weste bedarf, die schwarz oder bunt, doch in jedem Fall aus Seide ist und auf die man bei weniger eleganter, zweireihiger Jacke verzichten kann. Außerdem gehört zur klassischen Version eine schwarze Fliege zum weißen, durchaus reichlich mit Biesen, Spitzen oder Rüschen verzierten Hemd. Dieser schwarzen Fliege wegen nennt man den Anzug im Französischen auch „cravatte noir", im Englischen „black tie", im Gegensatz zum Frack, der mit weißer

Schleife also „cravatte blanche" beziehungsweise „white tie" getragen wird.

Statt der erwähnten Weste kann der Herr einen „Kummerbund" um die Taille legen und die Fliege farblich dazu abgestimmt wählen. Der Name dieser Taillenzierde ist übrigens eine Verballhornung des Hinduwortes „kamerband", jener Schärpe, die indische Männer der hohen Kasten um ihre knielangen Jacken schlingen. Der Name hat demnach nichts mit dem Kummer zu tun, den der gefältelte Seidengürtel seinem Träger verursacht, sollte die Leibeswölbung gar zu ausgeprägt sein.

Um die Verwirrung zu steigern, versteht man hierzulande unter Dinnerjacket jene helle, fast weiße Smokingjacke, die im Sommer, in den Tropen, an Bord eines Kreuzfahrtschiffes und so weiter zu der schon erwähnten dunklen Hose getragen und mit weißem Smokinghemd und ebenfalls dunkler Schleife ergänzt wird. Und um das Durcheinander zu vollenden, gibt es noch die amerikanische Variante des Smokings, den „Tuxedo", zu dem man sogenannte „Fancyshirts", also Phantasiehemden jeglicher Färbung und Machart, und ebenso phantasievolle Krawatten trägt. Am beliebtesten sind die sogenannten „Bola ties", jene langen Bändel, die an das Lasso der südamerikanischen Gauchos, die Bola, erinnern.

Außer dem reinen Erscheinungsbild unterscheiden zwei Dinge den Smoking von Cut und Stresemann. Erstens sei der Smoking ein Abendanzug und solle vor 18 Uhr nicht angelegt werden – so heißt es. Dieser Vorgabe zufolge wären all jene grobe Regelverstößler, die beispielsweise beim Gang zum Standesamt oder bei der kirchlichen Trauung am Morgen oder frühen Nachmittag einen Smoking tragen. Da es sich bei einer Trauung im allgemeinen um eine tagsüber stattfindende Feierlichkeit handelt, wären Stresemann oder Cut angesagt. Höchstens zum abendlichen Hochzeitsball dürften der Bräutigam und die männlichen Gäste im Smoking erscheinen. Viele junge Leute, die gern eine rauschende Feier aus ihrer Hochzeit machen wollen, halten sich an diese strikte Kleidervorschrift nicht mehr. Und es hat, soweit ich weiß, noch niemand einen ernsthaften Schaden dadurch erlitten. Da sind die Hupkonzerte, die die Jungvermählten und ihre Freunde zu veranstalten pflegen, für die Gesamtbevölkerung weit störender.

Zweitens hat nur der Smoking die Phantasie der Modeschöpfer angeregt, weshalb immer mal wieder farbige Kreationen und sogar Karovarianten probiert werden, die sich allerdings in konservativen Kreisen bisher nicht recht durchsetzen konnten.

Manchmal habe ich den Verdacht, Modeschöpfer sind verkappte Karikaturisten.
(Lil Dagover)

Auch der Trachtensmoking hat, ebenso wie das Abenddirndl, eigentlich nur im süddeutschen Raum Anhänger gefunden.

Als jüngste und modischste Variante der festlichen Herrenbekleidung hat sich der Spenzer entwickelt, den man getrost tagsüber tragen und mit flotter farbenfreudiger Masche, Schleife oder Fliege und Kummerbund ergänzen kann.

Kleidung und Beruf

Wer die Uniformen erfunden hat, wollte keine Gesichter mehr sehen. (Thomas Niederreuther)

Während jeder, egal in welchem Beruf er oder sie tätig ist, heute in der Freizeit gekleidet sein kann, wie er oder sie möchte, gelten im Berufsleben noch immer strengere Regeln, wenn sich auch vieles in den letzten Jahren deutlich gelockert hat. Einst unterschieden sich Handwerker der verschiedenen Zünfte schon äußerlich durch ihre Kleidung. Manche Berufsstände behalten einige dieser „Uniformen" noch bei, wie etwa Köche ihre hohen Mützen, weißen Jacken und besonders gebundenen Halstücher.

Oft ist es nicht der Arbeitnehmer selbst, der hier entscheidet, sondern die Unternehmensleitung, der Arbeitgeber. Das kann so weit gehen, daß bestimmte Uniformen vorgeschrieben sind, obwohl der Dienstherr keineswegs, wie etwa bei Soldaten und Polizisten, der Staat ist, sondern ein freies Wirtschaftunternehmen. Ein typisches Beispiel sind die Mitarbeiter und Mitarbeiterinnen der verschiedenen Fluggesellschaften.

Je nach Beruf und Art des Unternehmens wird mehr oder weniger stark Einfluß darauf genommen, was als Kleidung üblich und gern gesehen ist. Vor einigen Jahren wäre es noch gänzlich unmöglich gewesen, daß eine Bankangestellte im Schalterdienst Hosen trägt. Heute ist das kein ungewöhnlicher Anblick mehr. Aber daß sie im Jogginganzug zur Arbeit kommt, ist ebenso verpönt, wenn nicht vom Arbeitgeber untersagt, wie Bermudas für den männlichen Kollegen während der Arbeitszeit undenkbar wären.

Die Variationsbreite dessen, was in den einzelnen Branchen möglich und erlaubt ist, und die Geschwindigkeit, mit der sich diese Regeln ändern, läßt es sinnlos erscheinen, hier auch nur andeutungsweise Regeln aufzählen zu wollen. Es gibt Branchen, in denen eine betont modische Kleidung üblich ist, und solche, in denen eine eher konservative Note gefragt ist. Wer sich an dem orientiert, was innerhalb des gesteckten Rahmens üblich ist, liegt richtig.

Kleidersünden

Angeblich ist es ein Verstoß gegen die Kleiderordnung, vor Einbruch der Dämmerung im Smoking zu erscheinen. Vor gar nicht langer Zeit war es auch eine Kleidersünde, wenn der Herr, der Hosenträger trug, diese sehen ließ. Ebenso „shocking" war es, wenn er, von der Dame an einem heißen Sommertag dazu ermuntert, seinen Sakko ablegte, aber ganz vergessen hatte, daß er ja Ärmelhalter trug, die man jetzt sehen konnte.

Heute gelten Hosenträger ebenso wie Ärmelhalter bei manchen jungen Leuten – Frauen wie Männern – als fetziges Accessoire. Besonders beliebt sind farbenfrohe, auffällige Exemplare, die dadurch zur Geltung kommen, daß irgendein Darüber, sei es nun ein Sakko, eine Strickjacke oder ein Pullover von vornherein nicht geplant ist.

Auch in Sachen Schuhe und Strümpfe konnten und können Männer angeblich unverzeihliche Sünden begehen. Schon mit der falschen Schuhwahl geht es los. Eine dicke Gummi- oder Kreppsohle, überhaupt ein kräftiger, derb gearbeiteter Schuh passe nicht zu einem Anzug, heißt es. Es sei denn, es wäre ein Anzug aus breitrippigem Cordstoff, es sei denn, es handele sich um einen Trachtenanzug, zu dem natürlich ein Haferlschuh erlaubt ist, es sei denn, es läge eine der vielen anderen Ausnahmen vor, die es bekanntlich zu jeder Regel gibt.

Was nun die Strümpfe anbelangt, so wird gesagt, es müßten immer Kniestrümpfe, mindestens jedoch hohe Wadenstrümpfe, niemals aber kurze Socken sein. Sonst könnte es ja geschehen, daß man ein Stück unbekleidete, wahrscheinlich stoppelig bis kraus behaarte Männerwade zu sehen bekommt, wenn der Herr mit bequem übereinandergeschlagenen Beinen sitzt und das Hosenbein dadurch etwas hochrutscht. Man stelle sich vor!

Allen Moden gemeinsam ist die Beobachtung, daß ihre ersten und ihre letzten Vertreter komisch sind. (Sigmund Graff)

Außerdem sollte der Herr Sockenhalter tragen – natürlich ebenfalls so, daß man sie nicht sieht –, wenn die schlabbrig gewordenen Bündchen nicht mehr recht halten wollen und die Strümpfe sich deshalb in Ziehharmonikafalten legen. Des weiteren haben die Socken, oder vielmehr die Kniestrümpfe, der Anzugfarbe angepaßt, möglichst dunkel und unauffällig zu sein. Quietschgelbe Strümpfe darf Mann, so er ein Herr sein will, offensichtlich (leider) nur dann tragen, wenn er Heinrich Maria Ledig-Rowohlt heißt. Oder hat sich da doch etwas bewegt?

Selbstverständlich haben die Männer kein Monopol auf Kleidersünden, auch Frauen können sie begehen. Größte Sünde: blitzende Unterwäsche, das heißt, der unter dem Rock hervorlugende Unterrock, der sichtbare, gar über den Oberarm fallende Träger von Hemd oder Unterrock, der durch die Kleidung durchschimmernde Büstenhalter, der sich unter allzu engen Hosen abzeichnende Schlüpfer ...

> *Die meisten Frauen machen sich nur deshalb so hübsch, weil das Auge des Mannes besser entwickelt ist als sein Verstand.*
> *(Doris Day)*

Nun gilt es allerdings genau zu unterscheiden. Die kostbare Spitze eines Seidenunterhemdes darf, ja sie soll, im tiefen Ausschnitt eines edlen Pullovers oder einer Bluse hervorschauen. Bei sehr jungen Frauen gehört es heute zum schicken Outfit, daß man das wieder in Mode gekommene Strumpfband am Oberschenkel sieht. Das kann natürlich bei Drucklegung des Buches schon wieder überholt sein.

Die Grenze verläuft zwischen dem, was ästhetisch erscheint, und dem, was einfach schlampig wirkt. Wenn unter einem ärmellosen Sommerkleid mit relativ weiten Armausschnitten ein Stück vom Seitenteil des Büstenhalters zu sehen ist, dann darf man davon ausgehen, daß die betreffende Frau auf die Wahl von Kleid und dazu passenden Dessous nicht viel Aufmerksamkeit verwendet hat, sonst wäre ihr das aufgefallen. Erst recht sollte frau kein Top mit Spaghettiträgern anziehen, wenn sie auf die stützende Funktion des Büstenhalters nicht verzichten zu können glaubt. Auch sehr dunkle Unterwäsche, die durch helle Oberbekleidung durchschimmert – sei es der schwarze Schlüpfer unter der hellgelben Hose, das dunkelblaue Unterkleid unter der weißen Bluse, die schwarze Bluse im hellen Hosenbund –, ist eine vermeidbare Unschönheit, die vielleicht zu Recht Anstoß erregt.

Auch wenn sich unter einem hellen Männerhemd ein allzu farbenfreudiges Unterhemd abzeichnet und wenn unter seiner Hose ein Stück der langen Unterhose über den Socken herausschaut, ist das nicht gerade ein erhebender Anblick. Doch wer könnte sagen, daß er vor solchen Peinlichkeiten gefeit wäre?

Körperpflege

Der tollste Frack ist nur noch halb so elegant, wenn sein Träger möpselt. Das exklusivste Abendkleid verliert augenblicklich, wenn der Nagellack der Dame schon teilweise abgeblättert ist. Man behauptet zwar, Kleider machten Leute, doch die korrekte Kleidung allein genügt nicht, es gehört auch die Körperpflege dazu.

Hier wird einerseits gern zuviel und andererseits oft zuwenig getan. Wer täglich duscht und dabei Seife oder ein Duschgel benutzt, braucht bei normalen Klimaverhältnissen – in unseren Breiten die Hundstage ausgenommen – kein zusätzliches Deodorant. All diese Mittel, die man sprühen, rollern oder sonstwie applizieren kann, dienen vornehmlich der Bereicherung der Kosmetikindustrie, die ihrerseits gezwungen ist, in teuren Tierversuchen die Hautverträglichkeit jener Artikel zu testen, deren ein Mensch, der sich gewaschen hat, nicht bedarf. Hat er sich aber nicht gewaschen, ist auch die Anwendung dieser Mittelchen kaum sonderlich hilfreich.

Wasch mir den Pelz, aber mach mich nicht naß. (Deutsches Sprichwort)

Während einerseits beim Gebrauch solcher Körperpflegeartikel gern zuviel getan wird, hapert es häufig – gerade bei den Herren – an anderen Dingen. Am auffälligsten ist der Unwillen der Männlichkeit, auf gepflegte Hände und Fingernägel zu achten. Viele glauben auch, es genüge vollkommen, sich gelegentlich mit markanter Geste durch die Haare zu fahren. Der Gebrauch von Kamm oder Bürste erübrige sich dann. Oder sie verwenden solche Geräte, achten aber nicht darauf, daß Haare und Schuppen auf den Schultern liegen, was man bei dunklen Anzügen besonders gut sieht.

Frauen, die aus vielerlei Gründen auf ihr äußeres Erscheinungsbild meist mehr Wert legen, begehen seltener solche Sünden. Doch gibt es auch hier gelegentlich Vorkommnisse der genannten Art. Häufiger als Ungepflegtheit in der Erscheinung ist bei Frauen eine andere Unart: der übermäßige Gebrauch von Duftwässern. Wer täglich schwere Parfüms verwendet, desensibilisiert die eigenen Geruchsnerven. Solche Frauen riechen das eigene Parfüm längst nicht mehr so deutlich wie die Menschen ihrer Umgebung, weshalb sie mit der Zeit dazu neigen, zuviel zu benutzen. Tagsüber sollte die Dame auf jegliches Parfüm verzichten, ein Eau de Toilette, das nicht so stark „duftet", genügt völlig.

Höflicher Umgang mit Freunden

it guten Freunden kann man im allgemeinen lockerer umgehen als mit entfernten Bekannten. Verwandte – ob angeheiratete oder Blutsverwandte – sind manchmal wie Freunde, doch gelegentlich sind sie uns auch ferner als die entferntesten Bekannten. Wir wollen hier im großen und ganzen vom Idealfall ausgehen, von intakten Verwandtschaftsbeziehungen und nur ganz am Rande auf problematische Fälle eingehen. Grundsätzlich läßt sich wohl sagen, daß man auch schwierigen Verwandten am besten mit zurückhaltender Höflichkeit begegnet.

Die Definition der Begriffe Freund und Bekannter ist natürlich individuell verschieden. Was der eine als „mein Freund" bezeichnet, würde der andere höchstens mit „ein Bekannter von mir" benennen. Die Begriffe unterscheiden sich hauptsächlich durch den Grad der persönlichen Nähe zueinander, was wiederum eine Frage der individuellen Interpretation ist.

Angeblich soll man in Amerika, wo man ja sehr schnell zur Anrede mit den Vornamen übergeht – was man in einer Sprache, die zwischen Du und Sie nicht mehr unterscheidet, mit dem Duzen in unserer Sprache gleichsetzen könnte –, sehr viel leichter Freundschaften schließen. Ob diese Verbindungen in jedem Falle den Namen „Freundschaft" verdienen, sei dahingestellt. Der englische Exzentriker Quentin Crisp sagte dazu einmal sinngemäß, in England dauere es Jahre, bis man einen

und Verwandten

Freund habe, aber den werde man dann auch nie wieder los. In Amerika dagegen sei man innerhalb weniger Stunden dick befreundet, und in vierzehn Tagen sei zum Glück schon alles wieder vorüber.

Es sei hier noch eine Bemerkung zum englischen „You" erlaubt, das nämlich nicht, wie oft fälschlich angenommen, „Du" bedeutet. Das echte Du – englisch „thou" (mit den zugehörigen Formen thee, thine, thy) – war im Altenglischen normaler Bestandteil der Sprache. Im Mittelenglischen wich es langsam zugunsten der Formen „ye, you, your, yours", die dem Deutschen „Ihr, Euch, Euer" entsprechen. Die alten Formen finden sich beispielsweise bei Shakespeare und in der Bibel. Doch lediglich die Mitglieder der Glaubensgemeinschaft der Quäker benutzen sie noch heute untereinander. Die Briten sind also weit entfernt davon, sich alle miteinander zu duzen. Und man tut gut daran, etwa als Tourist, die britische Höflichkeitsregel Nummer eins zu beherzigen: „Lieber ein bißchen zuviel Distanz halten als zuwenig." Das unterscheidet die Briten, wie Quentin Crisp andeutete, von den Amerikanern.

Nun, wie immer man auch den Begriff Freundschaft definieren mag, man kann, wie gesagt, mit echten Freunden anders umgehen als mit Fremden oder entfernten Bekannten. Das heißt nicht, daß man im Umgang mit ihnen Höflichkeit und gutes Benehmen außer acht läßt, daß man bei ihnen, umgangssprachlich gesagt, „die Sau rauslassen" kann. Es heißt lediglich, daß man auf viele Äußerlichkeiten und reine Konventionen verzichten kann: Wenn ich weiß, daß der Freund eine Nachteule ist, kann ich auch nach den üblichen Telefonzeiten noch bei ihm anrufen. Wenn ich weiß, daß die Freundin ein bestimmtes Eau de Toilette benutzt, dann kann ich ihr das statt Blumen mitbringen. Ich kann sogar einmal mit leeren Händen dort erscheinen, und wenn sie gerade frisch geputzt hat, kann sie mich bitten, wenn draußen Schneematschwetter herrscht, doch die Stiefel auszuziehen. Ich darf mich selbst am Kühlschrank des Freundes bedienen, wenn mir dazu einmal Generalerlaubnis erteilt wurde und was der vielen Kleinigkeiten mehr sind. Kurz, es kann sich vieles sehr viel unkomplizierter gestalten.

Ein Humanist liebt alle Menschen. Mit Ausnahme der wenigen, die er kennt. (Wieslaw Brudzinski)

Längst nicht immer ist das Du ein Gradmesser der Intensität der Verbindung. Eines der berühmtesten Paare dieses Jahrhunderts, Simone de Beauvoir und Jean Paul Sartre haben sich bis zum letzten Tag gesiezt. Dessen ungeachtet ist für viele Menschen das Du Ausdruck besonderer Verbundenheit und Zuneigung, und sie würden gern vom offizielleren Sie zum Du übergehen – aber wie?

Vom Sie zum Du

Junge Leute, die sich am Arbeits- oder Ausbildungsplatz, an der Uni, in der Disco, bei der Demo oder sonstwo kennenlernen, fangen erst gar nicht an, sich zu siezen. Sie sagen gleich du zueinander, manchmal ohne die Namen richtig oder vollständig zu kennen. Auch einige ältere Semester, vornehmlich solche, die nostalgisch an die endsechziger Jahre zurückdenken, und ein paar andere Freaks, Müslis und Konsorten neigen gern zum kollektiven Du beziehungsweise Ihr, für alle und jeden. Man tut ihnen meist weh, wenn man sie bittet, die vertrauliche Anrede zu lassen. Allerdings muß man sich ihnen nicht anschließen. Gewohnheitsduzern macht es meist nichts aus, daß auf ihr „Angebot" nicht eingegangen wird, sie also gesiezt werden, während sie weiterhin beim Du bleiben. Womit sie übrigens in keiner Weise ein Ranggefälle unterstellen. Im Gegenteil, gerade ihre Vorstellung von der absoluten Gleichheit aller Menschen läßt sie ja – wie die englischen Quäker – zum Du greifen.

Es kann auch vorkommen, daß in einem bestimmten Kreis, etwa in einem Kurs bei der Volkshochschule, in einer Sportgruppe oder im Ferienclub ausgemacht wird, daß sich alle duzen. Dann sollte man sich nicht ausschließen. Doch die Situation innerhalb des Kurses und die außerhalb sind zwei Paar Schuhe. Sowie man den Raum verlassen hat, der Skikurs oder die Ferien vorüber sind, kann man zur distanzierteren Anrede zurückkehren.

Wie aber nun, wenn man zum Du übergehen möchte? Wer darf das vorschlagen? Früher hätte sich eine Frau, die einem Mann das Du anbot, unmöglich gemacht. Das sieht man heute nicht mehr so eng. Die Initiative kann selbstverständlich von ihr ausgehen, aber auch von ihm. Es muß auch nicht unbedingt der oder die Ältere sein, der den Übergang zum Du anbietet. Viel wichtiger ist die innere Bereitschaft, die auf beiden Seiten vorhanden sein sollte. Sie ist eventuell daran zu erkennen, daß man ganz deutlich auf einer Wellenlinie liegt, daß einem gelegentlich schon mal ein Du rausgerutscht ist, ohne daß der andere gleich erstaunt die Augenbrauen hochgezogen hätte. Bemerkt man dagegen eine deutliche Irritation des Gegenübers, wird man das Du nicht anbieten, sondern vielmehr darauf achten, daß einem der Patzer nicht wieder unterläuft. In keinem Fall ist es verkehrt, lange zu prüfen und gut abzuwägen. Es ist was dran an dem Spruch: „Du und ich, wir verstehen uns so gut – wir sollten Sie zueinander sagen."

Während übrigens die Engländer, wie gesagt, sehr auf Abstand halten, sind die Italiener, die den Unterschied zwischen „tu" (du) und „Lei" (Sie) ja ebenfalls kennen, sehr viel schneller mit der vertraulichen Form bei der Hand: „Diamoci del tu", wörtlich: „Geben wir uns das Du", ist ein oft gehörtes Angebot. Und niemand nimmt in Italien Anstoß, wenn man beispielsweise die Abschiedsformel „Arrivederci" benutzt, die eigentlich (das angehängte „ci" bedeutet ja „uns") Duzfreunden vorbehalten sein müßte. Mit wem man per Sie ist, von dem müßte man sich korrekterweise mit „ArrivederLa" verabschieden.

Aus Vertraulichkeit entsteht die zarteste Freundschaft und der größte Haß. (Antoine de Rivarol)

Familienfeste

Das Familien-
leben ist ein
Eingriff in
das Privat-
leben.
(Karl Kraus)

Es gibt keine Gesellschaft auf Erden, die nicht irgendwelche Feste feiern würde. Die Anlässe sind unterschiedlich, es können religiöse Vorstellungen oder soziale Einrichtungen sein, die Menschen in Gruppen zusammenführen und sie gemeinsam ein Fest begehen lassen. Das aber ist der springende Punkt: Menschen kommen zusammen – und wo Menschen zusammenkommen, sind gewisse Regeln für ihr Verhalten erforderlich. Also sind auch Feste Regelungen unterworfen, was nicht ausschließt, daß der Individualität Raum gegeben werden kann. In unserer Zeit und in unserem Lande ist niemand verpflichtet, irgend etwas zu feiern. Die meisten Menschen feiern jedoch gern, manche machen allerdings auch aus bloßer Konvention mit. Während es bereits viele Menschen gibt, die Pfingsten oder Ostern nicht mehr unbedingt als Fest begehen, ist die Zahl derer, die freiwillig auf ein Weihnachtsfest mit Lichterbaum verzichten, doch recht gering. Dabei hat das wenig mit ihrer religiösen Einstellung zu tun.

Auch wenn für die Überschrift dieses Kapitels der Sammelbegriff „Familienfeste" gewählt wurde, wird es hier doch nicht in erster Linie um solche Feste gehen, die in der Tat traditionsgemäß die Familien zusammenführen – wie es etwa beim Weihnachtsfest, beim Muttertag und ähnlichen Festen der Fall ist –, die aber zugleich die ganze Gesellschaft betreffen. Denn Weihnachten wird bei uns nun einmal von allen, die das Fest begehen, am 24. Dezember gefeiert. Es soll hier vielmehr um jene individuellen Einzelfeste gehen, zu denen man Verwandte und Freunde einlädt, also Geburtstage, Jubiläen, Verlobungen, Hochzeiten, Taufen und so weiter.

Geburtstage, Examensfeiern, Jubiläen

Seinen Geburtstag, bestandene Prüfungen oder ähnliche Ereignisse, kann und darf jeder feiern, wie es ihm oder ihr beliebt. Selbst runde Geburtstage müssen nicht an einer Kaffeetafel oder mit einem rauschenden Fest begangen werden. Man kann sie auch einfach ungefeiert übergehen. Da Geburtstage regelmäßig wiederkehrende Ereignisse sind, weiß man in der Verwandtschaft irgendwann, in welche Kategorie das Geburtstagskind gehört, ob es ein Feiermuffel ist oder schon immer Wochen vorher auf das Ereignis hinfiebert. Entsprechend weiß man auch, ob es angebracht ist, zu schreiben, anzurufen oder persönlich vorbeizuschauen, um zu gratulieren.

Auch Freunden und Verwandten, die nicht feiern, gebührt ein kurzer Gruß in Form eines Anrufs, einer Karte oder eines kleinen Briefes. Es sei denn, der oder die Betroffene hat ausdrücklich darum gebeten, daß vom Geburtstag in keiner Weise Notiz zu nehmen sei. Während also ein Gruß durchaus angebracht ist, sollte man seine eigene Lust am Feiern anderen nicht aufdrängen. Die Idee, für jemanden eine Überraschungsparty zu organisieren, ist meist nur im Film wirksam. Einem entschiedenen Partygegner tut man sicherlich keinen Gefallen, wenn man heimlich seine Bude dekoriert, jede Menge Leute einlädt und ihn mit einem Riesenhallo überfällt.

Wer seinen Geburtstag feiern möchte und dazu Verwandte, Freunde und Bekannte einlädt, sollte eines bedenken. Ferne Bekannte unter den Eingeladenen, die nicht wußten, daß hier ein Geburtstag gefeiert wird, können in eine unangenehme Lage kommen, wenn sie kein Geschenk mitgebracht haben. Das hat nichts damit zu tun, daß der Feiernde ja nicht eingeladen hat, um beschenkt zu werden. Da der oder die Eingeladene das auch sicherlich nicht unterstellt, plädiere ich dafür, bei einer Einladung den Grund anzugeben. Also geradeheraus zu sagen, daß man zum Geburtstag einlädt, eben um dem Gast die Peinlichkeit zu ersparen, möglicherweise als einziger ohne eine kleine Aufmerksamkeit aufgekreuzt zu sein und auch bei der Begrüßung keinen Glückwunsch ausgesprochen zu haben.

Gehören Sie selbst andererseits zu denen, die immer gefeiert haben und zu denen man auch einfach uneingeladen kommen konnte, wollen Sie aber, aus welchem Grund auch immer, dieses Jahr Ihre Ruhe haben, dann sollten Sie rechtzeitig rundum Bescheid geben. Sonst schneien Ihnen die Freunde und Verwandten vielleicht unangemeldet ins Haus, und Sie haben dann nichts anzubieten. Oder sollten Sie, um allem Trubel zu entgehen, verreist sein, müßten die Freunde, die sich vor verschlossenen Türen finden, unverrichteter Dinge wieder abziehen. In keinem Fall eine angenehme Situation. Oder vielleicht wollen Sie einen runden Geburtstag außerhalb in einem Lokal feiern, weil Ihnen die Arbeit zu Hause zuviel ist? Dann müssen Sie natürlich diejenigen, die eingeladen sind, rechtzeitig – und möglichst schriftlich – darüber informieren (siehe dazu auch Seite 279).

Je älter man wird, desto mehr ähnelt die Geburtstagstorte einem Fackelzug. (Katherine Hepburn)

Gratuliert wird dem Geburtstagskind am Geburtstag. Respektieren wir die Tatsache, daß es abergläubische Menschen gibt, die glauben, es werde Schreckliches geschehen, wenn man ihnen seine besten Wünsche zu früh übermittelt. Komischerweise besteht diese Angst bei schriftlichen Glückwünschen nicht. Wer also vorher gratulieren möchte, der kann auf diese Form der Glückwunschübermittlung zurückgreifen.

Noch ein kurzes Wort zu Kindergeburtstagen. Erwachsene, die zu Kindergeburtstagen eingeladen sind, seien es Onkel oder Tanten, die Großeltern oder die Eltern von Nachbarskindern, sollten an einem solchen Tag auf ihre Vorrechte zugunsten des im wahrsten Wortsinne Geburtstagskindes verzichten. Sie sollten also nicht erwarten, daß sie zuerst von der Torte bekommen, daß die Kinder nicht solchen Lärm machen, weil die Erwachsenen sich unterhalten wollen und so weiter.

Jung ist man, solange man noch imstande ist, den eigenen Geburtstag zu vergessen. (Ingrid Bergmann)

Große, runde Geburtstage, die in einem besonderen Rahmen gefeiert werden, sind zeremoniöse Feste. Gelegentlich sind außer dem Jubilar oder der Jubilarin selbst andere Ehrengäste anwesend, der Pfarrer, der Bürgermeister oder ein anderer Vertreter der Stadt. Bei einem neunzigsten oder gar hundertsten Geburtstag ist auch damit zu rechnen, daß ein Reporter der Lokalpresse vorbeikommt. Bei der eigentlichen Feier wird man eine Sitzordnung bei Tisch haben (siehe Seite 144 und 268), es wird vielleicht eine Tischrede auf den Jubilar gehalten (siehe auf Seite 275, die Geschenke werden möglicherweise nicht direkt übergeben, sondern auf einem gesonderten Gabentisch abgelegt (siehe Seite 276). Kurz, alle noch folgenden Abschnitte dieses Kapitels können zusätzliche Informationen enthalten, die auch für Geburtstage gelten.

Auch Schulabschluß- oder Examensfeiern und ähnliches können je nach Gusto der Betroffenen schlicht ausfallen oder in großem Stil gefeiert werden. Grundsätzlich gilt für sie, was bereits zum Thema Geburtstag gesagt wurde: Wenn man einlädt, nennt man den Grund der Einladung; man gratuliert erst, wenn der Kandidat sein Examen bestanden hat; man respektiert den Wunsch des Betroffenen, daß er feiern will, ebenso wie den Wunsch, daß er nicht feiern möchte. Selbstverständlich können sich mehrere, die eine Prüfung bestanden haben, zusammentun und ein Gemeinschaftsfest feiern.

Verlobung

Es besteht weder ein juristischer noch ein gesellschaftlicher Zwang, der Eheschließung eine Verlobungszeit vorausgehen zu lassen. Wenn man sich allerdings verlobt, dann muß man sich darüber im klaren sein, daß man im juristischen Sinne einen Vertrag abschließt. Und das heißt, die beiden Vertragsparteien müssen erstens geschäftsfähig sein, und sie können zweitens bei Vertragsbruch, also bei Lösung des Verlöbnisses, unter Umständen zu Schadensersatzleistungen herangezogen werden. Welche weiteren rechtlichen Konsequenzen ein Verlöbnis hat, kann und sollte (!) man unbedingt in einschlägigen Büchern nachlesen.

Sowenig eine juristische Verpflichtung zum Verlöbnis besteht, sowenig sind alle anderen mit einer Verlobungsfeier verbundenen Einzelheiten verbindlich geregelt. Schon gar nicht gibt es eine feste Bestimmung darüber, wer für die Kosten aufzukommen hat. Und wer über der Frage der Finanzierung der Verlobungsfeier mit dem zukünftigen Ehegespons in Streit gerät, hat eine wunderbare Gelegenheit, noch einmal genauestens zu überdenken, ob er oder sie nicht dabei ist, einen falschen Schritt zu tun. In jedem Fall sind die Zeiten, in denen Eltern froh sein mußten, ihre Tochter unter die Haube gebracht zu haben, wofür sie mit der Ausrichtung der Verlobung und einer verlockenden Mitgift zahlten, ein für allemal vorbei. Die Brauteltern dürfen die Kosten tragen, aber sie müssen nicht. Die Kosten können von allen gemeinsam, aber genauso auch von einem reichen Onkel übernommen werden.

Schließlich wird auch kaum noch ein junger Mann beim Vater der Braut um die Hand der Tochter anhalten, was gelegentlich, in völliger Verkennung der zugrundeliegenden Tatsachen, als „hübsche alte Sitte" beschrieben wird. Denn im Grunde stammt diese „hübsche Sitte" aus einer Zeit, als die Frau keinerlei selbstbestimmende Verfügungsgewalt über sich hatte und folglich aus der Vormundschaft des Vaters von diesem in die Vormundschaft des Ehemannes entlassen wurde.

Allerdings kann, ja sollte sich ein junger Mann als zukünftiger Schwiegersohn bei den Eltern seiner Braut vorstellen. Auch sie sollte sich seinen Eltern vorstellen, wenn man sich nicht ohnehin bereits kennt, weil die Kinder vielleicht schon zusammen in die Schule gingen oder weil die jungen Leute schon vor der Verlobung häufig zusammen waren und sich gegenseitig zu Hause besuchten. Ein solcher Antrittsbesuch hat durchaus eine

Die meisten Verlobungen enden glücklich – aber einige führen zur Ehe. (Anonymes Graffito)

wichtige Funktion. Es ist sicherlich nicht schlecht, darauf zu achten, daß man einen guten Eindruck macht. Man sollte also im großen und ganzen all das beachten, was so zum guten Ton gehört. Das fängt bei der Kleidung an und setzt sich fort bei den allgemeinen Manieren, den Tischsitten und so weiter. In Zweifelsfällen lese man in den entsprechenden Kapiteln dieses Buches nach.

Man soll keine Eheringe schmieden, solange die Liebe heiß ist. (Gerhard Uhlenbruck)

Haben sich die beiden Heiratswilligen fernab von zu Hause kennengelernt – vielleicht am gemeinsamen Studienort –, dann wird die Verlobungsfeier unter Umständen die erste Gelegenheit sein, bei der sich die neuen Verwandten, die Eltern und eventuell auch die Geschwister des Brautpaares, begegnen. Das wird von den zukünftigen Schwiegereltern gelegentlich als Anlaß verstanden, vom Sie zum Du übergehen zu können oder gar zu müssen. Von einer Verpflichtung dieser Art kann freilich überhaupt keine Rede sein. Man weiß ja noch gar nicht, ob die Verlobung wirklich zur Ehe führt, ob man tatsächlich künftig miteinander verschwägert sein wird. Wer also gern noch ein wenig Abstand wahren möchte, braucht bei dieser Gelegenheit nicht zum allgemeinen Du zu wechseln.

Ob die Brautleute die Schwiegereltern, wenn sie denn zum Du übergehen, mit den Vornamen ansprechen – bei jüngeren Leuten heute recht beliebt – oder mit „Mutter" und „Vater" oder einer der Variationen dieser Begriffe, ist individuell verschieden und keinerlei Regelung unterworfen. Es ist allerdings, man sollte es kaum für möglich halten, gelegentlich ein Streitpunkt. Es gibt Vertreter der älteren Generation, die meinen, die Anrede mit dem Vornamen sei ein Zeichen mangelnden Respekts. Nun gibt es aber heute schon sehr viele Kinder, die ihre Eltern mit Vornamen ansprechen, ohne es deshalb an Anerkennung fehlen zu lassen. Es handelt sich offensichtlich um eine Angelegenheit, die im Übergang begriffen ist. Die sehr streng klingenden Formen „Mutter" und „Vater" werden für die direkte Anrede der Eltern ja auch nur noch selten benutzt. Dennoch käme wohl niemand auf die Idee zu unterstellen, die Anreden „Mutti" oder „Papa" deuteten auf einen Respektmangel des Kindes hin. Wieso also sollte die Anrede mit dem Vornamen, zumal unter Erwachsenen, Geringschätzung ausdrücken?

Der gesellschaftliche Wandel zeigt sich auch beim Kauf der Ringe. Früher war es üblich, daß der Mann die Ringe allein kaufte und bezahlte. Heute will die Frau auf jeden Fall mitbestimmen, wie das Schmuckstück aussieht, das sie am Finger tragen soll; und nichts und niemand kann ihr verbieten, sich an den Kosten zu beteiligen. Die Ringe werden übrigens im allgemeinen innen mit Datum und Namen graviert und in Deutschland bei der Verlobung an den Ringfinger der linken Hand gesteckt.

Nicht nur der möglichen rechtlichen Konsequenzen wegen, sondern einfach, weil sie es für überholt und altmodisch halten, übergehen viele Heiratswillige die Verlobung. Andere sehen darin eine gute Möglichkeit, ein rauschendes Fest zu feiern. Ihnen sei die Freude daran unbenommen. Selbstverständlich kann man sich auch in aller Stille verloben.

Wer seine Verlobung mit einem großen Fest oder auch nur mit einem kleinen Vormittagsempfang begehen möchte, muß Verlobungsanzeigen mit einer Einladung an Verwandte und Freunde schicken, und zwar rechtzeitig, also etwa drei bis vier Wochen vor dem großen Tag (siehe auch Seite 78 „Offizielle Einladung" und Seite 279 „Vorgedruckte" Karten). Wer sich heimlich verlobt, braucht das niemandem mitzuteilen. Es können aber auch Anzeigen verschickt und/oder in die Zeitung gesetzt werden, die lediglich die Tatsache der bereits stattgehabten Verlobung bekanntgeben. Jede Form der Bekanntmachung kann von den Eltern ausgehen. Heute ist es allerdings häufiger so, daß die Verlobten selbst und in eigener Regie ihre Verlobung anzeigen. Während man auf eine Karte, die man persönlich zugeschickt bekam – egal, ob es sich um eine Einladung handelt oder nur um die reine Information –, natürlich mit einem Glückwunsch antwortet, braucht man auf eine Zeitungsanzeige nicht zu reagieren.

Polterabend

Poltern ist ein altes deutsches Verb, mit dem man ausdrückt, daß ein lautes Getöse gemacht wird, vornehmlich ein spukhafter Lärm, wie man ihn von Poltergeistern erwartet. Polterei und Gepolter sind wiederum alte Ausdrücke für abgenutztes Hausgerät und Gerümpel. Und damit ist die Funktion des Polterabends umrissen: Am Abend vor der Hochzeit soll alter Hausrat mit so viel Krach zerschmissen werden, daß es den Geistern und Dämonen graust und sie sich holterdipolter verziehen.

An böse Geister wird heute zwar angeblich nicht mehr geglaubt, weshalb der Polterabend auch ruhig ein paar Tage oder eine Woche vor der Hochzeit stattfinden kann. Wer es jedoch wagen sollte, beim großen Geschirrzerdeppern auch Gläser

Eine Komödie, die mit einer Hochzeit endet, ist der Anfang einer Tragödie. (George Bernard Shaw)

oder gar Spiegel zu zerschlagen, der wird erfahren, daß so mancher Aberglaube noch sehr tief sitzt. Auch sollte, will man den alten Regeln genau folgen, das Brautpaar selbst kein Porzellan zertrümmern. Diese Freude bleibt allein den Gästen vorbehalten. Das Brautpaar hat lediglich gemeinsam den Scherbenhaufen zusammenzukehren und das, wenn er irgendwo in der Öffentlichkeit herumliegen sollte – also in einem Treppenhaus, einem Hof oder auf der Straße –, sehr gründlich!

Natürlich kann man den Polterabend auch einfach als eine Riesengaudi ansehen, zu der man Freunde und Verwandte einlädt und vor der man die Nachbarn rechtzeitig warnt. In Anbetracht des Geschehens ist besonders festliche Kleidung nicht angebracht. Es muß auch nicht unbedingt in großem Stil gepoltert werden. Ob am Abend vor der Hochzeit in irgendeiner Weise gefeiert werden soll oder nicht, ist eine Entscheidung, die allein das Brautpaar trifft. Schließlich ist die Bewirtung von Gästen mit Kosten verbunden. Überhaupt keine gute Idee ist es, ein junges Brautpaar mit einem Polterabend zu überraschen, noch dazu, wenn die Brautleute bereits unmißverständlich zu verstehen gegeben haben, daß sie von Feiern dieser Art nichts halten. In jedem Fall haben derart Überfallene das Recht zu verlangen, daß die Witzbolde den Scherbenhaufen auf ihre eigenen Kosten beseitigen.

Standesamtliche und kirchliche Trauung

Wer heiratet, schafft ein Problem aus der Welt und tauscht hundert neue dafür ein. (Marcel Pagnol)

Die standesamtliche Trauung hat ausnahmslos der kirchlichen vorauszugehen. Das hat nichts mit gutem Ton zu tun, das ist eine Frage der gesetzlichen Regelung. Die kirchliche Trauung ist ein religiöser Akt, der in einem weltlichen Staat keine Rechtsverbindlichkeit besitzt. Das heißt, man kann sich selbstverständlich nur standesamtlich trauen lassen und auf die kirchliche Trauung verzichten. Man ist dann im Sinne des Gesetzes verheiratet, mit allen positiven und negativen Konsequenzen. Die kirchliche Trauung allein hat vor dem Gesetz unseres Landes keine Gültigkeit. Sie darf deshalb auch erst stattfinden, wenn das Paar einen standesamtlichen Trauschein besitzt.

Zwischen standesamtlicher und kirchlicher Trauung kann theoretisch ein unbegrenzt langer Zeitraum liegen. Ein heiratswilliges Paar, das für eine große Hochzeitsfeier kein Geld hat oder auf eine solche Feier (momentan) keinen Wert legt, kann sich in aller Stille standesamtlich trauen lassen und dann nach Hause gehen. Welche rechtlichen Voraussetzungen zu erfüllen sind und wie die Zeremonie vor sich geht, erfährt man auf dem Standesamt. Ist ein Jahr später das nötige Kleingeld vorhanden oder haben es sich die Eheleute anders überlegt, können sie zur kirchlichen Trauung schreiten und wenn sie wollen, ein rauschendes Fest folgen lassen.

Was für die kirchliche Trauung zu bedenken ist, erfährt man bei den zuständigen Pfarrämtern und im Gespräch mit dem Pfarrer oder der Pfarrerin. Beispielsweise, welche Hindernisse zu überwinden sind, wenn eine geschiedene Katholikin sich erdreisten sollte, bei Schließung einer Zweitehe erneut kirchlich getraut werden zu wollen, oder wenn einer der beiden Partner der falschen oder, noch schlimmer, gar keiner Konfession angehört. Auf das Gespräch mit dem Geistlichen sollte man sich gut vorbereiten. Am besten macht man sich vorher eine genaue Liste, auf der alle Fragen vermerkt sind. Es gibt nämlich sowohl nach Konfessionen als auch nach örtlichen Gebräuchen unterschiedliche Regelungen dazu, wie die Brautleute die Kirche betreten und verlassen, wann der Bräutigam die Braut wo trifft, wie die Kirche zu schmücken ist, welche Musik gespielt wird und so weiter und so fort. Da all dies keiner festen und verbindlichen Regelung unterliegt, sollen an dieser Stelle auch nicht alle Möglichkeiten und Varianten aufgeführt werden.

Für die standesamtliche Trauung gibt es keine zwingenden Kleidervorschriften, allerdings wird eine festliche Kleidung gern gesehen. Das bedeutete bis gestern: dunkler Anzug und Krawatte oder Fliege für den Herrn. Heute darf es, zumal im Sommer, auch ein heller Anzug sein. Die Dame geht im Kleid, Kostüm, Hosenanzug oder Complet zum Standesamt. Sie kann, wenn sie möchte, einen Hut tragen, und sie kann, wenn sie das will, ein weißes Brautkleid mit Schleier und allem Pipapo anlegen, selbst wenn keine kirchliche Trauung im Anschluß vorgesehen ist. Auch der Smoking, früher nur dem Abend vorbehalten, darf sich heute schon am Vormittag sehen lassen, wenn der standesamtlichen gleich die kirchliche Trauung folgt und sowohl Braut als auch Trauzeugen entsprechend festlich gekleidet sind. Ansonsten sind Stresemann oder Cut die typischen festlichen Tagesanzüge des Herrn.

Die Trauzeugen sollten sich bemühen – vorherige Absprache ist ja wohl möglich –, nicht festlicher gekleidet zu erscheinen als das Brautpaar selbst. Bei der kirchlichen Trauung sind keine Trauzeugen nötig. Doch wer auch bei der kirchlichen Trauung

Eine Trauung geht ja sehr schnell, nur die Scheidung ist immer so zeitraubend. (Brigitte Bardot)

Zeugen dabei haben möchte, kann dafür andere wählen als für die standesamtliche. So läßt sich unter Umständen der Andrang verteilen. Auch Brautführerpaare und/oder Blumenstreukinder sind festliches Beiwerk, das zu engagieren man nicht verpflichtet ist. Es sind Punkte, die auf die Liste der Fragen gehören, die man vorher mit dem Pfarrer bespricht.

Hochzeitsfeier

Venedig ist meistens die zweite Enttäuschung der Braut auf der Hochzeitsreise. (Alberto Sordi)

Die Hochzeitsfeier nach der Trauung ist individueller Gestaltung unterworfen. Jeder hat das Recht, seine Hochzeit zu feiern, wie es ihm beliebt: mit hundert Gästen oder zu zweit allein, zu Hause oder in einem Lokal, vom Vormittag bis tief in die Nacht oder auch nur drei Stunden lang. Es ist auch niemand verpflichtet, seine Eheschließung auf Fotografien oder Videofilmen festzuhalten. Wenn man allerdings im großen Stil feiern will, muß man seine Gäste rechtzeitig und am besten schriftlich benachrichtigen (siehe Seite 279).

An dieser Stelle sei ein kleiner Hinweis gegeben. Die neue Gesetzesregelung erlaubt ja eine Reihe von Möglichkeiten, was den neuen Namen der Eheleute angeht. Zwar wird häufig noch der Name des Mannes als gemeinsamer Ehename gewählt, doch gibt es immer mehr Frauen, die ihren Mädchennamen behalten oder einen Doppelnamen annehmen. Es soll vereinzelt sogar Männer geben, die sich für den Namen der Frau entscheiden. Es wäre von Vorteil, ließe sich bereits der Heiratsanzeige unmißverständlich entnehmen, welche Form der Anrede von nun an für beide korrekt ist.

Die heute beliebte Formulierung: „Wir werden uns trauen", der dann die Namen folgen, beispielsweise „Karin Müller – Kurt Meier", ist zur Beantwortung der aufgeworfenen Frage wenig hilfreich. Die Trauung steht noch bevor, wie aber heißen die beiden hinterher? Wie spricht man sie in Zukunft richtig an? Behalten beide ihren Namen bei? Würde es in der Anzeige beispielsweise heißen „Wir haben uns getraut" beziehungsweise „Wir haben geheiratet" und folgten dann zwei verschiedene Namen, müßte man logischerweise davon ausgehen, daß es bei diesen beiden Namen auch bleiben soll. Oft ist das aber nicht der Fall. Die jungen Leute haben einfach nur nicht daran gedacht, daß ihre Angabe so aufgefaßt werden kann. Achten Sie selbst also darauf, so zu formulieren, wie es Ihrem Wunsch nach späterer Namensführung entspricht. Auch wenn die Trauung erst noch bevorsteht, kann man zum Beispiel schon die Formulierung „Kurt Müller, geb. Meier" wählen, und damit deutlich machen, daß sich der Nachname des Mannes mit dem Tage der Verheiratung ändern wird.

Wo die große Feier stattfindet, ist abhängig von den Räumlichkeiten und den finanziellen Möglichkeiten der Betroffenen, nicht von irgendwelchen Benimmregeln. Wichtig ist lediglich, daß der Einladung unmißverständlich zu entnehmen ist, wo und wann die große Feier steigt, damit alle Eingeladenen auch mühelos hinfinden und pünktlich da sind.

Meist gibt es bei einer solchen Feier ein gesetztes Hochzeitsessen, doch auch das ist kein Muß. Selbst bei einer Hochzeit kann man sich auf einen Sektempfang beschränken oder ein Buffet vorbereiten und dann jedem Gast selbst überlassen, wo er Platz nehmen möchte. Das ist unter Umständen sogar empfehlenswert, wenn man, was ja nicht auszuschließen ist, Gäste hat, die nicht sehr gut miteinander zurechtkommen.

Die übliche Sitzordnung an der Hochzeitstafel sieht vor, daß die Brautleute – im allgemeinen die Braut zur Rechten des Bräutigams – die mittleren Plätze an der Breitseite des Festtisches einnehmen. Rechts von der Braut nimmt dann der Vater des Bräutigams Platz, neben diesem wiederum die Mutter der Braut. Zur linken Seite des Bräutigams sitzen die Eltern gegengleich, also neben ihm seine Mutter und daneben ihr Vater. Neben den Brauteltern können die Großeltern der Brautleute oder andere enge Verwandte oder Freunde plaziert werden.

Es sind aber auch andere Sitzordnungen gebräuchlich, etwa: Vater des Bräutigams rechts neben der Braut, Brautmutter links neben dem Bräutigam, die beiden anderen Brauteltern dem Brautpaar auf der anderen Tischseite gegenüber. Normalerweise sitzt außer dem Brautpaar kein Ehepaar zusammen. Nicht, weil man Streit vermeiden will, sondern weil sich die beiden Familien näher kennenlernen sollen. Selbstredend gibt es auch regional unterschiedliche Bräuche, und es kommen jede Menge Gegebenheiten vor, die alle Etikette über den Haufen werfen. Da können die Eltern der Brautleute bereits verstorben sein, die Eltern können geschieden und wiederverheiratet, untereinander oder mit den Kindern zutiefst verfeindet und zerstritten sein. Letztlich wird man die Tischordnung nicht nach der Etikette, sondern nach praktischen und vernünftigen Gesichtspunkten festlegen.

Wie die Tafel zu einem Festessen eingedeckt wird, wurde schon erwähnt (siehe Seite 152). Findet die Feier in einem Lokal

An Scheidungsgründen fehlt es nie, wenn nur der gute Wille da ist. (Johann Nepomuk Nestroy)

statt, wird das vom Personal übernommen. Es empfiehlt sich aber, wenn man Tischkarten aufstellen möchte, die Sitzordnung vorher mit dem Oberkellner abzusprechen und die Karten rechtzeitig vorzubereiten, damit sie auch aufgestellt werden können (siehe auch Seite 281).

Für große Hochzeitsfeiern gibt es so viele Möglichkeiten und so viele Dinge zu beachten, daß hier nicht im Detail darauf eingegangen werden kann. Die Ausgestaltung eines Festes ist ja nicht nur eine Frage des guten Umgangs, sondern auch eine Sache der Phantasie. Es gibt eine Menge einschlägiger Literatur, mit deren Hilfe man sich genauestens über alle Fragen, die im Zusammenhang mit Trauung und Hochzeit auftauchen, informieren kann. Übrigens bieten auch Tanzschulen sogenannte Hochzeitskurse an, in denen nicht nur die Tanzkünste ein wenig aufgefrischt oder überhaupt erst erworben werden können. Man kann in diesen Kursen die Tanzlehrer und -lehrerinnen auch zu allen anderen, die Etikette betreffenden Fragen um Rat und Auskunft bitten.

Hochzeitstage

Der Hochzeitstag ist der entscheidenste Tag im Leben, nicht nur der Frauen. (Carl Hilty)

Für viele Menschen ist jeder wiederkehrende Hochzeitstag eine kleinere oder größere Feier wert. Manche finden, daß nur die Silberhochzeit nach 25 Jahren Ehe, die goldene Hochzeit nach 50 Ehejahren, die diamantene nach 60 und die danach im Fünfjahresabstand folgenden Jubiläen der eisernen, der Gnaden- und der Kronjuwelenhochzeit (75 Ehejahre) gefeiert werden sollten. Wieder andere sind so feierfreudig, daß sie nach $6\frac{1}{2}$ Jahren die zinnerne, nach $12\frac{1}{2}$ die Petersilienhochzeit und nach $37\frac{1}{2}$ Jahren die Aluminiumhochzeit feiern. Hier, wie beim ersten Mal, gibt es keinerlei bindende Vorschriften, ob, wann, wo und wie gefeiert wird.

Lediglich eins ist zu bedenken: Je älter das Jubelpaar, desto mehr Rücksicht ist auf ihre Wünsche zu nehmen. Gnadenhochzeiter, die ja wohl mindestens hoch in die achtzig sein müssen, überfällt man nicht mit einem heimlich für sie organisierten Riesenfest. Auch wenn man es noch so gut meint, kann es die Kräfte der Jubilare übersteigen.

Trennung und Scheidung

Es soll hier nicht der Teufel an die Wand gemalt werden. Aber es ist nun einmal eine Tatsache, daß immer häufiger Ehen geschieden werden und Beziehungen auseinandergehen. Es ist sicherlich (noch) ungewöhnlich, die Trennung oder Scheidung von einem Partner ebenso öffentlich bekanntzugeben wie die Verlobung oder Eheschließung. Anstößig ist es jedenfalls nicht. Nehmen wir uns doch die Majestäten zum Vorbild. Prinzessin Diana und Prinz Charles ließen im Dezember 1992 von Premier John Major öffentlich verlesen und kundtun, daß sie von nun an getrennte Wege gehen werden.

Im Umgang mit unseren Freunden und Bekannten wäre es oft sehr hilfreich, wären wir klar und deutlich informiert, statt auf Getuschel hinter vorgehaltener Hand angewiesen zu sein. Vor allem wäre es gut zu wissen, ob die von nun ab getrennt Lebenden dennoch zur selben Party eingeladen werden dürfen, ob sie das vielleicht sogar wünschen oder ob sie sich so spinnefeind sind, daß sie sich überhaupt nie wieder begegnen möchten.

Wer seine Trennung bekanntgeben will, der sollte das tun, notfalls auch im Alleingang. Allerdings, darauf ist aus Gründen der Fairneß unbedingt zu achten, in sachlicher Sprache ohne triumphierenden, höhnenden oder abwertend-beleidigenden Unterton. Die reine Information, dazu die neue Adresse und Telefonnummer genügt, sofern nicht noch anderes hinzukommt, etwa der wieder angenommene Jungesellen- oder Mädchenname.

Geburt, Taufe, Namensgebung

Wenden wir uns wieder einem angenehmeren Thema zu, der Geburt und der Taufe beziehungsweise der Namensgebung eines neuen Erdenbürgers. Es ist allgemein üblich, daß die Geburt eines Kindes in der Zeitung durch eine Anzeige und/oder durch private Anzeigen bekanntgemacht wird. Welche Form der Anzeige man wählt, ist jedermanns Privatangelegenheit und Geschmackssache. Es gibt vorgedruckte Karten, in die man nur noch die entsprechenden Angaben einzusetzen braucht. Man kann in einer Druckerei aber auch eine Anzeige und Karten nach eigenen Angaben und Vorstellungen in Auftrag geben (siehe hierzu auch „Vorgedruckte Karten", Seite 279).

Die Geburt ist die Aushändigung einer Rückfahrkarte. (Hans Kudszus)

Auf eine Geburtsanzeige, die man persönlich zugeschickt bekam, antwortet man selbstverständlich. Nach Möglichkeit schriftlich, eventuell auch telefonisch, vielleicht schickt man der Mutter Blumen oder dem Kind ein kleines Geschenk. Das wiederum verpflichtet die Eltern zu einer Danksagung. Doch sollte man hier Geduld aufbringen; die Eltern, vor allem die Mutter, haben jetzt andere Dinge zu erledigen.

Besuche bei der jungen Mutter sind in jedem Fall anzumelden. Und niemand hat das Recht, beleidigt zu sein, wenn er oder sie hört, daß Besuche zur Zeit unerwünscht sind.

Der Taufzettel ist das Entrée-billet zur europäischen Kultur. (Heinrich Heine)

Die Taufe ist ein religiöser Akt. Doch auch das nicht zu einer Konfessionsgemeinschaft gehörende und folglich nicht getaufte Kind muß natürlich einen Namen haben. Man kann die Geburt des Kindes und die Namensgebung also auch feiern, ohne daß damit ein kirchlicher Akt verbunden sein müßte. Wann man diese Feier abhält, ist in allererster Linie eine Frage der Gesundheit von Mutter und Kind. Eine Vorschrift, wann ein Kind getauft zu werden hat, gibt es ohnehin nicht. Bekanntlich kann sich auch ein Erwachsener noch taufen lassen. Die Einzelheiten der kirchlichen Zeremonie bespricht man mit dem Geistlichen, sie sind je nach Konfession und Region unterschiedlich. Mit ihm bespricht man auch, wer Taufpate sein darf. Es gibt hier möglicherweise Einsprüche von kirchlicher Seite, wenn der Pate nicht die „richtige" Konfession hat. Als Gast darf an der Taufzeremonie in der Kirche selbstverständlich jeder teilnehmen, der eingeladen ist. Hier spielt die Religionszugehörigkeit keine Rolle.

Wie es grundsätzlich keine zwingenden Kleidervorschriften für die Trauung gibt, so herrscht auch bei der Taufe bedingte Freiheit, was die Wahl der Kleidung angeht. Das heißt, man kleidet sich, wie es dem Ort und dem Ernst der Sache angemessen ist, nämlich gut bis festlich, in jedem Fall ordentlich und gepflegt. Der Täufling kann ein besonderes Taufkleid oder einen Taufanzug anhaben. Das kann ein altes Familienerbstück sein oder ein neues Kleidchen aus Batist und Spitze. Doch wenn es die ganz normale Säuglingskleidung ist, wird der Geistliche die Taufe deshalb auch nicht verweigern.

Der Taufe kann sich eine kleine oder größere Feier im Hause der Eltern oder in einem Restaurant anschließen. Unabhängig davon, ob noch gefeiert wird oder nicht, ist es üblich, daß die Paten dem Kind ein besonderes Geschenk machen, das von einer gewissen Beständigkeit und bleibendem Wert ist. Das braucht nun wahrhaftig nicht mehr der gravierte Silberlöffel zu sein. Es könnte aber auch ein Sparbuch mit einer gewissen Einlage und einer langen Sperrfrist sein, das dem Kind beim Übertritt zum Erwachsenenalter ein erkleckliches Sümmchen verspricht.

Kommunion, Konfirmation

Mit seinem deftigen Volksstück „Schweig, Bub!" führt uns der Dichter Fitzgerald Kusz das ganze Horrorszenario einer dörflichen Konfirmationsfeier vor Augen: Die Verwandtschaft sitzt da, ißt und tratscht und ißt wieder und verreißt sich das Maul über die, die nicht da sind, und ißt immer noch und säuft dazu, und dann gibt es diverse peinliche Ausrutscher – nur der, um den sich der Tag drehen sollte, der Konfirmand, der Bub, der hat gefälligst den Mund zu halten. Nun geht es sicher bei den üblichen Konfirmationsfeiern nicht so zu, wie Kusz es beschreibt, und nicht jede Hochzeit ist eine „Kleinbürgerhochzeit", wie Bert Brecht sie auf die Bühne brachte. Doch noch immer wird bei der Gestaltung des privaten Teils der Firmungsfeste auf die Wünsche der Hauptpersonen nicht so sehr viel Rücksicht genommen.

Der in der Kirche stattfindende Teil der Feierlichkeit unterliegt ohnehin größtenteils den Vorgaben des Geistlichen, der auch in der Frage der Kleidung der Konfirmanden meist ein entscheidendes Wort mitspricht.

Die Gestaltung der privaten Feier, die sich an den Kirchgang anschließt, ist dagegen völlig frei und ganz den individuellen Vorstellungen der Beteiligten unterworfen. Man kann einladen, wen man will, und feiern, wo man will. Freilich wird man sich schon sehr genau überlegen, ob man eine Feier abhält, zu der man zwar Freunde der Konfirmanden einlädt, die Paten aber nicht berücksichtigt.

Es sind nicht alle fromm, die in die Kirche gehen. (Deutsches Sprichwort)

Eines sollte man allerdings unbedingt beachten: Kommunion und Konfirmation sind Gruppenfeste. Mehr noch als bei Hochzeiten, Taufen oder Geburtstagen muß man vor allem die Termine im Auge behalten. Viele Familien wollen am selben Tag in denselben Restaurants feiern. Bestellen Sie also rechtzeitig vor! Auch die Termine bei Friseuren und Kosmetiksalons, beim Fotografen und was der Dinge mehr sind, wollen rechtzeitig abgemacht sein. Und denken Sie auch daran, daß Geschenke gekauft werden müssen, die vorher ausgesucht und nachher auch noch verpackt sein wollen.

Das Geld ist nur Chimäre! (Christian Morgenstern)

Es geht das böse Wort, daß viele junge Menschen sich lediglich der zu erwartenden (Geld-)Geschenke wegen konfirmieren ließen. Dem mag so sein. Sind Sie in der Verlegenheit, ein Kommunions- oder Konfirmationsgeschenk machen zu müssen, dann drücken Sie alle Augen zu und geben Sie den – hoffentlich erschwinglichen – Wünschen der jungen Leute nach. Besonders Konfirmanden, die ja meist so etwa 14 Jahre alt sind, haben schon sehr konkrete Wünsche und sparen oft auf eine größere Sache, die sie sich dann selbst kaufen möchten. Deshalb ist oft schlicht und einfach Geld erwünscht, mit dem sie sich dann einen CD-Player mit anständigen Boxen, die einen guten Sound haben, ein Mofa, ein Mountainbike, einen PC, einen Drucker anschaffen können.

Wiederum sind es vor allem oft die Mädchen, die hier im Nachteil sind, weil ältere, konservativ denkende Verwandte gern Ausstattungsgeschenke machen, die zur späteren Aussteuer dienen. Da wird dann Bett- oder Tischwäsche, ein Geschirr oder ein Silberbesteck geschenkt, Dinge, die für das Mädchen eher lästig als eine Freude sind. Wir wollen nicht unterstellen, was Wilhelm Busch den alten Tanten nachsagte, die aus schierer Bosheit ein ungeliebtes Geschenk machten:

Die erste alte Tante sprach:
„Wir müssen nun auch daran denken,
was wir zu ihrem Namenstag
dem guten Sophiechen schenken.“

Drauf sprach die zweite Tante kühn:
„Ich schlage vor, wir entscheiden
uns für ein Kleid in Erbsengrün,
das mag Sophiechen nicht leiden.“

Der dritten Tante war das recht:
„Ja“, sprach sie, „mit gelben Ranken!
Ich weiß, sie ärgert sich nicht schlecht
und muß sich auch noch bedanken.“

Selbst mit allerbester Absicht gemachte Geschenke können diesen Effekt auslösen. Wer sich mit langen Zähnen für ein Geschenk bedanken muß, das keine Freude bereitete, dessen Dank wird auch nicht sonderlich herzlich ausfallen (siehe auch die Abschnitte „Geschenke“, Seite 276 und „Vorgedruckte Karten“, Seite 279).

Tischreden

Bei großen und kleineren Festen, die mit einem Essen verbunden sind, wird gern oder auch nicht so gern eine Tischrede gehalten. Tischreden können sehr belebend, aber auch ungeheuer einschläfernd, ja sogar peinlich sein. Leider halten sich gelegentlich diejenigen, die am wenigsten geeignet sind, selbst für die besten Tischredner. Oder es fühlt sich auch jemand in die Pflicht genommen, weil er meint, es gehöre zum guten Ton, an dieser Stelle eine Rede zu schwingen. Bei einer normalen Familienfeier ist niemand verpflichtet, eine Tischrede zu halten. Es besteht also kein Grund, irgend jemanden zu drängen, sich doch ein paar passende Worte zurechtzulegen. Auch der oder die in der Rede Angesprochene ist nicht zu einer Antwortrede verpflichtet.

Möchte aber einer der Festteilnehmer – egal ob Gast oder Gastgeber – eine Tischrede halten, so sollte das in jedem Fall mit der Küche abgesprochen sein, also entweder mit der Hausfrau, die für das Essen sorgt, oder mit der Bedienung des Lokals, in dem die Festlichkeit stattfindet. Während der Rede sollte nämlich nicht gegessen und nicht an- oder abserviert werden. Man möchte ja dem Redner zuhören. Die übliche Empfehlung lautet heute, die Tischrede vor dem Dessert einzuplanen. Früher war es auch üblich, sie vor dem Fleischgang zu halten. Mündet die Rede in einen Toast, beispielsweise auf das Brautpaar, muß dafür gesorgt sein, daß auch jeder ein gefülltes Glas vor sich hat, um auf das Wohl der Brautleute anstoßen zu können.

Ein Leben ohne Feste ist wie ein langer Weg ohne Einkehr. (Demokrit)

Wer immer die Tischrede hält, und das kann selbstverständlich auch eine Frau sein, sollte ein paar Punkte beherzigen. Er muß laut, klar und deutlich sprechen. Alle wollen und sollen die Worte verstehen, nicht nur die beiden Tischnachbarn des Redners. Wer selten vor Publikum spricht, muß das laute, deutliche Sprechen vielleicht ein wenig üben. Entweder vor versammelter Familie, allein im Wohnzimmer oder auf einem Waldspaziergang. Wer fürchten muß, vor lauter Lampenfieber keinen Ton rauszukriegen, sollte sich besser nicht als Redner zur Verfügung stellen.

Eine Tischrede sollte vor allen Dingen knapp, wenn möglich auch ein wenig spritzig sein. Der Redner sollte sofort zur Sache kommen. Langatmigen Vorreden inklusive gedrechselter Entschuldigungen dafür, daß man ja eigentlich kein Redner sei und sich dieser Aufgabe auch nicht recht gewachsen fühle, sind für die Zuhörer lästig und ermüdend. Natürlich wäre es schön, wenn der- oder diejenige, die paar Sätze, die es zu sagen gibt, frei vortragen könnte. Aber lieber drei gute Sätze von einem Blatt abgelesen als zehn Minuten freies Gestammel.

Wer reden möchte, macht auf sich und die Rede aufmerksam, beispielsweise indem er an sein Glas klopft und sich dann erhebt. (Vorher die Serviette beiseite legen!) Für die übrigen Gäste ist das das Zeichen, ruhig zu sein, nicht mit Besteck und Gläsern zu klappern und zuzuhören. Wer weit vom Redner wegsitzt und nicht sehr gut hört, deshalb auch nichts versteht, schreit bitte nicht: „Lauter!", sondern wartet ab und fragt hinterher seinen Tischnachbarn, was gesagt wurde.

Selbstverständlich darf der- oder diejenige, dem/der die Rede galt, sich mit kurzen Worten bedanken. Bei einem frisch vermählten Ehepaar spricht nichts dagegen, daß die Braut diese kurze Dankrede hält.

Geschenke

Bücher sind wie Weinflaschen, der Staub darauf spricht für Qualität. (Ernst Heimeran)

Der Austausch von Gaben und Geschenken hat eine ganz wichtige soziale Funktion, weshalb er in allen Gesellschaften der Erde gepflegt wird. Der französische Soziologe und Ethnologe Marcel Mauss macht in seinem Buch „Die Gabe" deutlich, daß der Austausch von Geschenken in sogenannten primitiven Gesellschaften nicht nur ein ökonomisches Phänomen ist, sondern auch juristische, moralische, religiöse, ästhetische, mythologische und andere Aspekte hat, die auch in unserer Gesellschaft noch zum Tragen kommen, wenn sie auch in vielerlei Hinsicht schon recht verschüttet sind.

Auch bei uns haben Schenken und Beschenktwerden eine große Bedeutung. Fast alle Familienfeste sind mit der Vergabe oder dem Austausch von Geschenken verbunden. Doch so sehr ein Geschenk eine Freude sein kann, so sehr kann es eine Last darstellen. Für den, der schenken muß, ebenso wie für den, der das Geschenk erhält.

Von kleinen Gastgeschenken und Mitbringseln war schon die Rede (siehe Seite 82). Schwieriger wird es, wenn es um Geburtstags-, Hochzeitsgeschenke und ähnliches geht. Einen allgemeingültigen guten Rat, was man schenken könnte, kann wahrhaftig niemand geben. Inzwischen hat sich eine sicherlich nicht ungebührliche Idee durchgesetzt: Junge Leute, die heiraten wollen, legen in einem bestimmten Geschäft ihrer Wahl, das

Hausrat und ähnliches verkauft, eine Liste aus, in der vermerkt ist, was sie sich wünschen. Die zum Schenken Verpflichteten und die, die gern etwas schenken wollen, können nun anhand dieser Liste etwas aussuchen, was das Paar sich wünscht und auch in jedem Falle gebrauchen kann. Außerdem wird so vermieden, daß die Jungvermählten zwar fünf Suppenterrinen, aber keine einzige Fleischplatte bekommen.

Der Schenkende versieht sein Geschenk, auch wenn es nur ein Blumenstrauß ist, bei allen Gelegenheiten, bei denen Berge von Geschenken zu erwarten sind, mit einer Karte, auf der sein Name steht. Zusätzlich ein paar nette Worte, ein Glückwunsch oder ähnliches können nicht schaden. Das ist deshalb nötig und sinnvoll, weil man nicht erwarten kann, daß die Beschenkten im Kopf behalten, was von wem kam. Da sie sich aber individuell bedanken wollen und sollen, sind die beigelegten Kärtchen einfach eine Gedankenstütze.

Ist mit keiner sehr großen Flut von Geschenken zu rechnen, kommen beispielsweise nur drei Freunde zum Geburtstag, von denen jeder eine Kleinigkeit mitbringt, dann öffnet man das Geschenk und bedankt sich sofort an Ort und Stelle. Ein einzelnes Geschenk unausgepackt beiseite zu legen, ist nicht sehr freundlich gegenüber dem Schenkenden.

Das heikelste im Bereich der Geschenke sind wohl Gaben, mit denen der Beschenkte nichts anfangen kann. Das mag eine Schachtel Geleefrüchte sein, die man als Mitbringsel überreicht bekommt, deren Geschmack man aber überhaupt nicht liebt. Es könnte allerdings auch ein großes Geschenk von möglicherweise hohem Wert sein, das man jedoch potthäßlich oder geschmacklos findet. Leider gehen sehr viele Menschen davon aus, daß ihr eigener Geschmack auch der aller anderen sein müsse. Obendrein sind bedauerlicherweise gerade diejenigen, die ihren eigenen Geschmack für das Maß aller Dinge halten, oft auch diejenigen, die am tiefsten beleidigt sind, wenn ihre Geschenke auf Nimmerwiedersehen in der Versenkung verschwinden. Da wurden beispielsweise für teures Geld Nippesfiguren gekauft, die dann beim Beschenkten nie wieder auftauchen. Am Ende herrscht Frust auf beiden Seiten. Der eine hat nach bestem Wissen und eigenem Geschmack sorgfältig gewählt, der andere kann nur noch die Hände über dem Kopf zusammenschlagen.

Wir kommen auf das zurück, was schon ganz am Anfang gesagt wurde: Rücksicht und Aufmerksamkeit sind die Eckpfeiler guten Umgangs. Wer auf den, der zu beschenken ist, ein wenig

Hauptsächlich müssen wir ja trachten, keine Geschenke auszuteilen, die man nicht brauchen kann, also einem Greisen oder einer Frau Jagdgeräte, einem Bauern Bücher zu schenken. (Seneca)

Aufmerksamkeit verwendet hat, wird wissen, ob Geleefrüchte oder Hummelfiguren auf seiner Geschmackslinie liegen oder nicht. Auch wenn der Schenkende selbst bestimmte Dinge scheußlich findet, kann er sie dennoch einem anderen zum Geschenk machen, wenn er weiß, daß dessen Herz an solchen Sachen hängt. Wenn es möglich wäre, auch über Geschenke ein offenes, ehrliches Wort auszutauschen, könnten wir uns wahrscheinlich viel Enttäuschung und so manches verletzte Gefühl ersparen. Vielleicht sollte jeder einfach ein wenig mehr Courage aufbringen und eine klare Frage stellen, ehe er zum Kauf oder auch zur eigenen Herstellung eines Geschenkes schreitet. Und wer ein ungeliebtes Geschenk bekam, sollte je nach Situation den Mut haben, die gute Absicht in aller Form dankend anzuerkennen und dennoch deutlich zu machen, daß der eigene Geschmack in eine andere Richtung tendiert.

Einem geschenkten Gaul schaut man nicht ins Maul. (Deutsches Sprichwort)

Für Geschenke, und seien sie noch so klein, bedankt man sich. Entweder direkt und sofort oder später, wenn der ganze Trubel des Festes vorüber ist. Man kann das mündlich, fernmündlich und schriftlich tun. Manchmal sieht man auch in den Zeitungen Anzeigen, die Dank für Glückwünsche und Geschenke zum Ausdruck bringen. Auf diese pauschale Form der Danksagung sollte man nur dann zurückgreifen, wenn man aus schwerwiegenden, nachvollziehbaren Gründen zu individuellem Dank nicht fähig ist. Daß beispielsweise ein junger, gesunder Konfirmand sich nicht individuell bedanken kann, erscheint, selbst wenn die Flut der Geschenke groß gewesen sein sollte, ziemlich unwahrscheinlich. Die beiden Neunzigjährigen, die ihre eiserne Hochzeit feierten, mögen dagegen in der Tat körperlich nicht in der Lage sein, auch nur ein einziges, geschweige denn dreißig, vierzig oder gar noch mehr persönliche Dankschreiben zu verfassen.

Eine andere Sache sind die Danksagungen nach einem Todesfall. Nicht jedem, der gerade einen nahen Verwandten, den Ehemann oder die Frau verloren hat, steht der Kopf nach handgeschriebenen Danksagungen für Kondolenzbriefe, Kränze und Blumenspenden. Hier ist der Vordruck, eventuell durch eine Anzeige in der Zeitung ergänzt, durchaus üblich.

Vorgedruckte Karten

Man kann heute für beinahe jeden Anlaß vorgedruckte Karten kaufen. Ob das Glückwünsche zum Geburtstag sind, zum bestandenen Examen, zur Kommunion oder ob das Dinge sind, über die man von sich aus informieren möchte, etwa die bevorstehende Hochzeit oder die Geburt eines Stammhalters, zu allem und jedem gibt es mehr oder weniger geschmackvolle Vordrucke. Selbstverständlich kann man auch selbst in eine Druckerei gehen und Karten zu jedem nur denkbaren Anlaß mit selbstverfaßtem Text drucken lassen.

Diese vorgedruckten Karten sind eine zweischneidige Angelegenheit. Vor allem, was die Kartenindustrie an Fertigprodukten anbietet, sollte man äußerst gründlich anschauen, bevor man es erwirbt und dann noch einmal, ehe man es verschickt. Gehen Sie bei der Auswahl solcher Karten nicht nur von Ihrem eigenen Geschmack und Humor aus! Versetzen Sie sich immer auch in die Situation desjenigen, der die Karte bekommt.

Je einmaliger die Gelegenheit, zu der die Karte verschickt werden soll, desto gründlicher sollten Sie prüfen, ob der Text der Situation angemessen ist. Eine ganz normale Geburtstags- oder Neujahrskarte mag ein bißchen dümmlich oder kitschig sein, was soll's. Wahrscheinlich ist das nach ein paar Tagen oder Wochen wieder vergessen. Aber eine Geburtsanzeige, die einen angeblich witzigen Text hat, kann eine Peinlichkeit bedeuten, die lange anhält. „Aus deutschen Lenden frisch auf den Tisch", eine Geburtsanzeige mit diesem Text, der zu allem Überfluß auch noch erläuternd grafisch gestaltet war, also besagte „deutsche Lenden" zeigte, lag in der Tat vor rund zwanzig Jahren einmal in meinem Briefkasten. Die junge Frau, deren Vater diesen markigen Spruch zu ihrer Geburt verfaßt und mit grafischen Einzelheiten selbsthändig geschmückt hatte, schämt sich noch heute für einen verbalen und zeichnerischen Ausrutscher, den sie selbst nicht einmal zu verantworten hat.

Geben ist seliger denn nehmen. (Bibel: Bergpredigt)

Überlegen Sie also zweimal, ob ein Vordruck wirklich nötig ist und ob Sie den Wortlaut, sei er Fließbandprodukt oder selbst formuliert, wirklich vertreten wollen und können.

Wer beispielsweise Grund hat, sich für etwas zu entschuldigen, kann das besser und effektiver mit eigenen Worten als mit einer vielleicht nur vermeintlich witzigen Karte, die schlimmstenfalls die Angelegenheit nur noch verschärft. Auch Wünsche zur Genesung können je nach Art der Erkrankung ziemlich danebengehen, wenn man sich auf Vorfabriziertes verläßt. Schließlich gibt es ja auch sehr schöne Schmuckkarten mit rein dekorativen Motiven, die keine textlichen Vorgaben enthalten. Man muß also keineswegs völlig schmuck- oder farblos bleiben. Andererseits ist es verständlich, daß man keine vierzig oder fünfzig individuellen Danksagungen für Kartengrüße, Geschenke und Aufmerksamkeiten zur Hochzeit verfassen möchte. Abzuraten ist in jedem Falle von vorgedruckten Danksagungen, die wie ein Amtsformular nach dem Motto „Nichtzutreffendes bitte streichen" gestaltet sind, also Dank für die Glückwünsche, Blumen, Aufmerksamkeiten, Geschenke und dergleichen mehr mit Kästchen zum Abhaken auflisten. Wer mit einem solchen Dank abgespeist wird, ist wohl nicht grundlos vergnatzt.

Todesfälle sind eine weitere Gelegenheit, bei der vorgedruckte Karten und Zeitungsanzeigen üblich sind. Gerade hier ist die Gefahr, daß man sich bei der Formulierung der Texte vergreift, sehr groß und sehr verständlich. Wer gezwungen ist, eine Todesanzeige aufzusetzen, ist mit anderen Sorgen belastet und hat meist nicht den Kopf, sich einen geschliffenen Wortlaut auszudenken. Auch scheint eine Art Hemmschwelle zu bestehen, sich rechtzeitig gute Formulierungen zurechtzulegen. Andererseits soll es Menschen geben, die ihren Hinterbliebenen selbst in dieser Richtung nichts zutrauen und deshalb sogar den Text der Todesanzeige in ihrem Testament festlegen. Vielleicht nicht einmal die schlechteste Idee?

Man muß die Menschen bei ihrer Geburt beweinen, nicht bei ihrem Tode. (Montesquieu)

Nun haben die Beerdigungsinstitute in ihren Mappen zwar jede Menge Muster mit Schrift- und Textproben. Diese Texte sind jedoch auch nicht unbedingt vorbildhaft, ja leider oft genug unfreiwillig komisch. „Nach langer Krankheit hat Gott, der Herr, meine liebe Frau zu sich genommen …", solche und ähnliche Formulierungen finden sich durchaus auf den Musterbögen. Wer selbst gerade einen schweren Verlust erlitten hat, ist vielleicht gar nicht in der Lage zu sehen, daß der Text ja eigentlich besagt, Gott sei lange krank gewesen, bevor er sich entschloß, die Verstorbene zu sich zu nehmen.

Während man die vielleicht mißglückte Formulierung eines von einem Trauerfall Betroffenen großzügig übersieht, sollte man als derjenige, der zu kondolieren verpflichtet ist, möglichst auf Vordrucke verzichten. Ein paar eigene Worte auf einem neutralen Papier oder einer schlichten Briefkarte tun dem Leidtragenden wohler als ein vorgedrucktes und gerade deswegen völlig unbeteiligtes „Aufrichtiges Beleid" mit Unterschrift.

Tischkarten und Placement

Tischkarten sind bei großen Festen mit festgelegter Sitzordnung unerläßlich. Manche stellen sie aber auch gern bei kleinen Essen mit nur wenigen Gästen auf, weil sie einen hübschen Schmuck darstellen. Man kann Tischkarten kaufen oder selbst basteln. Wenn man künstlerisch begabt ist, kann man sie aus der freien Hand beschriften. Verfügt man lediglich über entsprechendes handwerkliches Geschick, kann man mit Schablonen oder Abreibebuchstaben arbeiten. Und selbstverständlich kann man die Tischkarten auch drucken lassen.

Sinn und Zweck der Tischkarte liegt bei großen Festen nicht nur darin, daß der einzelne Gast selbst seinen Platz findet, sie soll auch eine Hilfe für den Tischnachbarn sein, der anhand der Karte erfährt oder sich noch einmal ins Gedächtnis zurückrufen kann, wer neben ihm sitzt. Dabei gilt es einen wichtigen Punkt zu berücksichtigen: Haben mehrere Gäste denselben Vornamen, kann es leicht zu Verwirrungen kommen, wenn nur die Vornamen auf den Tischkarten stehen. Und wenn etwa bei einer Hochzeit zwei Familien zum ersten Mal zusammenkommen, dann ist es besser, die Tischkarten sind offiziell beschriftet und nennen die vollen Vor- und Zunamen der Gäste als die Verwandtschaftsbezeichnungen. Was soll ein Mitglied der Familie A mit einer Karte anfangen, die für ein Mitglied der Familie B aufgestellt ist, auf der aber nur „Tante Helga" steht. Tante Helga ist vielleicht die verheiratete Schwester des Brautvaters und heißt mit Nachnamen ganz anders als die Braut und ihre Eltern.

Damit übrigens nicht erst bei Tisch die Suche nach dem eigenen Platz losgeht, liegt im Vorraum oder auf einem kleinen Beistelltisch vor der Tafel ein Plan aus, „Placement" genannt. Das ist eine Platte aus Pappe oder aus Leder in Form des Tisches mit Einstecktaschen für Kärtchen, auf denen die Namen der Gäste stehen. Auf diesem ausgelegten Placement kann jeder rechtzeitig nachschauen, wo sein oder ihr Platz ist. Vor allem aber kann der Herr sich darüber informieren, welche der anwesenden Damen seine Tischdame ist. Nach alter Etikette müßte er diese nämlich an den Tisch führen, ihr den Stuhl zurechtrücken und auch sonst darauf achten, daß es ihr bei Tisch an nichts mangelt, weder an Unterhaltung noch an Speisen oder Getränken.

Man soll nie vergessen, daß die Gesellschaft lieber unterhalten als unterrichtet sein will. (Adolph Freiherr von Knigge)

Visiten- und Geschäftskarte

Begegnet uns jemand, der uns Dank schuldig ist, gleich fällt es uns ein. Wie oft können wir jemandem begegnen, dem wir Dank schuldig sind, ohne daran zu denken? (Johann Wolfgang von Goethe)

Zu den vorgedruckten Karten im weitesten Sinne gehören auch die Visiten- oder Besuchskarten für den privaten sowie die Geschäftskarten für den dienstlichen Gebrauch. Früher gab es strenge Reglements zur Beschriftung und zum Format der Visitenkarten. Außerdem bediente man sich einer Art Geheimcode von Abkürzungen, mit denen man die Karte versah, ehe man sie überreichte oder verschickte. Man antwortete auf diese Karten je nach Kürzel mit der eigenen Karte und entsprechendem Gegenkürzel, nicht aber mit „Du mich auch" (siehe Anhang, Seite 295). Zu den strengen Regeln gehörte, daß beispielsweise nur die Karte des Herrn (Standardmaß 9 x 5 cm) neben dem Namen auch seinen Titel und/oder die Berufsbezeichnung und die Adresse, niemals jedoch die Telefonnummer aufweisen mußte. Dabei hatte die linke Ecke für besagte Kürzel frei zu bleiben.

Auf der Besuchskarte der Ehefrau, die gebührend kleiner zu sein hatte (7,5 x 4,5 cm), stand lediglich ihr Name, wobei sie die Möglichkeit hatte, zwischen sage und schreibe drei Varianten zu wählen. Sie durfte sich als „Karin Mayer, geb. Müller", als „Frau Karin Mayer" oder als „Frau Klaus Mayer" auf ihrer Karte präsentieren. Jeder weitere Zusatz, gar die Preisgabe ihrer Adresse, wäre absolut kompromittierend gewesen.

In einem 1988 zuletzt neu herausgegebenen modernen Klassiker des guten Umgangs steht wahrhaftig noch geschrieben: „Wenn wir aber eine schmalere Karte in die Hand bekommen, auf der zu lesen steht – ‚Maria Schön' – dann wissen wir sofort, daß es sich um eine unverheiratete Dame handelt …". Sehr richtig, Herr Graudenz, und gerade deshalb sind solche Karten heute hoffnungslos überholt und veraltet! Die Information über den Familienstand einer weiblichen oder männlichen Person geht zunächst einmal niemanden etwas an. Eine Karte, auf der nichts als ein Name steht, ist nutzlos wie ein Kropf, weshalb die reine Besuchskarte auch immer seltener wird.

Da die Karten weit häufiger gebraucht werden, um einem Geschäftspartner oder auch einem Privatmenschen seinen Namen, seine Adresse und seine Telefonnummer zu hinterlassen, kann man genau auf diese Angaben weder als Mann noch als Frau verzichten. Weil eine solche Karte aber auch Ausdruck persönlichen Stils oder Aushängeschild einer Firma ist, wird der individuellen Gestaltung großer Raum geben. Die Karten brauchen nicht mehr trist reinweiß zu sein. Bunte Karten sind üblich und beliebt. Sie können grafisch interessant gestaltet sein, und sie können außer der Geschäfts- auch die Privatadresse, Fax-Nummern und andere Kurzinformationen enthalten. Das Format liegt je nach Geschmack zwischen 7 x 4 cm und maximal 10 x 7 cm, wobei die Karte einfach oder geklappt sein kann. Auch auf diesen Karten kann man mit den erwähnten Kürzeln eine Nachricht hinterlassen. Man ist aber nicht verpflichtet, den anderen mit einem „p. f." oder einem „p. r." zu verwirren, man darf auch einfach „Herzlichen Glückwunsch" oder „Mit herzlichem Dank" auf die Karte schreiben.

Krankheit und Trauerfall

Krankheit und Krankheit ist nicht dasselbe. Es gibt harmlose kleine Krankheiten wie eine Erkältung, einen Schnupfen oder eine andere Infektion, die schnell überwunden und dann vergessen sind. Wer wegen einer Erkältung nicht zur Arbeit gehen kann, dem werden die Kollegen nicht gleich einen Besuch abstatten. Erstens ist die Erkältung ansteckend, und zweitens wird es dem Kranken kurzfristig so schlecht gehen, daß er es vorziehen wird, für sich zu bleiben. Dennoch kann es für einen alleinstehenden Menschen ganz hilfreich sein, wenn es einen guten Bekannten oder Freund gibt, der ihm manchmal etwas aus dem Supermarkt besorgt oder mal rasch für ihn zur Apotheke springt.

Auch der Kollege, der sich den Arm oder das Bein gebrochen hat, kann nicht zur Arbeit kommen, obwohl er sich körperlich vielleicht schon wieder ganz wohl fühlt. Er wird sich über den Besuch von Freunden und Arbeitskollegen sicher freuen. Allerdings sollte man vorher fragen und seinen Besuch ankündigen, vor allem, wenn der Kranke zu Hause liegt (siehe unten). Besuche im Krankenhaus sind etwas anderes; wir kommen gleich darauf zu sprechen.

Damit ist die Palette der Krankheiten noch lange nicht abgedeckt. Es gibt chronische Krankheiten, mit denen man sehr lange leben und auch ein verhältnismäßig normales Leben führen kann, beispielsweise die Zuckerkrankheit. Kollegen,

Beim Lesen der Todesanzeigen wird man belehrt, daß nur engelsgleiche Wesen die Welt verlassen. (Hans Arndt)

Freunde und Bekannte, die davon wissen, nehmen auf die Betroffenen in besonderer Weise Rücksicht, ohne ihnen ständig das Gefühl zu vermitteln, eine Ausnahme zu sein. Je selbstverständlicher der taktvolle Umgang, desto angenehmer ist es für alle Beteiligten. Man vermeidet unnötige, von bloßer Neugier diktierte Fragereien. Andererseits sollte man informiert sein, was zu tun ist, wenn der Kranke vielleicht plötzlich einen Anfall bekommt.

Wenn die Ärzte eine Krankheit nicht heilen können, geben sie ihr wenigstens einen schönen Namen. (Voltaire)

Leidet jemand an einer schweren Krankheit mit längerer Genesungszeit, wird man sicherlich seinen Besuch anbieten, sich aber in allem nach den Bedürfnissen des Kranken richten. Keinesfalls sollte man beleidigt reagieren, wenn der Kranke darum bittet, nicht besucht zu werden. Unter Umständen zieht er oder sie es vor, nur angerufen zu werden. Schließlich muß man bedenken, daß Kranke meist nicht nur krank sind, sondern auch so aussehen. Nicht jeder möchte sich jedem in seiner Unschönheit und Schwäche präsentieren. Es wird aber kaum jemand etwas gegen einen freundlichen, aufmunternden Brief einzuwenden haben, vorausgesetzt der Schreiber ist sich darüber im klaren, daß der Kranke nicht unverzüglich darauf antworten wird.

Krankenbesuche zu Hause

Wer einen Kranken zu Hause besuchen möchte, soll sich vorher telefonisch anmelden, sofern dazu die Möglichkeit besteht. Schon den Gesunden überfällt man ja nicht einfach unangemeldet. Sollte einem gesagt werden, daß Besuche (noch) nicht erwünscht sind, nimmt man das, ohne beleidigt zu sein, zur Kenntnis und richtet sich danach.

Wer einen Kranken besucht, bringt meist eine Kleinigkeit mit. Doch gilt mehr denn je: Erst denken, dann wählen. Blumen, das klassische Mitbringsel, sind gut und schön, aber: Einen Schwerkranken können stark duftende Blumen ziemlich belästigen, und für einen alleinstehenden Menschen mit gebrochenem Arm oder Bein kann die spätere Weiterversorgung von üppigen Schnittblumensträußen recht schwierig werden und so weiter. Ein kleines Gesteck, eine Topfpflanze, vielleicht auch ein hübscher Bund Trockenblumen sind da besser geeignet.

Gleich hinter den Blumen rangieren Obstkörbe. Wenn der Kranke Früchte essen darf, gut. Erkundigen Sie sich vorher. Das gleiche gilt für Süßigkeiten, Gebäck oder andere Leckereien und für Getränke. Möglicherweise ist dem Kranken ausgerechnet das, was er besonders gern mag, im Augenblick strikt verboten. Das wohlgemeinte Mitbringsel hätte dann seinen Zweck gründlichst verfehlt. Statt Freude zu machen und den Kranken aufzumuntern, macht es sein Leid nur schlimmer.

Ebenfalls recht beliebte Mitbringsel sind Bücher. Auch da sollte man an den Zustand des Kranken, noch mehr aber an seinen Geschmack denken. Wer als Gesunder kein Freund von Science-fiction, Krimis oder Esoterik ist, wird es auch als Kranker nicht unbedingt sein. Extrem dicke Schwarten sind auch nicht in jedem Fall geeignete Krankenlektüre. Gänzlich ungeeignet sind wohl chirurgische Handbücher.

Krankenbesuche sollten kurz sein, es sei denn, man wird ausdrücklich gebeten, länger zu bleiben. Selbstverständlich raucht man in einem Krankenzimmer nicht. Man fragt nicht einmal, ob man rauchen darf, man läßt es ganz einfach bleiben. Denn obwohl dem Kranken der Qualm möglicherweise sehr unangenehm wäre, genehmigt er es vielleicht, weil er meint, die Höflichkeit gebiete es ihm. Etwas anderes ist es, wenn der „Kranke" beispielsweise die Folgen eines Skiunfalls auskuriert und selbst raucht.

Die Medizin wäre eine wunderbare Sache, wenn es die Mediziner nicht gäbe. (George Bernard Shaw)

Wie man mit dem Kranken spricht und worüber man sich unterhält, hängt ganz von der Art der Erkrankung und vom Zustand des Patienten ab. Über Krankheit, sei es die des Patienten selbst, sei es die eines anderen Menschen, spricht man nur, wenn der Kranke von sich aus das Gespräch darauf bringt und offensichtlich darüber sprechen möchte. Als Besucher drängt man dem Kranken kein Gespräch über dieses Thema auf. Man versucht im Gegenteil, den Kranken so gut wie möglich aufzuheitern und durch neutrale Gesprächsthemen abzulenken, ohne ihn mit endlos langweiligen Geschichten anzuöden. Unter Umständen wird man gar nicht viel reden, sondern eine Partie Schach oder Halma spielen.

Egal, ob man den Kranken bei sich zu Hause oder im Krankenhaus besucht, man sollte sich für diesen Besuch nicht auffällig schön zurechtmachen. Dies gilt hauptsächlich für Frauen, die einen Krankenbesuch bei einer anderen Frau machen. Die krank zu Bett Liegende sieht wahrscheinlich nicht gerade wie das sprichwörtliche blühende Leben aus. Das wird ihr um so schmerzlicher bewußt werden, je mehr die Besucherin sich herausgeputzt hat. Übrigens wird, genauso wie Blumenduft, auch ein allzu stark riechendes Parfüm von Kranken oft als sehr unangenehm empfunden.

Nicht nur der Geruchssinn kranker Menschen ist häufig über-
empfindlich, auch andere Sinnesreize werden möglicherweise
stärker empfunden. Deshalb spricht man leise, ohne gleich zu
flüstern, man zündet keine Lampe an oder reißt keine Vorhänge
auf, ohne vorher gefragt zu haben. Kurz und gut: Wenn man
sich schon einem Gesunden gegenüber höflich und rücksichtsvoll verhält, so tut man es bei einem Kranken in ganz beson-
derem Maße.

Besuch im Krankenhaus

*Da der
Patient meist
liegt, kann er
nicht im
Mittelpunkt
stehen.
(Gerhard
Uhlenbruck)*

Grundsätzlich gibt es hier wenig Zusätzliches zu beachten. Vor
dem Besuch meldet man sich an, das heißt, man erkundigt sich
nach den festgelegten Besuchszeiten. Ehe man das Krankenzimmer betritt, klopft man an. Man überfordert den Kranken
nicht mit Endlosbesuchen, man kommt lieber öfter.
Bringt man Blumen mit, achtet man erstens darauf, daß sie
nicht zu stark duften und man bedenkt, daß es die Schwestern
sind, die sich später täglich um die schöne Blütenpracht küm-
mern müssen. Ein kleines Gesteck, ein Strohblumensträuß-
chen sind sicherlich geeigneter als ein Armvoll frischer Früh-
lingsblumen.
Liegt der Kranke nicht allein im Zimmer, grüßt man den oder
die Zimmernachbarn. Man spricht leise, damit man die Zim-
mergenossen und deren Besucher nicht stört. Wenn der Kranke
aufstehen darf, geht man eventuell mit ihm auf den Flur hinaus
oder setzt sich ins Besucherzimmer. Möglicherweise gibt es
sogar einen Garten oder Park, in den man hinausgehen kann.
Sind noch andere Besucher da, verabschiedet man sich möglichst bald wieder. Die Kräfte des Kranken sollen ja geschont,
nicht durch die Besucher strapaziert werden. Und noch eines
gilt es zu beachten, und zwar sowohl bei „Hausbesuchen" als
auch bei Besuchen im Krankenhaus. Kranke, zumal wenn sie
ernsthaft und sehr schwer krank sind, quälen sich oft mit
Fragen über ihren Zustand, oder sie sind unangemessen eupho-
risch. Ob so oder so, wer einen Kranken besucht, sollte nicht
in Hör- oder Sichtweite des Patienten dessen Zustand mit Angehörigen oder anderen Besuchern erörtern, ja nicht einmal
den Anschein erwecken, daß er das tue. Anders ausgedrückt,
man unterhält sich nicht in einem anderen Raum mit den
Angehörigen, wenn der Kranke vermuten könnte, man spreche
über ihn. Im Krankenhaus braucht man gar nicht erst zu

versuchen, bei Schwestern oder Ärzten etwas über den Zustand des Kranken zu erfahren. Denn das Personal steht unter Schweigepflicht und darf nur den nächsten Angehörigen Auskunft erteilen.

Beileidsbezeugungen

Sein Beileid zum Tod eines Menschen sollte man den betroffenen engsten Angehörigen entweder persönlich oder handschriftlich ausdrücken. Kondolenzanrufe sind aus gutem Grund sehr umstritten. Den Trauernden steht möglicherweise überhaupt nicht der Sinn nach Gesprächen. Sie haben ohnehin genügend lästige Gespräche mit dem Bestattungsunternehmer, mit Ämtern und Behörden zu führen.

Das Beileid ist die Operette unter den Leidensformen. (Nikolaus Cybinski)

Etwas anderes sind die Anrufe sehr enger Freunde oder naher Verwandter, die wirklich tröstlich sein können, und die Anrufe, die der oder die Betroffenen von sich aus tätigen, etwa, um von dem Todesfall Mitteilung zu machen oder um sich Trost zu holen. Wer jedoch einen Trauernden anruft und schroff abgewiesen wird, sollte das verständnisvoll hinnehmen. Völlig unangemessen wäre es, einem trauernden Menschen mangelnde Höflichkeit zu unterstellen, wenn er in seinem Schmerz für sich bleiben und nicht angesprochen werden möchte.

Hat man eine Todesanzeige geschickt bekommen, in der es heißt, daß von Kondolenzbesuchen abzusehen sei, so hat man sich daran zu halten. Man schreibt lediglich auf neutralem oder schlicht schwarzgerandetem Briefpapier, eventuell auf einer Briefkarte (nicht auf einer Postkarte!) ein paar persönliche Worte, und zwar erstens gleich, nicht erst Wochen, nachdem man die Nachricht bekommen hat, zweitens per Hand, nicht mit der Schreibmaschine und drittens mit dunkler (blauer oder schwarzer) Tinte oder entsprechendem Filzstift, nicht mit poppigem Neonstift, mit Gold- oder Silbermine.

Je ferner man selbst den Betroffenen steht, desto schlichter drückt man sich aus. Auf jeden Fall hütet man sich vor Schwulst und falschem Pathos. Wer gar nicht zu formulieren versteht und auch keine Hilfestellung von einem wortgewandteren Mitmenschen bekommen kann, greift auf eine vorgedruckte Karte zurück (siehe Seite 279), wobei größtmögliche Sorgfalt auf die Auswahl zu legen ist.

Weiß man nur auf Grund einer Todesanzeige in der Zeitung vom Ableben eines Menschen, verbietet es sich um so mehr, bei den

Angehörigen anzurufen, um zu kondolieren. Auch in diesem Fall kondoliert man schriftlich, wenn man den Verstorbenen gut gekannt hat oder die Hinterbliebenen kennt. Den Angehörigen eines Künstlers, einer Künstlerin, von dessen/deren Tod man durch die Medien erfuhr, braucht man als Verehrer oder Verehrerin nicht zu kondolieren. Schon gar nicht muß man hoffen, auf ein solches Kondolenzschreiben eine Antwort zu bekommen.

Es gibt keinen Trost über den Tod hinaus, weil der Tod selbst schon der Trost ist. (Dolf Sternberger)

Kondolenzbesuche nach alter Etikette werden heute immer seltener. Früher hatte die gut bürgerliche Familie Personal, mindestens ein Dienstmädchen, da konnte man, um zu kondolieren, seine Visitenkarte mit dem Vermerk „p. c." (pour condoler) oder „p. p. p." (pour prendre part) abgeben. Den Trauernden selbst war man dabei möglicherweise gar nicht begegnet. Heute hat man kein Personal mehr, um die Besucher abzublocken. Vielleicht aber einen guten Freund oder eine Freundin des Hauses, der oder die eventuelle Besucher höflich, aber bestimmt abwimmeln kann.

Meint man, einen Kondolenzbesuch machen zu müssen, so geht man gedeckt gekleidet, aber nicht in Tiefschwarz. Lediglich die betroffenen Angehörigen sind entweder in Trauerkleidung oder tragen einen Trauerflor am Arm oder am Jackettkragen. Man kann einen kleinen Strauß Blumen mitbringen, doch wählt man weder einen lustigen bunten Sommerstrauß noch einen „Totenstrauß" aus weißen Lilien. Wie der Krankenbesuch ist auch der Kondolenzbesuch kurz zu halten, allerdings nicht so kurz, daß man für den Blumenboten gehalten werden könnte. Man spricht den Betroffenen sein Beileid aus, ob man darüber hinaus von dem Verstorbenen spricht, hängt von der Situation ab. Ganz grundsätzlich ist zu sagen, daß die Tendenz, Trauerbesuche zu machen, rückläufig ist. Zumal man ja in vielen Fällen die Möglichkeit hat, zur Beerdigung oder zur Trauerfeier zu gehen und dann bei dieser Gelegenheit den Betroffenen sein Beileid aussprechen kann. Doch Vorsicht: Hieß es in der Anzeige: „Von Beileidsbezeugungen am Grab bitten wir Abstand zu nehmen", so ist auch der stille Händedruck, der dann doch oft mit ein paar Worten verknüpft wird, nicht erwünscht. Niemand hat das Recht, ihn von sich aus zu erzwingen.

Beerdigung, Trauerfeier, Einladung der Trauergäste

Zwar kommt es noch relativ selten vor, daß Menschen in ihrem Testament verfügen, nach ihrem Tode solle keinerlei Trauerfeier stattfinden, doch immerhin knapp die Hälfte aller Beerdigungen und Trauerfeiern werden heute weltlich gestaltet, finden also ohne Geistlichen statt. Die Trauerrede hält in diesen Fällen entweder ein Freund oder ein Verwandter des Verstorbenen oder auch ein weltlicher Trauerredner, der durch das Beerdigungsinstitut vermittelt werden kann. Doch es besteht weder zu einer religiösen noch zu einer weltlichen Feier irgendeine Verpflichtung.

Wer als nicht unmittelbar betroffener Angehöriger zu einer Trauerfeier oder einer Beerdigung geht, muß nicht in Tiefschwarz erscheinen. Gedeckte Kleidung in Dunkelblau, Anthrazit oder Dunkelgrau ist völlig angemessen. Leider nimmt der Tod auf Wetter und Jahreszeiten keine Rücksicht, auch in der brütendsten Hochsommerhitze finden Beerdigungen statt. Doch selbst wenn es außergewöhnlich heiß sein sollte, erscheint man nicht im ärmellosen Top zu einer Trauerfeier oder Beerdigung.

Allerdings gibt es Menschen, denen das Trauerschwarz zu trist ist, die deshalb in der Todesanzeige bereits darum bitten keine Trauerkleidung zu tragen. Hier ist also eine normale, wenn auch nicht gerade farbenstrotzende Kleidung nicht nur erlaubt, sondern erwünscht. Grundsätzlich richtet man sich nach den Leidtragenden, nicht nach den eigenen Vorstellungen. Wenn keine besonderen Angaben gemacht sind, gilt das Übliche – und das heißt: dunkle Kleidung.

Heute gibt es bei uns auch keine bindenden Vorschriften mehr darüber, ob und wie lange etwa eine Witwe oder ein Witwer Trauerkleidung zu tragen hat. Schließlich drückt sich die Schwere des Verlustes ja nicht in einer solchen Äußerlichkeit aus. Manch einer, der schon nach zwei Tagen wieder normale Kleidung anlegt, trauert vielleicht tiefer als andere, die ein halbes oder ein ganzes Jahr in Sack und Asche gehen. Ebensowenig muß eine Witwe bei der Beerdigung oder Trauerfeier einen Schleier und/oder einen Hut tragen.

Immer häufiger wird gleich in der Todesanzeige darum gebeten, statt Kranz- und Blumengaben lieber für einen karitativen Zweck zu spenden. Auch diesem Wunsch, der entweder der des Verstorbenen selbst oder auch der der Hinterbliebenen ist, entspricht man natürlich. Wer einen Kranz oder ein Gebinde

Wenn ein Politiker stirbt, kommen viele nur deshalb zur Beerdigung, weil sie sicher sein wollen, daß man ihn auch wirklich begräbt. (Georges Clemenceau)

289

schicken möchte, muß zunächst einen Floristen beauftragen. Von ihm wird der Kranz direkt zum Friedhof zur entsprechenden Trauerfeier oder Beerdigung transportiert. Fehlen einem hierzu die Angaben, kann man sich auf dem Friedhofsamt erkundigen. Ziemlich abwegig wäre es, einen Kranz in das Trauerhaus schicken zu lassen, denn die Betroffenen hätten dann das mehr als lästige Transportproblem. Allerdings darf man den Kranz oder das Gebinde selbst zum Grab bringen.

Bedenken Sie aber, daß bei einer Feuerbestattung zunächst nur eine Trauerfeier stattfindet. Der Sarg wird dann im allgemeinen in eine Versenkung hinuntergelassen, und damit ist die Feier beendet. Erst Tage, in Großstädten durchaus auch Wochen später findet dann meist in sehr kleinem Kreis die Urnenbeisetzung statt. Sofern die Angehörigen das zulassen, werden Kränze, die zu einer solchen Trauerfeier geschickt wurden, auf andere frische Gräber verteilt, denn im Krematorium kann man mit diesen Kränzen und Gebinden nichts anfangen.

Niemand ist einsamer als ein Mensch, der niemals einen Brief bekommen hat. (Elias Canetti)

Allen Kränzen und Gebinden sollte eine Karte beigefügt sein, es sei denn, man möchte seine Gabe anonym beisteuern. Der Friedhofsangestellte, eventuell auch ein Mitarbeiter des Bestattungsinstituts, sammelt diese Karten ein und überreicht sie nach der Feier den Angehörigen, die sich dann bei den Spendern entsprechend bedanken können. Außerdem liegt am Eingang der Kapelle, in der die Trauerfeier stattfindet, meist ein Buch aus, in das sich die Trauergäste eintragen. So wissen die Hinterbliebenen, wer teilgenommen hat und bei wem sie sich später für die Anteilnahme bedanken müssen. Erhält man eine Anzeige, in der es heißt, die Beisetzung oder die Trauerfeier habe bereits in aller Stille stattgefunden, dann kann man den Hinterbliebenen zusätzlich zum Kondolenzbrief Blumen schikken, sollte sich aber sehr genau überlegen, ob man das tut.

Ob die Hinterbliebenen nach der Trauerfeier oder der Beerdigung mit den Trauergästen oder zumindest einigen von ihnen noch zusammenbleiben wollen, obliegt allein der Entscheidung der engsten Betroffenen. Eine Verpflichtung dazu besteht in keinem Fall. Oft wird ein weiteres Zusammensein von den Hinterbliebenen selbst gewünscht, die nicht gleich nach der Beerdigung allein sein wollen. Findet sich ein guter Freund, der die Organisation übernimmt, also in einem Lokal entsprechende Vorbestellungen macht oder auch bei einem Serviceunternehmen alles Nötige bestellt, ist das für die Trauernden meist eine unschätzbare Hilfe, wie denn überhaupt jede Unterstützung willkommen ist, die die Trauernden entlastet.

Briefe schreiben

In unserer telefonierenden und faxenden Zeit sind Privatbriefe selten geworden. Schon Mitte des letzten Jahrhunderts bemerkte der Historiker Heinrich von Treitschke: „Man kann die allgemeine geistige Verflachung so recht bemerken an unserem Briefwechsel. Ob eine Zeit wirklich kultiviert gewesen ist, erkennt man doch nicht daran, wie schnell man sich etwas mitteilen konnte, sondern ob das, was man sich mitteilte, etwas Gescheites war. Unsere Briefe aber sind infolge der Schnelligkeit des Verkehrs und des billigen Portos so furchtbar inhaltslos geworden, daß man geistreiche Briefe, wie in früheren Kulturperioden, gar nicht mehr findet."

Was die Schnelligkeit und das billige Porto anlangt, sind wir ja im Rückschritt begriffen, dennoch wird es der Briefkultur in keiner Weise zugute kommen. Es scheinen noch andere Kriterien hineinzuwirken, nicht zuletzt ein gewisser Bildungsrückgang oder doch zumindest eine Verlagerung. In einer Zeit und einer Welt, in der sogar Universitätsstudenten quasi Analphabeten sein können (die Analphabetenquote unter amerikanischen Collegestudenten soll bei rund drei Prozent liegen), kommt eben den visuellen Medien, vom Fernsehen bis zum Comic-Strip, sowie den mündlichen Kommunikationsmitteln eine größere Bedeutung zu.

Es gibt jede Menge Ratgeberbücher, die Musterbriefe für fast jede nur denkbare geschäftliche und private Gelegenheit enthalten. Nun ist es sicherlich sinnvoll, sich für ein Schreiben an eine Behörde oder eine Firma an einen vorgedruckten Leitfaden zu halten, wenn einem das eigene Formulieren Schwierigkeiten macht. Bei einem Privatbrief sollte man allerdings versuchen, sich spontan und mit eigenen Worten auszudrücken. Nur Sie selbst können ja wissen, was Sie einem anderen Menschen mitteilen wollen.

Es ist ein noch immer weitverbreiteter Irrtum zu meinen, man müsse sich in einem Brief besonders geschraubt ausdrücken. Man kann sich schriftlich genauso artikulieren wie mündlich – vorausgesetzt, man drückt sich auch mündlich sprachlich einigermaßen korrekt und verständlich aus. Die zweite Hürde bildet die Rechtschreibung. Viele Menschen scheuen sich, Briefe zu schreiben, da sie mit der Rechtschreibung ein wenig auf Kriegsfuß stehen. Auch dem kann man abhelfen. Alles, was

Stil und Geist von Briefen sind immer das eigentliche Zeichen der Zeit. (Friedrich Nietzsche)

291

man zunächst braucht, ist ein preislich erschwinglicher Recht-schreib-Duden, den man in allen Fällen zu Rate zieht, in denen man sich nicht sicher ist. Man schaut also lieber zweimal zuviel als einmal zuwenig hinein.

Schreibe wie du redest, so schreibst du schön. (Gotthold Ephraim Lessing)

Wie eine richtige Geschäftskorrespondenz zu führen ist, lernt man in den Handelsschulen, oder man kann sich anhand einschlägiger Lektüre kundig machen. Auch hierbei spielt zwar der gute Ton eine Rolle, aber es geht doch mehr um geschäftliche Konventionen, und die sind hier nicht unser Problem.

Etwas anderes ist die Korrespondenz, die der Privatmensch gelegentlich mit Ämtern, Behörden, Firmen und Geschäften zu führen hat. Hierfür gibt es, wie gesagt, Ratgeberbücher, die nützliche Dienste leisten. Man kann ihnen beispielsweise ent-nehmen, wie man den unbekannten Mitmenschen in einer Behörde oder Firma heutzutage anspricht, wie man sein Anlie-gen in Worte faßt, welche Grußformeln für den Schluß ange-bracht sind und was sonst bei solchen Briefen zu bedenken und zu beachten ist. Auch hier haben sich die Dinge ja in den letzten zwanzig Jahren einigermaßen geändert. So verabschiedet man sich beispielsweise „Mit freundlichem Gruß" und nicht mehr mit einem devoten „Hochachtungsvoll".

Selbstverständlich kann jede geschäftliche Korrespondenz mit der Maschine geschrieben werden. Heute ist es häufiger auch ein Computerausdruck. Auch zur Rechtschreibung bieten viele Computer Hilfestellungen durch entsprechende Programme. Gerade für die Korrespondenz mit Behörden und Geschäften ist die maschinengeschriebene Version sogar geeigneter; es gibt keine Zweifelsfälle durch Unleserlichkeit der Handschrift. Von Briefen an Behörden, an Ämter, an Geschäfte und an Firmen macht man sich eine Kopie oder einen Durchschlag, die man sorgfältig aufbewahrt, für den Fall, daß es Rückfragen gibt.

Grundsätzlich kann man heutzutage auch Privatbriefe mit der Maschine, beziehungsweise mit dem Computer schreiben. Le-diglich die Unterschrift setzt man immer mit der Hand darunter. Doch gibt es auch hier Ausnahmen. Einen kurzen Gruß zum Geburtstag, einen Glückwunsch zu irgendeinem frohen Ereig-nis sollte man mit der Hand schreiben, es sei denn, diese Grüße und Wünsche sind die Eingangsfloskel eines nachfolgenden, langen Briefes. Ein Beileidsschreiben sollte auf jeden Fall hand-geschrieben sein. Lediglich wenn der Schreiber durch eine momentane (gebrochener Arm) oder permanente Behinde-rung nicht in der Lage ist, mit der Hand zu schreiben, darf er sich maschineller Hilfe bedienen.

Welche Art von Briefpapier man wählt, hängt von der Gelegenheit ab. Einen Brief ans Finanzamt wird man nicht auf rosafarbenem, duftgetränktem Papier oder auf handgeschöpftem Bütten schreiben. Umgekehrt wird man auch für einen privaten Geburtstagsgruß nicht unbedingt einen Geschäftsbogen wählen. Im Zuge des wachsenden Umweltbewußtseins darf es aber heute durchaus ein vielleicht mit einem Motiv bedruckter Bogen aus Recyclingpapier sein. Aus dem gleichen Grunde müssen die Umschläge der Privatkorrespondenz auch längst nicht mehr gefüttert sein. Auch hier ist umweltschonendes Papier in jeder Art und Ausführung erlaubt.

Nun können Privatbriefe an einen Duzfreund gerichtet sein, was wohl der unkomplizierteste Fall („Lieber Klaus", „Liebe Karin") ist, oder an einen ferneren Bekanntnten, mit dem man sich siezt. Während man den engen Freund anreden kann, wie's einem gerade gefällt, gelten für die Anrede des fernen Bekannten ein paar andere Grundsätze. „Mein lieber Mayer", dürfte etwa ein Herr einem gleichrangigen Herrn schreiben. Wahrscheinlich aber würde er „Lieber Herr Mayer" vorziehen, eine Anrede, die auch eine Dame ungeniert benutzen kann, die an Herrn Mayer schreibt. Formen wie „Hochzuverehrender …" sind überholt. „Sehr geehrter Herr Mayer" mag auch in der privaten Korrespondenz noch vorkommen, „Sehr geehrte Frau Mayer" auch. Früher hieß es, der Herr sei „geehrt", die Dame dagegen „verehrt". Beide konnten und können zusätzlich „lieb" sein. Nun kann ein Herr einen anderen durchaus auch verehren und ihm das auch schriftlich geben. Die Dame freilich sollte, auch wenn sie den Herrn noch so glühend verehrt, ihn nicht unbedingt mit „Sehr verehrter Herr Mayer" anschreiben. Es wirkt nicht nur antiquiert, es hat in unserer Zeit sogar schon einen Hauch von Ironie. Eine Ausnahme wäre die sehr junge Frau, die dem erheblich älteren, durch beruflichen oder gesellschaftlichen Rang distinguierten Herrn schreibt. Für jede normale Korrespondenz zwischen Bekannten ist die Anrede „Liebe Frau Soundso", „Lieber Herr Soundso" angebracht und richtig. Ähnlich verhält es sich mit der Unterschrift. Freunde und Freundinnen kann man brieflich küssen und umarmen sowie lieb, herzlichst oder sonstwie grüßen. Ob man den Namen mit einem „Dein/Deine" ziert, ist der Situation und dem individuellen Gefühl überlassen.

Siezbekanntschaften wird man in schriftlicher Form weniger körperlich verabschieden, man wird es bei freundlichen, lieben, eventuell sehr herzlichen Grüßen bewenden lassen. Auch hier

Das Orchester versetzt die Damen in Trance, aber schreiben tun's dann dem Tenor. (Arthur Schnitzler)

steht es Ihnen frei, ob Sie sich nur mit Vor- und Nachnamen verabschieden wollen, oder ein „Ihr/Ihre" hinzusetzen. Nur den bloßen Nachnamen verwendet man in persönlichen Briefen nicht. Auch nennt man sich selbst nicht „Herr" oder „Frau", und „sehr ergeben" ist man heute eigentlich auch nicht mehr. Mehr Schwierigkeiten bereitet oft die korrekte Anschrift auf dem Kuvert. Während man in der mündlichen Anrede auf Titel verzichten kann (siehe auch Seite 94), gebietet die Höflichkeit doch, den oder die Titel in der schriftlichen Anrede der Adresse beizubehalten.

Schreiben ist geschäftiger Müßiggang. (Johann Wolfgang von Goethe)

Bleibt noch zu ergänzen, daß die Unterscheidung Frau, Fräulein (Frl.) heute nur noch da vorgenommen wird, wo die betroffene Frau ausgesprochenen Wert darauf legt. „Frl. Karin Mayer" schreibt man also nur, wenn diese Frau das ausdrücklich wünscht. Ansonsten heißt es, egal ob es sich um eine ledige, verheiratete oder geschiedene Frau handelt: „Frau Karin Mayer". Ist Karin Mayer erst zwölf Jahre alt, läßt man jeglichen Zusatz vor dem Namen weg.

Die größten Schwierigkeiten bereitet die korrekte Adressierung von Briefen an Ehepaare. Nennt man nur einen der beiden Partner, könnte sich der nicht genannte ausgeschlossen und übergangen fühlen. Strenggenommen dürfte er oder sie einen Brief, der allein an den Ehepartner adressiert ist, nicht einmal öffnen. Nun gibt es Briefe, die wirklich nur für den einen oder anderen gedacht sind. Die werden dann auch entsprechend adressiert.

Vielleicht möchten Sie aber beide ansprechen? Komischerweise gilt noch immer die Regel: Der Mann wird bei der Adresse zuerst genannt, im Gegensatz zum eigentlichen Brief, in dem man die Frau zuerst anspricht. Angeblich sollen nur zwei Formen korrekt sein, entweder: „Herrn Karl Mayer und Frau Karin Mayer" – plus eventueller Titel, Doppelnamen und so weiter, die ihm oder ihr zukommen – oder: „Herrn und Frau Karl Mayer", wobei dann nur die Titel aufgeführt werden, die ihm zukommen. Strikt abgelehnt werden alle anderen Formen. Bleibt also nur eine wirklich sinnvolle Lösung übrig: „Frau Dr. Karin Müller-Mayer und Herrn Karl Mayer". Sollten beide über einen akademischen Titel verfügen, dann erwähnt man ihn auch bei beiden. Allerdings darf man bei guten Freunden, denen die Titel nicht sonderlich wichtig sind, diese auch ganz weglassen.

Anhang

Nationales und internationales Alphabet

	Inland:	Ausland:
A	Anton	Amsterdam
Ä	Ärger	
B	Berta	Baltimore
C	Cäsar	Casablanca
CH	Charlotte	
D	Dora	Danmark
E	Emil	Edison
F	Friedrich	Florida
G	Gustav	Gallipoli
H	Heinrich	Havana
I	Ida	Italia
J	Julius	Jerusalem
K	Kaufmann	Kilogramm
L	Ludwig	Liverpool
M	Martha	Madagaskar
N	Nordpol	New York
O	Otto	Oslo
Ö	Ökonom	
P	Paula	Paris
Q	Quelle	Quebec
R	Richard	Roma
S	Samuel	Santiago
SCH	Schule	
T	Theodor	Tripoli
U	Ulrich	Upsala
Ü	Übermut	
V	Viktor	Valencia
W	Wilhelm	Washington
X	Xanthippe	Xanthippe
Y	Ypsilon	Yokohama
Z	Zacharias	Zürich

Was bedeutet was auf Einladungskarten?

Bekleidungsvorschriften auf Einladungen:
leger:
Jeans und Pullover sind erlaubt, dunkler Anzug wäre schon „overdressed"
sommerlich:
Buntes Sommerhemd, leichter Sakko oder ähnliches; Bermudas oder Shorts wäre „underdressed"
Straßenanzug:
Etwas feiner als „leger"; Kombinationen, normale Anzüge
dunkler Anzug:
Schwarzer oder dunkelblauer Anzug
festlich (bei einer Tagesveranstaltung):
Stresemann oder Cut
festlich (bei einer Abendveranstaltung):
Smoking, Dinnerjacket, Spencer
großer Gesellschaftsanzug:
Frack mit weißer Fliege
cravate noire / black tie:
Smoking oder Dinnerjacket
cravate blanche / white tie:
Frack

Abkürzungen auf Einladungskarten:
c. t. *cum tempore*
angegebene Zeit plus 15 Minuten Zeitzugabe
(akademisches Viertel)
s. t. *sine tempore*
ohne Zeitzugabe, pünktlich
U. A. w. g.
um Antwort wird gebeten
r. s. v. p. *répondez s'il vous plaît*
um Antwort wird gebeten

Abkürzungen auf Visitenkarten:
p. c. *pour condoler*
um Beileid auszusprechen
p. p. p. *pour prendre part*
um Anteilnahme auszusprechen
p. f. *pour féliciter*
um Glück zu wünschen

p. f. n. a. *pour féliciter nouvel an*
um zum neuen Jahr Glück zu wünschen
p. r. p. f. *pour remercier pour féliciter*
um für Glückwünsche zu danken
p. p. *pour présenter*
um (einen Dritten) vorzustellen
p. p. c. *pour prendre congé*
um Abschied zu nehmen
p. r. *pour remercier*
um zu danken

Sowohl auf p. c., p. p. p. als auch auf p. f. antwortet man mit p. r.
Auf p. f. n. a. antwortet man mit gleichem Kürzel oder mit p. r. p. f.

Register